U0928194

广视角·全方位·多品种

盘点年度资讯　预测时代前程

社会科学文献出版社

2010年版皮书

权威·前沿·原创

社会科学文献出版社
SOCIAL SCIENCES ACADEMIC PRESS (CHINA)

权威分析　专家解读　机构预测

社会科学文献出版社“皮书系列”

“皮书系列”是社会科学文献出版社近十年来连续推出的大型系列图书，由一系列权威研究报告组成，在每年的岁末年初对每一年度有关中国与世界的经济、社会、文化、法治、国际形势、区域等各个领域的现状和发展态势进行分析和预测，年出版百余种。

该系列图书的作者以中国社会科学院的专家为主，多为国内一流研究机构的一流专家，他们的看法和观点体现和反映了对中国与世界的现实和未来最高水平的解读与分析，具有不容置疑的权威性。

2010年起，皮书系列随书附赠产品将从原先的电子光盘改为更具价值的皮书数据库阅读卡。读者可以凭借附赠的阅读卡获得皮书数据库高价值的免费阅读服务。

皮书是非常珍贵实用的资讯，对社会各个阶层、各种职业的人士都能提供有益的帮助，适宜各级党政部门决策人员、科研机构研究人员、企事业单位领导、管理工作者、媒体记者、国外驻华商社和使领事馆工作人员，以及关注中国和世界经济、社会形势的各界人士阅读。

1. 经济蓝皮书

2010年中国经济形势分析与预测

陈佳贵　李　扬　主编　　2009年12月出版　　49.00元

▲　本书为“总理基金项目”，由中国社会科学院副院长、经济学部主任陈佳贵及中国社会科学院副院长李扬担任主编，中国社会科学院经济研究所所长刘树成、数量经济与技术经济研究所所长汪同三任副主编，联合国内权威专家学者共同编写，深度解析了全球金融危机背景下2009年中国经济的发展，并在此基础上对2010年中国的经济形势作出科学的预测。

2. 社会蓝皮书

2010年中国社会形势分析与预测

汝　信　陆学艺　李培林　主编　　2009年12月出版　　49.00元

▲　中国社会科学院核心学术品牌之一，荟萃国内主要学术单位的多名社会学学者的原创成果。以社会学的视角来分析2009年中国的社会发展问题，并在此基础上，针对未来可能出现的社会热点、焦点问题作出科学的预测，并提供相应的对策建议。

3. 文化蓝皮书

2010年中国文化产业发展报告

张晓明　主编　　2010年4月出版　　59.00元（估）

▲　本书由中国社会科学院文化研究中心与文化部、上海交通大学国家文化产业创新与发展研究基地共同编写，内容上涵盖了我国的文化产业分析及政策分析。既有全国文化产业发展的宏观分析，又有文化产业内不同行业的年度发展分析，是研究我国文化发展问题的难得的年度报告。

4. 经济信息绿皮书

中国与世界经济发展报告（2010）

王长胜　主编　　2009年12月出版　　65.00元

▲　本书由国家信息中心主编。全书论述在全球金融危机演变的背景下中国及世界经济发展问题，高屋建瓴，从宏观角度及全球经济一体化的背景考虑我国经济发展的定位、战略目标、战略重点、战略对策等深层次问题。

5. 世界经济黄皮书

2010年世界经济形势分析与预测

王洛林　张宇燕　主编　　2010年1月出版　　49.00元

▲　本书由中国社会科学院世界经济与政治研究所编写，中国社会科学院特邀顾问、研究生院教授王洛林及中国社会科学院世界经济与政治研究所副所长李向阳两位作为本书主编。本书从2009年世界经济发展的现状出发，对2010年世界经济形势发展形势作出预测和分析。

6. 国际形势黄皮书

全球政治与安全报告（2010）

李慎明　王逸舟　主编　　2009年12月出版　　49.00元

▲　本书由中国社会科学院的相关学者专家编写，着眼于国际关系发展的全局，对2009年国际关系发展的新的动态作出研究与分析，并对2010年国际关系可能出现的新的重大动态作出前瞻性的分析与预测。

7. 欧洲蓝皮书

欧洲发展报告（2009～2010）

周　弘　主编　　2010年2月出版　　79.00元（估）

▲　本书由中国社会科学院欧洲研究所及中国欧洲学会联合编写，从政治、经济、法制进程、社会文化和国际关系以及国别等角度，对欧洲的年度发展形势作出全面的分析与论述。本书对研究欧洲问题的学者和需要了解欧洲的读者有重要的参考意义。

8. 亚太蓝皮书

亚太地区发展报告（2010）

李向阳　主编　　2010年3月出版　　79.00元（估）

▲　本书由中国社会科学院亚洲太平洋研究所的专家学者编写，本书从经济、政治与社会、国际关系等角度系统地论述了2009年亚太地区发生的重大事件，并在此基础上对2010年亚太地区的发展作出科学的展望。

9. 农村经济绿皮书

中国农村经济形势分析与预测（2009～2010）

中国社会科学院农村发展研究所 国家统计局农村社会经济调查司 著

2010年4月出版 49.00元（估）

▲ 农村经济发展及研究的两大权威部门联合，针对2009年中国农业和农村发展和运行状况加以调查，系统分析农村发展中存在的各种社会问题，对社会各界关注的热点和难点问题进行科学分析，并在此基础上对2010年中国农村经济发展趋势提供了科学的预测。

10. 人口与劳动绿皮书

中国人口与劳动问题报告No.11（2010）

蔡 昉 主编 2010年9月出版 49.00元（估）

▲ 本书关注中国当前人口的总量与增量情况，在人口学预测的基础上，研究我国人口总量及劳动力人口的数量与结构问题，提出随着“人口红利”的消失，我国劳动力供给方面可能带来的一些重要变化。本书对关心我国经济发展动力以及就业研究的人群有重要的参考意义。

11. 环境绿皮书

中国环境发展报告（2010）

杨东平 主编 2010年5月出版 59.00元（估）

▲ 本书由“自然之友”组织编写，汇集了学者、记者、环保人士等众多视角，考察中国年度的环境发展态势，附加经典案例分析，并提供翔实的环境保护资料索引。本书可供研究环境发展领域的学者进行研究参考，也适合对资源环境感兴趣的一般人群进行阅读。

12. 旅游绿皮书

2010年中国旅游发展分析与预测

张广瑞 主编 2010年5月出版 59.00元（估）

▲ 本书由中国社会科学院旅游研究中心组织编写，内容涉及2009年度我国旅游业发展的状况及未来发展态势。本书深入分析旅游业相关的各类因素的影响状况，并对旅游业的热点问题进行分析，提供其产业运行方面的深入思考。

13. 教育蓝皮书

中国教育发展报告（2010）

杨东平　柴纯青　主编　　2010年3月出版　　49.00元（估）

▲　本书由著名教育学家杨东平任主编，代表了中国教育的国际视野和专家立场，对于我国当前的教育改革进行了专业性的研究与分析，对关系我国教育发展的人群有重要的参考意义。本书同时推出英文版，是皮书系列中首批“走出去”的皮书。

14. 法治蓝皮书

中国法治发展报告（2010）

李　林　主编　　2010年9月出版　　68.00元（估）

▲　中国社会科学院法学研究所主创，对中国年度法治现状和法治进程进行客观的记述、分析、评价和预测。总结回顾了2009年我国法治发展所取得的一系列进步，并在此基础上，对接下来2010年我国法治发展情况进行了科学的探讨。

15. 就业蓝皮书

2010年中国大学生就业报告

王伯庆　主编　　2010年5月出版　　98.00元（估）

▲　这是一份基于科学的数据调查、借助于统计学和劳动经济学的科学体系来研究高等教育的全新报告，也是一个结果导向的评价系统。本书供高校的各级管理者、各级政府的教育管理官员、高等教育的研究者和招募大学毕业生的企业参考使用，对于高考生和求职的大学生而言也是一本了解就业市场的重要参考书。

16. 区域蓝皮书

中国区域经济发展报告（2009～2010）

戚本超　景体华　主编　　2010年3月出版　　69.00元（估）

▲　由北京市社会科学院、河北省社会科学院、上海社会科学院、广东省社会科学院等单位的专家联手编写，是对中国区域经济最全面、最深入的分析和预测。内容上涉及我国区域发展领域的新近动态，并提供2010年我国各个不同区域发展的科学预测。

17. 长三角蓝皮书

长三角发展报告（2010）

上海社会科学院 主编　　2010年5月出版　　59.00元（估）

▲　上海社会科学院、江苏省社会科学院、浙江省社会科学院强强联合，共同发布《长三角蓝皮书》，对中国最具活力和竞争力的长三角地区的经济、社会发展进行全面解读与预测。

18. 东北蓝皮书

中国东北地区发展报告（2010）

辽宁省社会科学院等　主编　　2010年9月出版　　69.00元（估）

▲　本书由东北地区的社会科学院联合编写，汇集了吉林、辽宁、黑龙江和内蒙古社会科学界学者的研究成果，同时也汇集了东北地区有关部门和院校专家的一些理论思考和理论探索。本书是顺应东北地区振兴战略形势而推出的一本蓝皮书，对东北地区的发展状况及态势提供了科学的分析与预测。

19. 中部蓝皮书

中国中部地区发展报告（2009）

张　锐　林宪斋　主编　　2010年2月出版　　59.00元

▲　本书由中部六省社会科学院联合编创，在承接东部产业结构升级，迎来发展良机的背景下，对中部地区2009年经济、社会发展状况进行了分析，并对2010年我国中部地区各省市的发展作出科学的展望。

20. 西部蓝皮书

中国西部经济发展报告（2010）

姚慧琴　主编　　2010年7月出版　　79.00元（估）

▲　本书由教育部人文社会科学重点研究基地——西北大学中国西部经济发展研究中心组织编写，汇集全国长期研究西部经济发展问题的众多专家学者的研究成果，对国家实施西部大开发战略进行了动态跟踪，并对西部经济发展中的重大理论与现实问题进行了深度分析。

21. 城市竞争力蓝皮书

中国城市竞争力报告No.8（2010）

倪鹏飞　主编　　2010年5月出版　　79.00元（估）

▲　本书由著名城市经济学家倪鹏飞担任主编，汇集了众多研究城市经济问题的专家、学者关于城市竞争力方面的最新研究成果。本书评述客观、内容丰富，基于详尽的基础数据，科学构建各项指标，对各级政府、有关研究机构、社会公众具有重要的决策参考及借鉴意义。

22. 中国省域竞争力蓝皮书

中国省域经济综合竞争力发展报告（2009～2010）

李建平　黄茂兴　主编　　2010年3月出版　　238.00元（估）

▲　本书在科学界定省域经济综合竞争力的基础上，紧密跟踪前沿研究动态，利用科学的指标体系及数学模型，深入分析当前我国省域经济综合竞争力的特点、变化趋势及动因，对我国31个省市区综合经济竞争力进行了比较分析。

23. 金融蓝皮书

中国金融发展报告（2010）

李　扬　主编　　2010年6月出版　　79.00元（估）

▲　本书由中国社会科学院副院长李扬担任主编，从多个方面对中国金融业总体发展状况进行分析和预测。本书对2009年我国的金融领域发生的各个重大事件进行了评述，对金融领域内研究及工作人群具有重要的参考和借鉴意义。

24. 房地产蓝皮书

中国房地产发展报告No.7（2010）

牛凤瑞　主编　　2010年4月出版　　59.00元（估）

▲　本书由中国社会科学院组织编写，汇集了众多研究城市房地产经济的专家学者关于城市房地产方面研究的最新成果。本书秉承客观公正、科学中立的宗旨和原则，追踪我国房地产市场的最新资讯，并对未来房地产市场发展的态势进行了深度分析。

经济类

经济蓝皮书
2010年中国经济形势分析与预测
著(编)者：陈佳贵　李　扬　等　2009年12月出版 / 估价：49.00元

经济蓝皮书春季号
中国经济前景分析 ——2010年春季报告
著(编)者：陈佳贵　等　2010年5月出版 / 估价：49.00元

经济信息绿皮书
中国与世界经济发展报告(2010)
著(编)者：王长胜　2009年12月出版 / 定价：65.00元

宏观经济蓝皮书
中国经济增长报告（2010）
著(编)者：刘霞辉　2010年3月出版 / 估价：49.00 元

农村经济绿皮书
中国农村经济形势分析与预测（2009～2010）
著(编)者：中国社会科学院农村发展研究所
国家统计局农村社会经济调查司
2010年4月出版 / 估价：49.00 元

民营经济蓝皮书
中国民营经济发展报告（2009～2010）
著(编)者：黄孟复　2010年7月出版 / 估价：69.00元

发展和改革蓝皮书
中国经济发展和体制改革发展报告（2010）
著(编)者：邹东涛　欧阳日辉　2010年10月出版 / 估价：98.00元

城乡创新发展蓝皮书
城乡一体化发展报告（2010）
著(编)者：傅崇兰　2010年10月出版 / 估价：58.00元

城市蓝皮书
中国城市发展报告No.3（2010）
著(编)者：牛凤瑞　2010年5月出版 / 估价：78.00元

城市竞争力蓝皮书
中国城市竞争力报告No.8（2010）
著(编)者：倪鹏飞　2010年5月出版 / 估价：79.00元

省域竞争力蓝皮书
中国省域经济综合竞争力发展报告（2009～2010）
著(编)者：李建平　黄茂兴　2010年3月出版 / 估价：238.00元

企业蓝皮书
中国企业竞争力报告(2010)
著(编)者：金培　2009年11月出版 / 估价：69.00元

民营企业蓝皮书
中国民营企业竞争力报告No.6(2010)
著(编)者：刘迎秋、徐志祥　2010年11月出版 / 估价：59.00元

中国总部经济蓝皮书
中国总部经济发展报告（2009～2010）
著(编)者：赵弘　2009年11月出版 / 估价：55.00元

金融中心蓝皮书
中国金融中心发展报告（2010）
著(编)者：王力　2010年10月出版 / 估价：58.00元

就业蓝皮书
中国大学生就业报告（2010）
著(编)者：王伯庆　2010年5月出版 / 估价：98.00元

人才蓝皮书
中国人才发展报告（2010）
著(编)者：潘晨光　2010年6月出版 / 估价：65.00元

人口与劳动绿皮书
中国人口与劳动问题报告No.11（2010）
著(编)者：蔡昉　2010年9月出版 / 估价：49.00元

商业蓝皮书
中国商业发展报告（2010）
著(编)者：荆林波　2010年3月出版 / 估价：49.00元

商品市场蓝皮书
中国商品市场竞争力报告（2010）
著(编)者：荆林波　2010年10月出版 / 估价：59.00元

社会类

社会蓝皮书
2010年中国社会形势分析与预测
著(编)者：陆学艺　李培林　2009年12月出版 / 估价：49.00元

社会保障绿皮书
中国社会保障发展报告 No.4（2010）
著(编)者：陈佳贵　王延中　2010年5月出版 / 估价：59.00元

老年蓝皮书
中国老年发展报告（2010）
著(编)者：田雪原　2010年10月出版 / 估价：58.00元

教育蓝皮书
中国教育发展报告（2010）
著(编)者：杨东平　柴纯青　2010年3月出版 / 估价：49.00元

环境绿皮书
中国环境发展报告（2010）
著(编)者：杨东平　2010年5月出版 / 估价：59.00元

气候变化绿皮书
应对气候变化报告（2010）
著(编)者：潘家华　2010年10月出版 / 估价：68.00元

民族蓝皮书
中国民族发展报告No.2（2010）
著(编)者：郝时远　王希恩　2010年6月出版 / 估价：59.00元

宗教蓝皮书
中国宗教报告（2010）
著(编)者：金泽　邱永辉　2010年3月出版 / 估价：59.00元

法治蓝皮书
中国法治发展报告（2010）
著(编)者：李林　2010年9月出版 / 估价：68.00元

妇女绿皮书
中国性别平等与妇女发展报告（2009～2010）
著(编)者：蒋永平　姜秀花　2010年3月出版 / 估价：79.00元

妇女发展蓝皮书
中国妇女发展报告（2009~2010）：妇女与传媒
著(编)者：王金玲　2010年2月出版 / 估价：59.00元

妇女生活蓝皮书
2009～2010年：中国女性生活状况报告
著(编)者：韩湘景　2010年4月出版 / 估价：49.00元

妇女教育蓝皮书
中国妇女教育发展报告（2009～2010）
著(编)者：宋胜菊　2010年8月出版 / 估价：68.00元

政府创新蓝皮书
和谐社会与政府创新（2009～2010）
著(编)者：俞可平　2010年3月出版 / 估价：78.00元

电子政务蓝皮书
中国电子政务发展报告（2010）
著(编)者：王长胜　2010年4月出版 / 估价：55.00元

创新蓝皮书
创新型国家建设报告（2010）
著(编)者：詹正茂　2010年6月出版 / 估价：79.00元

民间组织蓝皮书
中国民间组织报告（2009～2010）
著(编)者：黄晓勇　2009年12月出版 / 定价：59.00元

企业公民蓝皮书
中国企业公民报告（2010）
著(编)者：王再文　2010年7月出版 / 估价：58.00元

企业社会责任蓝皮书
中国企业社会责任研究报告（2010）
著(编)者：陈佳贵　2010年10月出版 / 估价：59.00元

慈善蓝皮书
中国慈善发展报告（2010）
著(编)者：杨团　2010年8月出版 / 估价：59.00元

文化类

文化蓝皮书
中国文化产业发展报告（2010）
著(编)者：张晓明　2010年4月出版 / 估价：59.00元

公共文化蓝皮书
中国公共文化服务发展报告（2010）
著(编)者：张晓明　2010年10月出版 / 估价：59.00元

文化创新蓝皮书
中国文化创新发展报告（2010）
著(编)者：文化部文化科技司　武汉大学国家文化创新研究中心
2009年11月出版 / 估价：98.00元

文化遗产蓝皮书
中国文化遗产事业发展报告（2010）
著(编)者：刘世锦　林家彬　苏杨　2010年11月出版 / 估价：69.00元

科学传播蓝皮书
中国科学传播报告（2010）
著(编)者：詹正茂　2010年6月出版 / 估价：79.00元

区域类

区域蓝皮书
中国区域经济发展报告（2009～2010）
著(编)者：戚本超　景体华　2010年3月出版 / 估价：69.00元

北京蓝皮书
北京经济发展报告（2009～2010）
著(编)者：梅松　2010年3月出版 / 估价：59.00元

北京蓝皮书
北京社会发展报告（2009～2010）
著(编)者：戴建中　2010年3月出版 / 估价：49.00元

北京蓝皮书
北京文化发展报告（2009～2010）
著(编)者：张泉　2010年2月出版 / 估价：49.00元

北京蓝皮书
北京城乡发展报告（2009～2010）
著(编)者：黄序　2010年2月出版 / 估价：59.00元

北京蓝皮书
北京公共服务发展报告（2009～2010）
著(编)者：张耘　2010年2月出版 / 定价：58.00元

北京蓝皮书
中国社区发展报告（2009～2010）
著(编)者：于燕燕　2010年2月出版 / 估价：59.00元

上海蓝皮书
上海经济发展报告（2010）
著(编)者：屠启宇　沈开艳　2010年2月出版 / 定价：59.00元

上海蓝皮书
上海社会发展报告（2010）
著(编)者：卢汉龙　2010年2月出版 / 定价：69.00元

上海蓝皮书
上海文化发展报告（2010）
著(编)者：叶　辛　蒯大申　2010年2月出版 / 定价：49.00元

上海蓝皮书
上海资源环境发展报告（2010）
著(编)者：周冯琦　2010年2月出版 / 定价：69.00元

广州蓝皮书
中国广州经济发展报告（2010）
著(编)者：李江涛　朱名宏　2010年6月出版 / 估价：59.00元

广州蓝皮书
中国广州社会发展报告（2010）
著(编)者：涂成林　2010年5月出版 / 估价：49.00元

广州蓝皮书
中国广州文化发展报告（2009～2010）
著(编)者：王晓玲　2010年8月出版 / 估价：59.00元

广州蓝皮书
中国广州科技发展报告（2010）
著(编)者：涂成林　2010年6月出版 / 估价：49.00元

广州蓝皮书
中国广州城市建设发展报告（2010）
著(编)者：涂成林　2010年7月出版 / 估价：49.00元

广州蓝皮书
中国广州创意产业发展报告(2010)
著(编)者：卢一先　范旭　舒扬　2010年7月出版 / 估价：65.00元

广州蓝皮书
中国广州汽车产业发展报告（2010）
著(编)者：李江涛　2010年9月出版 / 估价：49.00元

深圳蓝皮书
深圳经济发展报告（2010）
著(编)者：乐正　2010年3月出版 / 估价：68.00元

深圳蓝皮书
深圳社会发展报告（2010）
著(编)者：乐正　2010年5月出版 / 估价：59.00元

深圳蓝皮书
深圳劳动关系发展报告（2010）
著(编)者：汤庭芬　2010年1月出版 / 估价：78.00元

经济特区蓝皮书
中国经济特区发展报告（2010）
著(编)者：钟坚　2010年4月出版 / 估价：79.00元

河南蓝皮书
2010年河南经济形势分析与预测
著(编)者：刘永奇 河南省统计局　2010年4月出版 / 估价：49.00元

河南蓝皮书
2010年河南社会形势分析与预测
著(编)者：林宪斋　赵保佑　2010年2月出版 / 定价：59.00元

河南蓝皮书
河南文化发展报告（2010）
著(编)者：张 锐 2010年2月出版 / 定价：49.00元

河南蓝皮书
河南城市改革发展报告（2010）
著(编)者：林宪斋 喻新安 王建国 2010年2月出版 / 定价：49.00元

陕西蓝皮书
陕西经济发展报告（2010）
著(编)者：杨尚勤 2010年2月出版 / 估价：59.00元

陕西蓝皮书
陕西社会发展报告（2010）
著(编)者：杨尚勤 2010年2月出版 / 估价：59.00元

陕西蓝皮书
陕西文化发展报告（2010）
著(编)者：杨尚勤 2010年2月出版 / 估价：49.00元

四川蓝皮书
2010年四川经济形势分析与预测
著(编)者：侯水平 2010年8月出版 / 估价：55.00元

四川蓝皮书
四川文化产业发展报告（2010）
著(编)者：侯水平 2010年7月出版 / 估价：59.00元

武汉蓝皮书
武汉经济社会发展报告（2010）
著(编)者：刘志辉 2010年5月出版 / 估价：49.00元

武汉城市圈蓝皮书
武汉城市圈经济社会发展报告（2009～2010）
著(编)者：李春洋 2010年2月出版 / 估价：79.00元

武汉城市圈蓝皮书
武汉城市圈房地产发展报告（2009～2010）
著(编)者：王涛 2010年6月出版 / 估价：89.00元

郑州蓝皮书
郑州文化发展报告（2010）
著(编)者：窦志力 2010年1月出版 / 估价：49.00元

浙江服务业蓝皮书
2009浙江省服务业发展报告
著(编)者：浙江省发展和改革委员会 2010年2月出版 / 估价：68.00元

温州蓝皮书
2010年温州经济社会发展形势分析与预测
著(编)者：王春光 2010年3月出版 / 估价：59.00元

海南蓝皮书
海南经济发展报告（2010）
著(编)者：刘仁伍 2010年3月出版 / 估价：49.00 元

辽宁蓝皮书
2010年辽宁经济社会形势分析与预测
著(编)者：曹晓峰 张 晶 张卓民 2010年2月出版 / 定价：69.00元

东北蓝皮书
中国东北地区发展报告（2010）
著(编)者：辽宁省社科院 等 2010年9月出版 / 估价：69.00元

环渤海蓝皮书
环渤海区域经济发展报告（2010）
著(编)者：周立群 2010年5月出版 / 估价：59.00元

长三角蓝皮书
长三角发展报告（2010）
著(编)者：上海社会科学院 2010年5月出版 / 估价：59.00元

珠三角蓝皮书
珠三角发展报告（2010）
著(编)者：中山大学港澳珠三角研究中心 2010年4月出版 / 估价：59.00

中部蓝皮书
中国中部地区发展报告（2009）
著(编)者：张 锐 林宪斋 2010年2月出版 / 定价：59.00元

西部蓝皮书
中国西部经济发展报告（2010）
著(编)者：姚慧琴 2010年7月出版 / 估价：79.00元

长株潭城市群蓝皮书
长株潭城市群发展报告（2010）
著(编)者：张萍 2010年8月出版 / 估价：69.00元

泛北部湾蓝皮书
泛北部湾合作发展报告（2010）
著(编)者：古小松 2010年8月出版 / 估价：65.00元

福建经济竞争力蓝皮书
福建经济综合竞争力报告（2009～2010）
著(编)者：王秉安、罗海成 2010年9月出版 / 估价：49.00元

环海峡经济区蓝皮书
环海峡经济区发展报告（2010）
著(编)者：李闽榕、王秉安 2010年9月出版 / 估价：49.00元

海峡西岸蓝皮书
海峡西岸经济区发展报告(2010)
著(编)者：叶飞文 2010年9月出版 / 估价：49.00元

香港蓝皮书
香港经贸发展报告（2010）
著(编)者：荆林波　2010年4月出版 / 估价：49.00元

澳门蓝皮书
澳门发展报告（2010）
著(编)者：吴志良　2010年1月出版 / 估价：79.00元

台湾蓝皮书
台湾经贸发展报告（2010）
著(编)者：荆林波　2010年4月出版 / 估价：49.00元

行业类

住房绿皮书
中国城市住房发展报告（2010）
著(编)者：倪鹏飞　2009年11月出版 / 估价：69.00元

房地产蓝皮书
中国房地产发展报告NO.7（2010）
著(编)者：牛凤瑞　2010年4月出版 / 估价：59.00元

汽车蓝皮书
中国汽车产业发展报告（2010）
著(编)者：国务院发展研究中心产业经济研究部
中国汽车工程学会　大众汽车集团
2010年1月出版 / 估价：59.00元

医疗卫生绿皮书
中国医疗卫生发展报告（2010）
著(编)者：张文鸣　2010年11月出版 / 估价：68.00元

食品药品蓝皮书
食品药品安全与监管政策研究报告（2010）
著(编)者：上海市食品药品安全研究中心
2010年4月出版 / 估价：69.00元

金融蓝皮书
中国金融发展报告（2010）
著(编)者：李扬　2010年6月出版 / 估价：79.00元

金融蓝皮书
中国商业银行竞争力报告（2010）
著(编)者：王松奇　2010年4月出版 / 估价：49.00元

金融蓝皮书
中国金融生态报告（2010）
著(编)者：李扬　2010年4月出版 / 估价：49.00元

金融蓝皮书
中国理财产品分析与评价报告（2010）
著(编)者：殷剑峰　2010年5月出版 / 估价：59.00元

产权市场蓝皮书
中国产权市场发展报告（2009～2010）
著(编)者：曹和平　2010年7月出版 / 估价：59.00元

资本市场蓝皮书
中国场外交易市场发展报告（2010）
著(编)者：高峦　2010年11月出版 / 估价：58.00元

财经蓝皮书
中国服务业发展报告NO.8（2010）
著(编)者：裴长洪　2010年2月出版 / 定价：59.00元

旅游绿皮书
2010年中国旅游发展分析与预测
著(编)者：张广瑞　2010年5月出版 / 估价：59.00元

交通蓝皮书
中国交通发展报告（2010）
著(编)者：韩　峰　崔民选
2010年10月出版 / 估价：58.00元

体育产业蓝皮书
中国体育产业发展报告（2008～2010）
著(编)者：中国体育产业研究中心
2010年2月出版 / 定价：69.00元

餐饮蓝皮书
中国餐饮产业发展报告（2010）
著(编)者：杨柳　2010年6月出版 / 估价：49.00元

循环经济蓝皮书
中国循环经济发展报告（2010）
著(编)者：齐建国　2010年3月出版 / 估价：79.00元

会展经济蓝皮书
中国会展经济发展报告（2010）
著(编)者：王方华　2010年4月出版 / 估价：55.00元

商会蓝皮书
中国商会发展报告（2009～2010）
著(编)者：黄孟复　2010年9月出版 / 估价：98.00元

传媒蓝皮书
中国传媒产业发展报告（2010）
著(编)者：崔保国　2010年4月出版 / 估价：79.00元

广告主蓝皮书
中国广告主营销传播趋势报告（2009～2010）
著(编)者：黄升民　杜国清　2010年8月出版 / 估价：68.00元

能源蓝皮书
中国能源发展报告（2010）
著(编)者：崔民选　2010年5月出版 / 估价：80.00元

煤炭蓝皮书
中国煤炭工业发展报告（2010）
著(编)者：岳福斌　2010年9月出版 / 估价：50.00元

电力蓝皮书
中国电力工业发展报告（2010）
著(编)者：张安华　2010年10月出版 / 估价：58.00元

农业竞争力蓝皮书
中国农业竞争力发展报告（2009～2010）
著(编)者：郑传芳　2010年9月出版 / 估价：89.00元

林业竞争力蓝皮书
中国林业竞争力发展报告（2009～2010）
著(编)者：郑传芳　2010年9月出版 / 估价：89.00元

茶叶产业蓝皮书
中国茶叶产业发展报告（2010）
著(编)者：荆林波　2010年4月出版 / 估价：49.00元

测绘蓝皮书
中国测绘发展研究报告（2010）
著(编)者：徐永清　2010年8月出版 / 估价：58.00元

国际类

世界经济黄皮书
2010年世界经济形势分析与预测
著(编)者：王洛林　张宇燕　2010年1月出版 / 定价：49.00元

国际形势黄皮书
全球政治与安全报告（2010）
著(编)者：李慎明　王逸舟　2009年12月出版 / 定价：49.00元

世界社会主义黄皮书
世界社会主义跟踪研究报告（2009～2010）
著(编)者：李慎明　2010年1月出版 / 估价：79.00元

上海合作组织黄皮书
上海合作组织发展报告（2010）
著(编)者：吴恩远　2010年5月出版 / 估价：79.00元

美国蓝皮书
美国发展报告（2010）
著(编)者：黄平　2010年4月出版 / 估价：79.00元

欧洲蓝皮书
欧洲发展报告（2009～2010）
著(编)者：周弘　2010年2月出版 / 估价：79.00元

亚太蓝皮书
亚太地区发展报告（2010）
著(编)者：李向阳　2010年3月出版 / 估价：79.00元

中东非洲黄皮书
中东非洲发展报告（2009～2010）
著(编)者：杨光　2010年3月出版 / 估价：79.00元

拉美黄皮书
拉丁美洲与加勒比发展报告（2009～2010）
著(编)者：苏振兴　2010年4月出版 / 估价：79.00元

俄罗斯东欧中亚黄皮书
俄罗斯东欧中亚国家发展报告（2010）
著(编)者：吴恩远　2010年4月出版 / 估价：79.00元

日本蓝皮书
日本发展报告（2010）
著(编)者：李薇　2010年4月出版 / 估价：79.00元

日本经济蓝皮书
日本经济与中日经贸关系发展报告（2010）
著(编)者：王洛林　2010年4月出版 / 估价：79.00元

韩国蓝皮书
韩国发展报告（2010）
著(编)者：牛林杰　2010年3月出版 / 估价：79.00元

越南蓝皮书
越南国情报告（2010）
著(编)者：古小松　2010年7月出版 / 估价：49.00元

注：2010年起，每册皮书将附赠100元的皮书数据库阅读卡。

创社科经典　出传世文献

社会科学文献出版社

SOCIAL SCIENCES ACADEMIC PRESS(CHINA)

社会科学文献出版社成立于1985年，是直属于中国社会科学院的人文社会科学专业学术出版机构。

成立以来，特别是1998年实施第二次创业以来，依托于中国社会科学院丰厚的学术出版和专家学者两大资源，坚持“创社科经典，出传世文献”的出版理念和“权威、前沿、原创”的产品定位，走学术产品的系列化、规模化、市场化经营道路，取得了令人瞩目的成绩，销售收入等主要效益指标取得了年平均增长20%以上的发展速度，先后策划出版了著名的图书品牌和学术品牌“皮书”系列、获得国家图书奖和“五个一工程奖”的《世界沧桑150年 —— <共产党宣言>发表以来世界发生的主要变化》、《甲骨学一百年》、《二十世纪中国民俗学经典》以及“全球化译丛”、“经济研究文库”、“社会理论译丛”等一大批既有学术影响又有市场价值的系列图书，使社会科学文献出版社的知名度和美誉度日益提高，确立了人文社会科学著作出版的权威地位。

基于人才的优势和创新的理念，通过准确的市场定位和科学的发展规划，社会科学文献出版社在选题策划、主题出版与主题营销、品牌推广、数字出版等方面取得了领先，虽然目前还不能称为大社、强社，但对专业学术出版的坚持与执着以及先进的经营理念和科学的管理方式已经使社会科学文献出版社具备了现代企业快速发展与大规模成长的条件。在新的发展时期，社会科学文献出版社结合社会的需求、自身的条件以及行业的发展，提出了新的创业目标，那就是：精心打造人文社会科学成果推广平台，发展成为一家集图书、期刊、声像电子和网络出版物为一体，面向高端读者和用户，具备独特竞争力的人文社会科学内容资源供应商。

GREEN BOOK

权威·前沿·原创

2010年
中国休闲发展报告

ANNUAL REPORT
ON CHINA'S LEISURE DEVELOPMENT
(2010)

主　编／刘德谦　高舜礼　宋　瑞

社会科学文献出版社
SOCIAL SCIENCES ACADEMIC PRESS (CHINA)

法律声明

本书由国家旅游局综合协调司委托研究并支持出版

本书编撰人员名单

主 报 告

撰稿人　课题组

执笔人　宋　瑞

专题报告撰稿人（以专题报告出现先后为序）

高舜礼　宋　瑞　张　毅　王诚庆　魏小安　刘德谦

华侨城集团公司　厉新建　王真真　王雪东　李　静

李洪波　张　尊　吴文新　杨　晶　戈双剑　张苗苗

凌　平　王向宏　韩晓龙　顾　涵　李相如　杨劲松

冯冬明　于　杨　王艳平　马　波　耿庆汇　周　梅

李晓勇　续　川　沈　虹　白四座　杭州市旅游委员会

蒋　艳　宋子千　王琪延　侯　鹏　楼嘉军　徐爱萍

秦　学　刘少和　唐湘辉　李　鹏　冯艳滨　吴丽娟

郑　慧　卿前龙　魏　翔　郭　茜　白日荣　吴承忠

总　　纂

刘德谦　高舜礼　宋　瑞

休闲绿皮书编辑部办公室

沈　虹　周　梅　宋　瑞　曾　莉

主要编撰者简介

刘德谦 中国社会科学院财政与贸易经济研究所特约研究员，中国社会科学院旅游研究中心副主任。北京联合大学旅游学院教授，《旅游学刊》创始人、荣誉主编。北京旅游学会副会长。长期从事旅游基础理论研究，主要研究领域包括旅游规划、国内旅游、乡村旅游与民俗文化等。

高舜礼 国家旅游局综合协调司副司长，中国社会科学院旅游研究中心特约研究员，长期从事旅游管理和研究工作。近年来出版《中国旅游业对外开放战略研究》、《中国旅游产业政策研究》等专著4本，在旅游专业报刊发表文章200篇。

宋　瑞 产业经济学博士，人文地理学博士后，中国社会科学院财政与贸易经济研究所副研究员，中国社会科学院旅游研究中心秘书长，中国社会科学院研究生院硕士生导师。近期关注休闲经济、生态旅游、旅游规划和文化遗产等研究。

中文摘要

《2010年中国休闲发展报告》（《休闲绿皮书No. 1》），是国内第一本有关休闲发展的皮书，由中国社会科学院财政与贸易经济研究所接受国家旅游局委托进行课题研究并组织相关专家编写而成，是社会科学文献出版社“皮书系列”的重要组成部分。全书由主报告和36篇专题报告组成。这36篇专题报告分别涉及国民休闲生活动态、休闲相关产业发展、休闲公共管理政策、典型城市休闲实践、休闲研究热点问题等。作为国内首部休闲皮书，此书将成为政府、业界、学界和公众了解我国休闲发展前沿的重要读物。

从制度建设来看，2009年，是我国休闲发展具有纪年意义的一年，我国休闲发展的制度环境有突破性进展，其中最为突出的是国务院在“三定”方案中明确将“引导休闲度假”确定为国家旅游局的职能。这意味着“休闲”作为一个专门的领域，被正式纳入行政管理范畴，相关管理工作有了特定的机构归属。除此之外，《国务院关于加快旅游业发展的意见》、《文化产业振兴规划》、《全民健身条例》等一系列促进休闲发展的重大政策陆续出台，国民休闲计划在各地相继推行，国家旅游局与文化部、国家体育总局、农业部等部门之间的合作更加紧密，相关领域的体制机制改革有所加快。从产业层面来看，2009年尽管是“新世纪以来我国国民经济最为艰难的一年”，但“旅游休闲”、“文化休闲”、“体育休闲”和“其他休闲”四大领域均逆势增长，成为推动经济发展的重要力量。在官方相关统计数据不完备的情况下，基于所搜集到的各种资料，主报告初步测算，2009年我国居民休闲消费的规模大致在17000亿元左右，相当于社会消费品零售总额的13.56%，相当于GDP的5.07%。

Abstract

Known as *Green Book of China's Leisure No. 1*, *Annual Report on China's Leisure Development (2010)* is the first report of leisure in the country prepared by the Institute of Finance and Trade Economics, Chinese Academy of Social Sciences, and a key member in the series of authoritative reports published by Social Sciences Academic Press (China). This *Green Book of China's Leisure* consists of one general report and 36 special reports. The 36 special reports involves civil leisure life dynamics, development of leisure related industries, leisure public management policies, typical city leisure practices, hot topics for leisure research etc. This book will be of significance on learning the frontier of leisure development for the government, leisure industry, academia and the general public as well.

The general report remarks on the general situation of China's leisure development in 2009, analyzes the institutional changes which impact leisure development during the same period. In 2009, China National Tourism Administration (CNTA) was approved by the State Council to "guide the development of leisure and vacation". It is the first time that there is a specific government department which is responsible for the leisure development. It is a milestone in China's leisure development. Meanwhile, some significant policies have been issued, covering respectively tourism, cultural industry and national exercise and etc. The Citizens' Leisure & Tourism Plan have been implemented in different regions. CNTA furthered the cooperation with Culture Ministry, General Administration of Sport of China, and Ministry of Agriculture of the P. R. C. As far as the industry itself is concerned, in the year 2009 all such four realms as "leisure travel", "culture leisure", "sports leisure" and "other leisure" achieved growth under the adverse circumstances of financial crisis. Even though the official statistics was incomplete, on the basis of the all sorts of information accumulated, the main report estimates that the overall leisure consumption by Chinese citizens in 2009 amounted to approximately 1700 billion RMB, which is equivalent to 13.56% of the gross social consumable goods, i. e. 5.07% of GDP.

序 言

1995 年 5 月开始的周末周日“双休日”，1999 年 10 月增加的法定假日及出现的“黄金周”，2008 年开始落实的带薪年休假，以“三节跳”的速度进入了中国职工的家庭，从而逐步唤醒了中国公民休闲意识。随着休闲进入普通百姓生活，国民生活亦悄然发生着诸多变化，是束手观望还是尽可能地给以帮助，这是摆在学界、业界和各级政府面前不容等待的选择。

让人欣喜又有些遗憾的是，此前学者们的研究已多有成果，但未能得到广泛分享；各地休闲发展已有不少探索，但是经验教训未能及时沟通；全国休闲产业虽也多有发展，有关情况却没来得及总结……

2009 年是我国休闲业发展的具有纪年意义的重要年份。除了加快发展休闲产业上升为国家战略外，国务院赋予的“引导休闲度假”职能明确落实在国家旅游局。为了有助于这一职能的履行，有利于引导和推动休闲发展，受国家旅游局的委托和支持，中国社会科学院财政与贸易经济研究所承担和组织了相关课题的研究，吸纳休闲相关产业的专家学者，研究出版了这本《休闲绿皮书》。我们希望借助这个平台，让相关行业的诸位专家汇聚一堂，集思广益，并把我国休闲产业发展现状和各地已有经验转告大家，也将我们自己的研究心得向大家汇报，以期能够相互了解与沟通，并为业界的发展、为学者的研究、为政府的决策提供一些有益的参考。

我们特别邀请了在休闲研究方面多有体会的专家撰写了专题报告。本书的编委，不少是在此领域多有建树的学者，也提供了最近的新作。基于这些报告发表时未能彼此讨论，所以互有差异也就在所难免，编辑部也不愿将自己的观点强加于作者，只好请读者在阅读中进行比较与选择。

考虑到中国还有每日工作 10 小时的职工，还有周末周日不能休息的职工，还有节假日也得加班的职工，还有不愿用自己的带薪休假权去挑战用工单位饭碗掌握权的职工，也还有更广大的农村，我们希望有关研究者、执法人、地方政府都能够对他们的生活状态给以更多的关注。略感遗憾的是，今年这本《休闲绿皮书》暂未能就弱势群体的休闲给以应有的论述，而筹划编辑时原约有一份关于农民工休闲的调研报告，但因作者身体的不适而未能完稿；此外，原定选择的某个案例城市也因故没有选录。这都是十分可惜的。所有这些，只有在明年编辑第二本时加以弥补了。

《休闲绿皮书》的编辑出版，今后还要继续，诚挚地希望广大读者和作者能够给以更多支持和帮助。

本书编者

2010 年 5 月 5 日

目 录

主 报 告

专 题 报 告

中国休闲发展的多视角

旅游休闲

文化休闲

体育休闲

其他多样休闲

休闲的引导与促进

地方休闲发展考察

休闲研究与评述

皮书数据库阅读**使用指南**

CONTENTS

General Reports

Special Reports

Cultural Leisure

Sports Leisure

Other Diversified Leisure

Stimulating Leisure Development

Leisure Development in Different Regions

Academic Research on Leisure: Development & Comments

主报告

GENERAL REPORTS

2009~2010 年中国休闲相关产业发展[*]

中国社会科学院财政与贸易经济研究所课题组

休闲是居民生活水平和经济发达程度的标志。人类发展至今，“休闲已成为人们日常生活的重要组成部分，也是生活质量的标志……人们的财富——物质的、精神的、社会的，都越来越取决于其所拥有的休闲”。① 与此同时，休闲作为一种经济现象，也对产业结构和经济运行产生着深刻的影响。

十年前，美国《未来学家》（1999 年第 12 期）撰文指出：10~15 年后，部分发达国家将进入“休闲时代”，发展中国家将紧随其后；专门提供休闲服务的产业在 2015 年将会主导劳务市场，休闲相关产业在美国 GDP 中将占半壁江山。几乎同时，未来学家格雷厄姆·莫利托在《经济学人》（1999 年 12 月）上发表文章指出，人类在 2015 年将迈过信息时代踏入休闲时代。

作为发展中国家，中国距离“休闲时代”的全面到来还有相当的路程，但

---

* 执笔人宋瑞。

① Roberts, Kenneth, *Leisure in contemporary society*, Wallingford, UK: CABI Pub, 1999.

一个不争的事实是，随着社会经济的发展，人们的休闲时间不断增加，休闲生活日益丰富，休闲消费类型多样，相关产业迅猛发展。休闲已经成为经济领域中不容忽视的重要部分。

一　休闲相关产业

（一）休闲相关产业的提出

1. “产业”的三种使用语境

一般而言，“产业”一词在三个不同语境下使用。其一是在经济学研究中使用。产业经济学对“产业”的界定是“生产同类或有密切替代关系的产品或服务的企业的集合”。① 显然，这种界定更多的是从生产角度进行的，是工业时代的产物。其二是在统计分类中使用。在统计分类中，行业与产业概念等同（英语都为“industry”），就是按照活动的同质性将国民经济中的不同领域加以分类。② 其三是在社会经济生活中使用。相对而言，在社会经济生活中，人们对“产业”的理解相对宽松，并没有严格的学术和技术界定。三种语境下对“产业”的使用，其出发点和严格性不尽相同。

2. 为什么用“休闲相关产业”

“休闲产业”是一个颇具争议的概念。这一部分是由于“产业”一词使用语境的不同而造成的，更重要的是，“休闲”是一个从需求角度界定、在六种不同的语境下使用的概念，③ 因此要界定出“休闲产业”是极为困难的。从理论上，

① 杨公仆、夏大慰：《现代产业经济学》，上海财经大学出版社，1996，第2～3页。

② 国际上有关分类一般翻译为“产业”，而我国相对应的分类叫“行业”。近年来为了适应社会发展的需要，除了《国民经济行业分类》还沿用“行业”一词外，其他新的分类（如《文化及相关产业分类》等）都采用社会上普遍认同的“产业分类”。

③ a. 时间的概念，即“闲暇时间”或者“自由时间”，指当劳动、生活事务、睡眠和其他基本需求得到满足后个人可以自由利用的时间；b. 活动的概念，即人们在常规事务以外的时段所从事的满足个人爱好和兴趣的活动；c. 消费的概念，即人们为了满足其休闲需求而进行的消费；d. 心态的概念，即人们从事某项活动可以达到的精神状态；e. 生活方式的概念，即追求自由、放松的生活方式和存在方式；f. 文明程度的概念，即当以追求这种生活方式成为社会大众的普遍选择时，整个社会所达到的文明状态。

国内外不同学者做过各种努力[①]，但总体来看，没有统一的说法，而且大多不具有统计意义。实际上，抛开纯粹的理论探讨而言，任何产业的分类都必须遵循《国民经济行业分类》，不能突破现有行业分类的框架体系[②]，如此才能在主要数据来源方面与国家统计局保持一致。近年来，文化和体育相关产业分类的颁布[③]，就是以《国民经济行业分类》（GB/T4754/2002）为基础分类，根据各自特点，将行业分类中相关的类别重新组合而成的。考虑到所涉及产业的延伸性和交叉性，很难划定一个绝对清晰的产业边界，因此使用“文化及相关产业”（或“体育及相关产业”），而不是“文化产业”（或“体育产业”）。实际上，这些特性在休闲领域表现得更加突出。有鉴于此，使用“休闲相关产业”似更合理。

3. 分析“休闲相关产业”时的三个原则

本报告对“休闲相关产业”所做的分析，基于以下三个原则：①需求导向原则，即从需求角度出发，选择与公众休闲活动和休闲需求相对应的供给部分进行分析，因此不严格区分其盈利性和非盈利性、事业性和产业性。在分析中，结合需求与供给、消费和生产两方面，而不是单一的供给和产出分析。②数据可得原则，即在与人们休闲活动相对应的供给中，选择统计数据较为完备的部分进行分析。由于统计体系本身的不完备，无法涵盖全部的休闲相关产业。[④] 在分析中，为弥补官方统计数据的不足，同时结合其他来源的数据加以分析。③部门归属原则。考虑到各项工作及统计数据与部门管理权限的划分高度相关，在分析时，结合现有产业分类和行政管理范围，将休闲相关产业划分为“旅游休闲”、“文化休闲”、“体育休闲”及“其他休闲”等（见图1）。

---

① 相关讨论见《休闲绿皮书》中《休闲产业界定：观点综述》一文。

② 当然，随着社会经济的发展，《国民经济行业分类》标准本身也会有所调整。改革开放以来，国家统计局于1984年颁布了《国民经济行业分类和代码》（GB4754－84）国家标准，并先后于1994年、2002年进行了修订。目前实施的是2002年5月10日正式颁布的《国民经济行业分类》（GB/T4754/2002）。

③ 分别是2004年颁布的《文化及相关产业分类》（国统字〔2004〕24号）和2008年颁布的《体育及相关产业分类（试行）》。

④ 与休闲相关的领域（如文化、体育），其自身的分类、构成还在讨论之中。更重要的是，除了旅游统计较为完备之外，这些领域对应于国民经济行业分类标准的统计数据比较缺乏，要将其中满足人们休闲需求的部分剥离出来，从技术角度上来说，目前还是不可能的。

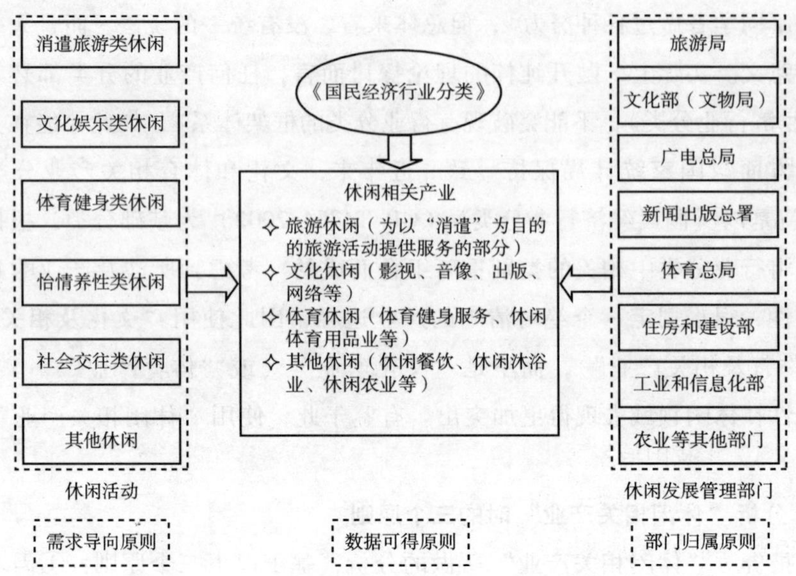

图1　休闲相关产业的划分（2009 年以前）

（二）休闲相关产业的大致规模

在相关产业分类和统计尚不完善的情况下，要估算休闲相关产业的规模是很困难的，甚至是不甚科学的。在此，只能尝试性地做一些努力，以期有大致的把握。

鉴于目前产出方面的数据较为欠缺，只能尝试从消费方面进行估算。从休闲活动的构成来看，以消遣旅游类、文化娱乐类和体育健身类等为主，因此以此三部分相关消费为主，结合其他领域的休闲消费，大致加以估算。

2009 年国内旅游总花费 10183.69 亿元，其中城镇居民和农村居民的总花费分别为 7233.79 亿元和 2949.90 亿元。在各种旅游目的中，除“商务出差”、“健康医疗”和“其他”外，“观光游览”、“度假休闲”、“探亲访友”属于世界旅游组织所划分的旅游目的中“leisure”之列。根据 2008 年的调查，城镇居民出游的观光游览、度假休闲、探亲访友占比分别为 27.3%、24.9%、36.7%，农村居民分别是 7.13%、7.57%、40.43%。假定 2009 年保持相同比例，[①] 则城镇居民和农村居民

① 权威统计部门对 2009 年全国出行的调查结果稍晚时候才会公布，这里暂用 2009 年 11 月出版的《旅游抽样调查资料（2009）》。

用于消遣类旅游的消费分别是 6430.83 亿元和 1626.27 亿元，共计 8057.10 亿元。

根据《2010 年文化产业发展报告》对我国城乡居民文化娱乐用品和服务消费的估算，假定该消费支出增幅与家庭人均现金收入增长幅度持平（为 8.5% 左右），同时考虑人口增长因素和城市化水平的提升因素，估算出 2009 年我国城乡居民家庭文化娱乐用品支出总额约为 6076 亿元。① 如果其中 1/2 是用于满足文化娱乐类的休闲需求，则 2009 年我国城乡居民家庭文化娱乐类的休闲消费支出为 3038 亿元。

根据 2007 年《第三次全国体育现状调查》，全年人均体育消费达到 593 元（其中城镇居民人均年体育消费 718 元），全国参加体育锻炼人数 3.4 亿人，由此计算，2007 年我国城乡居民全年体育消费总额 1465 亿元。假定体育消费与社会消费品零售总额保持相同速度，② 则 2009 年城乡居民全年体育消费总额约为 2082.50 亿元。这一消费总额基本上全部用于休闲性质的体育健身。

2008 年全年全国餐饮企业营业零售额达 15404 亿元，比 2007 年增长 24.7%，连续 18 年保持两位数的增长。按此速度推算，2009 年预计为 18500 亿元左右。假定其中 1/5 算作休闲餐饮的话，可达近 3700 亿元。

另据初步估计，2009 年我国沐浴业收入约为 1250 亿元。

仅将上述几项加总，则我国居民休闲消费的规模在 17000 亿元左右，相当于社会消费品零售总额的 13.56%，相当于 GDP 的 5.07%。当然，这只是在统计数据欠缺条件下的简单估算，难免有重复或遗漏。

二　2009～2010 年我国休闲相关产业发展制度环境的变革与趋势

（一）传统上，休闲发展涉及不同主管部门

1. 休闲是个从需求角度界定的概念

如前所述，休闲更多的是从需求方面所作的界定，其核心是自由时间内的活

① 张晓明、胡惠林、章建刚主编《2010 年中国文化产业发展报告》，社会科学文献出版社，2010 年 4 月，第 4 页。

② 2008 年和 2009 年全国全社会消费品零售总额分别比上年增长 21.6% 和 16.9%。

动，而人们在自由时间内所从事的活动，林林总总，千差万别，因此很难列出一个适合所有人群的休闲活动图谱。国外各种休闲活动参与状况调查（Leisure Participation Survey）① 没有统一的量表，国内更是众说纷纭。尽管表 1 不是一个绝对科学的划分，但至少可从某个侧面反映休闲活动的多样性。

表 1　休闲活动类型（举例）

消遣旅游类休闲	长途旅游	如到异地参观自然风光、名胜古迹等
	市内或近郊旅游	如参观本市内博物馆、美术馆、名人故居、主题公园等,参与郊区农家乐等
文化娱乐类休闲	影视、网络等	如看电视、看电影、玩电脑游戏、欣赏音乐等
	阅读	如消遣阅读等
	娱乐	如观看表演、前往酒吧、歌厅等
体育健身类休闲	传统健身休闲	如逛公园、散步、跑步、游泳、足球、篮球、羽毛球、乒乓球、健身等
	高端健身休闲	如马术、高尔夫等
	特殊体育休闲	如热气球、滑翔伞、攀岩、漂流、沙漠穿越、野外生存、蹦极、潜水、冲浪等
怡情养性类休闲	养花草宠物	如饲养虫、鱼、鸟、兽及其他宠物等
	个人爱好	如琴棋书画、摄影、收藏、打牌、打麻将等
	休闲教育	如为了怡情养性而学习美术、声乐、插花等
社会交往类休闲	社会活动	如节庆活动、宗教活动、公益活动及各类聚会等
其他休闲	包含有休闲内容的活动,如休闲沐浴、休闲餐饮……	

2. 对人们的休闲活动加以引导、管理的公共管理部门众多

对应于人们内容丰富、类型多样的休闲活动和休闲消费，对其加以满足、引导和管理的公共部门众多。

从我国目前的行政管理体系来看，与人们休闲活动直接相关的公共管理部门至少包括：国家旅游局（对应人们的消遣旅游活动），文化部（对应于文化、演艺、网络游戏等有关的文化休闲活动以及涉及文物、文化遗产的休闲活动），体育总局（对应各种体育健身休闲活动），住房和建设部（管理各类公园及风景名

① 自 20 世纪 60 年代开始，很多国家开始进行休闲参与状况调查，其中澳大利亚、英国、加拿大等每年都进行一次全国范围的调查，同时欧美等发达国家也进行了近十次的跨国比较调查。详见宋瑞《休闲消费和休闲服务调查：国际经验与相关建议》，《旅游学刊》2005 年第 4 期。

胜区），工业和信息化部（对应与互联网有关的各种休闲活动），广电总局（对应与广播电视有关的各种休闲活动），新闻出版总署（对应与阅读有关的休闲活动）……除此之外，还有许多其他综合职能部门也间接地与人们的休闲活动相关，包括：发展和改革委员会、财政部、商务部、国土资源部、环境保护部、统计局、工商总局、全国人大及其常委会等。

3. 休闲管理处于分散的非自觉状态

上述这些部门按照各自隶属对本领域的相关工作加以管理。尽管这种管理会涉及对人们休闲需求的满足、休闲活动的引导、休闲设施的提供，以及对相关产业的推动，但总体来看，这种管理具有如下特征：①分散的，即各自只对应人们的一部分而不是全部休闲活动；②无主导的，在2009年之前，没有明确哪个部门具体负责休闲事务管理；③间接和非自觉的，即这些部门开展管理工作的出发点不是为了发展休闲，至少不直接和主要是为了休闲，而更多的是一种间接的和非自觉的推动。

（二）2009年，休闲发展制度环境有突破性进展

传统上，对休闲相关事务的分散的、无主导的、间接和非自觉的管理，实际上与整个社会较为落后的经济条件和“重生产、轻生活”的社会理念有关。随着我国社会经济整体发展程度的提高，近年来，尤其是在2009年，休闲发展的制度环境有了突破性进展。

1. 休闲管理工作首次有了机构归属

近年来，基于提高国民生活质量、拉动国内消费增长、改善经济产业结构等考虑，党和国家高度重视休闲发展。继2007年《政府工作报告》中明确提出“积极培育休闲消费热点”，首次将休闲纳入经济社会发展的工作部署之后，2009年，国务院在“三定”方案中明确将“引导休闲度假”确定为国家旅游局的职能。这意味着“休闲”作为一个专门的领域，被正式纳入了行政管理范畴，相关管理工作有了特定的机构归属。可以说，这是我国休闲发展中的一个标志性事件，也是一个重要的转折点。

国务院明确了国家旅游局“引导休闲度假”的职能后，国家旅游局随即进行了内设机构“三定”，决定由国家旅游局综合协调司行使“引导休闲度假”的职能，具体工作由假日处承担。2009年以来，在国家旅游局的总体领导和相关

部门的支持配合下，综合司开展了一系列开拓性工作，通过多方谋划和推动，理出了引导休闲发展的基本思路，初步打开了新局面。①

2. 促进休闲发展的重大政策陆续出台

2009 年，在应对国际金融危机的宏观背景下，在国家“保增长、扩内需、调结构、惠民生”的整体战略中，文化、旅游、体育等相关产业受到了高度重视，各种利好政策相继出台。

2009 年 9 月 26 日，《文化产业振兴规划》正式发布。《规划》明确了文化产业发展的八个重点任务（发展重点文化产业、实施重点项目带动、培养骨干文化企业、加快全区基地建设、扩大文化相关消费、建设现代市场体系、发展新兴文化业态、扩大对外文化贸易），并从降低准入门槛、扩大政府投入、落实税收政策、加大金融支持、设立产业投资基金等五个方面给予了保障。《规划》的出台，为文化产业的发展带来了良好机遇，特别是文化创意、影视制作、出版发行、演艺娱乐、文化会展、数字内容和动漫等与人们休闲生活密切相关的产业将获得空前的发展。

2009 年国务院批准将每年的 8 月 8 日设立为“全民健身日”。10 月 1 日《全民健身条例》正式颁布实施，这是我国第一部全面、系统规范全民健身事业发展的专门性行政法规，标志着我国群众体育和休闲体育进入了一个新的发展阶段。

2009 年 12 月，备受期待的《国务院关于加快发展旅游业的意见》（国发〔2009〕41 号）正式发布，明确了旅游发展的目标、十项任务和七大保障措施，并明确提出要“积极发展休闲度假旅游，引导城市周边休闲度假带建设”，“制定国民旅游休闲纲要”，设立“中国旅游日”，“落实带薪休假制度”等。2009 年 12 月 31 日，《国务院关于推进海南国际旅游岛建设发展的若干意见》（国发〔2009〕44 号）颁布，提出了在海南省发展休闲度假、体育休闲、休闲农业等决策。

这些规划、意见、条例的相继出台，不仅为当前形势下休闲相关产业的发展提供了有效激励，更重要的是，其引起了全社会对旅游休闲、文化休闲、体育休闲的高度重视，有利于促进其长远发展。

---

① 详见本书高舜礼《国家旅游局对休闲发展的谋划和引导》一文。

3. “国民休闲计划”在全国多地相继实施

2009 年，在国家旅游局的倡导和粤、浙、鲁等省份的带动下，“国民（旅游）休闲计划”在多个省份相继实施。① 尽管具体内容有所不同，但都以全民参与、利民惠民为原则，旨在提高国民生活质量，围绕落实带薪休假制度、发行旅游消费券、增加免费景点、完善旅游公共服务、培育新兴消费热点、鼓励发展修学旅游、奖励旅游、银发旅游等制定了各种政策和措施。尤其值得一提的是，“国民（旅游）休闲计划”并没有限于旅游本身，而是将旅游与教育、体育、健康、养老等相结合，将覆盖范围扩展到多个领域。不少地方政府专门成立工作领导小组，涉及发展改革委、文化、体育等多个部门。从实际效果来看，“国民（旅游）休闲计划”的实施，不仅带动了相关消费，更重要的是，激发了人们的休闲意识和旅游热情。

4. 跨部门的相互合作、交流空前加强

2009 年，国家旅游局和文化部联合发布了《关于促进文化与旅游结合发展的指导意见》，明确了十大合作领域，包括打造文化旅游系列活动品牌，推出《全国文化旅游节庆活动目录》和《国家文化旅游重点项目名录》，支持一批文化旅游企业向集团化和品牌化方向发展，引导旅游文化名街、名镇、文化旅游示范县建设，打造文化旅游特色产业聚集区等。

2009 年，国家旅游局参与了国家体育总局牵头的《关于组织开展“全民健身日”活动的通知》的制定，把“健身休闲”、“康体旅游”等纳入全民健身体育活动中。12 月，会同体育总局联合发出《关于促进体育旅游发展倡议书》，倡议大力培育体育旅游消费热点，创新体育旅游融合发展机制，促进旅游、体育与文化、服务、电信、交通等产业的关联发展。

2009 年 10 月，国家旅游局、农业部在 2008 年签订合作协议的基础上，共同推动成立了中国旅游协会休闲农业与乡村旅游分会，旨在促进休闲农业、观光农业、乡村旅游等的健康发展。

5. 相关领域的体制机制改革有所加快

在与休闲直接相关的旅游、文化、体育三大领域中，旅游的市场化起步较

① 在实践中，各种叫法不一，包括“国民休闲计划”、“国民旅游计划”、“国民旅游休闲计划”等。

早、程度较高，近年来更得到进一步加强；而在传统的“宣传文化体制”下，文化部门的基本功能是宣传和教育，直到近十多年，文化产业化发展步伐才有所加快，基本上完成了绝大部分文化产品的市场化过程；而体育的产业化、市场化、大众化起步更晚，也是在近十年逐步得到加强。为适应经济发展实践的需要，2009 年，这些领域在推动体制机制改革方面加快了步伐。

2009 年，云南、广西、海南等省区被批准为国家旅游综合改革发展试验区，各项体制机制改革和创新工作得以开展。同时，天津滨海新区、长株潭城市群“两型”社会配套改革试验区、武汉城市圈“两型”社会配套改革试验区、重庆城乡统筹综合配套改革试验区等多个区域发展试验区也积极探索相关领域的体制机制改革，谋求旅游发展与相关产业发展的融合，构建大旅游、大休闲的发展格局。

2009 年，文化体制改革进入了由试点先行、稳步推进到攻坚克难、全面推进的新阶段，其中出版体制改革走在前列。按照相关规定，到 2009 年底，已有 268 家地方出版社、100 多家高校出版社、101 家中央部委出版社完成了转企改制。以“三网合一”为主题，广电业改革迈出了坚实的步伐。2009 年国有文艺演出院团体制改革全面启动，确定转企改制院团 172 家，已完成转制的达 70 余家，超过了过去 6 年的总和；文化部直属单位转企改制实现新突破，中国东方演艺集团有限公司、中国文化传媒集团有限公司、中国动漫集团有限公司 3 家文化“央企”同时成立。这些市场化的改革，将有利于更好地满足人民群众的文化休闲需求。

“事实上，自 1997 年党的十五大以来，中央就开始主要将体育置于健身、娱乐和文化的范畴内”。[①] 而奥运会之后，这种趋势更加明显，其中《全民健身条例》的颁布和实施就是最好的例证。2009 年 1 月召开的全国体育局长会议上，将发展群众体育事业作为后奥运时期中国体育工作的重要目标，将“关于发展群众体育、满足人民群众健身需求的问题”作为第一个问题加以重视。伴随着行政体制改革的推进，有关国家体育机构改革的各种讨论也更加全面，[②] 不管是

① 易剑东：《中国体育产业的发展前景》，见江和平、张海潮主编《中国体育产业发展报告（2008 ~ 2010）》，社会科学文献出版社，2010，第 24 页。

② 江和平、张海潮主编《中国体育产业发展报告（2008 ~ 2010）》，社会科学文献出版社，2010，第 24 页。

哪种方案，行政管理和产业发展职能的分开、体育产业和公共体育服务的分开都将成为必然趋势。这些改革必将有利于更好地满足人们的休闲、健身、娱乐需求。

（三）2010 年休闲制度环境改革和完善的展望与建议

休闲不是一个私人现象，政府在其中扮演着重要角色。就政府在促进休闲发展中的职能而言，除了公共休闲设施和服务的供给外，更重要的是，政府要从管理机构及其职能设置、相关政策引导等方面创建有利于休闲发展的制度环境。继“引导休闲度假”被确定为国家旅游局的职能之后，我国休闲发展的制度环境有望得到进一步的完善。以下几个方面的工作是未来值得重点考虑的问题。

1. 成立相关管理机构

国务院已经明确了国家旅游局行使“引导休闲度假”的职能，但这一职能的真正发挥，需要在制度上予以进一步的推进。为此，在短期内，建议借鉴假日旅游管理制度的成功经验，通过加强部际合作，对休闲实施综合管理；长期而言，建议成立“全国休闲发展委员会”，由该委员会统一协调、全面负责有关休闲发展的重大政策、决策，其成员包括国家旅游局、国家体育总局、文化部、住房与建设部、工业和信息化部、广电总局、新闻出版总署、教育部等，办公室设在国家旅游局综合司。

2. 出台休闲发展纲要

正如罗素所说，是否懂得休闲是对一个社会文明程度的最终检验。经过改革开放三十年的发展，我国经济社会建设取得了举世瞩目的成就，人民生活水平不断提高，闲暇时间逐步增加，休闲方式日益多样化，在可自由支配的时间内从事自己喜欢的各类有益活动，已经成为新的社会风尚。发展休闲对于促进社会进步、推进经济发展，使人民共享发展成果，培育新兴消费方式，扩大就业途径，推广健康生活方式，提高国民生活质量具有重要意义，对此应给予高度重视。为此应尽快出台《国民休闲发展纲要》或《国家休闲发展战略》，明确休闲发展目标、政策保障和具体措施，动员各方力量，掀起共同促进我国休闲发展的社会热潮。

3. 纳入规划和考核体系

要在全社会形成发展休闲的氛围和热潮，最有力的手段之一就是将休闲发展状况纳入国民经济和社会发展总体规划之中，同时将该地区居民休闲生活的改善、休闲服务和休闲设施的完善列入政府相关部门及负责人的考核体系，使其从

行动上重视对休闲的发展和促进。

4. 切实落实带薪休假制度

作为一种制度安排，休假制度对人们的休闲生活具有重要影响。为此要严格落实劳动者的公休假制度和带薪休假制度，保障不同群体享受休闲权利。

三　2009～2010年休闲相关产业发展：现状、问题与建议

2009年是新世纪以来我国经济发展最为困难的一年。面对金融危机等各种不利因素所可能产生的影响，我国全面实施应对国际金融危机的一揽子计划，着重从投资和消费两个方面确保经济增长。在一系列政策措施的带动下，2009年我国GDP达到33.5万亿元，比上年增长8.7%；城镇居民人均可支配收入17175元，农村居民人均纯收入5153元，实际分别增长9.8%和8.5%。2009年我国在世界率先实现经济回升向好，为休闲相关产业提供了良好的发展环境，而这些产业的蓬勃发展也成为带动整体经济增长的重要力量。

（一）旅游作为一种重要的休闲方式得到快速发展

目前关于旅游与休闲的关系，以及“休闲旅游”、“旅游休闲”① 概念有各种不同理解。总体来看，为了“休闲”目的而进行的旅游，近年来得到了较快发展。

1. 国民旅游成为中国旅游发展的主体

作为发展中国家，中国在三大市场发展政策方面，经历了逐步演进的过程。② 20世纪90年代以后，随着社会经济的发展和假期制度的调整，国内旅游开始有较大增长，近十年来，国内旅游收入占旅游总收入的比例稳定在70%左右。特别是最近两三年，国内旅游增长速度明显超过入境旅游。与此同时，随着

---

① 有关此概念的详细说明，参见本书刘德谦所撰《中国休闲旅游的发展》一文。

② 分别是：20世纪80年代中期的“大力发展入境旅游，积极发展国内旅游，适度发展出境旅游”；2005年确定的“大力发展入境旅游，规范发展出境旅游，全面提升国内旅游”；2008年确定的“大力发展国内旅游，积极发展入境旅游，有序发展出境旅游”；2009年41号文件中提出的“坚持以国内旅游为重点，积极发展入境旅游，有序发展出境旅游”。

出境政策的放开，中国公民出境旅游也得以迅猛发展。从三大市场的结构比例来看，2009年，国内、入境、出境三大市场旅游人次比例大致为90.8∶6.5∶2.7。可见，国民旅游，尤其是国内旅游占绝对主体地位。

2000～2009年，中国国内旅游人次从7.44亿增加到19.02亿，国内旅游总花费从3175.5亿元增长到10183.7亿元，分别增加了1.55倍和2.20倍。同时，中国居民出境旅游也迅速增长。在2000年以前，中国居民出境旅游每年总增量均在百万人次以下，而进入21世纪以后，仅因私出境每年增量就达三四百万人次之多。2009年我国出境人数达到4766万。2005～2009年，因私出境占总出境人数的比例年均保持在85%以上，2009年更达到了88.6%。

2. 国民旅游中休闲成分保持较高比例

根据对出游动机的进一步细分，可以看出，我国国民旅游中休闲成分保持较高比例。① 根据对各年度国内旅游抽样调查资料的分析，城镇居民以“休闲”为目的（包括“观光游览”、“度假休闲”、“探亲访友”）的旅游近年来始终保持在86.7%～91.4%之间，农村居民以“休闲”为目的的过夜旅游也在77.34%～78.75%之间。2000～2009年，中国居民出境人数已经从1047亿人次增加到4766亿人次，每年因私出境旅游人数已经从563万人次增加到4221万人次，分别增加了2.55倍和5.49倍。从部分资料可以判断，出境旅游中因私出境居民的绝大多数都属于休闲目的的旅游（观光旅游、探亲旅游等）。

3. 各种新兴的休闲类出游方式层出不穷

随着人们出游频率的增加和出游经验的积累及信息化的普及，自驾游、自助游、房车游、定制游、无景点旅游、互助游等各种新兴的出游方式层出不穷，改变了之前以旅游团队为主的格局。这些强调自主、自由、随意、放松、新潮、深度、多元的旅游需求，是国民休闲意识在旅游市场中的最佳体现，这也说明，旅游作为一种主要的休闲方式更加趋于多元化。

4. 面向国民休闲旅游的相关供给增长迅速

适应并引导着国民休闲旅游需求的发展，我国旅游业的各种供给也增长迅

---

① 对应世界旅游组织《旅游统计建议书》，《中国国内旅游抽样调查资料》把旅游者按出游目的细分为：a. 观光/游览，b. 度假/休闲，c. 探亲访友，d. 商务/公务，e. 会议，f. 教科文交流，g. 宗教/朝觐，h. 保健医疗，i. 其他；其中的abc应属于休闲旅游，defg属于事务类旅游，hi属于其他类旅游。

速。到2009年，全国县级以上的旅游景区已增至25000余家，全国已评定等级的旅游景区超过3600家。国家级风景名胜区208处，省级风景名胜区698处。截至2009年底，我国共有世界遗产38项。这些重要的旅游吸引物成为满足国民休闲旅游的重要载体。在过去近十年时间里，我国旅行社从2000年的8993家增长到2008年的20110家，其中国内旅行社的增长尤为引人瞩目，从7725家激增到18140家；星级饭店数量从2001年的7358家增长到2008年的14099家，尤其是适应国民休闲旅游需求的经济型酒店在近年来增长迅猛，成为各种旅游接待设施中增长最快、发展最好的业态之一。

5. 新兴旅游业态增长迅速

伴随着国民旅游方式的转变，在休闲趋势的引领下，近年来涌现了一批新的旅游产业模式和形态，如邮轮旅游、分时度假、产权酒店、休闲房产、城市休闲综合体、休闲社区等，它们都为旅游业增加了新的活力。即使是传统的旅游形式，如乡村旅游，也呈现出多种业态多元发展的格局。例如，北京近年来推出的“国际驿站、采摘篱园、乡村酒店、养生山吧、休闲农庄、生态渔村、山水人家、民族风苑”等8个乡村旅游新型业态等。这些新的旅游企业组织方式和经营方式更好地适应了人们的休闲需求。

6. 旅游对相关产业的带动融合趋势加强

旅游的快速发展，不仅带动了交通、通信、餐饮等行业，更重要的是，它越来越广泛、越来越深入地与其他产业相融合，从而衍生出各种新的旅游热点和旅游形态。如旅游与演艺相融合，诞生了以“唐乐宫”为代表的传统旅游表演和以张艺谋的“印象系列”为代表的大型实景旅游演出；旅游与影视相融合，带动了各种影视基地的发展，也创新了各旅游目的地的营销方式；旅游与体育产业相融合，不仅促使相关景区更加重视各类体育项目的开展，而且出现了奥运场馆游、体育设施游、大型赛事游，以及类似“环太湖体育圈”这样的国家级全民健身基地直接将体育与旅游结合；旅游与农业结合，形成了休闲农业、观光农业、农家乐等不同形态；旅游与工业融合，直接催生了工业旅游和工业遗产旅游的发展。

（二）文化休闲朝着更加多文化、市场化的方向发展

“由于我国文化产业统计工作的滞后，到目前为止，还没有可以支撑年度形

势分析的比较可信的文化产业统计数据”。① 在此，仅选择与公众休闲需求和休闲生活密切相关的、统计数据较为完备的部分领域加以分析。

1. 文化相关产业投资大幅增加

国家统计局2004年发布的《文化及相关产业分类》范围比较广泛，目前尚未有与之对应的官方统计，而《中国统计年鉴》所发布的数据依然是按照《国民经济行业分类标准》（GB/T4754－2002）中各行业的分类标准进行统计的。按照后者所对应的部分行业来看，2003～2008年，我国“文化、体育和娱乐业”的固定资产投资从531.51亿元增长到1423亿元，“居民服务和其他服务业”固定资产投资从241.61亿元增长到316亿元。

2. 公共文化休闲机构数量徘徊增长，效益明显提高，政府投入增加

自我国实施文化体制改革决策以来，公共文化事业单位走上集团化、企业化改制之路，文化休闲服务单位数量徘徊发展甚至部分有所减少，但其效益大幅提升，国家相关投入也持续增加（见图2）。

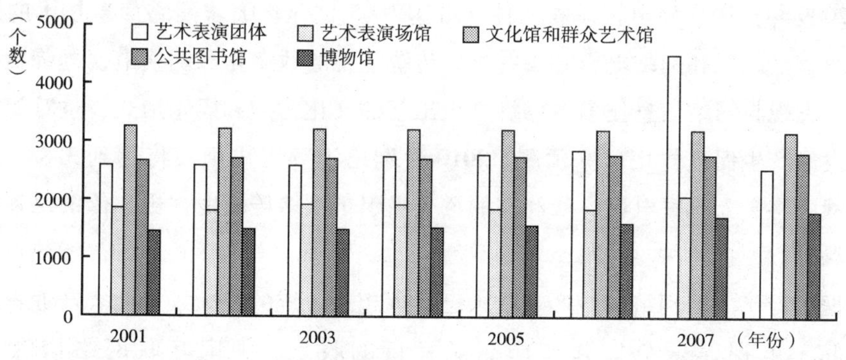

图2 近年来中国公共文化休闲机构数量变化情况

数据来源：根据国家统计局历年统计年鉴或公报整理。

以艺术表演领域为例，2001～2008年间，我国艺术表演团队数量从2605个增长到5114个，相应的演出收入则从5.74亿元增加到13.3亿元。我国文化艺术馆/站的单位数量由2001年的43391个曲折地下降到2008年的41156个，但是国家为之付出的活动经费却由2001年的21.11亿元一路提升到2008年的65.36

① 张晓明、胡惠林、章建刚：《2010年中国文化产业发展报告》，社会科学文献出版社，2010，第5页。

亿元，文化艺术馆/站所举办的展览和组织文艺活动总量也不断增加，2008 年活动收入达到 66 亿多元。此外，我国公共图书馆的支出经费和各类博物馆业务经费增加值都在不断增长。

3. 受众休闲需求推动电影、网络游戏、动漫等行业快速发展

电影在居民文化休闲生活中发挥着重要作用。到 2009 年底，我国电影制作机构 200 多家，年生产电影故事片 406 部，是世界上第三大电影大国。2009 年，除了年度城市总票房实现 62.06 亿元外，中国电影还实现海外销售收入 27.7 亿元，全国各电影频道播放电影的收入 16.89 亿元，全年电影综合效益是 106.65 亿元，同比增幅 26.47%。

2009 年全国广播、电视综合人口覆盖率分别达到 96.31% 和 97.23%。我国在成为广播影视覆盖大国的同时也成为广播影视制作大国，共有广播节目 2436 套、电视节目 3199 套、数字付费频道 179 套，广播电视节目制作机构 3343 家，持有电视剧长期制作许可证的机构 132 家，电视剧生产量连续多年稳居世界第一。2009 年全国广播电视总收入预计可达 1665 亿元。随着网络信息技术的进步和普及，电影院和网络电影齐头并进，传统电视的数字化和网络电视的普及并驾齐驱。影视与网络信息技术的捆绑产生出新的文化休闲和娱乐形式，也对相关行业的发展产生促进作用。据预测，2010 年网络视频用户规模将达到 3.88 亿人，94% 网民将会上网看电视，如此高的覆盖吸引了众多传统电视台，传统视频媒体频频触网。

据统计，中国网络游戏产业收入已远远超过传统的三大娱乐内容产业——电影票房、电视娱乐节目和音像制品发行的收入。中国互联网络信息中心（CNNIC）发布的《2009 年中国网络游戏市场研究报告》显示，2009 年中国大型网络游戏用户规模为 6931 万人，较 2008 年增长 24.8%。休闲游戏用户增长迅速成为 2009 年增长的主要动力，2009 年大型休闲游戏用户规模达到 4706 万人，较上年增长 19.8%。

2009 年我国动漫产业发展环境进一步优化，《文化产业振兴规划》将动漫产业列为国家重点发展的文化产业门类之一，文化部、财政部、国家税务总局和国家广电总局等先后出台多项法规，从财税扶持、产业投资指导、原创与出版等角度进行引导和促进。2009 年我国原创漫画精品力作不断涌现，传播平台推陈出新，影响日益扩大，优秀漫画刊物月发行量上百万册；电视动画播映体系日益完善，动画片年产量达到17万分钟；动画电影创作生产发展迅速，全年完成27部，票房收入取得重大突破；网络动漫、手机动漫、动漫演出、动漫衍生产业发展迅速。①

4. 传统出版业中休闲类出版物增加，数字出版引领文化休闲新时尚

近几年，以成立出版集团和报业集团为重要标志，我国出版业逐步走向市场化发展道路。据国家统计局和新闻出版总署相关统计，传统出版业中，报纸、期刊、图书、音像总体呈平稳上升趋势；几项指标中，与文化休闲关系密切的如文化、艺术、文学等方面的图书出版及期刊数值有所增长；音像制品出版项目中文化休闲类产品市场细化较明显。

传统出版业在改革中稳步发展，而数字出版业则以更加迅猛的速度赶超。据统计，2008年我国数字出版产业的整体营业规模达530亿元，比2007年增长46.42%。② 据统计，2009年数字出版业的整体收入将超过750亿元，并首次超过传统出版业产值。我国历年来图书阅读率下降的趋势在2009年出现了转折，2009年，包括在线阅读、手机阅读、手持式阅读器阅读等方式的数字图书阅读开始在我国普及，国民各类数字媒介阅读率达到24.5%。

5. 演艺产业在变革中发展，旅游演艺进入快车道

在文化院团改革和演艺市场开放的背景下，民营文艺表演团体纷纷兴起，特别是在农村和基层，民营文艺表演团体已成为文艺演出市场的主体。据2008年底全国文化市场管理工作会议上公布，全国有各类民营文艺表演团体6800家，是国有院团的2.75倍，每家年平均演出200场以上。③ 各类民营演艺院团涵盖戏剧、曲艺、歌舞、杂技、魔术、马戏、木偶、皮影等众多艺术门类，年演出200万场以上。④

近几年，演艺与旅游频频联姻，旅游演艺成为新的亮点。据不完全统计，目前在全国各重点旅游城市和旅游景点定时定点上演的旅游文化演出已逾200台，资金投入20多亿元。尤其是以张艺谋等的“印象系列”为代表的实景演出，在

---

① 牛兴侦：《2009年中国动漫产业发展报告》，《2010年中国文化产业发展报告》，社会科学文献出版社，2010。

② http://sz.chuban.cc/dt/200912/t20091201_59402.html.

③ http://www.cflac.org.cn.

④ http://culture.people.com.cn/GB/87423/9464754.html.

全国掀起了一股热潮。据统计，现有影响力较大的旅游演艺项目30项左右，包括了大型山水实景演出、室内立体全景式大型歌舞、旅游歌舞晚会、大型原生态歌舞集等多种表演形式，市场效益和社会效益显著增强。

6. 音像业绩效有所下滑，改革措施的实施会有较大促进作用

2008～2009年对中国音像业来说是极不寻常的年度。一方面，由于受到盗版和网络免费下载等的冲击，全行业仍处于低迷状态。2008年衡量产业发展的三项主要指标均有大幅下滑：品种、发行数量、发行总金额分别比上年下降26.48%、16.49%和16.49%。2009年尚没有统计数据公布，但预计不会比2008年有好的表现。① 不过，新闻出版总署在2009年加大了对音像业发展的改革力度，推动落实“三个一批”（做强做优一批，整合重组一批，停办退出一批）工作。如果这些改革措施实施到位，将对音像业的发展有较大促进作用。

7. 文化产业资本运作方式多元

2009年国际金融危机背景下的中国文化产业呈现了逆势上扬的态势，在兼并重组、直接融资、间接融资等方面实现了重大突破。①上市文化企业兼并重组活跃。2008～2009年，境内上市文化企业共披露了21起并购重组事件。②互联网等新兴文化业态的整合加剧。2008～2009年，中国互联网行业共披露并购事件20起。③跨媒体融合趋势逐步加强，并购成为国际资本进入中国文化产业的便捷途径。跨地区、跨媒体、跨所有制兼并重组迈出重要步伐。

（三）体育休闲快速发展，但市场潜力尚未完全释放

目前对于体育产业没有统一界定。尽管2008年发布了《体育及相关产业分类（试行）》②，但尚处于试行阶段，尚没有与之相对应的官方统计数据。这里着重围绕与体育活动观赏、体育健身活动、体育设施参观等密切相关的领域展开分析。

① 王炬：《2008～2009年音像产业发展报告》，《2010年中国文化产业发展报告》，社会科学文献出版社，2010。

② 该分类将体育产业界定为，“为社会公众提供体育服务和产品的活动，以及与这些活动有关联的活动的集合”。根据概念和活动范围，将体育及相关产业划分为3个层次（体育产业核心层、体育产业外围层、相关体育产业层），8个大类（体育组织管理活动，体育场馆管理活动，体育健身休闲活动，体育中介活动，其他体育活动，体育用品、服装、鞋帽及相关体育产品的制造，体育用品、服装、鞋帽及相关体育产品的销售和体育场馆建筑活动等），24个中类，57个小类。其中“体育健身休闲活动”被列为体育核心层。

1. 全民健身成为中国体育发展三大目标之一

改革开放以来，体育社会化成为我国体育发展的总体趋势，除了发展竞技体育为国争光以外，体育产业化和全民健身逐步成为体育发展的重要目标。

在全民健身方面，1995年6月20日国务院发布了《全民健身计划纲要》，把全民健身作为整个中国体育工作的三个重点之一，之后实施了全民健身一期（1995～2005年）和二期（2005～2010年）工程。“健身工程”采取的主要措施有建立全国性的“健身路径”、大力开展“社区体育”、提倡新的健身理念、改革社会体育管理体制、开展学校体育阳光工程、加强学校体育等。“全国亿万妇女健身活动”、“亿万青少年阳光体育运动”、“全国亿万职工休闲健身活动”、“全国亿万老年人健身展示活动”和“亿万农民健身活动”等活动的开展，不仅调动了国民的休闲健身热情，而且显示了休闲体育市场的巨大潜力。2009年，随着《全民健身条例》的颁布和“全民健身日”的确立，群众性的健身娱乐活动更加蓬勃发展。

2. 居民体育消费增长迅速

2007年，《我国第三次全国体育现状调查》显示，体育消费人群已占参加体育锻炼人群的72.7%，全年人均体育消费达到593元，城镇居民全年人均体育消费达到718元。① 从消费人数上看，仅中国高尔夫的消费人群就达到100万人，年增长比例达到30%。另据国家信息中心的统计，1992～1997年，我国城镇居民在运动娱乐方面的人均消费支出从84元增加到211元，年平均增长20.2%，居民的体育消费明显快于收入增长。如果以我国2009年体育产业总产值3000亿元为标准，以3亿城乡居民家庭为基数，那么，2009年我国城乡居民家庭年均体育消费约为1000元。

3. 体育休闲服务快速发展

目前，“国内从事健身娱乐业、竞赛表演业、技术培训业的体育企业、体育产业经营性机构2万多家，总投资额已超过2000亿元人民币，年营业额超过600亿人民币；每年各地举办的商业性竞赛和表演约有300～500次，营业额约8000万人民币”。② 而健身服务是我国各类体育服务市场中规模最大、成熟度较高的

---

① 国家体育总局：《2007年中国城乡居民参加体育锻炼现状调查公报》，2008年12月17日。

② 《2010～2015年中国体育产业投资分析及前景预测报告》，中国投资咨询网。

市场。根据2007年掌握的统计资料，上海市已拥有体育健身经营单位5200多家，从业人员超过1.5万人；湖南省拥有体育健身经营单位2400家；陕西省拥有体育健身经营单位2200余家。① 相对于竞技体育而言，我国的健身业主要是依靠民间力量在发展，市场化程度比较高，当然也正因为如此，我国体育健身娱乐企业的规模还不大。

4. 各类休闲体育项目普及发展

2003年“非典”之后，我国国民选择体育运动作为休闲的比例明显加大。2009年北京群众体育现状调查的数据表明，选择体育运动作为休闲的比例达72.44%。目前，各类休闲体育项目都得到发展，大致分为传统项目、高端项目和特殊项目三大类。传统项目主要包括游泳、足球、篮球、羽毛球、乒乓球的健身等，已为广大人民群众所接受，普及程度逐年提高，武术、龙舟、舞龙、舞狮等民族传统体育项目也正在成为健身市场的重要内容；高端项目包括马术、高尔夫、冰雪、冰上运动、水上运动等，发展速度较快，成为新兴的时尚健身项目；特殊项目主要包括热气球、滑翔伞、攀岩、漂流、沙漠穿越、野外生存等。②

5. 公共体育场地设施日趋完善，但仍不能满足人们日益增长的休闲健身需求

在2009年全国体育局长会议上，国家体育总局局长刘鹏指出，在群众体育方面，体育设施遍布城乡，我国各类体育场地目前已超过100万个，是新中国成立初期的240倍以上。公共体育场地设施日趋丰富，为我国国民的休闲体育活动提供了休闲健身的基本条件和保障。然而，根据国家体育总局2007年发布的《第三次群众体育现状调查公报》，在参加体育锻炼的人群中，影响其参加锻炼的主要障碍是“缺乏时间”（41.2%），其次是“缺乏场地设施”（16.6%）和“自身惰性”（13%）。由此可见，当前的休闲体育场地设施不能满足广大人民群众日益多元化的体育健身需求。

6. 体育与旅游融合，体育旅游成为热点

体育旅游以其独特的健身性、娱乐性、挑战性、刺激性而成为休闲旅游中充满时尚的一个分支。除了奥运场馆游等形式之外，为了更好地促进体育旅游的发

---

① 刘抚民：《2007年全国体育产业工作会议报告》，国家体育总局，2007年8月11日。

② 回寅：《体育健身业发展分析》，《中国体育产业发展报告（2008～2010）》，社会科学文献出版社，2010。

展，国家体育总局正在打造将体育旅游与休闲健身融于一体的国家级全民健身基地。例如，我国第一个国家级全民健身基地“环太湖体育圈”，就是在江苏和浙江的太湖周围融入休闲体育元素，修建多种形式的休闲体育设施，实现体育与旅游结合。可以预见，在不远的将来，体育旅游将成为拉动休闲体育消费、丰富国民休闲健身内容、促进体育与旅游融合的新热点。

7. 社区体育休闲、农村体育休闲受到重视

随着我国社会主义市场经济体制的不断完善，以及“单位体育”功能的弱化，以社区体育为重点的城市体育进入了新的发展时期，社区体育已逐渐成为社区居民生活方式不可或缺的重要组成部分。社区体育以群众身边的组织、身边的活动、身边的场地为内容的“三边工程”建设为主轴，实施体育组织、健身设施、体质测试、社会体育指导员、健身指导、群体活动“六进社区工程”。

奥运会前后，我国农村体育快速发展。2007 年，国家体育总局投入 1000 万元，在全国命名资助了 16 个全民健身活动中心；投入 3000 万元，建设了 1000 条全民健身路径。按照“雪炭工程”中有关 2005～2007 年建设计划，74 个项目正式启动，41 个已经建成。2008 年中央投入资金 3.05 亿元，在全国建设“农民体育健身工程”两万个。

（四）其他休闲也在蓬勃发展

除了以上所分析的核心产业外，其他满足人们休闲需求的产业形态种类多样，包括休闲餐饮、休闲沐浴、休闲农业等。

尽管从技术的角度很难统计出哪些属于休闲餐饮，哪些不属于休闲餐饮，但一个明显的趋势是，各种餐厅、咖啡厅、酒吧、茶馆等兼具休闲、娱乐功能的休闲餐饮企业数量增加。与传统的餐饮企业相比，这些餐饮企业更加注重营造舒适、随意的餐饮空间，提供自由方便的餐饮服务和消费方式，其餐饮的功能性相对弱化，休闲娱乐性加强。根据大众点评网 2008 年所做的统计，2005 年底至 2008 年 5 月，上海、北京、广州、杭州、南京、西安、成都七大城市的休闲餐馆、快餐馆数量增长迅速，增长率达 213.7%。休闲餐饮业在为人们提供休闲、娱乐新选择的同时，已成为拉动当地餐饮市场的亮点。在其统计范围内，标签为“休闲”的商户餐厅从 1483 家增至 4652 家，点评数量也从 4 万多份增至 52 万多份。根据大众点评网的统计，截至 2008 年 5 月，休闲餐馆数量最多的城市依次为上海（1931 家）、北京（1348 家）、广州（705 家）。

再以沐浴业为例，经过 30 多年的发展，随着人们生活水平和消费能力的提高，沐浴行业也经历了由清洁向休闲功能的历史性转变。传统的以清洁为主要功能的浴场、浴池等逐渐萎缩，而集洗浴、餐饮、娱乐、保健、商务商洽为一体的沐浴企业纷纷出现，形成了大型浴场、综合浴池、桑拿中心、沐浴保健中心、休闲会馆、SPA 会所、温泉度假村等各种不同类型的沐浴场所，除了提供洗浴、推拿、保健按摩等休闲服务外，还辅之以餐饮、住宿、娱乐等综合服务项目。据统计，2008 年，全国沐浴企业数为 15 万家左右，从业人员 1500 万人，年营业收入总额 1135 亿元，实现税收 74 亿元。沐浴业从业人数占全国就业人数的 2%，沐浴业 GDP 占全国的 0.38%，沐浴业实现税收占全国税收收入的 0.13%。① 另据初步估计，2009 年沐浴业营业收入和利润增幅将在 10% 左右，为 1250 亿元；企业数量将保持稳定，为 15 万家；从业人数增幅保持小幅增长，达 1600 万人。预计 2010 年沐浴业营业收入和利润增幅均将达到 15% 以上，企业数量达到 16.5 万家，从业人数将达 1840 万人。

（五）我国休闲相关产业存在的问题

1. 产业分类和统计体系欠缺

休闲发展固然是社会的、哲学的、文化的问题，但同时也是一个经济现象，因此必须通过从业人数、产业结构、创造的总价值、上缴税收及占 GDP 的比例等具体指标来体现，也就是说，必须用实实在在的数字说话，因此产业分类和统计工作是最基础的工作。只有界定了休闲相关产业的构成、范围，才能研究制定休闲相关产业发展政策和措施，科学指导休闲相关产业快速健康持续发展。如前所述，我国目前不仅没有统一的休闲相关产业分类和统计体系，而且各相关主体产业（如文化、体育等）的分类和统计都还在探索之中。这无疑是其发展的一大瓶颈。

2. 产业总体规模偏小

正如我国学者魏小安先生所指出的，休闲发展占据着人们生活 1/3 的时间，

---

① 商务部商贸服务管理司、商务部国际贸易经济合作研究院、中国商业联合会沐浴专业委员会：《中国沐浴业年度发展报告》，中国商务出版社，2009。

相应地 1/3 的资源应该为之倾斜，1/3 的人员应该为之配置，1/3 的精力应该为之投入。而格雷厄姆·莫利托在其广为引注的《全球经济将出现五大浪潮》一文中指出，2015 年在最先进入休闲时代的美国，休闲经济产值将占其 GNP 的 50% 以上。尽管统计我国休闲相关产业和休闲经济的总量有相当的困难，但是一个不争的事实是，其总体规模相对较小。按照本课题组的估算，2009 年我国居民休闲相关消费只相当于 GDP 的 5% 左右。作为与休闲有较大交叉的整个文化产业的市场规模也只有 8000 亿元①，相当于 GDP 的 2.38%；而据北京大学中国体育产业研究中心的推算，“2007 年中国体育产业的产值是 3000 亿人民币左右，占 GDP 的 0.7% 左右。而美国体育产业间接或者直接的产值约为 10000 亿美元左右，占 GDP 的比重是 7%”。②

3. 产业政策跟不上

休闲相关产业的发展离不开政策的支持，但目前政府对其重视还不够，不仅没有统一的休闲产业发展政策，而且针对各分支行业的政策尚有亟待改善的地方。例如，自 2001 年 5 月起，国家有关部门规定，对娱乐业包括夜总会、歌厅、舞厅、射击、跑马、游戏、高尔夫球、保龄球、台球、攀岩、滑冰、卡丁车等按照 20% 的税率征收营业税。在水、电、煤等能源使用方面，国家一直把体育健身业和工业等同对待，多数游泳场馆要将营业收入的一半用于能源费。此外，体育赞助、体育广告等创收收入均要征收 33% 的所得税。③ 在土地使用方面，由于城市规划中没有给予休闲、体育设施足够的用地定额，因而社区居民参与休闲活动的场地设施严重不足，等等。

4. 企业规模普遍较小

相对于文化休闲、体育休闲和其他休闲领域，旅游休闲领域的市场化进程开始较早，市场化程度较高，但即便如此，其企业规模普遍都不大。而文化产业正在从传统的“宣传文化体制”转向市场化，体育产业在坚持原有“奥运争光”

---

① 张晓明、胡惠林、章建刚：《2020 年中国文化产业发展报告》，社会科学文献出版社，2010，第 4 页。

② 李善同在中国体育产业发展论坛上的讲话。2009 年 10 月中国体育产业研究中心 http://www.pkusf.com。

③ 杨新生、王跃华、熊强：《基于产业发展理论谈影响体育产业发展的因素》，《商场现代化》2007 年第 11 期。

目标的同时，体育产业化和大众化刚刚起步，在此背景下，文化休闲企业和体育休闲企业大多规模较小。相比国外旅游休闲、文化休闲和体育休闲领域的企业集团而言，国内还没有形成具有国际竞争力的休闲企业巨头。

5. 法律法规和标准欠缺

由于休闲是一个新兴的领域，对应于形式多样的休闲活动及日新月异的休闲供给，相关的法律、法规、标准等还比较欠缺。以近年来兴起的户外运动为例，尽管国家体育总局等主管部门制定了相应的制度，但主要还只是涉及专业赛事和专业运动员，而对于占绝大多数的大众和民间户外运动还缺乏管理手段。又如自驾车旅游，如何针对不同的组织形式（如汽车俱乐部组织的自驾游、旅行社组织的自驾游、自组织的自驾游等）实施不同的管理，拖挂式房车如何上牌照，如何收费等都缺乏统一规定。再如温泉度假，开发中所出现的过度开发、缺乏标准等也都是亟待解决的问题。

（六）促进我国休闲相关产业发展的若干建议

1. 高度重视休闲相关产业发展的综合意义，转变社会上存在的某些偏见

正如成思危在首届《中国休闲产业论坛》中所指出的，休闲发展对社会、经济、文化、政治各方面都具有重要作用。发展休闲有利于贯彻落实以人为本的发展观，有利于社会稳定，建设和谐社会，也有利于经济的增长。

从微观层面来看，休闲对于个体的工作和生活，至少有三个积极的效应：一是“闲而优”效应，即健康而积极的休闲活动有利于形成人力资本中精神、意志方面的禀赋，从而使个体“高度投入、感到自足、被激发出创造性、探索和冒险精神”。二是“闲中学”效应，即在休闲中达到学习的目的，提高个体的知识水平和学习能力。三是“等势”效应，即在休闲时间里从事生产性活动。从宏观层面来看，历经30年的发展，中国经济实现了高速增长，在经济总量上已经名列世界前三甲，但如何实现“既强且富”，如何实现从“国强”到“民富”的转变，如何实现从“创新中国”到“效率中国”的转变，如何利用好闲暇时间，激发后工业化社会中的经济效益，休闲在其中发挥着重要的作用。① 然而受传统观念的制约，目前社会上对休闲还存在不少误解。例如，将休闲等同于

① 详见本书魏翔《有闲而有钱，无为而有为——闲暇的经济效应与实证数据》一文的分析。

“好逸恶劳”、“游手好闲”，或将其等同于消费主义、物质主义，或认为提倡休闲会影响社会生产力并既而影响经济发展等。为此，要加强相关宣传，引导人们从提升生活质量、推动社会进步、促进和谐发展的角度认识休闲。政府要从国家战略的高度重视休闲相关产业的发展，将其纳入国民经济和社会发展的总体规划之中。

2. 研究制定休闲相关产业分类和统计

一方面，建立科学的产业分类和统计体系，收集有关统计信息，从而为政府部门制定相关产业发展政策提供重要依据。另一方面，通过制定科学、规范、可行的分类标准，也能使有关政府部门明确自己应行使职权的范围，为政府实施科学、规范的管理提供参考。建议借鉴国内外经验，尽快立项研究制定我国休闲相关产业分类，最终形成一个法规性的文件。

3. 整合和优化休闲相关产业的总体政策

产业政策是国家、政府为实现某种经济和社会目的，通过对相关产业的保护、扶植、调整和完善，直接或间接干预其发展的政策总和。产业的保护、扶植、引导、调整和倾斜政策，能促进新兴产业的健康发展和强大。休闲相关产业的发展对社会经济具有重要价值，而目前还没有统一的产业发展政策，而且针对各分支行业的政策尚有亟待改善的地方。未来要从财政、税收、土地等各方面给予通盘考虑和整体优化。

4. 鼓励多元化投资，解决产业总体规模和企业规模普遍偏小的问题

建议有关部门制定相关产业发展政策，积极鼓励私营、个体、港澳台及国外投资者以资本、技术、信息、经营管理等各种形式参与开发旅游休闲、文化娱乐休闲及健身娱乐、场馆服务等领域。鼓励优势的休闲相关企业通过股票上市、发行企业债券、项目融资、股权置换等方式，扩大其企业规模。

5. 推进法律法规和标准建设，更好地引导休闲相关产业的发展

针对当前相关法律法规和标准不甚完善的问题，建议相关部门组织力量，对涉及国民休闲活动、休闲相关产业发展的法规标准进行统一研究，并尽快制定目前现实迫切需要的部分行业性法规标准。

专题报告

SPECIAL REPORTS

·中国休闲发展的多视角·

不同视角下的“国民旅游休闲计划”*

高舜礼 宋 瑞**

摘 要：有关“国民旅游休闲计划”（亦称“国民休闲纲要”）的讨论，成为2009年社会舆论的一个热点话题。通过对其名称、内容、地方试点情况等的介绍分析及各方不同意见的全面梳理，可以得出一些有益的思考，从而更好地为未来的工作指明方向。

关键词：“国民旅游休闲计划” 讨论 思考

---

* 感谢北京石油化工学院的谢婷博士及即将进入中国社会科学院研究生院学习的赵鑫同学帮助搜集相关资料。

** 高舜礼，国家旅游局综合协调司副司长，中国社会科学院旅游研究中心特约研究员；宋瑞，中国社会科学院财政与贸易经济研究所副研究员，中国社会科学院旅游研究中心秘书长。

2008年11月，一条即将施行“国民休闲计划”的消息从上海国际旅交会上传出，正在行业内、小范围酝酿的工作计划被公之于众，并即刻引起了报刊、网络和社会舆论的关注。2009年2月23日，广东省举行“国民旅游休闲计划”启动仪式，3月25日又发布了“五一”放假时间安排。此后，浙江、山东等省份也表示制定和推出“国民旅游休闲计划”。于是乎，相关报道、讨论随即在各大媒体全面铺开，专家评论、官员解读、网友热议、媒体助推，一时间“国民旅游休闲计划”成为社会热点话题，并在2009年3月中下旬达到高峰。根据《中国青年报》社调中心通过题客调查网对全国31个省、区、市10117人所进行的调查，90.7%的人表示关注“国民旅游休闲计划”，其中46.8%的人“非常关注”。

回顾2009年，“国民旅游休闲计划”成为了当年度的一个热点话题。一年已逝，回望过往，对这些讨论加以梳理是很有意义的。其意义不在于百家争鸣、各陈己见，而是如何更好地为未来的工作指明方向。

一 “计划”名称叫法不一

从媒体最早的报道来看，该计划名为“国民休闲计划”，后来又出现了其他各种叫法，如“国民旅游休闲计划”、“国民旅游计划”、“国民旅游休闲计划纲要”、“国民休闲发展纲要”等。从其变化来看，应是各种因素的综合作用，也是各方意见的碰撞汇集。据悉，制定“国民旅游休闲计划”的思路，起源于20世纪末对编制旅游产业政策的研讨。2007年9月，国家旅游局首次公开提出“鼓励有条件的地区制定国民旅游计划”（旅发〔2007〕51号），同年，国家旅游局在向国务院汇报“十一”黄金周旅游情况时，建议国家层面研究编制该计划，提出一方面推动个别省份“先行先试”，另一方面谋求和推动尽快在国家层面立项编制。与此同时，2007年国家旅游局招标课题《旅游业与休闲经济的关系研究》课题组也曾建议制定《国民休闲计划》和《休闲发展纲要》，解决之前对休闲的认识仅限于学者探讨和业界呼吁的问题，旨在从国家政策层面对休闲发展的目标、任务、重点、产业体系、发展规划、发展政策、实施措施等予以明确。2008年下半年，金融危机对我国国民经济和旅游业的影响开始显现，于是该“计划”的制定便有了新的背景。2008年底至2009年底，由国家旅游局综合协调司牵头，委托中国旅游研究院开展相关“计划”编制的基础性研究。在研究中，最初的叫法是“国民旅游休闲计划”，后来征求各方意见几易其稿，期间更名为“国民休闲发展纲要”。2009 年年底，通过各方面努力，“制定国民旅游休闲纲要”被写入《国务院关于加快旅游发展的意见》（国发〔2009〕41 号）中。2010 年开始，国家旅游局综合司、发改委社会司负责推动该计划进入编制阶段。

由于媒体的报道和讨论集中于 2009 年初，因此，“国民旅游休闲计划”的叫法更为大家所熟悉。为了如实反映客观情况，本文在对各方争论的分析中，也沿用此名，并将其简称为“计划”。

二 国家层面的“计划”立足长远、功能全面综合

从国家层面来看，“计划”尚处在研究和编制之中。从其方案的主旨来看，这是一个具有多重目的和功能的长期计划。

就“计划”的目的而言，根据陆续获悉的有关方案信息，将“计划”界定为“在国家推进实施带薪休假制度的基础上，为满足人民日益增长的物质文化需求，着眼于提高人民群众生活质量，在应对金融危机、扩大内需的战略要求下，提出的综合性计划”。也就是说，实际上希望“计划”能同时达到以下目的：一是作为一项生活质量的提升计划，让老百姓充分享受改革开放发展的成果；二是作为一项拉动内需的促进计划，立足于当前形势下刺激消费、拉动内需以及贯彻科学发展观、转变经济增长方式的现实需要；三是作为一项休闲产业的发展计划，以期更好地满足人民群众休闲消费的需求。

就涉及对象而言，“计划”所针对的人群应是全国人民。

就覆盖范围而言，“计划”基本应覆盖大休闲范畴，即围绕以旅游为主的领域，涵盖体育休闲、娱乐业、兴趣爱好、学习研究、公益事业等，旨在包括层次丰富多样的休闲活动。

就促进国民休闲的政策措施而言，大致应涉及：①落实带薪休假制度；②推出系列惠民措施；③推出系列便民措施（包括加强旅游休闲服务社会化，鼓励商业银行开展旅游信贷业务，加快 12301 旅游公共信息平台和旅游紧急救援体系以及旅游保险体系建设，改进和完善全国散客旅游服务体系等）；④培育新兴消费热点（包括深化开展假日旅游，大力开展教育旅游，推行奖励旅游，深入开

展老年人旅游，大力开发夜间旅游消费，深入开展各种形式的区域旅游休闲活动等）；⑤加强国民旅游教育；⑥加大国民旅游供给；⑦完善国民旅游管理；⑧加大乡村旅游发展；⑨积极培育农民旅游；⑩推行商务旅行服务等。

可以看出，国家层面所酝酿的“计划”有如下特点：其一，更多的是立足于长远发展，旨在改善国民的旅游消费环境，并使更多人群享受到旅游。当然，由于“计划”在研究、制定过程中恰逢金融危机，自然也包含了应对危机、拉动消费的意图。其二，尽管其拟定的范围涉及旅游之外的更广泛的领域，旨在促进休闲，但在实际措施上，还是更多地侧重于旅游。从其名称中“旅游”、“旅游休闲”、“休闲”的混用就可窥见一斑。

三 地方推行的“计划”做法各异、重在当前实效

在国家层面的“计划”尚在酝酿之时，在国家旅游局的倡导下，不少地方开始了实践探索。早在2008年11月，国家旅游局与广东省政府在相关备忘录中，就明确支持广东省先行先试“计划”。2009年1月，在全国旅游工作会议上，国家旅游局宣布广东、浙江、江苏、山东为“计划”试点省份。2009年2月21日，广东省政府出台《关于试行广东省国民旅游休闲计划的若干意见》；2月23日，由国家旅游局和广东省政府联合主办的启动仪式在广州中山纪念堂隆重举行，并授予21个地级以上市领导和15家企业代表“广东试行国民旅游休闲计划”锦旗。此后，浙江、山东、江西、北京等省市也宣布推行“计划”。

广东作为最早启动“计划”的省份，共提出了18项政策措施和6项工作要求。具体包括：一是在对象上，针对具有广东省户籍的居民，以及办理了暂住证和居住证的暂住人员。其中不仅包括机关公务员、事业单位职工，而且把修学旅游纳入学生综合实践课程，把旅游休闲作为企业对职工的奖励和福利措施，并考虑了弱势和特殊群体的利益共享。例如，“推动旅游休闲示范旅行社和基地对在校学生、农村进城务工人员、残疾人、低保救助对象、五保户和年满60周岁的老年人等特定群体”给予特别优惠。二是在措施上，以各项优惠福利政策措施为主。例如，①开放免费景点。广东省物价、财政、旅游等八个部门积极联动，为城乡居民参与国民旅游休闲活动提供便利服务和优惠。2009年，全省分两批共公布535个免费游览参观点，仅此一项，每年的免费金额就达8亿元；另有95

个国有博物馆、纪念馆，15 个城市公园和 17 个森林公园也在年内实行了免费开放。②增设行政区域内的旅游专线，推进实施公交低票价制度。③引导和鼓励交通、餐饮、住宿、购物、娱乐等服务单位出台更多的优惠政策。除此之外，还鼓励弹性安排带薪休假[①]、创建国民旅游休闲示范单位[②]、推出国民旅游休闲卡[③]，开发专项旅游产品[④]、扩大对旅游休闲配套基础设施建设的投入，推动建设一批旅游休闲服务社区、旅游休闲小城镇、环城市旅游度假带、城市中央休闲休憩区，从而“为居民提供更多旅游休闲场所”等。三是在制度上，明确要求将该“计划”纳入全省经济社会发展的总体规划，把旅游公共服务设施建设纳入全省城乡建设规划。同时，在省政府建立了“计划”联席会议制度，负责统筹协调指导有关工作。

再如，作为非试点省份的江西，在 2009 年 3 月 16 日就发布了《江西省居民旅游休闲三年行动计划》，从而成为了紧步广东后尘的又一先行者。与广东等省市推出“计划”相比，江西省无论是在“计划”的研究编制过程中，还是在公开发布施行以后，都相对低调。除了具有和广东省类似的内容（如强调落实推行带薪休假制度、推动各项门票减免和优惠制度等）之外，该“计划”还有三个比较鲜明的特点。一是以“江西人游江西”为主题；二是限定为“三年行动计划”；三是明确鼓励各单位在严格遵守不得用公款旅游和规范津贴补贴有关规定的前提下，通过组织福利旅游、奖励旅游、疗养旅游，参与“江西人游江西”活动，并鼓励“委托旅行社承办”。

综观各地的“计划”，虽然具体做法各不相同，但有如下共同点：①在名称上，大多叫“国民旅游休闲计划”。②在时间上，多以应对当前形势为主，仅仅围绕拉动旅游消费展开，相对来说侧重于短期效果。③在对象上，所针对的对象涉及全民，除了推动机关公务员、企事业单位职工、中小学生参与旅游休闲外，也致力于促进“农民生产生活方式的改善”。④在范围上，所采取的措施多是围

---

① 鼓励公众根据个人意愿，将带薪年休假分段灵活安排，与法定节假日相连接。

② 2009 年 4 月、10 月，广东省旅游局先后分两批推出 474 家国民旅游休闲示范单位，涉及景区、旅行社、酒店、餐厅、商业购物点、航空公司等。

③ 持卡人员凭卡参加旅游休闲活动可以获得相应的便利服务和价格优惠。2009 年底，该卡发卡量达 100 万张，签约商户约 5000 家。

④ 涉及乡村旅游、滨海旅游、工业旅游、会展旅游、科技旅游、文化旅游、体育旅游、红色旅游、温泉旅游、中医药文化养生旅游等 14 个专项旅游。

绕落实带薪休假制度、发行旅游消费券、增加免费景点、完善旅游公共服务、培育新兴消费热点，以及鼓励乡村旅游、修学旅游、奖励旅游、银发旅游等。总体来看，还是以旅游为主，涉及其他领域的不多。⑤在制度上，不少地方政府专门成立了工作领导小组，涉及发展改革委、文化、体育等多个部门。例如，广东省成立了联席会议制度，江西省也成立了“居民旅游休闲行动组委会”，分管副省长任主任，省委宣传部常务副部长、省政府副秘书长、省旅游局局长任副主任，成员包括20多个单位。⑥在效力上，更多地表现为倡导性。由于推动居民旅游休闲不同于一般性工作或经济指标，其受到多种因素的制约，既有基础设施、公共服务设施、旅游休闲产品等硬性约束，也有居民收入增长和社会保障性因素的制约，还有社会消费心理和综合环境的影响，因此更多地表现为非强制性的倡导。

四 “计划”内容引发社会热议

伴随着有关编制全国性“计划”信息的传播以及各地“计划”的推行，有关“计划”的信息引起了社会的广泛关注，尤其是在2009年3月两会期间，媒体掀起了有关“计划”的一场全民大讨论。大多数专家和公众对“计划”内容的了解都来自媒体所提供的信息，而媒体对“计划”详细内容的介绍并不多，大多只是说明了该项“计划”“将采取具体措施倡导针对优秀员工的奖励旅游、针对低收入群体的福利旅游、针对学生群体的修学旅游、针对离退休人员的银发旅游等，以拉动内需消费”等。因此，大家对这一话题的讨论也多是基于上述信息背景展开的。

（一）支持者依据充分

对于“计划”的出台，不少人表示了支持，认为目前我国已经拥有了发展休闲的经济基础和时间条件，而“计划”将有利于转变人们的观念——不仅有利于培养人们的休闲意识和旅游热情，而且也有助于政府转变以往更多从经济价值来看待旅游发展的视角，而转向对其民生福祉意义的重视。支持者认为，“计划”将有助于刺激居民消费、带动经济发展，同时将有助于调节社会分配、提高民生质量。根据相关调查，51.3%的人认为“计划”出台恰逢时机，可以拉

动内需、刺激消费，46.8%的人认为应该有更多鼓励国民休闲的国家计划，29.0%的人认为此举可以提振业界信心。

（二）质疑者忧虑重重

当然，也有不少人表示了质疑和忧虑。

一是对其工具理性不能认同。尽管国家层面“计划”的制定以及各地方“计划”的实施，并不以应对金融危机、拉动内需为唯一目的，甚至不是主要目的，但结合2009年的经济形势和旅游发展任务，还是有不少人对这种把国民休闲当做拉动内需手段的功利目的和工具理性不能认同。

二是担忧引发“国民”身份认同感的分裂。尽管“计划”的制定和实施都强调以全民为对象，但在有些人看来，由于我国存在较大的贫富差距，一部分国民，尤其是下岗、失业和低收入群体，距离旅游和休闲还很遥远，而冠以“国民”名义的“计划”可能会引发他们对自身“国民”身份认同感的分裂。

三是担心会引发公费旅游。有人担心，由于纳税人缺乏对公共财政的监督权，这种名义上惠及全民的“国民休闲计划”最终会异化成“公费旅游计划”，为权力群体的公费旅游大开方便之门，从而将全民的福利偷换为一个群体的“盛宴”。

四是顾虑会不会增加国民负担。有人在网上撰文指出，任何旅游都不是免费午餐。现在的问题是不少居民既无闲、又无钱，或者有闲无钱、有钱无闲。如果以行政手段推行该计划，很可能会加重国民负担。而当前形势下，老百姓更迫切需要的是创业计划、培训计划、教育计划、减税计划。

五是对其可操作性心存疑虑。不少人指出，当前法定假日已有定数，很难再予增加，而带薪休假又难以落实；在经济上，虽有一些地区比较富裕，但全国仍有不少贫困人口。如此经济状况，何从谈起“国民”或全民休闲。又如修学旅游的费用由谁来承担，企业的奖励旅游由谁来买单，带薪假期的落实如何来保障，如何克服国人在观念上对休闲理解的障碍，“计划”的实施涉及诸多行业、部门和方面，如何来协调和强力推动等。

（三）网民对“计划”有更多期许

根据《中国青年报》社调中心的调查，对于“计划”，公众最看好鼓励有条件企业奖励优秀员工出游（62.0%），之后排序依次是对低收入群体赠送福利旅游（56.4%）、提倡学生群体修学旅游（28.1%）、鼓励离退休人员的银发旅游（37.6%）、提倡公务活动通过旅行社安排食宿等必要的旅行消费项目（22.0%）等。同时调查显示，55.6%的人期待一般性公共景点应免费开放；36.3%的人希望加强旅行社的监管，保证出游安全；35.8%的人期待政府对困难群体发放旅游券；33.3%的人期待促使旅游迎来“低价时代”；28.0%的人认为还应该学习借鉴国外鼓励国民旅游的经验。另有不少人呼吁，“计划”应不要缺失对穷人的资助，尤其是8亿多农民和城市低收入群体，对其提供资助是“计划”必须承载的重任。

（四）交织在一起的其他问题

在对“计划”的讨论中，还交织着其他一些相关问题。例如，不少媒体将实施“计划”与是否恢复“五一”黄金周并列，引导公众或专家从中选择其一。对此，有人看好“计划”，认为“它不仅能够促进旅游业的长远发展，更能提高国民的长期生活质量”；也有人更倾向于恢复“五一”黄金周，认为对后者的效果不能盲目否定，相对于落实较为困难的带薪假期而言，后者更具实效。

（五）“计划”为什么受瞩目

分析起来，人们之所以如此关注，原因大抵如下：一是望文生义。媒体、业界和社会的高度关注，相当一部分是源于对“计划”名称新鲜感的关注。在媒体没有提供详细的“计划”内容信息的前提下，不少人只能是望文生义，看到“国民”，就考虑是全体人民，这就关乎个人的切身利益；看到“旅游”，就感觉愉悦和向往，心仪不已，跃跃欲试；再看到“计划”，就认为已列入工作日程，不久就可实现了。对“计划”表示质疑的，也往往望文生义、浮想联翩，对其内涵和精神则不甚了了。二是敏感反应。在我国的传统文化中，休闲与勤劳是相对的，游山玩水容易和“好逸恶劳”、“游手好闲”画上等号，就“休闲”或者“旅游”搞一个国民计划，很多人未做好思想准备，提出质疑属于价值取向上的本能反应。三是民意折射。作为一个舆论争议的话题，在很多时候其会成为一个导火索，引发大家对其他各种社会问题的讨论。例如，不少人在对“计划”的讨论中，会联系到“计划”之外的其他社会问题，如贫富差距、贪污腐败、弱势群体利益等。

五　不同视角下的“国民休闲计划”

舆论的话题总是不断变化的，有关“计划”的这场全民大讨论，已经悄然结束。而对于决策者来说，“计划”的制定和实施还在继续。回顾这场讨论，做出如下思考似乎是很有必要的。

其一，如同当年有关“黄金周”的讨论一样，“计划”之所以引起广泛关注，说明旅游和休闲已经成为影响到每一个人生活的社会话题，也说明公众公民意识的提高。这对于相关决策者来说，是一个可喜的有利趋势，当然，同时也对相关决策者提出了更高的要求。对于这种广泛的社会关注，如能加以更加有效的引导，将会在全社会形成一个重视休闲的氛围。

其二，这场讨论是在信息不充分条件下展开的，有些争论和质疑本身是出于对事实的不了解，这在某种程度上说明提供全面、翔实、准确的信息对于引导公众舆论是何等的重要。

其三，目前对于“旅游”、“休闲”、“旅游休闲”、“休闲旅游”之间关系的模糊认识，不仅存在于普通公众之间，也存在于学界和有关决策部门之间。这种模糊认识在某种程度上增加了“计划”制定和实施的复杂性和曲折性。

其四，对于“计划”的制定者和推行者而言，相比于支持的意见来说，对于“计划”的质疑、忧虑和误读的深入思考，或许更有价值。虚心听取不同声音、认真研究各种顾虑、着力避免不良后果，才有利于谋取实施该“计划”成效的最大化。实际上，像历史已经很多次证明过的那样，这些质疑、忧虑和误读，能够也只能在实践发展中加以排解。

其五，如果说“计划”的研究、编制和讨论是一个各方意见碰撞、各方智慧汇集的过程，那么“计划”的实施更是一个社会系统工程，需要创新的体制机制，也需要切实的措施保障，如此才能避免“计划”沦为空洞。

其六，尽管“计划”在一些地方得到了有效的推行，但从现实操作角度来看，国家层面的“计划”从调研、起草到论证、出台、施行，是一个相对较长的过程，2010 年争取报批也是计划而已，而让“计划”在全国城乡和东、中、西部广大地域都见成效，更是“路漫漫其修远兮”。

金融危机背景下国民休闲消费促进政策措施的讨论与解读

张 毅 王诚庆*

摘 要： 自国际金融危机爆发以来，中国以出口和投资驱动的高速经济增长面临着严峻考验，扩内需、保增长成为2009年政府工作的重中之重。本文在简要描述我国居民休闲消费概况及全球金融危机对我国休闲相关产业冲击的基础上，重点回顾中央和地方政府在刺激国民休闲相关消费方面所出台的重大政策及主要措施，就其实施效果作一粗浅评价，并根据未来休闲相关产业的发展趋势提出政策建议。

关键词： 金融危机 休闲消费 政策解读

随着社会经济的发展、人均收入水平的提高和休假福利制度的改革，我国居民在文娱、旅游、体育等方面的休闲消费支出明显增加，但是其需求潜力尚未得到充分释放。2008年国际金融危机爆发后，我国长期存在的内需不足与经济高速增长之间的矛盾更加凸显，中央和地方政府在合力推出4万亿元投资计划的同时，更为关注民生问题，积极采取措施刺激休闲消费。由此，休闲消费由居民自发型向政府引导型转变，并正在发展成为拉动内需、推动经济增长的重要手段。

一 我国居民休闲消费的概况

休闲消费是从主体需求而非物品供给的角度来界定的。除了受收入、时间等

* 张毅，黑龙江大学历史文化旅游学院讲师，中国社会科学院研究生院财贸系博士研究生，研究重点是城市休闲服务业、旅游经济和旅游规划；王诚庆，中国社会科学院财政与贸易经济研究所旅游与休闲研究室主任，研究员，中国社会科学院研究生院教授，博士生导师，重点研究领域为城市经济与旅游产业、旅游发展政策和旅游规划。

刚性因素约束外，消费者自身的差异化、多元化、动态化都决定其经济行为具有很强的不确定性。因此，休闲消费的范畴始终在延伸、变化，学界、业界对其划分标准和范畴界定也存在一定争议。本文在分析休闲消费时，借鉴国家统计局现行的产业分类标准，将休闲消费简要分为旅游、文化、体育、娱乐四大类，以便结合历史数据进行分析。

1999 年，国务院公布并实行《全国年节及纪念日放假办法》，以“黄金周”为特征的假日经济初步彰显了休闲的消费潜力。目前，我国已经形成了每周两天双休日、五个三天小长假、两个七天“黄金周”的假日体系。闲暇时间的增加、人均收入的提高和生活理念的改变，使越来越多的人选择休闲活动。总体看来，国民休闲消费市场潜力还有待进一步释放，发展前景广阔。仅以其中的旅游消费为例，2004～2008 年期间，尽管受到禽流感、南方雪灾、四川赈灾等一系列负面因素影响，但我国旅游业仍保持了良好的增势，国内旅游人次从 11.02 亿人次增至 17.12 亿人次，年均增长率为 11.64%；旅游总花费从 4710.7 亿元增至 8749.3 亿元，年均名义增长率为 14.74%；人均花费从 427.5 元增至 511 元，年均名义增长率为 4.56%。[①] 同期，国内居民出境人数也有了明显增长，从 2885 万人次增至 4584 万人次，年均增长率为 12.27%（见表 1）。

表 1　2004～2008 年国内旅游情况

年份	旅游人数(亿人次)			旅游总花费(亿元)			人均花费(元)		
	总平均	城镇居民	农村居民	总计	城镇居民	农村居民	总平均	城镇居民	农村居民
2004	11.02	4.59	6.43	4710.7	3359.0	1351.7	427.5	731.8	210.2
2005	12.12	4.96	7.16	5285.8	3656.1	1629.7	436.1	737.1	227.6
2006	13.94	5.76	8.18	6229.7	4414.7	1815.0	446.9	766.4	221.9
2007	16.10	6.12	9.98	7770.6	5550.4	2220.2	482.6	906.9	222.5
2008	17.12	7.03	10.09	8749.3	5971.7	2777.6	511.0	849.4	275.3

数据来源：国家统计局。

和旅游业相比，文化、娱乐和体育业兴起得更早，但因长期重其教化功能胜于经济功能，市场化速度和发展速度比较缓慢。进入 21 世纪，经济繁荣、科技进步、社会发展为满足人们日益增长的精神文化需求提供了重要的物质保

① 如无特殊说明，本文相关数据均来自国家统计局。

障，我国居民文化、娱乐、体育等相关消费向大众化、多样化、高层次化发展。统计数据表明，2004～2008年期间，我国城镇居民家庭人均全年消费性支出从7182.10元升至11242.85元；文化、娱乐用品与服务支出①从473.85元升至736.09元，占消费性支出比重从6.60%升至6.90%，后因2008年经济下行影响降至6.55%。这表明文化、娱乐用品与服务等休闲需求属于较高层次的需求，在人们的温饱需求满足之后，休闲需求有着更大的发展潜力；另一方面，如果收入或预期收入降低，休闲消费也会是人们在消费预算中首先考虑压缩的项目。

就行业整体产出方面，问题更加突出。我国文化、体育和娱乐业收入的绝对值虽有所增长，但相对值却有所下降。2004～2008年期间，文化、体育和娱乐业增加值从1042.3亿元升至1513.6亿元，年均名义增长率为9.78%，在第三产业增加值构成中所占比重从1.61%降至1.46%，在GDP构成中所占比重从0.65%降至0.59%。与消费支出方面的情况相比，文化、体育和娱乐业的增长不仅在金融危机冲击下出现下降，即使在前几个正常增长的年份也慢于整体经济及整体服务行业，显示出加快发展文化、体育和娱乐业的迫切性。

从以上简短描述可见，现阶段我国休闲消费的规模及其产值总体处在上升时期。但是，和西方发达国家相比，无论就绝对值还是就相对值而言，我国休闲消费的规模都还明显不足。统计数据表明，2007年我国第三产业增加值为103879.6亿元，其中文化、体育和娱乐业创造的增加值为1513.6亿元，扣除价格因素后同比增长8.99%，占同年分行业GDP增加值（257305.6亿元）的0.59%。相比之下，2007年美国仅艺术、演艺和娱乐行业的私企创造的增加值就高达1338亿美元，占分行业GDP值（138075亿美元）的0.97%②。因此，作为人口众多的发展中国家，我国和人口较少的西方发达国家相比还存在巨大差距，休闲消费和供给的数量和增长速度还有待提高。

① 关于体育休闲消费，存在着独立统计数据和连续性权威数据不足的问题，这主要是因为2004年以前体育业被我国统计部门并入卫生、体育和社会福利业子类，自2004年起被并入文化、体育与娱乐业子类。

② 数据来源：美国商务部经济分析局官方网站，http：//www.bea.gov。

二　金融危机对我国休闲相关产业的影响

经济全球化、美国过度消费、亚洲过度储蓄、国际货币体系固有的缺陷等多种因素导致了2007年美国次贷危机的爆发，并于2008年向世界范围蔓延，全球股市、楼市、汇市持续低迷，企业纷纷倒闭，社会大量失业。作为全球经济新兴体的重要成员，中国也不可避免地受到金融危机的影响。

（一）对旅游业的影响

在入境旅游市场，从2008年下半年开始，远隔太平洋的中国明显感受到来自华尔街金融风暴的阵阵寒意。统计数据表明，2008年1~8月份，入境外国游客的人次和收入总体呈正增长，虽然偶尔出现单月下滑，却基本属于正常波动。但是，9月以后的月份本是往年的入境旅游旺季，但入境外国游客的人次和收入总体趋势却呈负增长，并出现逐月连续性下滑。统计数据表明，9~12月期间单月入境人次变动从-15.10%跌至-19.42%，而单月外汇收入变动也从-16.41%跌至-18.56%。特别是，同期欧美客源市场游客人次和外汇收入大幅缩水，美、英、法、德四国连续四个月出现两位数的负增长率，其中美国游客下降数量最多，而英国游客下滑幅度最大。由于美国次贷危机诱发了一系列的债务危机、流动性危机和信用危机，大量欧美国民不得不缩减生活消费支出，纷纷取消、延迟来华旅行计划，或缩减旅游活动项目。因此，北京并未出现预期的后奥运入境游井喷现象，而广州也未出现广交会期间商务游客猛增的现象。在全国范围内，其他省市也不同程度地面临欧美游客锐减的窘境。相比之下，日、韩等亚太客源市场虽然相对稳定，但也因金融危机有不同程度的小幅下降。

金融危机对中国出境旅游的影响基本上是利好的。一方面，近年来GDP高速增长、人均可支配收入增加和高储蓄率为我国居民出境旅游奠定了经济基础；另一方面，出境游团费主要用外币结算，经济萧条和汇率动荡造成欧洲、澳洲的旅游产品团价不断下滑。美元兑人民币的汇率从2008年5月开始跌破7.0点，欧元自2008年9月开始跌破10.0点，澳元也从10月初开始跌破5.0点。[①] 与汇率连番下跌相对应，出境游价格也出现大幅下滑，中国游客纷纷“抄底出游”，欧、美、澳洲出境游逆市增长，中国游客成为欧美旅游市场备受关注的消费群体。据统计，2008年中国出境游人数为4584.44万人次，同比增长11.94%，其中，因私出境人数为4013.12万人次，同比增长14.91%。[②]

相比之下，国内旅游市场受金融危机的影响较小。这不仅因为近年来GDP高速增长、人均可支配收入增加和高储蓄率增强了我国居民承受经济危机的能力，还因为中央政府采取了积极的财政政策和适度宽松的货币政策，推动中国宏观经济稳定增长，旅游企业也纷纷自发地调整了营销策略，以应对市场环境突变。统计数据表明，2008年国内旅游人次为17.12亿人次，同比增长6.34%；国内旅游收入8749.30亿元，同比增长12.59%；人均国内旅游花费511元，同比增长5.80%。[③] 从2009年初开始，中央和地方纷纷出台各项措施刺激国内居民消费，如开展旅游下乡、派发旅游消费券等活动，这对刺激国内旅游市场起到了一定的积极作用。

（二）对文化、体育和娱乐业的影响

我国的文化、体育和娱乐业是内需主导型的行业，金融危机对其负面的影响并不明显。以广播电视行业为例，2008年该行业总收入为1583.91亿元，其中广告收入为702.09亿元，占44.33%，网络收入为369.50亿元，占23.33%，二者合占总收入的67.66%，受众以国内居民为主。金融危机以来，我国文化产品和娱乐产品出口有所下降。据统计，2008年全国出版物经营单位出口图书、报纸、期刊累计3487.25万美元，同比下降17.93%；出口音像制品、电子出版物101.32万美元，同比下降43.87%。但是，相关出口收入在我国文化、体育和娱乐业总收入中所占份额很小，因此这些行业总体呈现逆市飘红的景象。据统计，2008年全国电影综合收入为84.33亿元，同比增长25.38%；全国广播电视总收入为1583.91亿元，同比增长20.32%；全国

---

① 数据来源：中国银行，http：//www.boc.cn/finadata/。

② 数据来源：国家统计局《中国统计年鉴2009》。

③ 数据来源：国家统计局《中国统计年鉴2009》。

新华书店系统、出版社自办发行单位出版物总销售额为1456.39亿元，同比增长6.56%。①

三　有关国民休闲消费促进政策措施的讨论与解读

在金融危机背景下，我国长期以投资和出口为导向的经济增长方式面临严峻考验，内需不足与高储蓄率、高投资率的矛盾日益凸显。2008年的统计数据表明，休闲消费市场逆市飘红、潜力巨大，有望成为拉动内需、推动经济增长的重要手段。因此，从2009年年初开始，在中央“扩内需、保增长、调结构”战略方针的指引下，各级政府纷纷出台了一系列刺激国民休闲消费的政策和措施，引发了社会各界的热烈讨论，本文亦尝试就此作些解读。

（一）旅游休闲消费券：立竿见影的有力工具

2009年，发放休闲消费券成为各地政府大力推出的焦点政策和社会谈论的热点话题。就票券类型而言，休闲消费券以旅游消费券为主，以文化消费券、娱乐消费券、体育消费券等券种为辅。

旅游消费券是发放规模最大、经济作用最大、备受舆论关注的券种，发放地区范围广、总价值额度高。2009年2月16日，南京首发全国旅游消费券（价值2000万元），通过摇号产生了20万户获得乡村旅游消费券的家庭。此后，宁波、苏州、扬州、无锡、上海、杭州、镇江等长三角多个旅游城市相继推出“旅游消费券”，长三角地区以外的北京、广东、湖北、湖南、山西、山东、河南、黑龙江等多个省市的市县也纷纷加入发放旅游消费券的行列。在全国性旅游消费券发放的热潮中，部分城市发放面额超过亿元，如：杭州两期派发价值2.5亿元旅游消费券，咸阳4月派发2.9亿元旅游消费券，上海4月首发“迎世博”旅游优惠券高达9亿元等。相比之下，纯粹的文化消费券和娱乐消费券发行的数量较少，发放的地区范围限于上海、杭州、长沙等少数南方城市，主要针对本地市

---

① 数据来源：广播电视收入数据来自国家广播电视总局官方网站（http://gdtj.chinasarft.gov.cn）公布的“2008年全国广播电视收入情况”，电影收入数据来自国家统计局《中国统计年鉴2009》，出版物销售数据来自新闻出版署官方网站（http://www.gapp.gov.cn）公布的“2008年全国新闻出版业基本情况”。

民。例如：在2009年上半年，上海市民可持文化消费券欣赏音乐会等文艺演出；杭州市民可持文化消费券在书店、剧院、电影院等地购书、买票；长沙派发的10万张娱乐消费券则鼓励市民进酒吧、KTV、歌厅等经营场所。体育消费券发行的数量更少、发放的地区范围更小，主要是球场、健身房等经营企业的市场化行为，相当于折价优惠券，而政府参与的发放活动很少。这种状况实际上是与旅游休闲的关联性相适应的，在现实经济中，很难清晰地将旅游与休闲分离开来，换句话说，发放旅游券必然会惠及休闲娱乐业。因此，本文以下重点讨论旅游消费券。

关于旅游消费券，人们的争议主要涉及四个方面问题：①旅游消费券能否有效拉动内需？②申领者是否获得了真正的实惠？③发放对象的选择是否体现了公平和福利？④发放机制是否科学合理？一方面，支持者普遍认为：发放消费券减少了居民的旅游支出，刺激居民旅游需求的增长，充分发挥了旅游产业的关联效应和乘数效应，有效地推动了国民经济增长；发放消费券，可以让利于民，使更多的中低收入者享受旅游的权益和福利；发放消费券面向全社会，基本上体现了公平的原则，惠及老龄人口和弱势群体；发放机制基本合理，特别是部分地区制定了严谨明细的申领程序、适用范围和使用规则。另一方面，质疑者则认为：发放消费券没有从根本上改变居民的支付能力和消费预期，高收入者不会因价格优惠而增加休闲消费，低收入者宁愿不使用消费券、转卖或将其兑换现金来减轻生活负担，能否有效刺激旅游需求、拉动内需未成定论；企业在经济萧条时期会自发降价优惠，发放消费券更像是政府组织的促销行为，徒增政府的财政支出，而民众所得实惠有限；消费券的申领程序繁琐，使用也有诸多条款限制，部分景区甚至不承认消费券的有效性，令申领者质疑政府的公信度和企业的诚信度，发放消费券不如景区降价、减税等措施直接有效；发放消费券并没有对申领者的收入水平进行限制和区分，看似公平，实则不公，消费券应主要针对中低收入者、老龄人口和弱势群体；消费券的发放机制存在着渠道单一、透明度低、操作不合理等问题，部分地区出现了哄抢倒卖、弄虚作假和拖延结算的现象。

客观地分析和评价，这是两种貌似截然相反的观点，但实际上各有其合理之处，不能简单地判断其对错。我们认为，这是层次不同的几个问题，评价发放旅游消费券政策的得失，必须以这项政策的初衷作为主要的判断标准，即看这项政策是否有效地促进了旅游休闲消费。在这个前提下再尽可能顾及其他方面的标

准，如公平问题。

以此为出发点，我们认为：首先，发放旅游消费券的确有效地刺激了居民消费需求，促进了地方经济的增长。2009 年旅游消费券的发放备受媒体和舆论关注，大量的新闻报道、火爆的领取现场和激增的旅游人次、收入都反映出旅游市场的活跃，旅游消费券在拉动内需方面起到了短、平、快的效果。不过，我们也应该注意到，这种经济效应是在宏观经济环境改善和休闲消费需求潜力巨大的基础上实现的。2008 年下半年以来，中央政府采取了一系列宽松的货币政策、积极的财政政策和产业政策，如：连续下调基准利率和存款准备金率，实施房贷款利率优惠，鼓励给中小企业贷款；增加出口退税的额度和力度，下调证券交易税，取消利息税；推出十大产业振兴规划，通过以点带面来促进体制创新、产业升级和经济增长。其中，四万亿元投资计划令世界瞩目，它将引导大量资金投向我国保障性安居工程、农村民生工程、基础设施、社会事业、生态环保、自主创新等方面建设和灾后恢复重建。尽管这些经济政策看似与刺激国民旅游消费无关，实际上却有助于居民稳定消费信心、提高收入预期和增强支付能力。因此，在旅游消费券形成强大宣传促销的攻势下，潜在的休闲旅游需求得到了有效释放，起到了拉动内需和促进经济增长的作用。其次，如果能符合公平原则当然最好，但如果效率与公平二者不能完全一致时，我们不应以适用于增加社会福利和社会保障的公平原则为主要标准来评判旅游消费券。在 2009 年全球金融危机的背景下，旅游消费券的发放主要是为了刺激需求。在经济危机时期，美国、日本、新加坡等国都曾经发放纯福利性质的消费券刺激社会需求，但是我国的旅游消费券不是纯福利性质的，而是需要政府支出或企业让利，同时也要求使用者匹配支出，如杭州政府规定外地游客在本地旅游消费时，实付满 40 元方可抵用 10 元消费券。发放旅游消费券，实际是在“政府支出—企业利益—民众实惠”之间寻求一种利益均衡，如果这种均衡未能实现时，就会出现矛盾冲突，如：当旅游消费券的发放未能兼顾企业利益时，企业就会将利益损失变相转嫁到消费者身上，或不承认消费券的有效使用；当使用者不愿匹配支出或质疑消费券的优惠性时，就会拒绝使用或转让、变卖。因此，只有三者利益协调得当，才会真正刺激消费、拉动内需。再次，发放旅游消费券主要是根据市场原则来定位目标群体的，它只体现了相对的公平性和有限的公益性。就目标群体设置而言，各省市发放的消费券存在明显差异，如：武汉、牡丹江等地主要针对本地市场，镇江、苏州、扬州等地主要针对外地市场，北京、上海等地的消费券惠及本地和外地居民，杭州的消费券则分中、英、日、韩四种版本，全面辐射本地、外地、港澳台和外国游客。这种设置是由各地旅游客源市场的特征和自身接待能力决定的。同时，部分地区虽然针对本地弱势群体发放了一定数额的旅游消费券，但是覆盖面小、数量少，只是体现了党和国家以人为本的和谐理念和危难之际对弱势群体的关怀。尽管休闲是公民应有的权利，但是我国的现实是各地经济发展严重不平衡、城乡差距很大、金融危机带来的压力沉重，绝对的休闲权利公平和广泛覆盖的休闲惠民政策还只是超越现实的美好愿望。最后，发放旅游消费券在我国尚属首次，各地在试行过程中因机制不同而取得了不同的绩效。在消费券发放申领方面，部分地区因事先组织筹划工作不到位，导致哄抢倒卖、弄虚作假等现象的滋生；其他地区（如北京、杭州等地）则制定了明细严谨的申领程序、适用范围和使用规则，取得了较好的经济效益和社会效益。在未来需要通过政府财力投入而发放旅游消费券的场合，各地可以借鉴彼此成功经验，制定更为科学合理的发放机制，以更多地体现票券发放的公平性、普惠性。各地可以考虑根据自身条件，有选择地采用公众网上申领、公众定点申领、旅行社团体申领等多种多样的申领方式，并通过指定销售点、指定旅游代理商、召开旅游会展、委托新闻单位或知名网络等多种渠道发放消费券。

（二）“文化下乡”与“旅游下乡”：贵在坚持的长远政策

文化下乡是“三下乡”的重要内容，始于1996年中央宣传部、国家科委、农业部、文化部等十部委联合下发的文件——《关于开展文化、科技、卫生“三下乡”活动的通知》。“文化下乡”是由政府部门组织、志愿者主动参与的公益活动，每年由各地政府部门组织，能够获得政府部门的经费支持；活动的主要内容是送图书、报刊下乡，送戏剧、电影、电视等文艺节目下乡，加强农村公共文化基础设施建设，以及开展群众性文艺活动和教育活动。2009年初，随着家电、汽车等制造行业纷纷挺进农村消费市场，“文化下乡”再次受到政府相关部门的重视。在金融危机背景下，各地政府在推进文化下乡的同时，更注重宣传党和政府应对金融危机以及保民生、惠民生的重大决策，帮助农民提高职业技能和拓展创收途径。例如2009年，北京市“三下乡”活动以保证农民增收为重要内容，重点策划了观光农业推介。

尽管这项政策已推出10多年，但其实施力度、广度还有待进一步拓展，其内容和形式也有待进一步探索，其实施机制仍有待于进一步探索和完善。在金融危机背景下，“文化下乡”产生的短期经济效益并不明显，但是它所产生的长期经济社会效益值得关注。实施“文化下乡”，有助于推进文化资源和信息资源向农村和基层倾斜，解决城乡文化发展不平衡的问题；有利于提高农民的科技文化素质，加强农民工和失业人员的职业技能培训；能够增加农民收入、促进文化建设与经济社会的协调发展。我们认为，文化下乡是一项积水成渊、功在长远的战略性政策，近期应着力解决部分下乡活动务虚而不务实的问题，以有效满足农民当前真实的、迫切的文化需求；从长远看则应致力于改进文化下乡的内容和形式，解决覆盖面窄的问题，并在各级政府的主导下形成适应各地文化特点并具有长效机制的惠民政策。

“旅游下乡”是由国家旅游局倡导、地方旅游局牵头组织的活动。2009年初，国家旅游局局长邵琪伟接受记者采访时表示，我国70%的旅游资源处于包括山区和少数民族地区在内的农村地区，因此我国潜力最大的旅游市场在农村，潜力最大的旅游需求在农村。2009年2月，由广东首先在全国试行旅游下乡活动，地方政府联同企业给予农民13%的旅游补贴。在广州南湖国旅推出的首批“旅游下乡”系列产品中，包括了北京、西安等热点城市和广东知名景区在内的17条线路，而中山市、肇庆市、广州花都区乡镇农民凭身份证或者户口本领取补贴券，就可享受13%的价格优惠。不过，该项活动的实施效果不如预期理想，而且很多地区缺乏实力开展同类活动，全面开辟农村旅游消费市场的时机尚未成熟。

“旅游下乡”不同于“家电下乡”、“汽车下乡”，不能简单地将其定义为将旅游服务产品送到农村，积极开发农村客源市场。首先，农村客源市场开发的时机尚未成熟，农村中的富裕阶层支付能力较强，但是农村的中、低收入者群体依然需要扶助。毕竟，我国城乡经济、文化存在巨大的差距，农民收入偏低而城市生活消费品的物价偏高，除少数地区或少数富裕的农民能够并愿意支付进城旅游的高额费用，多数农民更愿意节省这部分支出用于储蓄或其他消费，进城旅游对他们来说是奢侈品而非必需品。因此，旅游目标市场应锁定于城市的中、高收入群体，农村中的富裕群体宜被视为新兴潜力市场，而城镇的低收入者和农村的中、低收入者则需要财政扶助并予以价格优惠。其次，旅游产品不同于制造业产品，只能由终端消费者流向产品，不能由产品流向终端消费者。旅游目的地的基础设施建设和配套服务、设施建设水平极大地影响了游客的流向和流量。因此，应该加强乡村旅游地的旅游供给能力，既便利大量城市游客流向农村，增加农民收入，带动相关产业发展，亦方便农民在村村之间短程旅游，使他们不须承担太多的旅游花费，却能享有旅游休闲的福利。由此可见，应将“旅游下乡”与“下乡旅游”结合起来。一方面，从供给的角度促进旅游下乡，即旅游局与旅游企业通力合作，实现产品下乡、服务下乡、管理下乡、投资下乡和配套服务下乡。另一方面，从需求的角度促进下乡旅游，即通过宣传促销，鼓励城市居民下乡旅游、近郊旅游，通过价格优惠，引导农村居民在村村之间旅游。这样，有助于形成“外地游客游市区、本地游客游农郊，城乡居民双向游、乡村居民互动游”的多流向旅游市场空间格局。

（三）个人旅游消费信贷措施：有待创造条件、适时推进

根据1999年中国人民银行发布的《关于开展个人消费信贷的指导意见》，中国工商银行总行于2000年在全国范围内率先推出为出行者提供理财服务的旅游消费贷款，旨在刺激消费、扩大内需。但是，该项措施自实施以来备受冷遇，广大居民申请个人贷款主要是购买住房、汽车等大宗必需品。因此，中国工商银行后来取消了单独的旅游贷款服务，将其并入个人综合消费贷款项目。随着信用制度的完善、消费观念的变化，个人综合消费信贷已经有可能逐步走进千家万户，旅游信贷也有可能不再被视为奢侈浪费。2008年底，根据国务院提出的金融“国九条”及其细化措施，江苏省政府办公厅出台《关于当前金融促进经济发展的若干意见》，通过29项具体措施来应对国际金融危机、保持经济平稳较快发展。该意见指出，各金融机构要根据不同消费阶层特点，在继续发展住房、汽车等主导消费信贷产品的同时，要努力拓展旅游、婚庆、非义务教育、耐用消费品和信用卡消费等领域的消费信贷业务。在金融危机背景下，个人旅游消费信贷重新受到关注，虽然尚未在全国普及，但是相关部门对其给予了一定的期望。

旅游消费信贷能否普及，不仅与消费观念的改变有关，而且与信用体制的健全、收入分配制度的改善、社会保障体系的完善等多种因素相关。个人旅游贷款主要分为出国旅游保证金贷款和旅游消费贷款两种。出国旅游保证金贷款用于支付因出国旅游而需要向旅行社交付的保证金。旅游消费贷款用于支付自旅游申请

提出至旅游过程结束为止所发生的物质消费和精神消费以及其他相关费用。目前的突出问题是，高收入者旅游无需贷款，低收入者不敢贷款旅游，在贷款手续繁琐、收入预期不确定、社会保障体系未完善的条件下，持保守型消费观念的人们对旅游消费信贷措施依然持观望态度。

（四）国民旅游休闲计划：符合科学发展观要求的新举措

国民旅游休闲计划，简称国民休闲计划，是在金融危机背景下，由国家旅游局倡导，先在少数地区试行的中长期发展规划。该计划旨在通过制定有关扶持政策、采取相应激励措施，最大限度地调动全社会参与旅游休闲活动的积极性，满足人民群众日益增长的旅游休闲需要，培养广大群众日常的休闲方式和健康的消费行为，进一步提升国民的生活质量、生命质量和幸福指数。酝酿中的国家级的休闲计划的主要内容包括：生活质量的提升计划、拉动内需的促进计划、休闲产业的发展计划和抗御金融危机的救市计划，但最终结果还有待修改完善。相比之下，地方版本的休闲计划则走到了前面。2009 年 1 月，广东省旅游局公布了《关于试行国民旅游休闲计划的若干意见（征求意见稿）》，使广东省成为了全国首个试行国民旅游休闲计划的试点地区，然后浙江、江苏、山东等地也陆续推出了地方性的“国民休闲计划”，并且采取了一些各具创新特色的举措。例如，广东提出弹性带薪休假，鼓励居民把带薪休假与“五一”法定假日连休；深圳市积极推进企事业单位开展带薪休假、奖励旅游、福利旅游，将修学旅游列入中小学课程；浙江、江苏两省以发放旅游券、企业让利促销、开展节事活动等方式推进国民休闲计划的实施；山东在发放旅游消费券之外，着手制订涉及娱乐、文化等多行业、多部门的“国民休闲计划”，其广度、深度远远超过已经出台的“山东人游山东”、“旅游一卡通”等举措。

国民休闲计划因其可能的影响范围而受到广泛关注，但也有人提出一些冷静的疑问，主要包括：①推出的条件是否成熟。在目前我国经济发展水平仍然偏低，并且贫富差距趋于扩大的情况下，旅游对许多中国人来说还是一种奢侈品。对于那些低收入群体及失业者来说，“国民休闲”的提法无疑会刺激他们的神经，甚至有可能使他们产生强烈的抵触感，不利于社会和谐。②提出的时机是否恰当。旅游休闲是经济发展到一定水平后公众应该享受到的休闲福利，应以增加公众的休假幸福感和休闲质量为核心，但我国目前提出这个计划的背景是全球金融危机，有着鲜明的功利目的，即拉动内需和抗御金融危机。这样难免会降低公众的认同，使公众认为他们被当作了拉动内需的工具，即便计划确实可以提高公众的生活质量和福利，他们也会认为政府只是对他们的钱袋感兴趣。

这些疑虑有其合理之处，但并不否定国民休闲计划本身，而只是提示考虑推出的条件和时机。我们认为，推出国民休闲计划正当其时。理由在于：①科学发展观的核心是以人为本，而我国在改革开放30年取得了巨大的成就之后已初步具备了进一步提高国民生活质量、促进国民全面发展的条件，而制定和推出国民休闲计划则是旅游休闲部门制定的符合科学发展观的一项重大举措。②目前，我国正在步入大众旅游时代，推出国民休闲计划，将有利于促进旅游休闲产业的健康发展。③在党和政府的正确领导下，经过全国人民的共同努力，我们已经度过了最困难的一年，2009年中国已经率先走出衰退实现了经济回升。在这种环境下推出国民休闲计划，既可以增进公众的休闲福利，也可以增强经济增长的效果。④即使有拉动内需的功利性目的，公众也会从中受益。从试点地区的做法可以看到，各地休闲计划各有特点，但都或多或少地对人们的休假时间更有利，使得人们的花费得到或多或少的降低。而且，这项计划一旦推出，就会在比较长的时期里引导我国旅游休闲业的发展，而不是危机一结束就终止，因此没必要回避“功利性”的指责。

（五）《文化产业振兴规划》与《国务院关于加快发展旅游业的意见》：高瞻远瞩的战略决策

2009年9月，继十大产业振兴计划提出之后，国务院常务会议讨论并原则通过了《文化产业振兴规划》。《规划》指出了我国加快文化产业振兴的重要性和紧迫性，明确了振兴文化产业的指导思想、基本原则和规划目标。《规划》指出：金融危机仍未见底，对文化产业发展产生诸多影响，而文化产业有逆势而上的特点，为创新文化体制机制、做大做强文化产业带来了契机；同时，《规划》确定了八项重点任务：发展重点文化产业、实施重大项目带动战略、培育骨干文化企业、加快文化产业园区和基地建设、扩大文化消费、建设现代文化市场体系、发展新兴文化业态及其扩大对外文化贸易。为确保各项任务落到实处，《规划》还提出相应的政策措施，如：降低准入门槛，积极吸收社会资本和外资进入政策允许的文化产业领域，参与国有文化企业股份制改造，形成公有制为主

体、多种所有制共同发展的文化产业格局；加大政府投入、落实税收政策、加大金融支持、设立中国文化产业投资基金，大力培养文化产业人才，完善法律体系、规范市场秩序，为规划实施和文化产业发展提供强有力的保障。

《文化产业振兴规划》将文化产业的地位提升到前所未有的高度，表明它已被纳入国家综合性的振兴规划，正面临着产业超常规发展的重大机遇。长期以来，我国一直依靠物质资源、能源发展工业来增加国家竞争力，而文化产业消耗资源少、环境污染少、附加值高等优势未能得到充分利用。文化产业一直以内需为主，外需为辅，大力发展文化产业，不仅能有效刺激消费、拉动内需，还能增加文化出口、增强国家软实力，产生明显而深远的经济效益和社会效益。

2009 年 12 月 1 日，《国务院关于加快发展旅游业的意见》发布，指出，旅游业是战略性产业，资源消耗低，带动系数大，就业机会多，综合效益好。《意见》明确了加快发展旅游业的指导思想和基本原则，制定了我国旅游业到 2015 年和 2020 年的发展目标。为了实现这个目标，《意见》具体规定了十项任务，包括深化旅游业改革开放、优化旅游消费环境、倡导文明健康的旅游方式、加快旅游基础设施建设、推动旅游产品多样化发展、培育新的旅游消费热点、提高旅游服务水平、丰富旅游文化内涵、推进节能环保、促进区域旅游协调发展等。此外，《意见》还从加强规划和法制建设、加强旅游市场监管和诚信建设、加强旅游从业人员素质建设、加强旅游安全保障体系建设、加大政府投入、加大金融支持、完善配套政策和措施等重要方面提出了切实有效的保障措施，并且明确了在加快发展旅游业中国家发改委、国家旅游局及其他有关部门、各级旅游行政管理及相关部门的职责。

由于《国务院关于加快发展旅游业的意见》发布在 2009 年末，所以，在本文提交时还没有充足的时间表现出其对我国旅游休闲消费的促进作用。但是，它却是金融危机发生以来我国最重要的旅游休闲促进政策。这项政策立足现实，着眼长远，在准确认识我国旅游业发展现状和科学把握旅游业地位及作用的基础上明确了旅游业发展的目标、任务、措施，是层级最高、效力最强、影响最为深远的战略决策。《意见》的发布，从指导思想上无疑会进一步提高各地区、各有关部门对加快发展旅游业重要意义的认识，强化大旅游和综合性产业观念，督促各地区、各有关部门把旅游业作为新兴产业和新的经济增长点加以培育、重点扶持，从而既推动旅游业又好又快发展，又可以充分发挥出旅游业在保增长、扩内需、调结构等方面的积极作用。

综上所述，在金融危机背景下，我国各级政府采取了一系列的国民休闲消费促进政策与措施。这些措施，既有微观层面的，也有中观层面的。本文就不同政策与措施的内容、实质、效果和意义作了初步的分析。可以看出，前期的政策与措施，大多已取得了良好的经济效应。但是，内需不足是我国经济发展长期存在的问题，这与以投资和出口导向的经济增长方式相关，与高投资率、高储蓄率、资本项目和经常项目双顺差等问题相关。因此，解决内需不足，仅靠刺激消费的政策措施是远远不够的。真正要做到刺激消费、拉动内需，必须对目前的收入分配制度和社会保障制度进行改革，藏富于民，施惠于民，同时也需要良好的宏观经济运行环境作为保障。

展望未来，由于一系列产业振兴计划的推出和《国务院关于加快发展旅游业的意见》的发布，一些原来从深层面制约中国旅游与休闲业发展的问题将会得到破解，中国的旅游与休闲业将会同整个国民经济一样走出全球金融危机的冲击，沿着正确的轨道继续健康而快速地发展。

中国休闲产业：回顾与展望

魏小安*

摘　要： 中国休闲产业，尽管与国外相比存在一定差距，但经历了自发自为的发育过程，目前已经形成相对系统的产业形态和一定的产业规模，休闲基础产业、休闲延伸产业和休闲支撑产业的体系基本形成。展望未来，休闲产业群的形成将是中国休闲产业发展最终成熟的标志。

关键词： 休闲　休闲产业　中国

一　关于休闲

关于休闲，大体上可以这么定义：“闲”就是可自由支配的时间；“休”就是消磨自由时间的方式；“休闲”就是对自由时间的多样化安排。

休闲从时间维度上看，有“小闲”，主要是八小时之外的闲暇，是一天中的1/3；有“中闲”，主要指大周末，是一周中的1/3；有“大闲”，主要包括法定假日和带薪假期，是一年中的1/3。原来做旅游，主要关注的是“大闲”，现在做休闲，要“小闲”、“中闲”、“大闲”一起关注。不同的“闲”有不同的对应方式，也构造了不同的供给方式。

从休闲空间上来说，包括一系列的内容：家庭休闲是休闲空间的基础，社区休闲是休闲空间的放大；城市休闲体系是休闲空间的延伸；环城市休闲游憩带是休闲空间的拓展；乡村休闲是休闲空间的发散；异地休闲是休闲空间的辐射；网络休闲是新型空间的突破。

由此来看，休闲从时间的角度来划分是三大类，从空间的角度来划分是六大

* 魏小安，全国休闲标准化技术委员会主任，中国旅游协会休闲度假分会秘书长。

类，最后是互为空间，形成完整的网络体系。

休闲产业就是为满足休闲需求而形成的供给体系，面对着人们生活 1/3 的新空间，相应地 1/3 的资源应该为之倾斜，1/3 的人员应该为之配置，1/3 的精力应该为之投入。所以，休闲的发展不仅关乎经济，而且是在创造一种新的生活方式，这一点大家是有共识的。总体来说，休闲是国家的战略产业，更重要的是提升了国民的生活品质。

二　中国休闲的启动

中国的休闲产业现在只能叫做启动，因为在整个的发展过程中没有培育可言。培育一般都需要政府做工作，但是这么多年以来，在休闲产业的发展上政府基本没有主动性的行为，所以只能说是启动。

（一）世界背景

1. 发达国家休闲发展历程

第二次世界大战之后，发达国家休闲的发展历程大体上是 20 世纪 50 年代起步，60 年代发展，70 年代普及，80 年代升级，90 年代创新，新世纪花样百出。休闲一是要有闲，二是要有钱，三是要有条件，但是实际上，20 世纪 50 年代的西方国家从钱、闲和条件这三个角度来说，都达不到中国目前的程度，之所以国外那时候能够发展起来，文化因素形成了主导性因素。当然，这需要一个发展过程，在此过程中需要整个社会的文化、心态，包括意识形态的转换，而这些因素有时候比钱还要重要。甚至现在谈休闲，意识形态仍然有障碍，只不过这几年已经有了大的转变。

2. 发达国家休闲发展背景

第一，经济背景。发达国家有一个黄金发展的 20 年，这 20 年里市场逐步发育，新技术革命发生，之后形成了比较持续稳定的发展局面。第二，社会背景。一方面是民主转型，另一方面是休闲福利逐步变成刚性福利，休假变成不可侵犯的生活方式和权利。第三，人文背景。形成了非常注重需求而且文化不断提升的氛围。

在休闲文化方面，我们与发达国家有 50 年的差距；在休闲产业方面，大概有 20 年的差距。总体来看，需要 10 年左右的追赶。因为当今世界，中国是发展最快、变化最大的国家，以致产生了一个“中国年”的说法，即从变化角度而言，一个“中国年”等于4个“美国年”，8个“欧洲年”，20个“非洲年”。

（二）中国发育

1. 发育过程

中国休闲的发育过程大体上是一个自发自为的过程：20世纪80年代入境旅游为主；20世纪90年代国民旅游兴盛，国民旅游既包括国内旅游，也包括出国旅游；新世纪休闲需求兴起。一定意义上，旅游是休闲的基础，也给休闲做了铺垫，做了积累。休闲使旅游进一步扩大，也可以说是旅游发展的延伸。

就现在来看，尤其是最近十年之内，一方面，休闲需求普遍化，这已经成为一个不争的事实，最典型的就是农家乐，农家乐实际上就是环城市休闲游憩带的一个重要组成部分。全国的农家乐还没有统计数字，但估计至少也有五六十万家。农家乐对应的是城市的休闲需求，而不是原来所说的观光需求，而且就现在来看，这种休闲需求越来越普遍化。不同年龄的人有不同的休闲方式，不仅是消费方式也是娱乐方式，也是社交方式。另外一方面就是休闲词汇社会化，到处都可以看到“休闲”这两个字，“休闲”这个词现在已经深入生活中，而且普遍到生活的各个领域。

2. 观念调整

休闲的观念正在调整。从这个角度出发，就像未来学家奈斯比特所言，时尚是自上而下的，趋势是自下而上的。如果从时尚的角度来说，只有大官、大款才能引领时尚，但是大官可以休息绝不能引领时尚。不管搞革命也好，搞建设也好，最后的目的总是希望老百姓过好日子，如果老百姓过好日子里没有休闲，这个日子就谈不上好。所以，原来很多所谓的幸福生活，所谓的好日子，都是物质主义的概念，而不是真正的生活品质的概念。最近十年来，国民的休闲需求自然产生，相应地，休闲产业也在不经意中发展起来。当然这种不经意，是从宏观上来看的，从每一个企业自身来看，却是花费了很大的精力。总体来看，现在休闲的消费潮流已经产生，中国休闲产业的格局已经形成，只不过这个产业格局的产生并不意味着政府做了什么。

3. 体系产生

现在城市的休闲体系已经普遍产生，比如上海衡山路酒吧街等，大城市都有这么一套供给。道理很简单，有需求就会有供给，政府支持也好，阻拦也好，都起不了太大作用。说到底就是需求产生了，而且对应这样一个持续发展的需求，已经有了一个比较好的基础——就是这么多年以来，在政府不经意之间，产业反而发展起来了。也就意味着中国的休闲产业以一种市场化的方式奠定了一个市场化的基础。这应该说是现在最成功的一点，只是未来还需要进一步提升。

4. 提升要求

如果从发展的角度来说，在以下几个方面体现得比较充分。

第一，国家旅游度假区。国家旅游度假区从 1991 年起步，但是在新世纪才有了真正的发展。1991 年起步，应该说有相当的超前意识，但是没有市场，没有需求，所以就发展不起来。青岛的石老人，当时也是十二个国家旅游度假区之一，最后变成三区合一，相当于把这块牌子扔了，因为市场的需求没有真正起来。如果说现在做这个事，青岛绝不会这么操作。就目前而言，各种各样的旅游度假区如雨后春笋一般涌现。

第二，环城市休闲游憩带。大体上是在 1985 年起步，起步的标志是成都郫县的徐家大院，全国第一个比较像样的、比较有规模的农家乐，20 世纪 90 年代发展，新世纪得以升级。现在很多特大型城市、大型城市周边的环城市休闲游憩带基本上都已经形成。

第三，城市中央休闲区。20 世纪 90 年代起步，标志是上海新天地，近年有了比较大的发展。

第四，城市休闲体系。城市休闲体系伴随着城市化的过程在不断地升级。城市休闲体系包含极广，例如洗脚屋。全国的洗脚屋没有具体的统计数字，但也是不经意之间，2009 年全国洗浴行业吸纳就业 1100 万人，一年的营业额 1500 亿元。再比如城市的健身房等。把这些体系归纳起来，就会发现中国的休闲产业已经变成了一个巨大的产业。

第五，休闲房地产。休闲房地产业是新事物、新集群，借助这几年房地产的强势发展，休闲房地产业已经变成了一支新军。2009 年 12 月份，广东省房地产协会组织了一个休闲论坛，大家对休闲的关注度已经远远胜过以往。前几年有些东西还在探索，现在已经把休闲房地产业列入房地产业的新兴类型，而且是一个长远发展方向。

第六，衍生产业。随着需求的延伸，实际上构造了一个衍生产业，形成了一个延伸的集群，只不过对这些东西还存在认识盲区。比如从学者的角度来说，总喜欢研究大牌子、大企业，觉得这些才是值得研究的，但是休闲产业恰恰有一个特点，就是通过铺天盖地的小企业和顶天立地的大企业相结合，构成一个独特的产业集群。这种格局在国际上已经形成，在中国自然而然也可能形成。所以，不必追求传统上政府一定要管头管脚的方式，休闲产业在中国最近十年的发展实际上就证明了市场的生命力，当然在发展过程中确实需要规范和引导，尤其重要的一点就是保证消费者的权益。

第七，模式转换。传统观光模式是以观光资源为主，依托性强，分散布局，规模较小，有什么干什么。而在休闲方面，现在已经构成了一个新的转型升级模式，即以市场需求为主，创新性强，集中布局，规模较大，需要什么干什么。

三　关于休闲产业

休闲产业包罗万象，涉及不同的行业和领域，只要是与人们的休闲行为和休闲消费有关的产业，都可以列入休闲产业。所以，概括起来说叫做：休闲资源无限制，休闲产业无边界，休闲行为无框架。反过来说，也没有必要明确边界，就像这么多年来旅游统计问题一样，说起来旅游不好统计，实际上还是传统计划经济思路的问题。在休闲领域里，更没有必要拘泥于传统思路，本来就是一个没有边界的产业。转换了思路，就会发现对很多事情的认识、分析方法都不同了。总体来说，尤其是从理论上来说，休闲产业作为一个完整的系统，是由不同的产业层次来构成的，包括基础产业、延伸产业、支撑产业。三个产业层次组合起来，形成了较为完整的休闲产业体系。

（一）休闲基础产业

1. 旅游业

旅游业是休闲产业的重要组成部分，是以旅游这种方式和活动，提供相关旅游产品和服务来满足人们在休闲生活、休闲行为、休闲消费、休闲需求中的物质和精神文化需求的产业业态。旅游是休闲活动的重要实现途径和表现形式，休闲则是旅游活动的根本目标和最终归宿。从产业领域的角度讲，休闲产业是旅游业的蓝海。

2. 文化休闲业

文化休闲业是新兴的消费内容，也是新兴的产业形态，是满足人们休闲消费中的精神文化需求的行业和部门，包括一切以精神文化内容来满足人们休闲需求的服务和产品。文化休闲业包含的内容非常丰富，具有多样性的产业特征。目前我国文化休闲产业的主要特点是：总体规模大，人均占有低，发展不均衡，市场不成熟，产业成长缓，国际竞争弱。

作为文化休闲业，可以细分为六类：

第一，游戏产业。游戏产业是文化休闲业的重要组成部分，主要包括棋牌、游乐园、游戏机、网络游戏等游戏类的产品和服务，用来满足人们休闲需要。普及性、便利性、边缘性、变化性是游戏产业的主要特点。

第二，娱乐产业。娱乐业是指以提供各种娱乐的产品和服务来满足人们在休闲活动中的物质和精神文化需求的相关产业，以电视、广播、歌舞厅、城市秀场、唱片工业、无线网络音乐等为主要内容。

第三，品尝产业。品尝产业是通过餐饮等产品和服务来满足人们在休闲活动中的物质和精神文化需求的产业业态。主要涉及餐厅、咖啡厅、酒吧、茶馆以及其他休闲食品。这里没有用餐饮产业这个词，因为不能以生产者为主导，很多概念都要从消费者出发。

第四，观赏产业。观赏产业是通过提供观赏类产品和服务来满足人们在休闲活动中的物质和精神文化需求的产业业态，主要包括戏剧、电影、博物馆、科技馆、动物园等。

第五，阅读产业。阅读产业是以提供阅读类产品和服务来满足人们休闲活动中的物质和精神文化需求的产业业态，主要涉及书籍、刊物、图书馆等产品和服务。基本上现在大报的主体功能是新闻功能，城市晚报都是休闲读物，主体功能都是休闲功能。从电视来说也是这样，电视台现在各类节目的主要功能不是新闻传播功能，主要功能是娱乐功能。

第六，养趣产业。养趣产业是通过提供相关动植物养殖和相关有价值的物品收藏等产品和服务来满足人们休闲生活中的物质和精神文化需求的产业业态。主要包括饲养花鸟鱼虫、宠物和进行相关收藏等。

3. 体育休闲业

体育休闲业是以休闲为主要目的，通过体育活动的途径和手段来满足人们在休闲活动中的相关健身、娱乐、交际等物质和精神文化需求的产业。包括竞技体育表演、群众体育、健身服务、体育用品等。体育休闲活动是现代人生活的必需，其特点包括：从小开始，贯穿终身；户外为主，室内为辅；身动为主，神动为辅；团队为主，个人为辅；参与为主，收获为辅；欢乐为主，成长为辅；社会为主，经济为辅等。但体育活动也是我们现在最薄弱的领域。究其原因，有以下几个方面的因素：首先是文化因素。中国人作为东方民族、农耕民族，和西方游牧民族、草原民族根本上不同，我们习惯于静下来，而西方人习惯于户外运动。其次是活动设施等条件不足。再次是独生子女政策，孩子们不能更多地参与户外活动。同时也说明这是未来潜力最大的一块市场，因为80后、90后都成长起来了。户外运动生活尤其是体育休闲，将会成为社会上的一种炫耀因素，成为让人羡慕的生活方式。

（二）休闲延伸产业

1. 休闲农业

在一定意义上，休闲农业也是一种工业化的发展方式，这和传统的农村、农业的概念是截然不同的。休闲农业的要求，第一是自然，第二是在享受自然的过程之中形成一系列的延伸性要求，自然而然就形成了多样化的休闲农业。休闲农业不是简单的农家乐，而是在发展的过程中逐步构成一个体系。比如农家乐的采摘很好玩，下一步必然是从种植开始，而不仅是采摘，采摘培养了一种掠夺的思想，而不能培养一个全程体验精耕细作的习惯，这就是升华的过程。

2. 休闲商业

休闲商业是指通过商业所提供的产品和服务，以及商业活动本身来满足人们在休闲生活、休闲行为、休闲消费、休闲需求中的物质和精神文化需要的产业领域。主要包括商业游憩区、步行街、特色消费店等内容。休闲商业街可能会越来越兴盛，因为休闲商业的主体功能转换了，大家更看重的不是买东西，而是到那样的氛围里去休闲。

3. 休闲房地产业

所谓休闲房地产业是指在一般住宅要素的基础上，依托项目周边良好的自然生态环境，把房地产和房地产以外的其他产业资源，包括生态资源、旅游资源、体育资源、教育资源进行“嫁接”，并在社区生活配套设施中导入休闲、健身娱乐、益智等多元概念，使居住者有足够的条件充分放松自我，享受休闲生活。相对来说，旅游房地产业是个不成立的概念，因为旅游是变动性需求，房地产是固定的供给。固定的供给和变动的需求对应的只有酒店，酒店通过房间每天的出租来对应流动的需求。而休闲房地产业应当是另外一个概念。当然，休闲房地产业也还是生产者主导的概念，相对应地，应该提倡休闲社区的概念。休闲房地产业可以归为六类：一是酒店房产、核心地产；二是休闲房产、景观地产；三是文化房产、主题地产；四是生态房产、田园地产；五是娱乐房产、聚合地产；六是复合房产、生活地产。

（三）休闲支撑产业

1. 休闲工业

休闲工业是指依托现代化大工业生产方式和技术，为休闲需求直接或间接服务的产业体系。大体包括：

第一，休闲服装。有别于工作服装、职业服装和正式服装的都可以称为休闲服装，其特点是宽松、时尚和主流化，这也是很多时装在追求的一种方向。比如福建的石狮市，满城都是休闲服装，所有的广告都是休闲服装。这就反映了一个新的社会潮流。

第二，休闲用品。其特点是方便、丰富和生活化。正因为很多休闲用品主要是为休闲服务的，所以首要是方便，小巧灵便的各类用品不断产生。其次是丰富，各种各样的用品产生。由于休闲是一种生活方式，因此休闲用品也涉及生活的各个方面。再次是由于用起来非常方便，品种非常丰富，自然而然就转移到生活过程之中去了，就使这种边缘化的产品变成了一种主流化的产品。

第三，休闲装备。从国际休闲装备及设备市场看，2004 年的市场价值是 2000 亿美元。在中国，由于目前还没有产生足够的高端休闲消费需求，同时，工业生产缺乏对市场的敏感性，因此休闲装备品还基本没有，高端产品主要依靠进口。但从发展的角度来说，这将是一个非常大的市场。一些休闲装备科技含量高，品牌性也强，我国对休闲装备的市场需求正在不断增强，这必将促进休闲装备工业的发展。中国休闲装备的市场需求很大，但是产品生产很差，比如高尔夫球、滑雪装备、缆车装备等，这些都属于特种装备，都需要一流的生产能力，但是我们现在基本都要靠进口。也不能说是工业部门不重视，关键是缺乏供给和需求之间的整合。

第四，休闲食品。特点是薄、轻、脆、小、香，不占地方，不占肚子。看电影吃爆米花是典型的美国休闲组合，现在在中国也成为时尚。

2. 休闲信息业

休闲信息业是指为休闲者提供有关休闲信息，进行相关信息咨询和休闲活动策划来服务于休闲消费者的经营性行业，包括广播电视媒体、平面媒体、网络媒体、咨询、科研和教育等相关内容。休闲需求的增加和休闲消费能力的增强，必然会引起各种媒体以及咨询服务、科研和教育等对休闲的关注，以经济利益为诉求而将产品与服务延伸到休闲领域来，从而促进休闲信息产业的形成和发展。

3. 休闲中介业

休闲中介业是为满足休闲消费者的休闲需求而提供相关中介服务和中介产品的经营性行业，主要包括旅行社、俱乐部等。各种类型的俱乐部，将成为休闲消费增长过程中一种重要的休闲中介形式。通过俱乐部形式，有共同兴趣爱好和追求的人们可以聚集到一起，根据自己的兴趣而做事情，一定会有充分的休闲心态，这在客观上形成了一个有巨大市场潜力的休闲中介业。

（四）展望

休闲产业的发展，意味着一系列传统产业得以更新，增加功能，形成城乡统筹。休闲农业、林业、渔业，都可以直接转换成休闲产品。但是必须真正走出传统产业系统，并在传统产业系统之上形成一个服务系统，这样就需要在发展的过程中，围绕人们的休闲需求，形成需求链，同步形成服务链、经营链，最终形成产业链，并进一步延伸产业链，扩大产业面，形成产业群。将来，休闲产业群的形成是中国休闲产业发展最终成熟的一个标志。

如果用一个数量的概念，2007 年中国旅游总收入突破了 1 万亿元，这样来对应休闲，估计现在市场的消费总额应该能够达到 4 万亿元。虽然没有统计，但是有数据才有说服力，而且这种经验数据会起作用。中国的休闲产业已经发展到 4 万亿元的规模，但这样的规模仍然小，因为中国的 GDP 达到 30 万亿元，休闲是 1/3 的生活，中国的休闲消费应该达到 10 万亿元才对。所以，4 万亿元并不大，距离 10 万亿元，还有很长的道路要走，休闲产业确实是一个前景无限的产业。

四　未来的发展方向——好玩，玩好

从人的发展来看，未来的方向是好玩、玩好。具体来说，包括以下几个方面：

第一，十闲：从容人生。得闲空，蓄闲心；做闲事，学闲技；交闲友，聊闲天；处闲境，读闲书；养闲趣，用闲钱。这样的人生是非常从容的，是值得我们追求的。

第二，十养：品质生活。山水养生，森林养眼；宗教养心，修炼养气；文化养神，运动养性；物产养形，气候养颜；教育养成，生活养情。这是理想的追求，是一个目标。

第三，十创：创意发散。要把事情做好就需要创新、创意、创造。归纳起来，包括十“创”：一是创异。郑板桥当年有一副对联：删繁就简三秋树，领异标新二月花，就能很好地说明这个意思。二是创议，就是创出争议来。休闲企业不怕争议，争议一定意义上就是树立个性的过程，就是树立品牌的过程。三是创艺，要创出艺术来，要确实有艺术品位。四是创亦，是亦此亦彼的亦，这个亦实际上说明休闲产业由于是新产业，从发展的特点来看是模糊的，空间非常有弹性，是不断变化的。五是创翼，说明休闲产业是灵动的，是飞翔的，“身无彩凤双飞翼，心有灵犀一点通”。六是创奕，是博弈，是竞争。七是创忆，即形成记忆，创造回忆。八是创义，仁义，和谐。九是创遗，创造未来的文化遗产。十，最后归结到一个益，就是要创出效益来，即以经济效益为基础，同时达到社会效益和环境效益。

第四，十玩：快乐经济。适应玩的心态，研究玩的学问，建设玩的项目，开拓玩的市场，培育玩的氛围，追求玩的艺术，丰富玩的功能，创新玩的产品，创造玩的文化，谋求玩的财富。

第五，十四做：全面推动。模式做特，机制做活；文化做深，市场做透；保护做好，环境做美；队伍做优，素质做高；产品做精，服务做细；品牌做响，形象做亮；产业做强，发展做大。

休闲这个事说大无穷大，说小非常小，说宏观是民族的事，说微观每一个人都希望休闲。发展休闲，实际上是在做前人从来没有做过的有趣事业，是在创造新的历史，将会改变和提升国家的形象。

新中国假日制度与休闲

——回顾、讨论与继续优化的思考

刘德谦*

摘　要： 闲暇时间是休闲得以产生和实现的重要因素。自改革开放以来，中国的假日制度出现了多次变化，这些变化都朝着增加职工休息时间的方向发展。本文通过对历史的回顾，就中国法律制度等多个侧面，追述了我国假日组成三部分的形成与实施，在阐明和讨论这些假日对中国居民休闲实现的积极意义的同时，并进一步提出了关于继续优化假日制度的建议。

关键词： 工时制度　双休日　法定节假日　带薪年休假　休闲机遇

一　假日与休闲

（一）不断增多的假日

就人类的生活而言，传统的研究者常常把人类生活中的时间安排分成这样的两部分：劳作，或者闲暇。①

休闲，就是居民在闲暇时间对于自身休憩的安排，因此也就离不开自己的休息时间的获得。在农耕时代和工业时代，除了农民的休息时间往往会有自由安排的可能性，以及部分“自由职业者”具有相对的“自由安排”的可能性外，就多数的在职职工而言，他们的休息时间的获得，大多与国家或地区等的假日制度

---

* 刘德谦，中国社会科学院旅游研究中心副主任，中国社会科学院财贸经济研究所特邀研究员，北京联合大学旅游学院教授。

① 关于时间的划分（或时间用途的单元区分方法），人们是有不同主张的，除了通常理解的两分法、三分法之外，还有多种不同划分标准的三分法、四分法、五分法等。这里暂不细论。

密切相关。

自19世纪人们注目于休闲研究以来，休闲研究者已经越来越清楚地认识到，居民休闲活动的产生和实现是需要两大基本要素支撑的，而其中最为关键的要素，就是休闲者要拥有闲暇时间。

随着改革开放带来的变化，我国假日制度形成的闲暇时间正在增多起来，尤其是城乡的职工，其每周的工作时间经过了从48小时缩减为了44小时，再缩减为40小时的过程；其每周的工休日经过了从一天增至一天半，再增至两天的过程；其每年法定假日经过了从6天增至10天，再增至11天的过程；此外还有正在逐步落实的带薪年休假。所有这些，都为中国居民的休闲带来了空前难得的好机遇。

（二）我国假日组成的三部分

1994年7月5日，第八届全国人大常委会第八次会议通过了《中华人民共和国劳动法》，这部法律自1995年1月1日起已经正式施行。根据其中有关“工作时间和休息休假”的第四章的第三十六条、第三十八条、第四十条、第四十五条的规定，在中华人民共和国境内的与企业、个体经济组织等“用人单位”形成劳动关系的劳动者，其所享有的“休息日”和“假日”应该包括这样三部分：一，由“每日工作时间不超过八小时、平均每周工作时间不超过四十四小时”工时制度所形成的每周工休日；二，每年“节日期间应当依法安排”的假日；三，“实行带薪年休假制度”所享有的带薪假日。

二　工时制度与工休日

我国的“八小时”工作制由来已久的。新中国成立后，每天工作8小时、每周工作6天的工作制度，更是得到了普遍的实施。而最为人们熟知的，是1995年1月1日起施行的《中华人民共和国劳动法》对它的改变。

按照《中华人民共和国劳动法》第三十六条的规定，“国家实行劳动者每日工作时间不超过八小时、平均每周工作时间不超过四十四小时的工时制度。”也就是说，1995年我国开始实施每周工作五天半的工作制。

就在每周工作五天半的工作制开始实施不久，1995年3月25日，国务院又作出了《关于修改〈国务院关于职工工作时间的规定〉的决定》。依据这一决定，自1995年5月1日起施行的职工工作时间是“每日工作8小时，每周工作40小时”，形成了职工每周只需工作五天，能够休息两天的新格局。对于20世纪最后10年的亚洲地区，这次工时的缩短颇为先进，不仅让职工感到满意，也赢得了国内外的一片好评。

三 法定节假日

相对于工时制度变动的顺利，法定节假日变动的难度却大得多。

（一）对放假办法与假日的回顾

我国对法定假日的重视，是由来已久的。远在中华人民共和国成立后不久的1949年12月23日，政务院便发布了《全国年节及纪念日放假办法》。为了使这个放假办法更有利于职工群众的休假，1999年9月18日，国务院又以“中华人民共和国国务院令”的形式发布了修订后的《全国年节及纪念日放假办法》。

1999年新办法与此前办法相比的明显差异是“五一”和“十一”的假期都从原来的一天改为了三天，从1999年各地紧接着的“十一”假日安排来看，新的三天假日又与相邻的两个双休日的位移连用，这样一来，全国职工生活中便首次出现了“春节”、“五一”、“十一”的三个七天连接的“长假期”。在当时我国其他休闲消费尚无准备且旅游业供应能力不足的情况下，可巧的是，许多居民都自发地选择了旅游，于是在全国出现了有史以来的第一次“旅游井喷”。

1999年10月第一个“旅游井喷”的出现，是人们此前未曾预料得到的。虽然有些经济学家对此给予了高度的赞扬，但是供不应求所产生的问题也同时显现了出来。群众在高兴中也表示出了不满，各大媒体也不断地反映着百姓的呼声。为此，国家旅游局、国家计委、国家经贸委、公安部等12个委部局及时研究了“假日旅游”供不应求的诸多问题，并且共同形成了若干意见上报国务院。意见得到了国务院的重视，并于2000年6月21日以“国办”文件形式将《国务院办公厅转发国家旅游局等部门关于进一步发展假日旅游若干意见的通知》发往了各省、自治区、直辖市人民政府，要求各地政府和有关部门高度重视，积极采取各项措施，努力克服薄弱环节，精心组织，切实抓好假日旅游工作。

经过各地的努力，“黄金周”期间的旅游供给与秩序得到改善，加之居民的休闲消费已经有了较多选择的可能，供需矛盾得到了一定的缓解，群众的抱怨开始减少，但是节日期间的拥挤状况一直没有得到根本的扭转，所以在每年“黄金周”之后，大众传媒上几乎都要出现关于“黄金周”的讨论。就像2007年《新华每日电讯》一篇报道说的那样，“长假第七年，咱挤着乐着争论着”。在老百姓对“黄金周”有着不同感受和意见的时候，旅游学界业界对“黄金周”也有着鲜明的意见分歧。虽然对于假日旅游中暴露出的诸多问题，比如运力不足造成的交通拥挤，著名景区景点游客爆满造成的旅游感受不佳，一些地方出现的服务质量下降，以及趁机涨价、欺客宰客等问题，大家都一致感到必须尽快得到扭转，但是对解决办法的主张却大不相同——一部分研究者主张以取消求解决，另一部分研究者却主张在保留中求改善。由于有着对于旅游科学的专业基础，再加之自觉地进行实地考察，以及不同意见之间的不断沟通，并基于对“黄金周”真实价值认识的加深（可贵的长假期对于普通职工和他们家庭的意义），也基于现实中每年“黄金周”旅游诸多问题的逐渐缓解，① 多数研究者的认识慢慢地一致起来，都更愿意在尊重消费者权益的基础上优化“黄金周”：主张在带薪年休假实施之前，乃至开始实施之后，都应该努力引导消费者休闲的多样选择，同时不断改善供给。

在旅游研究者对“黄金周”的讨论意见基本趋于一致的情况下，媒体对黄金周的评论也开始从一边倒的批评转为了引导供给的增加和引导居民休闲的多样化。所以2006和2007年开始重提“黄金周”存废的学者，其实大多属于个人感受和刚刚开始研究“黄金周”的其他学科的学人。

（二）2007年对法定假日制度的改革

改革开放以来，随着对中国传统文化关注的加深，中国的传统节日也越来越得到学界和民众的注目。早在2004年全国人大第十届二次会议上，就有专家起草并且提出了关于将清明节、端午节、中秋节等传统节日纳入我国法定假日的议案，基于该建议不是十分具体，考虑到要统筹国家社会经济发展的要求和社会承

① 进入21世纪以来，由于消费者的选择越来越理智，到了2007年“十一”黄金周，许多全国著名景点竟出现了自有“黄金周”以来游客的第一次负增长——成为了“黄金周”供需矛盾进一步缓解的重要信号。只是这个信号并没有引起有关个人和有关方面更多的重视（他们或者还沉浸在自己前些年的印象中），从而使得这原可以有所作为的好时机被白白地错过了。

受能力（对增加假日的承受力），因而其未能得到有关方面的响应。到了2007年的全国人大十届五次会议时，这份再次提出的议案，提案人主动调整为在全年法定假日总天数不变的前提下，缩短“五一”和“十一”的放假时间，增加清明节、中秋节等传统节日为法定假日。同年，在政协会议上，又有另一份议案以“‘黄金周’的正效应在递减”和“‘黄金周’的负面影响在凸现”为由，提出了取消“五一”、“十一”长假的建议。

对此，民间展开了热烈的争议。

虽然以牺牲长假日换取传统节日的理由比较勉强，而“‘黄金周’的正效应在递减”和“‘黄金周’的负面影响在凸显”的立论更带着经济学的错误（因为假日旅游消费的大宗并不在于“消费品零售总额”的增加），但是在大众传媒的反复传播中产生了巨大的影响力。

基于有关人士的提案和建议，有关部门的法定节假日调整研究小组经过一段时间的研究之后，于2007年11月9日将已经基本形成的《国家法定节假日调整方案》在新华网、人民网、国家发展和改革委员会网站上正式公布，开展民意调查。该方案调整的主要内容包括三点：①国家法定节假日总天数增加1天，即由此前的10天增加到11天。②元旦放假1天不变；春节放假3天不变，但放假起始时间由农历年正月初一调整为除夕；“五一”国际劳动节由3天调整为1天，减少2天；“十一”国庆节放假3天不变；清明节、端午节、中秋节增设为国家法定节假日，各放假1天（农历节日如遇闰月，以第一个月为休假日）。③允许周末上移下错，与法定节假日形成连休。

调整方案受到民众的普遍关注，据国家发展和改革委员会负责人在接受新华社记者采访时公布的资料，2007年11月9日至11月15日24时，网上问卷调查有效答卷汇总的情况结果是：83.02%的投票者支持“将国家法定节假日总天数由10天增加到11天”；62.11%的投票者支持“将‘五一’国际劳动节调整出的2天和新增加的1天用于增加清明、端午、中秋三个传统节日为国家法定节假日”；76.49%的投票者支持“保留‘十一’国庆节和春节两个黄金周”；75.04%的投票者支持“将春节放假的起始时间由农历年正月初一调整为除夕”；70.51%的投票者支持“调整前后周末形成元旦、清明、国际劳动节、端午、中秋5个连续三天的‘小长假’”。其中以增加法定假日总量的问题得票最高（83.02%），以涉及取消“五一”长假期的问题得票最低（62.11%）。因为此一问卷原本就是以取消“五一”长假期为前提的，所以没有设置是否应该取消“五一”长假期的问题。

2007 年 12 月 7 日，国务院常务会议审议并原则通过《国务院关于修改〈全国年节及纪念日放假办法〉的决定（草案）》。2007 年 12 月 14 日《国务院关于修改〈全国年节及纪念日放假办法〉的决定》以第 513 号中华人民共和国国务院令正式公布，并自 2008 年 1 月 1 日起施行。

四　带薪年休假

1994 年《中华人民共和国劳动法》第四章关于劳动者“工作时间和休息休假”的规定，共有 10 条。第四十五条规定“劳动者连续工作一年以上的，享受带薪年休假。具体办法由国务院规定”。但是，基于各种客观条件的制约，从 1995 年 1 月 1 日到 2007 年 12 月，这一“具体办法”一直未能出台。

虽然带薪年休假的具体办法暂时未能出台，但是《劳动法》第四十五条仍然在全国得到了部分贯彻。这是因为我国对带薪年休假制度的关注还是由来颇早的。虽然 1989 年 7 月 6 日中共中央和国务院根据我国当时的政治、经济形势发出过《关于党政机关今年不安排休假的紧急通知》，但是基于国情的新变化（政治稳定，社会安定，经济也逐步好转），1991 年 6 月 15 日，中共中央、国务院又在《关于职工休假问题的通知》中提出了“从今年起，各级党政机关、人民团体和企事业单位，可根据实际情况适当安排职工休假”。1995 年 8 月 4 日，劳动部在印发的《关于贯彻执行〈中华人民共和国劳动法〉若干问题的意见》时也明确规定，“实行新工时制度后，企业职工原有的年休假制度仍然实行。在国务院尚未作出新的规定之前，企业可以按照 1991 年 6 月 15 日中共中央、国务院《关于职工休假问题的通知》（国发电［1991］2 号），安排职工休假”。因此，带薪年休假制度在我国的普及还是有着一些良好的基础的。自 1991 年 6 月以来，部分国家机关和部分企事业单位，都不同程度地实施了带薪年休假。学校教职员工的寒暑假尽管来源久远，但也应该是带薪年休假的一种体现。

在 2007 年民间关于是否取消和“黄金周”的几次讨论高潮中，带薪年休假制度又受到了更多的关注。

虽然假日改革的不同意见持有者对带薪年休假何时实施、如何实施存在着截

然不同的看法（有的主张先试点再推广，有的主张现在起就强制全面实施），但是对推进带薪年休假的原则主张却又是一致的。甚至认为现在并不具备全面实施带薪年休假的研究者也认为，法律的前瞻性也需要政府及早地出台实施带薪年休假的“具体办法”。

基于客观环境的日臻成熟，2007 年 11 月 5 日，国务院法制办将《职工带薪年休假规定（草案）》（征求意见稿）授权新华社全文公布，广泛征求社会各界意见。该草案包括制定目的、依据，实施范围，实施办法等，一共有 7 条。经过 10 天时间的征求意见，仅中国政府法制信息网就征集到了 14300 多条意见，另外还有信函意见 700 多条，足见老百姓对此问题的关心。从《职工带薪年休假规定（草案）》征求意见的反馈来看，绝大多数网民都对职工带薪年休假制度表示拥护，并认为，正式建立职工带薪年休假制度是保障宪法、劳动法规定的职工休息休假权的一个重要措施。

在 2007 年 12 月 7 日国务院召开的常务会议上，《职工带薪年休假条例（草案）》获得原则通过。2007 年 12 月 14 日，国务院总理签署国务院令，公布了于 2008 年 1 月 1 日起施行的《职工带薪年休假条例》。条例一共 10 条，除了对草案中的实施办法进行了部分修改外，最后几条多集中于实施的检查、监督，以及有关争议的依法解决。这意味着老百姓热望的带薪年休假将得到更有力的法律保障。

五　假日制度变动带来的休闲机遇

（一）双休日的出现

“双休日”的出现实在是职工进一步安排好自己生活与休息的好机遇。由于当时我国适应于休闲的产业尚未得到充分的发展，老百姓在假日活动的安排上，除了家务和进修外，首先选择了旅游，于是迅速出现了全国性的“周末旅游热”。好在各地方政府、旅游主管部门和旅游研究者对此早有认识，如上海、浙江、陕西、四川等省市领导就此作了专门指示，河北、江西等省领导特地出席了该省有关旅游的节庆或展示会，浙江、山东、福建、四川、江西、甘肃和杭州、成都、哈尔滨等省市还就如何组织好周末旅游问题进行了研究。

在对 1995 年 5 月开始的“周末旅游热”产生原因和特点分析的基础上，有研究者进一步指出，为使“周末旅游热”能够保持平稳有序的发展势头，还须提高对“周末旅游热”的认识，克服旅游线路畸热畸冷的形象，加强周末旅游产品开发，保证服务质量，努力为周末旅游者创造一个安全、公平、舒适、卫生的旅游环境。[①] 对于旅游休闲的产品而言，这一切又正是供给的一次改进与提升。

在1995年《关于修改〈国务院关于职工工作时间的规定〉的决定》刚刚发布的4月，中国国内旅游协会会长就应约著文说，“五天工作制为广泛开展国内旅游创造了条件。我们搞国内旅游的同事，应该充分利用此一条件……最大限度地满足广大休闲旅游者的需要，并以高质量的服务，去迎接国内旅游大发展的新高潮”。[②] 一位中国旅游未来研究会的作者同时也预测，“随着国人这一迈向小康的步伐，本国居民对旅游产品的渴求将发展为一个不可遏止的浪潮”，“在国内旅游高峰即将到来的这一新的浪头的冲击下，中国旅游将不可避免地摆脱过去一直存在着的国际旅游与国内旅游几乎完全分离的格局”。[③]

“双休日”的确为中国居民安排休闲生活创造了前所未有的有利条件，也为中国休闲产业的“预热”创造了条件。但是基于当时我国的国情，居民的休闲活动开展还是有限的。就我国职工的实际生活而言，由于工作内容、工作环境、工作地点与居住地的距离，以及居住地的条件等因素影响，再加之中国家庭成员之间与其他国家不同的紧密关系，实际上许多职工每周的两天休息日并不能够很好地用于休闲；同时，国民休闲也还受到收入水平的制约，社会休闲供给的制约，所以说，1995年的“双休日”创造的休闲条件，只在中国的部分职工中实现了较为充分的休闲。

（二）“黄金周”长假期的机遇与挑战

如果说双休日实施后中国仍然有许多职工未能从家务劳动中摆脱出来，那么，1999年“十一”开始的长假日却真正让他们知道了“休息”与“闲暇”。

与1995年5月开始的“周末旅游热”一样，到1999年我国的休闲产业仍未得到充分的发展，老百姓在假日活动的安排上，仍然首先选择了旅游。由于人们

---

① 高舜礼：《方兴未艾的“周末旅游热”》，《中国行政管理》1995年第10期。

② 何若泉：《如何迎接周五日工作制》，《旅游学刊》1995年第3期。

③ 姚超黔（“要超前”，刘德谦的笔名）：《国内旅游发展的未雨绸缪》，《旅游学刊》1995年第3期。

对1999年10月的“旅游井喷”毫无准备，供不应求和服务质量欠佳也就成了必然。好在国家旅游局、国家计委、国家经贸委、公安部、建设部、铁道部、交通部、民航总局、国家统计局等注意到了这一现象，在国务院的领导下，12个委部局及时研究了“假日旅游”供不应求产生的诸多问题，并共同形成了《关于进一步发展假日旅游的若干意见》于2000年6月14日上报国务院，提出了“要适应假日旅游新形势需要，加强组织协调工作”，“提前公布‘黄金周’[①]放假日期”，“认真做好运力组织安排，确保旅游运输安全”，“努力提高旅游服务水平，加强社会服务系统协作配合”，“要抓好旅游景区景点的扩容和疏导工作”，“加强对假日旅游的管理和引导”，“加快经济型旅游度假住宿设施和中西部地区旅游产品的开发建设”，“建立全国假日旅游部际协调会议制度”，“要重视抓好入境旅游，争取国际国内旅游双丰收”等九方面的具体办法、措施和目标。

这个上报意见得到了国务院的重视。仅仅一周后（2000年6月21日），《国务院办公厅转发国家旅游局等部门关于进一步发展假日旅游若干意见的通知》就以“国办发〔2000〕46号”文件的形式发往了各省、自治区、直辖市人民政府和国务院各部委、各直属机构。该通知特别指出，“党中央、国务院把旅游业确定为国民经济新的增长点以来，我国旅游业发展取得了很大成绩。尤其是国务院决定增加法定假日后，假日旅游迅速兴起。但由于准备不够和供给不足等方面的原因，也暴露出我国旅游业、交通运输业、商业、城市管理和社会服务体系存在的一些问题。对此，各地政府和有关部门要高度重视，积极采取各项措施，努力克服薄弱环节，精心组织，切实抓好假日旅游工作，把旅游业这个国民经济新的增长点进一步培育好，使其在拉动内需、刺激消费、促进经济结构调整和扩大对外开放中发挥更大的作用。”

据2008年五一黄金周被取消之前的资料，虽然每年的黄金周期间仍然出现交通运力紧张、景区游人拥挤的现象，但是每年的游人仍然在不断地增加，同时由于供给的不断改善，紧张和拥挤也在逐渐的缓解。更重要的是居民的休闲意识也出现了变化，消费者的假日安排和假日消费也越来越理智，越来越多样。黄金

① 在2000年国务院办公厅转发12个委部局的《关于进一步发展假日旅游的若干意见》中，“黄金周”一语第一次得到了正式地采用，其含义显然是一连七天的长假日对于老百姓来说的可贵价值，而并非后来少数学者误导并为部分居民所误会的“赚钱的日子”。

周已退去初始的喧嚣，理性消费让居民从单一的出行走向了多样的“休闲”。这也就是2007年“十一”黄金周时部分著名景区出现游人同比下降的原因。这实在是推动中国居民休闲发展的好时机，可惜的是，这个时机被提议“取消黄金周”的研究者忽略了。

（三）法定假日调整的机遇与挑战

取消“五一”黄金周后，出现了以“清明”、“端午”、“中秋”为中心的三个三日小长假。虽然这三个小长假的假日是以三个周末周日为主干的，但是三日相连的假期毕竟胜过此前两日的周末周日（因为假日集中的使用价值毕竟胜过非集中的使用）。新的小长假的效应，使得传统节日的休闲意义得到了实现。

至于其对休闲旅游的作用，中国人民大学休闲研究中心2008年在京对1106人进行了抽样调查，其调查结果如表1、表2所示。

表1　新休假制度对居民短途出游的影响

影　响	百分比(%)	影　响	百分比(%)
机会增加了	17.8	没有受到影响	72.6
机会减少了	9.6		

表2　新休假制度对居民长途出游的影响

影　响	百分比(%)	影　响	百分比(%)
机会增加了	2.7	没有受到影响	63.0
机会减少了	34.3		

从表1、表2可以看出，新休假制度对居民休闲旅游的影响是较为有限的（未受影响的居民达六七成之多），其积极效应体现在对短途出游，影响面为一成七；其消极效应是对长途旅游，影响面为三成四。① 虽然两者相较，还是负面效应更大一些，但是对于一成七的短途出游的积极影响面也不应低估，从城市周边游的增长、部分地方城郊农家乐的发展来看，居民的近地休闲也从短假日的增多重新得到了较好的发展机遇。

① 王琪延、龚江辉：《新休假制度对北京居民旅游活动影响的实证分析》，见“人大经济论坛”。

据对有关黄金周的接待规模的统计来看，长假日的减少使人们“春节”、“十一”两个黄金周期间出游更为集中。有关统计显示，2009 年的春节黄金周期间，全国共接待游客 1.09 亿人次，比上年同期增长 24.7%；2009 年国庆和中秋的 8 天假日期间，全国共接待旅游者 2.28 亿人次，比 2008 年“十一”黄金周增长 28.5%。如果再将假日游人的增长率与 2009 年全年游人的增长率（11.09%）进行比较，则可以发现，假日游人增长率大大高过全年游人的增长率，相形之下，平时游人所占全年游人的比例反倒在减少，由此也足见假日游人集中度的突出，也就是说，部分目的地反倒比以前更加拥挤了。这个结果实在是当初某些专家学者建议取消“五一”黄金周（以“防止黄金周期间游人过于集中”）时所料未及的。这个问题应该引起有关方面的注意。

（四）带薪年休假的机遇与挑战

为了配合国务院《职工带薪年休假条例》的施行，使条例的实施更为顺畅，2008 年 9 月 29 日新华网发布消息公布了人力资源和社会保障部部长于 9 月 18 日签令的《企业职工带薪年休假实施办法》（2008 年 7 月 17 日经人力资源和社会保障部第 6 次部务会议通过，并自公布之日起施行）。实施办法共 19 条，内容不仅较《职工带薪年休假条例》的规定更细，而且对实施半年多来的难点也有了更为清晰的规定。应该说，条例和办法不仅为职工的带薪年休假提供了相当明晰的法律依据，而且也有利于克服实施中可能遇到的障碍。

从《职工带薪年休假条例》的明文规定来看，全国所有机关、团体、企业、事业单位、民办非企业单位、有雇工的个体工商户等都必须执行。因此，过去曾经对劳动者“带薪年休假”权利置之不理的单位，无论其原来是基于主观原因还是客观原因，现在都不得不真正行动起来。虽然条例的第五条也规定了“统筹安排”和对未休年假职工“支付年休假工资报酬”的一些弹性，但是从条例的第六条、第七条、第八条所规定的县级以上地方政府人事部门、劳动保障部门对条例执行的“监督检查”，对未能实施条例单位的“责令限期改正”及“申请人民法院强制执行”，依法处理“因年休假发生的争议”来看，国家对《职工带薪年休假条例》的实施是十分坚决的。

很显然，“带薪年休假”带给职工的不只是保护他们身心健康的必要条件，同时更是职工进一步享受人生休闲权利的保证。这是老百姓生活质量提高的新起点。正是因为有了这样的新起点，老百姓的“休闲”生活所能够产生的社会功能、文化功能、经济功能才会逐渐显现出来。

从执行情况来看，国家机关因为此前已经有了实施带薪年休假的基础，所以新的办法得到了较好的贯彻。新的《办法》在一部分效益较好的大型企业执行起来问题不大，[①] 但是也有相当多的地方的推行遇到了一些困难，甚至有职工发出了“镜中月水中花”、“形同虚设”的评价。[②]

基于中国各地发展的不平衡是无法回避的现实，因此在经济欠发达地区，在一些中小企业和特殊行业，《职工带薪年休假条例》的实施遇到一些难题也是不足为怪的。另一方面，在市场经济中，职工的“休假权”也会遭遇来自用人单位“用人权”的博弈，在劳动力市场供大于求的现实中，职工的被动妥协是难以避免的。因而如何能够使条例的规定得到准确的落实，还有待相关方面的继续努力。

“带薪休假”体现的劳动者基本权利是不容置疑的。它开始实施的日期，正巧与《中华人民共和国劳动合同法》开始实施的日期是同一天。劳动合同法是在尊重用人单位用工自主权的基础上，要求用人单位必须与劳动者订立劳动合同、履行劳动合同、合理约定合同期限、规范劳动合同的解除和终止、要求解约时必须支付经济补偿等，以保护劳动者的合法权益的法律；它对劳动关系和谐稳定，对企业生产经营秩序的保证的价值都是难以估量的。但是，对于此前一直没有受到《劳动合同法》和《职工带薪年休假条例》约束的用人单位而言，现在要一并开始实施起来，部分单位的困难也是实际存在的。

基于在当前劳动组织中劳动者与用人单位（或称劳资双方）都是不可缺少

---

① 据首都钢铁公司2008年10月的调研分析，首钢北京及迁安地区在岗职工人数为65241人，应享受带薪年休假的职工为58891人。2008年1月至8月末，已休完当年年休假的职工占应享受年休假职工总数的58.9%；已享受部分年休假的职工有12971人，占应享受年休假职工总数的22.03%；未享受带薪年休假的职工占应享受年休假职工总数的19.07%。见《关于首钢实施带薪年休假情况的调研分析》。

② 据《山东商报》2010年4月9日的报道，一份“你享受带薪休假了吗”的职场调查显示，59%的参与调查的人表示，在最近几年中，他们从来没有享受过带薪休假；64%表示，他们公司根本没有休假制度。在“为什么不休假”的调查中，52%的人表示自己希望休假，但老板不批准；14%表示，因为休假时间加班费高而主动放弃休假；13%的人是因为工作压力大，自愿放弃休假；还有10%的调查者表示，其他人都不休假，自己也不好意思休假。重庆市一家集团公司的工会调查报告《关于“带薪年休假制度”执行情况的调查与思考》也称，2008年该公司真正按规定享受年休假的职工仅占13.5%，未休完年休假的职工占34.6%，未享受年休假职工比例高达51.9%。

的积极因素，如果有关方面能够对用人单位的真实困难给以必要的关注与帮助，对《劳动合同法》和《职工带薪年休假条例》的贯彻实施也将是十分有益的。

六 对进一步优化的建议

为了提高我国居民的生活质量，充分发挥节假日在满足居民休闲需要，同时发挥最终消费对拉动经济增长的作用，对我国现有的假日制度继续进行优化是十分必要的。

为了进一步优化我国的法定假日制度，不久前笔者曾向有关方面提出了这样三条建议:①

第一，要进一步推动我国带薪年休假制度的落实；

第二，在法定节假日中，有必要继续保持已有的清明、端午、中秋三个传统假日；

第三，有必要认真考虑再增加两天法定假日（与“五一”假日放在一起），进而再次形成“五一”长假日（即，现在民众和舆论所呼吁的恢复“五一”黄金周）。

建议的提出是经过认真考虑的。它充分肯定了近年有关假日制度改革的成果，同时能够充分体现国家对百姓生活的关心（以及对民众意见和地方意见的关注）。这个方案注意了内容的清楚明确，也注意了摆脱此前一些方案的复杂与繁琐，既便于普通老百姓理解其自身从这个优化中的受益，同时也具有实际操作的方便性。

这个建议可能产生的积极效应是：①有利于百姓生活质量的提高，有利于民众的休息和休闲的安排，也有利于不同年龄的居民履行他们的家庭义务和社会义务；②能够进一步发挥节假日消费对我国经济的拉动作用，有助于我国经济增长方式的良性转变；③可以平息和化解近些年来人们对假日制度（尤其是“黄金周”存废）的纷争，减少民间不必要的分歧，有助于营建和谐社会；④在“黄金周”存废的争议中，自然也包含着不同社会阶层的利益，这个优化法定假日的建议有助于保护各方面的利益，从而实现“帕累托改善”的最高预期。

为此，不妨对“增加两天法定假日”的“成本”进行测算。增加两天假日，在大部分非农业人口中，全年将减少劳动日的0.8%。这个“损失”可以通过两

① 刘德谦:《关于优化法定假日制度的建议》,《旅游学刊》2009 年第 12 期。

个办法来弥补，将其转化为积极作用：①可以在不增加劳动强度的情况下提高工作效率来解决（如，改进工作方法、简化工作程序、推进技术革新等——在某种程度上，对我国进一步提高工作效率，既是挑战也是机遇）；②通过增加用工人数来弥补——这在另一个侧面创造了新的就业机会，从而对缓解就业压力发挥出积极作用。

上面所说的“增加用工人数”自然要导致企业劳动成本（或称人工成本）的增加。如果以人工成本占企业总成本的8.9%来计算（请见本文“附录1 随机选取的实例”），则企业由此增加的工薪福利和培训等项的人工成本，合计为总成本的0.07%～0.08%之间。如果考虑到产业和区域的不同，那么在进行估算时不妨将其比例作较多的提高，姑且将人工成本占企业总成本的平均数从8.9%提高为20%～25%。即使如此，由增加两天假日导致的总成本增加，也仅为0.16%～0.20%。这对于目前我国的经济承受力，乃至百姓对物价的承受力而言，还是能够接受的（两天的人工成本增加导致的价格变化，是“人工成本占销售收入的百分比”，从当前的商品销售实践来衡量，其实，该比例还要比上面的人工成本所占企业总成本的比例更低一些）。

对于国家和政府而言，这一假日制度的优化也能够进一步体现出让百姓享受我国发展成果的总目标。

如果在进一步优化假日制度上采纳这一建议，选择这样的低“成本”还是值得的。此前有关我国节假日制度的讨论已经有些年头了，分歧越来越大，在2008年两会期间又再次成为了大众关注的焦点，连不少人民代表和政协委员也加入了其中。人民网的网络调查结果是值得给以充分注意的（见本文“附录2”）。虽然该网的调查设计也有一点瑕疵，但是，调查反映的民众意见（呼吁恢复“五一”黄金周）却是十分明确的，其数量和比例也是十分可观的。而且，还不能忽视的是，2007年决定取消“五一”黄金周时，发改委的依据也是网络调查（而且接受调查的人数还不到这次人民网调查人数的两成）。

当初作为取消黄金周长假日的提案人，以其教师或学者身份对老百姓的呼声也许可以不理不顾；但作为政府，对此给以充分的考虑才更妥当些。

比起社会为此已经付出的巨大代价，我们觉得，此优化方案的成本显然要低得多。对法定节日放假办法和假日制度的进一步优化，其价值和长远的意义是不容低估的。

附录1：

随机选取的实例

如果一年增加两天法定假日，将减少大部分非农业生产单位全年劳动日的0.8%，即可能导致人工成本的0.8%的增加。

下面地方统计的实例中，人工成本占企业总成本的平均数为8.9%，如果人工成本再增加0.8%，则其所增加的总量为0.0712%。

人工成本再增加，如果反映为对劳动力的需求，反映为就业，那么在企业平均总成本增加0.0712%的同时，则又创造了0.8%的就业机会。从下表可以看出，在平均增加量有限的情况下，其中的“信息传输、计算机服务和软件业”、“租赁和商务服务业”、“居民服务和其他服务业”等所需增加的劳动力可能会更多，而这正是当代科技发展和第三产业发展的必然，同时也不失为一次新机遇。

沈阳市企业人工成本水平与其他经济指标关系（2007年）

产业类别	人工成本占销售收入(%)	人工成本占总成本(%)	百元人工成本销售收入(元)	百元人工成本实现利润(元)
一、采矿业	18.2	19.7	550	43
二、制造业	7.5	8.5	1335	52
三、电力、燃气及水的生产和供应业	9.9	21.6	1006	-23
四、建筑业	7.6	8.4	1311	64
五、交通运输、仓储及邮政业	19.4	20.1	516	24
六、信息传输、计算机服务和软件业	58.0	58.3	172	1
七、批发和零售业	4.0	4.1	2510	60
八、住宿和餐饮业	20.5	18.1	487	-58
九、金融业	3.9	4.6	2534	397
十、房地产业	17.1	20.5	586	25
十一、租赁和商务服务业	40.2	39.4	249	-5
十二、居民服务和其他服务业	21.3	23.3	469	747
十三、其他行业	24.6	26.7	407	-14
总　计	7.4	8.9	1350	62

资料来源：沈阳市劳动和社会保障局，2008年7月18日。

（其他许多地区的实情都与上例大体一致）

附录2：

2008年两会期间的网上调查

人民网的网上调查："您是否赞成恢复五一长假?"

统计日期	截至2月14日		截至3月3日(两会前)		截至3月10日(两会后)	
人数和比例	人数	所占(%)	人数	所占(%)	人数	所占(%)
参与调查者	1118474	100.0	4027952	100.0	8094530	100.0
其中：赞成	937226	83.8	3663965	91.0	7594819	93.8
反对	163575	14.6	313770	7.8	436511	5.4
没意见	17673	1.6	50217	1.2	63200	0.8

资料来源：人民网/社会频道，2009年2～3月。

在2009年的这次调查中，关注此一问题的民众远比2007年那次多。从2月14日（两会前）至3月10日（两会后）的25天中，接受调查并表达意见者，从111万人急剧增加到了809万人；其中"赞成恢复'五一'长假"的民众，更从80%以上增加到90%以上。调查的最后结果是：表达意见的800多万人（8094530人）中的93.8%（7594819人）是"赞成恢复'五一'长假"的。

如果将此次调查与上次取消"五一"黄金周的网上调查比较，则2009年的调查更应该得到充分的重视。只有这样，政府才能够更好地取信于民。

2007年12月17日新华网等公布的国家发改委在接受新华社采访时公布的网上调查结果是："对于将'五一'国际劳动节调整出的2天和新增加的1天用于增加清明、端午、中秋三个传统节日为国家法定节假日的问题，总投票1499337张，其中，支持931242张，占62.11%；反对441860张，占29.47%；无所谓126235张，占8.42%。"

也就是说，取消"五一"长假日时，受调查的将近150万人中的62.11%（不到100万人）对有瑕疵的问题（暗含取消"五一"黄金周）表示了赞同。而当2009年800万人中的93.8%（即将近7.6百万人）明确表示赞成恢复"五一"黄金周时，我们是否应该继续关注他们的意见？如果我们这次对希望恢复长假日的意见采取置之不理的态度，是否会让群众太伤心了。

·旅游休闲·

中国休闲旅游的发展

刘德谦*

摘　要： 世界旅游组织以旅游目的将旅游分为了三个类型，其中的闲暇类旅游就是人们所称的“休闲旅游”。中国休闲旅游的发展，得益于改革开放带来的劳动工时制度的改善和居民收入的增长。随着中国旅游业的发展，中国居民的休闲旅游也得到了同步的发展。近几年的有关资料显示，中国居民的出游人数和旅游花费都有大幅度的增长，休闲旅游是其中的主体，但是基于收入有限等因素，除了部分中高收入家庭的因私出境旅游外，国内旅游的出游率和人均花费的增长均不能尽如人意。展望未来，由于利好因素的增多，中国居民的休闲旅游将会出现新发展。

关键词： 休闲旅游　中国进程　增长与制约因素

一　休闲与旅游

（一）休闲与旅游的关系

近些年来，在对休闲与旅游的关系上，人们的认知还一度有过较大的分歧：有人认为，旅游是休闲的一部分；也有人认为，休闲是旅游的一部分。其实，双方的认识都有偏颇。为了有利于讨论什么是“休闲旅游”和什么是“旅游休闲”，捋清这些概念还是必要的。

* 刘德谦，中国社会科学院旅游研究中心副主任，中国社会科学院财贸经济研究所特邀研究员，北京联合大学旅游学院教授。

关于“旅游”的概念，先秦时用的是“观光”，秦汉时用的是“游观”，魏晋时是“行旅”与“游览”的并列。“旅游”一语在中国出现，最早可能与南朝沈约的诗句——“旅游媚年春，年春媚游人”有关。今天的“旅游”一词，如果从20世纪20年代的《旅行杂志》的编辑出版和50年代的“旅行游览事业管理局”的职责履行来看，应视为“旅行”“游览”的合一。对应国际上广泛使用的“travel and tourism”或“tourism”而言，这个对应还是相当确切的。

根据国际通行的看法，现代旅游的定义是“人们由于闲暇、事务和其他目的而到其惯常环境之外的地方旅行，其连续停留时间不超过一年的活动（Tourism comprises the activities of persons traveling to and staying in places outside their usual environment for not more than one consecutive year for leisure, business and other purposes）。”① 定义中的“闲暇、事务和其他目的”，正是有关旅游目的的分类基础。世界旅游组织在《旅游统计建议书》（1991年6月由“旅游统计国际大会”提出）就按旅游目的将旅游分为了“闲暇（Leisure）”、“事务（Business）”、“其他（Other）”三类。后来国际上旅游的统计与研究分类也大都沿用着这一划分方法（见图1）。

其实，“休闲”和“旅游”都是人类的重要活动。一般说来，虽然二者常常都需要相同相似的基础，或者也还需要相同相似的心境，但是，“休闲”主要是从时间的范畴来认识的，而“旅游”考虑的却是地理范畴的位移（请注意，这就是它们的本质差异）。

“休闲”与“旅游”不可能互相涵盖，人们的休闲可以是本地的休闲，也可以是异地的休闲；人们的旅游可以是为了休闲的目的，也可以非基于休闲目的。图2表示的就是“休闲”与“旅游”之间的交叉却不能混同的关系。

从图2可以看出，休闲与旅游既有相互包容的一部分，也有互不包容的一部分。休闲中的“异地休闲”就是“旅游”中的“休闲旅游”；而“休闲”中的

---

① United Nations and World Tourism Organization. *Recommendations on Tourism Statistics.* United Nations, New York, 1994.5.（说明：文件原文署名时把WTO与UN并列，是因为当时世界旅游组织还不是联合国的下属机构。基于联合国经济与社会理事会提议吸纳世界旅游组织为联合的国专门机构，联合国第五十八届会议审议并于2003年12月23日公布的双方签署的《联合国与世界旅游组织之间的协定》，现在世界旅游组织已经成为联合的国专门机构了，其英文简称已经改为了UNWTO。）

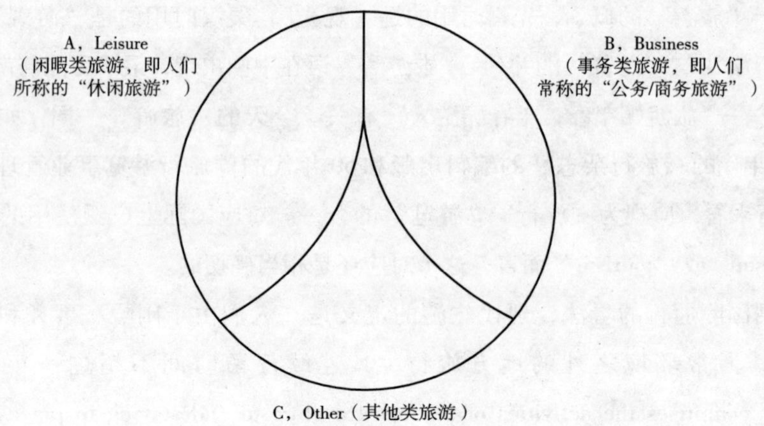

图1　旅游活动出游目的分类

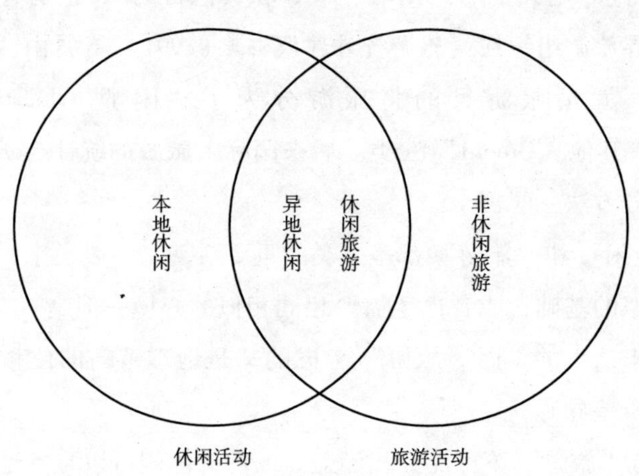

图2　休闲活动与旅游活动关系

“本地休闲”，由于没有离开原住地，所以就不是“旅游”。另一方面，“旅游”中除为了“休闲”目的的“休闲旅游”之外，像世界旅游组织分类中的商务/公务类旅游（商务往来，因公出差，科技文化交流，以及会展奖励旅游等）和其他类旅游，都不是为了“休闲”的目的（同时这些活动也大多不需要旅游者自己的闲暇时间，主要也不是由旅游者本人支付费用的，①所以虽然也是旅游，但

① 从这点来看，目前学校教科书讲授的以居民可自由支配时间和可自由支配收入为前提的“旅游”，实际上其主要所指，就是居民的“休闲旅游”，而非旅游的全部。

却不是休闲旅游）。

“休闲旅游”如果就着休闲的整体而言，那也就是“旅游休闲”。

（二）中国国民旅游的已有进程

从旅游者的身份而言，旅游可以分为“国民旅游”和“入境（者）旅游”。其中“国民旅游”（或称“公民旅游”）又分为“国内旅游”和“出境旅游”。从旅游者的行为跨越度而言，旅游又可以分为“国内旅游”和“国际旅游”；其中“国际旅游”又分为“出境旅游”和“入境旅游”。

如果从一般原理来讨论，国内旅游应该是国民旅游的主体，国民旅游应该是各个国家和地方对旅游关注的重心。但是，由于历史的原因，在我国经济发展迫切需要外汇的时代，我们曾一度强调旅游业发展的适度超前，而在超前发展中得到第一位关注的，却是境外游客的入境旅游。

经过改革开放30年的发展，在我国的经济建设已经取得了丰硕的成果，在我国已经积累了可观的外汇储备的时候，[①] 旅游发展的新时代终于来临了，中国国民旅游开始回归到了它应有的位置。

从20世纪90年代后期开始，我国旅游业的市场发展战略依旧沿用“大力发展入境旅游，积极发展国内旅游，适度发展出境旅游”的方针，仍然将入境旅游摆在了发展的第一位，但是比起早年对国内旅游的“三不”（即“不宣传，不提倡，不反对”，对于更早时候的方针而言，这里明确提出的“不反对”也已经是个不小进步）来，已经有了新的进步，而且其中对国内旅游和出境旅游“积极发展”、“适度发展”的政策也为居民的旅游需求提供了极大的方便。当2006年3月《中华人民共和国国民经济和社会发展第十一个五年规划纲要》正式发布时，才在国家的战略性文件中正式出现“全面发展国内旅游，积极发展入境旅游，规范发展出境旅游”的表述，明确宣布了中国旅游发展的战略变化。

表1反映的是近10年中国百姓国内旅游的出游与花费。

---

① 自2006年4月底开始，中国的外汇储备已跃居世界首位。据中国人民银行2010年1月公布的数据，截至2009年末，中国国家外汇储备余额已达2.3992万亿美元（同比增长23.28%）。而2006年之前世界外汇储备最大国的日本，截至2009年末，外汇储备仅为1.049万亿美元（2009年11月底为最高，达1.0737万亿美元）。这样，中国的外汇储备也已远超日本。

表1　2000～2009年中国国内旅游人次数与总花费

年份	旅游人次数(亿人次)	年增长率(%)	旅游总花费(亿元人民币)	年增长率(%)
2000	7.44	3.5	3175.5	12.1
2001	7.84	5.4	3522.4	10.9
2002	8.78	12.0	3878.4	10.1
2003	8.70	-0.9	3442.3	-11.2
2004	11.02	26.7	4710.7	36.9
2005	12.12	10.0	5286.0	12.2
2006	13.94	15.0	6229.7	17.9
2007	16.10	15.5	7770.6	24.7
2008	17.12	6.3	8749.0	12.6
2009	19.02	11.09	10183.7	16.1

资料来源：2000～2009年各年《中国旅游业统计公报》。

从表1中，可以看出，从2000～2009年的十年间，中国的国内旅游人数出现了255.64%的增长，国内旅游花费出现了320.69%的增长。除了2003年受“非典”疫情的干扰外，国内旅游人数和居民国内旅游的花费每年的百分比增幅大多是两位数。

不仅居民的国内旅游迅速增长，而且中国居民出境旅游也在迅速增长。自1992年中国正式公布出境旅游数据以来，大约花了9年的时间（直到2000年）出境旅游人次才达到了第一个1000万，而后却只用了3年的时间（到2003年）就突破了第二个1000万。在2000年以前，每年总增量也均在百万人次以下，而进入21世纪以后，仅因私出境每年增量就达三四百万人次之多。2004年年增人数竟多达800万，增量最少的2009年也超过了200万。

表2反映了近10年我国居民出境旅游的大增长。

表2　2000～2009年中国公民出境旅游人次数及其增长率

年份	全国出境人数(万人次)	增长率(%)	其中因私出境旅游		
			人次数(万人次)	增长率(%)	占全国比重(%)
2000	1047	13.4	563	32.0	53.7
2001	1213	15.9	695	23.4	57.2
2002	1660	36.8	1006	44.9	60.6
2003	2022	21.8	1481	47.2	73.2
2004	2885	42.7	2298	55.2	79.7
2005	3103	7.5	2514	9.4	81.0

续表 2

年份	全国出境人数（万人次）	增长率（%）	其中因私出境旅游		
			人次数(万人次)	增长率(%)	占全国比重(%)
2006	3452	11.3	2880	14.6	83.4
2007	4095	18.6	3492	21.3	85.3
2008	4584	11.9	4013	14.9	87.5
2009	4766	4.0	4221	5.2	88.6

资料来源：2000～2009 年各年《国民经济和社会发展统计公报》。

（2000 年和 2001 年"因私出境"内容系据《中国旅游业统计公报》补充）

二 中国居民旅游中的休闲

（一）近 10 年居民旅游增长的再分析

1. 旅游增长中的美中不足

由表 1 可以看出，2000～2009 年，中国国内旅游的出游人数已经从 7.44 亿人次增加到 19.02 亿人次，中国国内旅游总花费已经从 3175.5 亿元人民币增长到 10183.7 亿元（分别增加了 1.55 倍和 2.20 倍）。基于中国是 13 亿人口的大国，所以除了了解中国居民出游的总量和总花费外，还应该了解中国居民出游率（出游率，即城镇居民或农村居民出游的人次数所占其人口总数的比重）和每年的人均旅游花费（见表 3）。

表 3　2000～2009 年中国国内旅游年出游率与人均花费

年份	居民出游率(次/年)	增长幅度(百分点)	人均年花费(元,人民币)	年增长率(%)
2000	59.1	1.5	426.6	8.3
2001	62.2	6.9	449.5	4.6
2002	69.2	7.0	441.8	-1.7
2003	67.9	-1.3	395.7	-10.4
2004	84.8	16.9	427.5	1.0
2005	92.7	7.9	436.1	1.0
2006	106.1	13.4	446.9	2.5
2007	122.5	16.4	482.6	8.0
2008	129.6	7.1	511.0	5.9
2009	143.2	13.6	535.4	4.7

资料来源：2000～2009 年各年《国民经济和社会发展统计公报》；2000～2009 年各年《中国国内旅游抽样调查资料》。

从表3可以看出，中国居民国内旅游出游率已经从2000年人均0.59次增加到2009年的1.43次（10年间年增量已经达到人均0.84次，远远超过了此前几十年的进步），但是目前每年人均出游也仅为1.43次。与人均三五次乃至七八次的发达国家比起来，我们的出游率仍然是较低的。

值得注意的是我国国内旅游人均花费的增长缓慢，2000～2009年，中国国内旅游的人均年花费仅仅从426.6元提高到535.4元，10年所增数额仅为108.8元，10年增长的百分比仅为25.50%。如考虑进10年物价的上涨因素，则人均花费几乎没有增加。① 这实在是十分可惜的。

休闲旅游发展的推动要素，除了取决于居民的休闲心境之外，还有赖于居民可自由支配的闲暇时间和可自由支配的收入。虽然改革开放以来老百姓的收入有了较多的提高，工休日和节假日也多了起来，但是总的改变仍然处在一个缓慢的渐进之中。

2. 休闲旅游在中国居民旅游中的比重

为了更好地认识休闲旅游在中国居民旅游中的位置，并进而发现它的走势，根据相关资料作一旅游目的的细分是十分必要的。表4是根据10年来国家旅游局和国家统计局的《中国国内旅游抽样调查资料》（或《旅游抽样调查资料》）归类汇编的。②

从表4中可以看出，在2005～2009年的五年中，中国居民的休闲旅游在国内旅游率之所占比例大体保持在一个相近的水平。基于国内旅游率的年年增长，因此休闲旅游也大体保持着与国内旅游同样的成长率。表4中休闲旅游在整个旅游中所占比例，城镇出游者中的休闲旅游在85%～90%之间；农村出游者的休

---

① 如参考民间的资料，一位网友根据其生活开支比例所比较的“房价、粮价、副食品、教育、电子产品、交通、水电煤气费、医疗、服务业”的“细算”后得出，“现在的1000元相当于10年前的400元”（也有说相对于“500元”或“600元”的。以上资料来源：2010年1月新华网“发展论坛”“话题”：“一起来算算：现在的1000元相当于十年前的多少钱?”）。另据国家统计局近10年《国民经济和社会发展统计公报》的物价变动的累计计算，2000～2009年的10年中，我国食品价格累计上涨了61.96%（由于2000年没有单列食品价格的变动数据，姑且使用服务项目的涨幅替代），即2010年用1000元购买的食品，只大约2000年的617.40元。

② 对应着世界旅游组织《旅游统计建议书》，《中国国内旅游抽样调查资料》把旅游者按出游目的大致细分为a. 观光/游览、b. 度假/休闲、c. 探亲访友、d. 商务/公务、e. 会议、f. 教科文交流、g. 宗教/朝觐、h. 保健医疗、i. 其他；其中的abc应属于休闲旅游，defg属于事务类旅游，hi属于其他类旅游。

表4　2005～2009年中国居民休闲旅游在国内旅游中的比重

年份	区　域	观光游览	度假休闲	探亲访友	休闲总计
2005	城　镇	48.00	19.70	23.70	91.40
	农村一日	游览休闲24.47		37.20	61.67
	过　夜	13.33	3.65	60.36	77.34
2006	城　镇	44.90	18.50	23.80	87.20
	农村一日	游览休闲21.11		40.30	61.41
	过　夜	11.07	3.31	64.38	78.76
2007	城　镇	42.60	20.60	23.40	86.60
	农村一日	游览休闲23.49		38.15	61.64
	过　夜	11.47	3.24	64.61	79.32
2008	城　镇	42.80	21.90	22.00	86.70
	农村一日	游览休闲22.88		37.74	60.62
	过　夜	12.50	3.71	64.26	80.47
2009	城　镇	27.30	24.90	36.70	88.90
	农村一日	游览休闲7.13		7.57	14.70
	过　夜	8.01	4.10	66.64	78.75

资料来源：2005～2008年各年《中国国内旅游抽样调查资料》；2009年《旅游抽样调查资料》。

本表说明：表中左栏年份系抽样调查资料所标年份（即该次旅游抽样调查资料最后分析完成和出版发布的年份），其所反映的抽样工作是在上一年进行的。

闲旅游大体保持在六至八成左右（其中过夜游客的休闲旅游将近80%，一日游客的休闲旅游除特殊年份外在60%左右）。所以应该说，休闲旅游至今一直是中国国内旅游的主体。可惜的是，它的所占比例却一直未能得到提升。

相形之下，中国居民出境旅游反映的居民休闲旅游的增长却更为突出。2000～2009年，中国居民出境人数已经从1047亿人次增加到4766亿人次，每年因私出境旅游人数已经从563万人次增加到4221万人次，分别增加了2.55倍和5.49倍。从部分相关资料判断，出境旅游中的因私出境居民的绝大多数属于休闲目的（观光旅游、探亲旅游等）。从其年出游人数在10年间的5.49倍的增长，从其所占出境居民的比例的增加（从53.7%增加到88.6%）可以看出，我国部分中高收入居民已经将休闲旅游纳入了自己的生活内容。

（二）中国休闲旅游的特征

关于中国居民休闲旅游的特征，不妨以2009年作代表，因为它既能够体现出多年发展因素的累积，也最能够体现最新因素的作用。①

1. 节假日旅游更显集中

依据此前统计规范的《“黄金周”旅游信息统计调查制度》，2009年2月1日全国假日旅游部际协调会议办公室发布了《2009年春节黄金周旅游统计报告》。该报告显示，经过全国31个省、自治区、直辖市分别对辖区内春节黄金周的接待规模和效益进行的统计，在2009年的春节黄金周期间，全国共接待游客1.09亿人次，比上年春节黄金周增长24.7%。

2009年“十一”黄金周过后，10月9日，全国假日办又发布了《2009年国庆节中秋节假日旅游统计报告》。该报告显示，经过全国31个省、自治区、直辖市分别对辖区内这个长假日的接待规模和效益进行的统计，在2009年国庆和中秋的8天假日期间，全国共接待旅游者2.28亿人次，比2008年“十一”黄金周增长28.5%。

从年度的增量来看，2009年春节长假游人的24.7%增幅，“十一”长假游人的28.5%增幅，都有几千万人之众，数量之大实在是惊人的。

如果再将假日游人的增长率与全年游人的增长率（见表2）进行比较，还可以发现，假日游人增长率又大于全年游人的增长率，相形之下，自然就是2009年平时游人所占全年游人的比例反倒在减少。这个结果，也许是当初某些专家学者建议取消“五一”黄金周（以“防止黄金周期间游人过于集中”）之时所料未及的。

2. 一日游更加旺盛

上述的节日统计报告还显示，在2009年春节期间全国接待的1.09亿人次游客中，一日游游客为8464万人次（占该节日全部游客的77.65%）；而2008年，在全国春节期间接待的8737万人次中，一日游游客为6742万人次（占该

① 说明：基于文中拟述的我国休闲旅游“特征”和“增长与制约因素”与我国国内旅游所面临的态势完全一致，所以本报告在此引用并改写了笔者本人有关国内旅游的《2009～2010年中国国内旅游的发展分析与趋势预测》（载《2010年旅游绿皮书》）的相关部分，特此说明。

节日全部游客的 77.16%）。两相比较，在一定程度上显示出一日游更趋旺盛的趋势。

在 2009 年国庆节和中秋节全国接待的 2.28 亿人次的游客中，一日游游客 1.76 亿人次（占该节日全部游客的 77.19%）；而 2008 年，在全国“十一”长假期间接待的 1.78 亿人次中，一日游游客为 1.35 亿人次（占该节日全部游客的 75.84%）。两相比较，也同样证实了一日游更加旺盛的趋势。

如果再与 2007 年相比，2007 年春节长假期一日游游客所占比例为 76.21%（8464 万人次/9220 万人次），2007 年“十一”黄金周长假期一日游游客所占比例为 73.97%（1.08 亿人次/1.46 亿人次），那么，2009 年两个假日的一日游游客分别高于 2007 年 2.4 个百分点和 3.17 个百分点。由此更加凸显了 2008 年以来，中长距离游客增势减弱，一日短途游客更加增多的态势。

3. 观光游仍然是国内旅游的主体

近年有专家通过媒体称，中国旅游已经出现了“度假旅游取代观光旅游”的转变。度假地旅游的渐增是近年来中国国内旅游发展的事实，但“取代”之说除了概念的混淆之外，却还缺乏事实数据的支撑。

第一，概念的混淆。“观光”旅游是不能够与“度假”旅游并列的，因为“观光”反映的是旅游者与目的地、目的物的关系，而“度假”反映的则是旅游者对自己闲暇时间的安排。因为“观光”的活动也是旅游者“度过自己假日”安排的一种方式。如果一定要采用通俗一些的模糊用法，那么在此理解中的“观光旅游”，主要应该指旅游者在观光目的地的活动，而“度假旅游”则主要指旅游者在旅游度假地的活动。

第二，旅游时间的因素。由于度假地旅游所偏重的闲暇消遣目的，所以除了对舒适轻松和欢愉环境及相应设施和服务的要求外，缓慢的节奏也是必需的。但是目前我国的带薪年休假落实还有困难，每年原有的长假期已经从 3 个改为了两个，而且即使是在长假期，出游的一日游游客也占 3/4 以上，所以在休假时间和旅游时间的安排方面，都还没有度假地旅游替代观光地旅游的基础。

第三，旅游费用的因素。如果按 2009 年抽样报告的人均花费来计算，国内出游者的人均花费是 535.4 元，依据此前多年全国抽样调查的数据，从人均花费中减去大约 25% 的交通费、超过 10% 的餐费、25% 左右的购物花费，所剩的 40%（约 200 元）是难以支撑悠闲假日的度假地享受的。因此，虽然以度假地

休闲为主要目的的旅游者正在增多起来，但是从消费水平来衡量，中国国内的出游者目前还不可能大批量地转变为度假地旅游者。

第四，旅游目的地因素。虽然近年来我国不少地方已经注意到了度假地的建设，但是这些目的地在全国说来还不是很多的。在2009年“五一”小长假过后，携程旅游网根据对该年5月1日至5月3日出行者所作的调查，公布了从中国40个主要城市中选出的“到达人气最旺城市”，其前十名是：上海、北京、杭州、香港、广州、三亚、深圳、南京、成都、青岛。很显然，这些城市中除了杭州、三亚、深圳、青岛略有一些度假地产品外，其他城市基本上都是观光城市。居民的这种选择，也同样显示了观光游在国内旅游中的主体地位。

第五，观光旅游的特征因素。从观光旅游的样式看，它不仅是最具异地引力的旅游活动类型，而且是旅游的最基本类型，所以任何时候它都会存在，就旅游发展的总体而论，它永远也不会被取代。

4. 自驾游增长最为突出

自2004年全国假日办的统计显示该年春节期间自驾车游客的比例占了散客的三成以上以来，自驾车旅游的新潮便更加受到目的地的关注。虽然当时也有深圳、广州、上海等经济发达城市市民出游“乘汽车或自驾车”的比例高达60%的报道，但这60%并不都是自驾游。而据2009年黑龙江新闻网的报道，这年“五一”小长假期间，北方城市哈尔滨的自驾游比重竟也火爆到了70%（原数据即如此）。

虽然这仅仅是一个单例，但是从中也不难看出自驾游在全国发展的趋势。据中国汽车工业协会2010年1月《2009年汽车产销及经济运行情况信息发布稿》，2009年我国汽车产销分别完成1379.10万辆和1364.48万辆（同比分别增长48%和46%），其中乘用车产销分别完成1038.38万辆和1033.13万辆（同比分别增长54%和53%）。在2009年的乘用车中，我国自主品牌轿车和日、德、美、韩、法系轿车共销售约710万辆，如加上2008年销售的503万辆，2007年的472万辆，2006年的……我国目前的确已经有了一个庞大的轿车拥有群，在其需要的时候，自然也就成为了旅游的依托。

5. 互联网对旅游“双方”的作用越来越重要

科技的发展，使得互联网在民众生活中的影响越来越大。对于中国旅游者的旅游选择而言，2009年的情况也同样如此。

（1）网上的预订与购买

据2010年1月中国互联网络信息中心发布的《第25次中国互联网络发展状况统计报告》，截至2009年12月，我国网民规模已达3.84亿人（较2008年年底增长了8600万人，年增长率为28.9%），除网络音乐、网络新闻外，居2009年网络使用率第三名的搜索引擎（占73.3%），以及商务交易类应用，也都在民众的旅游生活中发挥着越来越重要的作用。

上述报告还显示，2009年网上旅游预订用户规模已经达到了3024万人（在线旅游预订使用率为7.9%），比2008年增长了77.9%。国内领先的综合性在线旅行服务公司携程旅行网的统计也显示，其会员数量已达到3000万人。

2009年网上旅游预订呈现的快速增长态势，已经使其成为旅游市场的一大亮点。根据上述互联网络信息中心的统计，2009年旅游预订用户规模增长了1324万人，其增幅仅次于网上支付（80.9%），超过了网络炒股、网上银行和网络购物的用户规模的增长（分别为67.0%、62.3%和45.9%）。

如据艾瑞咨询关于中国网上旅行预订的研究统计，则2009年中国网上旅行预订市场规模为37.4亿元（比2008年的29.4亿元同比增长了27.2%）。

（2）网上的信息传播

除了网上预订和购买之外，网上的旅游信息传播更发挥了巨大的作用。据尼尔森公司（Nielsen）2009年8月关于中国旅游者通过互联网收集旅游资讯的调查报告，当前互联网已经成为中国旅行者收集旅游资讯的重要媒介。该项研究结果显示，超过六成的休闲旅游游客①（61%）在确定行程前，都会有意通过互联网收集景点的相关资讯；其中接近半数（48%）的游客还将通过互联网的旅游论坛对其计划做出进一步调整。

中国的许多重要门户网站，如2009年11月中国互联网协会"2009中国互联网大会"揭晓的"中国互联网力量之星"的搜狐、腾讯、新浪、网易等门户网站，都设有"旅游"的专门频道。中国的重要主流媒体，如人民网、中国网、新华网、央视网等也都有旅游频道。这些频道和网页的中文部分，应该说都是面向中国居民的。更重要的是各省区市的地方政府和旅游局，几乎也都在自己的官

① 尼尔森调查此处所用的"休闲旅游"，采用的就是世界旅游组织（UNWTO）关于旅游目的的分类。

方网站上传播着本地的旅游信息，而2009年又出现了几家跨省市的旅游信息网站，再加上旅游企业不断开辟自有网站，这样就使得旅游信息的传播越来越多样，越来越方便。

上面所说的近期休闲旅游的特征，主要是从居民出游主体的国内旅游来分析的。其中的“节假日旅游更显集中”、“观光游仍然是旅游的主体”和“互联网对旅游‘双方’的作用越来越重要”的特征，在出境旅游方面也有同样的表现。

（三）休闲旅游的增长与制约因素

1. 利好因素

（1）政策因素

中国旅游业的大发展已经走过了30年，经过不断地探索与总结，在我国即将迎来“十二五”计划并推动经济发展方式转变和经济结构调整的时候，全国上下一致认为，旅游业在作为人民生活质量提升的重要内容之同时，作为最终消费和综合性消费，也是推动国家经济发展的主要动力。为此，2009年12月国务院及时出台了《关于加快发展旅游业的意见》。意见明确地提出了要“落实带薪休假制度”，“制定国民旅游休闲纲要”，“优化旅游消费环境”，“提高旅游服务水平”……并明确地提出要“把旅游业培育成国民经济的战略性支柱产业和人民群众更加满意的现代服务业”。

意见所包含的20项内容，既有原则和目标的定位，又有重要任务的规定和保障措施的安排。有学者认为，意见几乎把30年来业界学界有关中国旅游业发展的重要建议全都采纳了进去。因此，意见的落实一定能够使中国旅游业的发展获得前所未有的巨大动力。

（2）居民收入的增加

在国家把“以人为本”作为执政理念的时候，2009年又将增加居民收入作为了下一步工作的目标，而其中最引人注目的自当是职工工资的增加和养老金的提高。

2009年12月中央经济工作会议在京召开，会议明确提出2010年经济工作的主要任务，要加大国民收入分配调整力度，增强居民特别是低收入群众消费能力。工资的提高，不仅增强了居民消费的后劲，而且也增强了居民消费的信心。

在休闲旅游越来越成为居民生活一部分的时代，可自由支配的收入越多，选择休闲出行的居民也就越多。

2009年12月的另一条利好消息是，国务院常务会议决定，2001年起再次提高企业退休人员基本养老金，提高幅度按2009年企业退休人员月人均基本养老金的10%左右确定。如从此前国内旅游的抽样调查结果来观察，在近年的国内旅游中，45岁以上的城镇出游者约占城镇出游总量的45%；如将其中45~64岁的出游者分为两部分，减去其中大约一半的未退休者（约为城镇出游者的20%），可以看出，离退休职工大约占有着城镇出游者1/4的比重。所以，2010年全国养老金的提高将为老年旅游的发展带来新的机遇。

（3）假日制度的落实与优化

虽然带薪年休假的实施遇到了困难，但是各级政府对推进其落实并没有放弃；尽管落实的速度不会很快，但是逐渐扩大却是大势所趋，全国职工也一定能够从制度的逐渐落实中受益。与此同时，近年有关进一步优化法定假日的呼声依然不断，所以也不排除一些合理建议被采纳的可能。如果有关措施能够带来假日（或长假日）的增长性变化，则其也定然能够带来居民休闲旅游的大幅度提升。

（4）交通和供给的改善

交通方面。2010年，随着“十一五”规划和“4万亿元投资计划项目”的最终落实，中国交通的改善将是极为明显的。随着一大批铁路客运专线、城际铁路和开发性西部干线铁路的落成与通车，随着一大批新建改建机场的完工与通航，再加上高速公路里程的不断延伸，交通运力阻滞旅游发展的格局也将大大改观。2009年，两个京津的“高速”（高速铁路、高速公路）的“共同发力”，推动了两地的“同城化”，使得京津两地的旅游（包括旅游者和旅游经营者）都由此大为受益。但是，在全国的许多地方，由于交通的制约，2008年开始的三个“小长假”仅仅在“城市周边游”发挥了一些作用。在2010年及其随后的几年，中国交通的改善定将会与“小长假”交互作用，从而带来中国内地中近程旅游重新开拓的新时期。

产品方面。文化是旅游的灵魂，旅游是文化的载体。正是意识到了旅游的这个关键性特征，2009年9月文化部和国家旅游局共同发布了《关于促进文化与旅游结合发展的指导意见》，其中的3项意见和10项措施不仅将推进文化与旅游结合的进一步发展，更将使中国旅游的文化品位的提升变得切实可行，其直接的成效自当是旅游者的消费活动将能获得更多喜人的文化享受。

2. 制约因素

（1）老百姓不太富裕

中国经济总量虽然已居世界前列，但中国仍然是一个发展中国家，人均国民收入还排在全球的100位以后（据2001年1月李克强出席瑞士达沃斯世界经济论坛的特别致辞）。① 而且，基于中国人口是13.2802亿，日本人口是1.2777亿（均为2008年的数据），即使2010年末中国的GDP超过日本，位居全球第二，但中国的人均GDP也才是日本的1/10。

另一方面，还必须看到多年来中国城乡居民收入占GDP比重所呈现的递减状态（根据国家统计局等的有关数据）。导致居民收入所占比重持续下降的主要因素是政府财政收入占GDP比重不断上升，地方政府制度外收入（如土地出让金等）急剧膨胀，企业利润增速高于GDP增速。而且，当前这些因素都没有要调整的具体安排，那么居民收入的增长也就难于出现跨越性的变化。

正是基于以上原因，所以居民的旅游花费仍在继续增长，但是后劲并不太足。如要大幅度地提高居民的休闲旅游消费，如要将国民最终消费培育成中国经济发展的第一动力，就必须在不断增加社会福利的同时尽快增加居民的收入。只有政府的收入尽快地转化为居民的福利和收入，企业的利润更多地转化为职工的福利和收入，包括居民休闲旅游在内的各种消费，才能够出现跨越性的增长。

（2）闲暇不足的制约

休闲旅游的发展得益于居民闲暇时间的增加，所以它的继续发展还需要假日制度的进一步落实与优化。

《职工带薪年休假条例》的开始实施，为中国居民的休闲旅游带来了前所未

---

① 关于中国人均GDP在全球的排名，目前可供参考的提法有多种。商务部部长陈德铭2009年3月在“中国发展高层论坛”称，中国“目前人均GDP在世界处在第105位”；国家统计局局长马建堂2010年1月在新闻发布会称，“中国人均GDP仍然是居世界百位以后”。如果依据联合国开发计划署《人类发展指数2009》（RDI）采用的数据，则2007年的中国人均GDP（PPP）为5383美元，全球排名为102。如果依据国际货币基金组织（IMF）2009年4月公布的数据，则2008年中国人均GDP为3315美元，全球排名为104位；如果依据该组织2009年10月对2009年的预测，则中国人均GDP将达3565.73美元，全球排名为101位。

有的机遇，但是当前落实遇到的困难，仍然是休闲旅游新发展的阻碍。而2008年中国国内旅游增速的突然减缓，也与我们的假日制度有关。自2008年开始实施新修改的《全国年节及纪念日放假办法》，虽然带来了三个小长假的近地旅游的方便和增加，但是其负面效应已经显现，如果现在不能得到有关方面的重视，并让取消“十一”黄金周的错误主张得以实现，那么职工的休闲旅游将会遇到更多的麻烦。

顺乎民意，加大带薪年休假的落实力度，优化法定节假日放假办法，在继续实施带薪年休假和保留三个传统假日的基础上恢复“五一”黄金周，将有益于居民休闲的更充分实现，而且这也实在是克服闲暇不足的制约，同时实现“帕累托改善”的最佳方案，

（3）物价变动与消费信心

上面已经述及的“职工收入可望全面增多”和“养老金的提高”的利好因素，其实也面临着物价上涨的挑战。2009年，虽然有关方面的调查数据显示，全国居民消费价格比2008年下降了0.7%，但是却未能反映出与居民生活密切相关的菜蔬价格等比去年同期偏高的事实。更让人担心的是，2009年一些城市已经酝酿着水、电等的全面提价，如果这一趋势不能得到政策的制约，进而引起更多产品的跟风涨价，那么不只将让百姓感到无奈，而且各级政府为提高居民收入所做的努力也将被部分冲销，如果再进而引起居民消费信心的下降，不仅原所指望的最终消费的提高将会有所减缓，对于今后中国居民休闲旅游的出行，自然也是十分不利的。

三　中国休闲旅游的新发展

（一）国民旅游是旅游发展的主体，国内旅游的发展将更显突出

在第一个30年的初期，我们曾经提出过入境旅游的“超前发展”或“适度超前”。经过30年的发展，基于认识的提升和发展的进程的必然，使我们终于进入旅游发展的正常轨道——旅游业的发展首先必须服务于本国居民，即满足本国居民的“国内旅游”与“出境旅游”的需要。这一发展趋势，在未来的一段时期将会越来越明显地表现出来。

（二）休闲旅游结构正在发生变化

1. 休闲旅游的多样化

在国内旅游选择上，观光旅游曾经在相当长的时间内"一门独大"，随着市场的扩大及消费者的增多与日臻成熟，不仅旅游目的地越来越多样，消费需求面越来越多样，而且对产品的深度要求也会越来越凸显。比如：地点，注目新鲜与稀罕；近地，热衷自驾与亲朋；观光，讲究主题与深度；休闲，趋向健身与轻松；行程，开始试调与自主；游乐，更爱新潮与心跳；高档，追求野趣与豪华；不便，暂且观望与卧游等，都正在发展成为不同的径流。

在出境旅游方面，也正在开始从过去的蜻蜓点水、走马观花转向为多层次多内容的个性产品，深度游和主题游也在逐渐增多起来。

2. 探亲旅游的主体位置正在转变

此前多年的抽样调查显示，观光旅游一直是城镇居民国内旅游出行的首选，探亲旅游一直是农村居民出行的首选。从旅游发展的规律看，无论什么时候，观光旅游都是旅游的大宗，只是在今后度假地旅游等多形式旅游增多的进程中，观光旅游的比重将会有些下降而已。而农村居民探亲旅游份额过大，除了亲情关系外，还在于经济条件的制约和休闲消费意识的不浓。随着农村居民收入的增多和消费思潮的影响，今后农村居民的观光旅游（包括近地观光和都市观光）将会得到新的发展，从而将使得目前"探亲访友"的突出位置不得不让位于观光地旅游、度假地旅游等，也将会有越来越多的农村居民能够享受到旅游供给的多样化服务，真正体验到典型化旅游的欢乐。

（三）休闲旅游发展的新动力

虽然我们已经树立了建设世界旅游强国的目标，而且我们接待的游客量在全球已经名列前茅，但是，我们在"全球旅游的竞争力"的比较中却并不靠前（在 WEF《2009 年旅游竞争力报告》中排名第 47/133）。影响我国旅游竞争力的弱势因素多系与生态保护、人居环境和民生工程有关的指标。

现在国家正在将经济建设的成果转化为对民生的关注。国家对生态环保的投入，对人居环境的投入，对公共设施的投入，对教育、卫生事业的投入，都将大大地改善旅游发展的环境，增加旅游业发展的支撑；2010 年公共福利的进一步改善、工资的增加和养老金的增加，又将进一步增加消费者对休闲旅游的选择并增强其消费的信心。多少年来我国旅游竞争力滞后于经济竞争力的格局，将有可能出现根本性的转变。如果说在改革开放的进程中入境旅游曾经以其创收的外汇支持了国家经济的发展，那么现在，正是国家以其经济实力推动中国国民旅游发展的新时期。

（四）展望

在“十一五”规划时期，中国居民的休闲旅游已经随着国内旅游、出境旅游得到了同样的发展。虽然出游率还不是很高，人均花费几乎没有实质性增长，但是更多的居民进入休闲旅游的行列确是有目共睹的。尽管2008年由于取消“五一”长假日产生了一些负面影响，但是2009年也开始了恢复。由于有了其他积极因素的弥补（包括国务院《关于加快发展旅游业的意见》引致的旅游产业的大发展，政策驱动的2010年居民收入的增多，以及可望实现的假日制度的进一步优化），因此2010年和“十二五”规划时期中国居民的休闲旅游将迎来发展的新时期，不仅将继续随着中国国民旅游不断取得新进步，而且休闲旅游在中国国民旅游中所占比例也将会出现新的提升。各地制定并实施的《国民旅游休闲纲要》，将是这一发展的新起点。

中国主题公园的发展：历程、现状与趋势

华侨城集团公司

摘　要： 主题公园是人为投资建设的休闲旅游景区，与传统的自然风光和人文古迹景区不一样，它们在满足世界各地旅游者旅游需求的同时，也为都市人群提供了一处休闲、娱乐、聚会的场所，为现代人带来了一种新的休闲体验。文章对我国主题公园发展现状进行了分析，并就其未来发展提出了建议和展望。

关键词： 主题公园　新发展　趋势

一　中国主题公园发展现状

（一）发展历程

中国主题公园从诞生至今，大致经历了四个阶段：探索性发展时期、概念化发展时期、自觉化发展时期和品牌化发展时期。

1. 1978～1988 年：中国主题公园的探索性发展时期

改革开放以来，随着经济发展，各地兴建了第一批以刺激性游乐设备为主的游乐园，如广州的东方乐园、北京石景山游乐园等。与此同时，在挖掘中国传统文化的基础上，以《西游记》、《红楼梦》等古典名著描绘的场景为蓝本，在全国兴建了西游记宫、大观园等。这些是中国主题公园的萌芽，其中有的简单地将游乐设备堆砌在园内，缺乏主题和文化内涵，有的则只是单纯地模仿，缺乏科学论证，致使其中很多景区生命力短暂。

2. 1989～1997 年：中国主题公园的概念化发展时期

1989 年深圳锦绣中华的建成，标志着真正意义上的主题公园在中国诞生。锦绣中华的成功，不仅正式将“主题公园”概念引入中国，同时引发了全国主题公园建设的热潮，带动了北京世界公园、宋城、苏州乐园等一批主题公园的建成。这一阶段，主题公园的概念经由一些实践者引入中国，但是对主题公园的产品内涵、经营属性、投资回报等问题认识不足，许多投资者处于盲目跟随状态，产业发展所需要的环境尚未完全形成。

3. 1998～2005 年：中国主题公园的自觉化发展时期

1998 年深圳欢乐谷的建成，标志着中国主题公园开始进入自觉化发展时期。深圳欢乐谷是中国现代主题公园的代表，与国际主题公园概念接近，例如划分了主题区域，设定不同的主题，能为游客提供立体的游园体验等。这一阶段，全国产生了一批具有这些特征的主题公园，如大连极地海洋馆、杭州乐园、桂林乐满地、大唐芙蓉园等。与此同时，主题公园发展所需要的支撑产业，如游乐设备制造业、动漫产业等也开始不断发展。

4. 2006 年至今：中国主题公园的品牌化发展时期

2006 年以来，中国现代主题公园发展迅速。华侨城于 2006 年在北京建成第二家“欢乐谷”主题公园，国内先后涌现了海泉湾神秘岛、长隆欢乐世界、大连发现王国、芜湖方特欢乐世界、香港迪士尼等众多主题公园品牌。这一阶段，主题公园在中国发展的产业环境开始成熟，市场得到有效培育，投资者纷纷看好其发展前景。一方面，中国民族品牌得到有力发展，以华侨城为首的企业开始实施主题公园连锁化、集团化发展；另一方面，国际主题公园巨头，如迪士尼、环球影城等，正在酝酿或已经开始来华发展。

（二）现状特征

1. 区域分布从传统的三大聚集区向全国辐射

从空间布局来看，基于经济实力和交通区位要求，传统的主题公园主要分布在珠三角、长三角和环渤海地区的经济发达城市。珠三角以香港、深圳、广州为代表；长三角以上海、杭州为代表；环渤海以北京、大连为代表。但随着经济的快速发展，全国许多省会城市或经济较发达城市都产生了建设主题公园的需求，市民将主题公园作为都市休闲娱乐的方式，主题公园大有全国开花的势头。

2. 主题公园集团化发展态势初步显现

当前，中国主题公园形成了以华侨城集团、港中旅集团、深圳华强集团、广州长隆集团、大连海昌集团、杭州宋城集团、锦江国际集团等七大集团为代表的主题公园发展商。根据网上的有关信息估算，2008 年这七大集团旗下的主题公园年接待游客量在 4400 万人次左右，年营业收入近 50 亿元（见图 1）。根据普华永道的有关预测数据，中国作为亚太区的第二大主题公园市场，国内主题公园 2005 年的收益为 13 亿美元，2010 年将达到 18 亿美元。按照其估算的 7.1% 的复合增长率，这七大集团 2010 年营业收入将达到 57 亿元，占国内主题公园总体市场的 47% 左右。

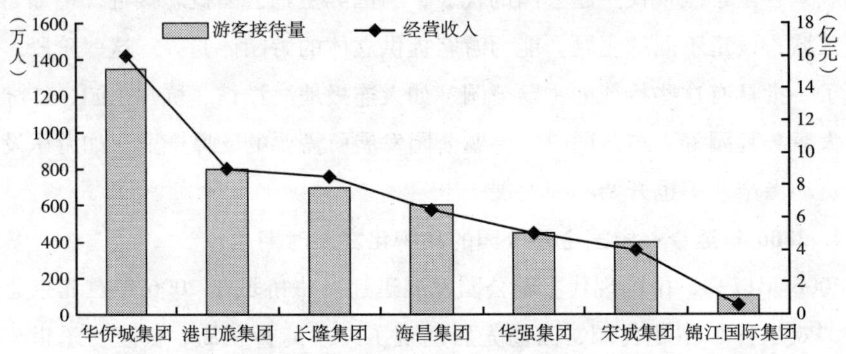

图 1　2008 年七大集团主要主题公园景区游客量与收入

资料来源：2008 年各集团及旗下各景区公布的信息。

基于七大集团 2008 年的年接待游客量，可将其划分为三个战略梯队：第一战略梯队，年接待游客量在 1000 万人次以上，有华侨城集团；第二梯队，年接待游客量在 500 万人次至 1000 万人次，有港中旅集团、长隆集团、海昌集团；年接待游客量在 500 万人次以下的宋城集团和锦江国际集团，属于第三梯队。

3. 创新成为主题公园发展的核心理念

主题公园市场半径有限，决定了重游客是其重要市场。日本东京迪士尼的重游率在 90% 以上。主题公园的这种市场特性决定了经营者必须在经营手法上不断创新，为重游客提供新奇的体验。主题公园的发展经历了从单纯的游乐设备到融入主题文化、开发节庆活动、推出大型旅游演出等产品结构不断丰富完善的过程。多层次的产品结构带来的多元化体验层次，才能吸引更多的初次游客和重游客到主题公园休闲、游玩。如华侨城集团各主题公园每年都会投入大量的资金对公园进行硬件维护；每个主题公园都会有一台大型的旅游文化演出，演出为游客在景区的游玩画上完美的句号；每个主题公园都会推出贯穿全年的节庆活动，吸引相同的游客在不同的时间段到景区休闲。长隆、海泉湾神秘岛、宋城等主题公园也都采用旅游文化演出的形式，形成多元产品结构。

4. 主题公园投资主体呈现多元化

随着中国主题公园进入新一轮发展阶段，投资主体日趋多元，政府、民营、外资等各类资本均有介入。国内涉足主题公园开发的七大集团中，宋城、华强、长隆等属于民营企业，华侨城、港中旅属于央企；长隆集团由餐饮业起家，华强从电子科技文化产业起家，海昌集团从经营油品起步；美国迪士尼公司继投资香港迪士尼后，已经确定在上海兴建中国第二个迪士尼公园，环球影城就落户北京与政府进行了长期协商等。这些现象说明，中国主题公园业作为一个不断成熟的投资市场，已经得到各行各业、各种资本的关注。

5. 中国主题公园开始连锁化发展

主题公园连锁是做强做大、扩大产业影响力的必然选择。在中国，谁率先进行主题公园连锁，谁就可能获得未来的市场。华侨城已经实现了连锁，并且是中国仅有的一家。华侨城主题公园的连锁发展与中国经济的快速发展和旅游需求的快速增长是连在一起的。目前，这种连锁体现在三个方面：一是旅游城的连锁，城区连锁。北京华侨城、上海华侨城、成都华侨城、深圳华侨城本部等华侨城在全国各地的项目都是一种大型主题区域的连锁。二是主题公园连锁。华侨城在中国建立了中国第一家主题公园连锁品牌——欢乐谷，深圳、北京、成都、上海四地的欢乐谷已经初步在理念、品牌、标准、文化内涵等方面实现了连锁。三是主题酒店连锁。华侨城拥有的主题连锁酒店覆盖五星级、四星级以及经济型酒店连锁品牌——城市客栈等不同档次。

（三）存在问题

1. 盈利模式仍偏单一

目前我国主题公园盈利模式仍偏单一，主要表现为门票所占比重过大，餐饮、旅游商品等收入所占比重较低。国内主题公园依然是“门票经济”，相关延伸收入较少。而迪士尼乐园门票收入仅占总收入的20%～30%，餐饮和纪念品销售收入已占集团总体收入的60%以上。国内主题公园盈利模式单一的原因有两个方面：第一，缺乏衍生品开发，主题公园吉祥物的潜力尚未很好地得到挖掘；第二，一日游成为绝对主体，对住宿、餐饮的带动有限。

2. 文化运用尚待提高

我国主题公园整体文化运用能力尚待提高。主题公园要体现某种主题氛围，传承一定的精神文化，而目前我国的主题公园在硬件设施配备上比较完善，但是在主题营造、文化传承方面仍显薄弱。主要表现在：主题取材广泛、随意，造成主题文化延伸发展有一定困难；主题商品系列较少、销量有限；文化产品与周围其他产品的互动性较弱。究其原因，有三个方面：第一，缺乏产品文化发展战略和初期谋划，文化发展仅仅附属或跟随于硬件发展；第二，文化创新力不足，创新步伐跟不上需求变化；第三，旅游艺术创作仍在探索期，尚无成熟、有效的模式。

3. 自主创新后劲不足

中国主题公园虽经不断创新，形成了当前的产业规模，但自主创新后劲仍显不足。随着国际主题公园巨头对中国市场的渗透，它们强大的品牌影响力及成熟的经营管理模式给民族主题公园的发展带来了巨大的挑战。中国主题公园企业在项目创新、管理理念和经营手段等方面虽然积累了20多年的发展经验，但与国际巨头相比仍有差距。此外，大型游乐设备国产化程度不高，对外依赖性比较强，也成为主题公园长远发展的限制性因素之一。究其原因是多方面的：首先，中国主题公园发展起步比较晚。中国主题公园在20世纪80年代末才正式产生，比国外晚30多年，延缓了自主创新能力的培育。其次，我国整体工业水平相对落后，自主知识产权的相关产品、商品开发不足，没有形成完善的产业链。

二 中国主题公园发展的新环境

（一）市场潜力持续扩大

持续、快速发展的经济为中国主题公园的发展奠定了物质基础。自1978年改革开放以来，我国GDP一直保持8%以上的增长率，经济建设取得显著成就，人民生活水平显著提高，国富民强，为主题公园产业的发展提供了良好的外部条件（见图2、图3）。

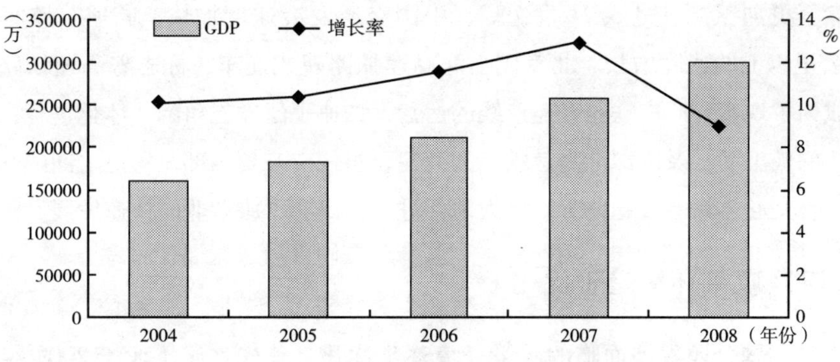

图 2　近五年我国国内生产总值及其增长率

资料来源：中国国家统计局 2008《全国年度统计公报》。

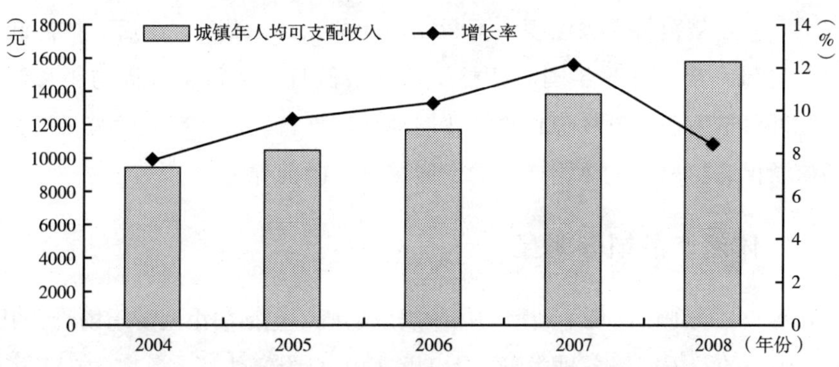

图 3　近五年我国城镇年人均可支配收入及其增长率

资料来源：中国国家统计局 2008《全国年度统计公报》。

（二）竞争态势日趋激烈

随着国内休闲市场的发展、国外主题公园集团的登陆，以及国家对休闲旅游扶持力度的加大，主题公园之间的竞争日趋激烈。竞争主要表现在空间分布、产品品牌等方面：在空间分布上，区域竞争激烈，主要分布在珠三角、长三角和环渤海地区，区域内主题公园数量众多，导致区域性竞争异常激烈；产品品牌已成为新的竞争焦点。

（三）交通体系逐步完善

交通体系的逐步完善为中国主题公园的发展创造了条件，同时也使主题公园之

间的竞争更加激烈。进入21世纪后，中国交通发展速度加快，高速公路每年以3000公里以上的速度增长。北京到上海高速铁路建成通车，标志着高速铁路已由规划成为了现实；武广铁路客运专线的运营，加速了泛珠三角的一体化进程；港珠澳大桥的破土动工及广深港高速铁路的开建，将使珠三角内部及粤港之间的联系更加紧密。交通体系的日趋完善，极大地促进了休闲业、旅游业的快速发展。

（四）政策环境趋于优化

中国主题公园发展面临的政策环境逐步优化。首先，旅游业于2009年被确立为国民经济的战略性支柱产业和人民群众更加满意的现代服务业。其次，国家加大对旅游行业的规范力度，提出抓紧旅游综合立法，加快制定旅游市场监管、资源保护、从业规范等专项法规，不断完善相关法律法规①。最后，休假政策不断得以调整和完善。2008年国家调整了法定节假日，实行黄金周与小长假并存制度。此外，带薪假期制度也将更加普遍地得以推行。这一系列政策举措，为国人休闲旅游保驾护航，为休闲产业的发展提供了时间保障。

（五）休闲产品细分明显

近几年，一些地区出现了新型的休闲娱乐场所，包括中小型游乐场所、附属于大型购物中心的游乐区等各种类型。大型购物中心为留住顾客，多数配备了娱乐区，例如天河城、上海正大广场等均是集购物、美食、娱乐、休闲、商务、展览等多功能于一体，开创了一种全新的消费概念。此外，一些城市正在发展的其他业态、其他类型的旅游、娱乐项目，也在不断兴起。这种小型化、附属性、新奇性的休闲娱乐项目，正在成为一股日渐强大的力量，分食着现有主题公园市场。

三　中国主题公园发展的对策与建议

（一）规范和引导行业发展

为使中国主题公园健康、有序、持久地发展，需要加强行业规范力度。虽然

① 国务院：《关于加快发展旅游业的意见》（国发〔2009〕41号）。

目前中国主题公园发展形势喜人，已经进入一个全新的发展时期，但是还要保持理性的思维，认真反思前车之鉴。重点应关注以下三个问题：一是主题公园的规划设计，要结合国际国内先进的经验；二是政府或者相关的行业组织要通过制定标准等方式加强对行业的规范和引导；三是通过立法引导、政策引导、服务支持等手段，规范企业的经营管理行为，加强知识产权保护，自觉维护市场秩序和行业发展环境，实现行业的可持续协调发展。

（二）扶持和培育大型集团

借鉴国外发展经验，着力培育一批大型主题公园集团。从国际主题公园的演进历史可以发现，随着主题公园行业的成熟，一批有实力的大型集团脱颖而出，最终成为行业的主导者，如美国迪士尼集团、环球影城集团等。为促进我国主题公园的持续发展，积极应对国际竞争，政府应该大力扶持大型主题公园集团的发展，着力培育一批有实力的主题公园集团，扩大产业规模和市场影响力。

（三）促进差异化协同发展

中国主题公园数量众多，未来的发展需要实行差异化策略，这包括主题差异化和市场定位差异化两个方面。首先，要通过不同的主题定位，实现主题差异化。通过开发不同的主题，塑造特色鲜明的主题形象，展示独一无二的文化内涵，形成定位不同、特色鲜明的差异化主题，从根本上解决主题雷同的现状。其次，要通过差异化市场定位，形成错位竞争、协同发展的格局。

（四）创造多元的盈利模式

创造多元的盈利模式主要从两个方面进行：一是改变单一门票经济现状，打造多元的盈利点；二是延伸产业链，拓展新的利润源。世界上成功的主题公园，其主要盈利点都是娱乐、餐饮、住宿等项目，门票收入只作为日常维护费用。我们需要开发具有自主知识产权的主题公园商品等项目，扩大盈利点。同时，要把主题公园与动漫、数字游戏、影视等产业结合起来，形成从研发到设计、制作、运营于一体的主题公园产业链。也可与地产、酒店等其他非相关产业结合，获取联动效应。

（五）提高文化元素应用力

文化元素应用力的培育要从三个方面进行。首先，加强对主题文化的研究和开发。主题公园可成立研究机构，负责挖掘和整理主题文化。其次，注重对文化表现形式和手段的研究和使用。对于静态文化资源，应注重通过导游人员的介绍和书面介绍等方式将文化内容诠释出来；对于动态文化资源，可以根据主题需要将其整合，形成特色鲜明的文化主题活动，再运用合适的表现形式进行展现。最后，提高主题公园的文化感染力，塑造一个良好的景区文化氛围。

（六）加大自主创新扶持力度

加大自主创新扶持力度可以从三个方面进行。首先，政府要对行业标杆企业进行重点扶持，使其充分发挥规模优势，为创新发展提供坚实的后盾。其次，企业要培育创新团队，加大员工培训力度。如华侨城集团与暨南大学深圳旅游学院合作，创办了华侨城旅游讲习所，培育创新团队，以实现项目、管理、经营的不断创新。最后，企业既要借鉴国外先进经验，同时也要加强自主创新能力的建设，积极开发适合中国市场的新型游乐产品。

四　中国主题公园发展趋势展望

展望未来，中国主题公园将会出现以下几个战略发展趋势。

（一）主题公园产品多元化

未来一段时期，中国将进入大型主题公园发展的新阶段，除了国内品牌国际化，国际品牌国内化，在产品上也会呈现多元化的趋势，会有三个大的发展方向：一是大型主题公园不断涌现。二是与生态、自然、会议展览、休闲、体育相结合，形成大型度假目的地。华侨城已经建成的深圳东部华侨城、正在建设的云南华侨城，以及港中旅的海泉湾度假项目便是此类模式的代表。三是兼具国际化和民族化特点的大型演艺“秀”会有更大发展。

（二）民族品牌日益强大

中国主题公园市场的崛起大大激发了本土品牌发展壮大的愿望，国内大型旅游公司、主题公园公司将会加速发展。中国主题公园已经形成了华侨城集团、港中旅集团、长隆集团、海昌集团、华强集团、宋城集团、锦江国际集团等多家并存发展的局面。其中，华侨城作为中国主题公园的领军企业，旗下拥有不同类型的主题公园共计 11 个，其中已投入运营的主题公园有 7 个，正在建设的主题公园项目有 4 个。华侨城的目标是在 2010 年前后接待的游客量发展至 2000 万人次，到 2018 年前后接待的游客量达到 3000 万人次。“世界著名的旅游品牌”是华侨城未来的发展目标。面临激烈的市场竞争和不断涌现的市场机会，华侨城正在通过不断开发新产品，加快推进连锁步伐，尝试国际化发展等途径来提高市场占有率。国内其他主题公园集团也在不断扩大规模，提高整体竞争力。

（三）投资规模不断扩大

随着经济的发展、高新技术的应用和大型游乐设备的使用，主题公园的投资日益增加。20 世纪 90 年代，中国主题公园的投资一般在 1 亿元左右，个别投资规模达到 3 亿元左右。进入 21 世纪，中国主题公园的投资高达 15 亿 ~20 亿元，未来的投资规模会远远高于现在的投资额度，投资规模扩大成为普遍趋势。

（四）与相关产业融合发展

主题公园投资大，单靠主题公园一个产业的投入，一定会带来产业风险。为此，需要和其他产业进行联动发展，充分利用相互之间的边际效益，使主题公园业保持良性发展。例如，主题公园与影视业相结合，借影视文化内容来提高其文化内涵，从而有效地带动主题公园游客市场的发展；主题公园与地产业相结合，通过房地产的开发快速收回投资，支撑主题公园的发展。

（五）行业竞争日趋激烈

随着经济的全球化，中国主题公园行业竞争愈演愈烈。一方面，民族主题公园的成长、成熟，加剧了国内主题公园之间的竞争；另一方面，迪士尼等国际品牌已经登陆中国，国际竞争国内化已经成为不可改变的趋势。中国主题公园将面临一个全新的竞争格局。竞争方式从以往单纯的价格竞争、产品竞争，变成品牌竞争。

（六）咨询业务不断兴起

随着中国主题公园市场规模的扩大，对主题公园的规划、设计等专业咨询需求逐步增加。同时，国外主题公园规划设计公司也将不断涌入，将国际先进的开发理念引入中国，中国主题公园开发建设、运营管理咨询业务将得到大力发展。

参考文献

董观志：《主题公园发展的战略性趋势研究》，《人文地理》2005 年第 2 期。

赵晋良：《基于生态位的珠三角主题公园研究》，暨南大学 2007 级硕士论文。

董观志：《旅游主题公园管理原理与实务》，广东旅游出版社，2000。

郑维、董观志：《主题公园营销模式与技术》，中国旅游出版社，2005。

徐静、王万喜：《我国主题公园研究初探》，《安徽农业科学》2007 年第 10 期。

芦宝英：《国内主题公园发展研究再思考》，《成都行政学院学报》2004 年第 2 期。

中国自驾车旅游与汽车营地建设：发展、问题与对策

厉新建　王真真　王雪东　李　静*

摘　要： 自驾车旅游的快速发展是我国近些年旅游市场的新动向，但在移动性信息供给、安全救援等方面还存在诸多不足，需要探索通过移动信息终端等渠道，加强服务性信息的供给，加快交通收费制度改革，开放更多公共空间，建立专业救援力量。而自驾车旅游的发展也对汽车营地建设提出了要求，目前我国汽车营地数量明显不足，标准尚未确立，政策支持不够，亟须尽快编制全国性的汽车营地规划，制定营地建设、管理与服务方面的规范，并从国民生活质量的高度给予营地建设以政策支持。

关键词： 自驾车　汽车营地　旅游

自驾车旅游一般是指消费者利用闲暇时间，通过自组织或自驾车运营商组织的方式，以私有或租赁的汽车为主要交通工具，跨越一定地理空间、离开常住地一段时间，拥有较大的自由度和较强体验性的空间移动行为。简单地说，自驾车旅游就是一种自行驾车的旅行行为。

在自驾过程中，自驾者会从事与传统意义上的旅游（观光）相关的活动，更可能从事与休闲相关的活动。自驾者不仅是旅游者，更是旅行者。旅游者的目的在终点，在于游览；旅行者的目的在路上，在于旅行；旅游重视的是目的地是否适合观光，而旅行重视的是真实的体验和真正的休闲，重视的是快乐、轻松、

* 厉新建，北京第二外国语学院旅游管理学院副教授，硕士生导师，研究重点是旅游经济发展战略、出境旅游与跨国经营等。王真真、王雪东、李静均为北京第二外国语学院旅游管理学院2009级硕士研究生。

有所收获地“消磨时光”。可以说，自驾游的出现，更重要的是旅游自身转型发展、需求发展变化的结果，而不仅仅是汽车拥有量、公路系统发展的结果。

自驾车旅游的快速发展，相应地对汽车营地的需求也急剧增长。不过，从目前我国汽车营地发展现状来看，在规模、类型、质量等方面，与欧美发达国家相比还有很大的差距，与近邻日本、韩国相比，差距也不小。

一　自驾车旅游和汽车营地发展现状

（一）自驾车旅游发展现状

1. 市场规模估计

作为个体现象的自驾车旅游，其出现时间很难考证，意义也不大。而作为社会现象的自驾车旅游则大概始于2000年“五一”黄金周前后。当时，旅游消费的井喷式发展引起了全社会的广泛关注。

2004年2月20日湖南政府下发《关于进一步加快旅游产业发展的通知》鼓励发展自驾车旅游；2004年9月，我国首次关于自驾车旅游方面的高层论坛——肇庆自驾车旅游文化高层论坛由广东省旅游局、肇庆市政府等单位联合举办；2006年底开始，广西壮族自治区旅游局高度重视自驾车旅游，并出台了《广西汽车旅游营地发展规划》；2007年4月，我国首家省级自驾旅游协会——广东省自驾旅游协会正式挂牌成立；2007年4月，中国国内旅游交易会期间主办了“中国自驾车旅游合作与发展论坛”。这些都对我国自驾车旅游的发展起到了重要作用。

然而，市场的发展并没有必然地推动相应统计体系的建立。除了2004年国家旅游局发布的春节“黄金周”统计中曾提及自驾车游客的比例已占整个散客市场的三成以外，目前我国尚无全国性的自驾车旅游市场规模统计数据。若按2004年春节黄金周游客量6329万人次、旅行社组织比例5.2%[①]计算，则2004年春节黄金周的自驾游规模大概为1800万人次；发展到今天，全国自驾车旅游市场规模估计应该在5000万人次以上。

相关省份的调查数据也显示，自驾车旅游已经成为重要的旅游方式。根据

---

① 2004年国内旅游接待游客11.02亿人次，其中旅行社组织国内游客5730.72万人次，组织比例5.2%。

《2008年浙江省国内旅游抽样调查报告》，2008年以自驾车方式前往浙江省旅游的游客占15.2%。据《2008浙江旅游统计便览》数据显示，2008年全年接待国内旅游者2.09亿人次，其中来自省外游客比例为61.4%，依此计算，自驾到浙江的规模大概为1950万人次。《2008年珠三角自驾车旅游消费调研报告》数据显示，有72.6%的车主首选出游方式为自驾车，其中有63.3%车主每季度会出游1次，31.5%的车主会每季度出游2次，82.6%的车主都会选择周末出游，而不受出游时间约束的车主则占了31.3%。《2008年广东国民经济和社会发展统计公报》数据显示，2008年广东省私家轿车总量达到了251.57万辆，依此计算，广东省2008年自驾车旅游的市场规模大概为1040万人次。

2. 自驾车旅游组织方式

根据组织主体不同，自驾车旅游组织方式也呈现出多样化特征。大致可以分为三种方式：

（1）汽车俱乐部组织的自驾车旅游。据不完全统计，我国现有12000家汽车销售商车主俱乐部、500家社会汽车俱乐部、2000家车友会。相对而言，这种方式组织化程度高，配套服务较为周全，一般会为会员提供拖车、救援及线路指引、食宿娱乐等有关服务，因此相对自驾出行来说，其出行的距离较远。

（2）旅行社组织的自驾车旅游。面对新兴的自驾车旅游市场，旅行社也积极介入，寻求原有服务的延伸与拓展。相对于汽车俱乐部组织的自驾车旅游，这种组织方式在旅行服务方面能够做得更好，旅行社可以很好地提供食、住、游等方面的服务，但是在与车辆有关的配套服务方面尚有不少改进空间。目前也出现了一些由旅游者自己组团、自定时间、自定线路、自定日程、自定标准的“五自旅游”业务。

（3）自组织的自驾车旅游。这种自驾车旅游方式一般又分为两种类型。一种是家庭成员、亲戚朋友周末或假期时一起乘私家车出游，一般属于短途自驾车旅游的性质，目的地多在所居之地周边；另一种则是通过网上发帖（如论坛、群、SNS等方式）来联系同行者，进行中程自驾，其优点是召集方式相对简单，但同时在线路组织、安全保障、后勤服务等方面有所欠缺。

3. 自驾车旅游的推力

（1）居民汽车保有量和高速公路网络的发展。据公安部交通管理局统计，截至2009年8月，我国私人机动车保有量为1.39亿辆，与2008年同期相比增

长9.28%。其中，私人轿车保有量为2377万辆，占轿车总量的81.89%，与2008年同期相比增长31.46%。从统计情况看，2009年前8个月私人轿车保有量保持较快增长速度，私人轿车月增量占私人机动车月增量的45.42%。

庞大的有车一族和潜在的购车群体，蕴藏着庞大的自驾车旅游消费现实和潜在需求，而公路网络迅速扩展，高速公路建设快速发展，也为自驾车旅游提供了良好的基础设施条件。到2009年6月，中国已建成高速公路7.5万公里左右。按照《国家高速公路网规划》，高速公路最终将连接全国所有的省会级城市、目前城镇人口超过50万的大城市，以及城镇人口超过20万的中等城市，将实现东部地区平均30分钟上高速，中部地区平均1小时上高速，西部地区平均2小时上高速。这必然为人们旅游、休闲提供快速通道，同时也为我国自驾车旅游发展提供良好的基础设施条件。

（2）专业租车企业的发展。截至2009年底，全国机动车驾驶人为2.0亿人，其中汽车驾驶人为1.38亿人，占驾驶人总数的69.18%，是汽车保有量的1.81倍。可以看出，很多自驾车旅游者需要通过租赁车辆完成自己的旅行计划。这些年来，我国汽车租赁企业的发展壮大为自驾车旅游的发展提供了很好的产业基础。上海一嗨汽车租赁有限公司、神州租车（中国）有限公司、至尊汽车租赁股份有限公司等都是2006年左右出现的专业汽车租赁公司，已经在全国形成了相应的汽车租赁网络。而一些机票、酒店预订网络也开始积极参与到自驾车租赁业务当中，发挥自身良好的客源基础优势，推动了自驾车旅游业务快速发展。

（3）旅游产业转型的推动。车、路、信息、导航等方面的发展确实是推动自驾车旅游发展的重要因素，但这些都是自驾车旅游的辅助性要素，汽车营地的发展则应视为自驾车旅游发展的衍生性要素。自驾车旅游的出现，更重要的是旅游产业自身转型发展和旅游需求发展变化的结果。在旅游需求方面，消费者正从关注表面观光向深度体验转型，旅游产品则正从单一观光向复合休闲转型，旅游组织正从团队向散客转型。消费者追求深度体验，对自由度和灵活度的需求，追求休闲生活的本质，对多样性户外活动的需求，这些才是真正推动自驾车旅游发展的核心动力。

（二）汽车营地发展现状

不同于一般意义上的露营地，汽车营地主要是指那些为自驾车旅游者服务的休闲度假空间，是提供住宿、露营、餐饮、娱乐、汽车保养与维护等自助或半自助服务的复合型、多功能的小型社区。大规模现代化的汽车营地通常会包括生活区、娱乐区、商务区、运动休闲区等功能分区。在我国，汽车营地有时也被称为“汽车露营地”。汽车营地可细分为自驾车营地、房车营地，以及特殊的汽车营地——汽车影院；也可根据其所处地理环境分为山丘型汽车露营地（如天津蓟县山野房车营地）、水域型汽车露营地（如无锡太湖汽车休闲营地）、草原型汽车露营地（如西川的西部牧场）、林地型汽车露营地（如江苏老山森林汽车公园）、海滨型汽车露营地（如大连金石滩国际汽车露营地）、乡村型汽车露营地（如南宁乡村大世界汽车营地）等。

1. 汽车营地规划

经国家体育总局和民政部批准，中国汽车运动联合会早于2003年9月就在北京成立了汽车露营分会，而关于汽车营地讨论、规划、建设的广泛关注和快速发展则还是最近三四年的事情。

国家旅游局在2006年提出了建设自驾车营地的目标。2007年9月，广西编制了《广西汽车旅游营地发展规划》，批准了首批15家汽车旅游营地。另外，广西圣泉谷景区大新明仕汽车旅游营地等9家营地也于2007年十一黄金周正式启用，但由于缺乏有效的市场开拓和宣传，加之营地各自为政，汽车旅游营地“门庭冷落”。2007年6月，青海省着手开始编制《青海自驾车旅游总体规划》(2008年进入实施阶段)。2007年7月，贵州省召开了“2007汽车露营国际论坛暨首届旅游休闲产业投资国际论坛”，积极酝酿在贵州创建第一批省级规模的汽车露营旅游建设运营示范基地。2008年8月，中国旅游协会和广西壮族自治区旅游局、北京中天行投资管理有限公司联合举办了“2008中国首届露营旅游论坛”。同年举行的北京旅游项目推介会上，平谷和延庆分别签约了8个主题汽车营地和16个各具特色的露营地项目。为推进北京汽车露营地建设工作，市政府副秘书长安钢于2009年12月22日召开由市发展和改革委、市国土局、市规划委等参加的平谷区汽车露营地建设工作协调会；北京市旅游局于2010年1月专门召开了汽车露营地建设工作会议，表示第一批汽车露营地计划于2010年5月前建成营业。2009年12月，在由中国旅游协会、海南省旅游发展委员会主办的“中国第二届露营休闲旅游论坛”上，海南提出要建设中国特色的一流露营基地，并于同月举办的海南国际热带农产品冬季交易会上发布了《海南省休闲农庄（自驾游）露营营地建设标准及服务规范海南地方标准（征求意见稿）》，计

划用3年时间，创建100个具有浓厚地方特色的自驾游露营示范基地。山东省则于2010年1月发布《山东省自驾车旅游总体规划（2010～2020）》，提出，未来一两年内，在全省规划建设180余处国际标准的汽车营地，并将随后制定《山东省自驾汽车旅游行业管理办法》和《山东省汽车露营地旅游服务星级评定标准》。

2. 汽车营地区域分布

在过去的三四年间，除以上各省市外，浙江、江苏、广东、安徽等省份也都积极推进自驾车旅游发展及汽车露营地建设，但总体发展状况并不理想，离市场需求和国际标准尚有不少差距。据21世纪房车网的数据，目前，美国有国际标准的露营地约16500个，我国大概只有30个左右，而我国的近邻日本大概有1800个。2008年欧洲房车销售额在56亿欧元左右，结合房车零配件销售、售后维护、二手房车交易、露营地旅游及其带动的周边餐饮、娱乐、景点旅游等，房车露营旅游总收入高达283.3亿欧元，相当于2008年中国国内旅游总收入9374亿人民币的30.7%。

从不完全收集的数据看，我国的汽车营地主要分布在环渤海经济圈、长江三角洲经济圈和珠江三角洲经济圈等经济发达区域，以及西南地区等具有良好自驾车发展资源条件和营地建设需求的区域（见表1）。

表1　我国汽车主要营地分布

地　区	主　要　营　地
环渤海经济圈	北京郊区十渡风景区营地、北京长城山庄营地、北京孤山寨营地、北京南方大峡谷营地、怀柔神堂峪长城山庄营地、延庆县野鸭湖汽车露营地、北京九谷口自然风景区汽车营地、官厅水库渔民岛营地（湖畔型）、海淀区北安河狂飙乐园露营地、密云原生态自驾游基地、山东青云国际汽车营地、山东费县蒙山营地、山东彩山国际汽车示范露营地、秦皇岛翡翠岛房车营地、天津蓟县山野房车营地、山海关欢乐海洋营地、山东省东营市孤岛神仙沟汽车营地、大连金石滩国际汽车露营地、青岛金沙滩房车露营地等
长江三角洲经济圈	杭州大清谷房车营地、横店旅行营地、无锡太湖汽车休闲营地、江苏老山森林汽车公园、象山松兰山滨海旅游度假区露营地、苏州太湖原创房车营地等 此外，2009年9月19日挂牌的江苏溱潼湿地公园、大丰麋鹿公园、沭阳花卉园、盱眙天泉湖、沙家浜、无锡灵山、句容茅山及江苏溧阳天目汽车主题公园等8家自驾游基地示范点也可列入其中
珠江三角洲经济圈	广东七星岩旅游营地、广州芙蓉度假区营地、广州番禺营地、万绿湖旅游营地、深圳东山珍珠岛营地、云天海森林度假村营地、清远红鹰中心营地、潮州闽粤汽车旅游营地度假别墅区、中天行清远清新矿温泉旅游度假区红鹰中心营地等
西南地区	四川省大英县中国死海风景区尚旅房车营地、云南滇池营地、河口营地、贵州百花池营地、“圣山之旅”亚拉汽车露营营地、西川西部牧场（草原营地）等

二　我国自驾车旅游与汽车营地建设的问题

2009 年 12 月 3 日国务院下发的《国务院关于加快发展旅游业的意见》中指出，“把旅游房车、邮轮游艇、景区索道、游乐设施和数字导览设施等旅游装备制造业纳入国家鼓励类产业目录，大力培育发展具有自主知识产权的休闲、登山、滑雪、潜水、露营、探险、高尔夫等各类户外活动用品及宾馆饭店专用产品”，要“进一步完善自驾车旅游服务体系”，这对于我国自驾车旅游发展及汽车营地的建设必将产生积极而深远的影响。为了更好地推动其又好又快发展，必须深入调研，全面准确掌握市场规模数据，认真检讨当前存在的问题。

（一）我国自驾车旅游发展的问题

除了我国自驾车旅游缺乏全国性政策及制度支撑，对自驾车旅游市场缺乏服务、规范与管理，缺乏自驾车旅游市场的统计外，还存在与自驾车旅游发展相关的供给整合与配套设施缺乏等问题。

1. 移动性信息供给不足

自驾车旅游者不仅要在出行前搜集旅行途中的各种相关信息，而且还有大量自驾游信息需要在旅行途中获取。这就需要加强移动性旅游相关信息的供给。然而，目前我国在旅游目的地信息系统建设过程中，对这些新兴旅行方式的适应性改变并没有给予足够重视。有些地方，尽管也提供了相关信息，但是信息的及时性、准确性无法保证，在移动性信息传播媒介的多样性方面创新不足，影响了自驾车旅游者的决策和最终的满意程度。更不要说是满足国际自驾车旅游者未来的自驾旅行需求了。

在这方面，国外的一些经验是很值得我国学习的。比如欧洲的 Michelin 旅游服务网可以根据旅客提供的出发与到达地址（通常为旅馆所在地）于网上提供即时的旅游线路指引，包含行经里程、所需时间、途经的每一条道路名称与行驶的距离，详尽到每一个拐弯点。

2. 交通层面面临的诸多障碍

目前全世界共有收费公路 14 万公里，其中有 10 万多公里在我国，占总数量的 70%。在我国已建成的高速公路中，有 90% 是收费公路，这使得我国的自驾车旅游成本很高。虽然有关方面已经颁布了一些公路收费改革政策，但是从目前来看，我国的公路收费比重仍然不低。比如，以私人汽车行驶1600公里所付通行费在车主收入中所占的比例而言，我国该比例值超过2%，而美国则远低于0.5%。另外，我国目前的收费方式比较落后，多数高速公路仍然采取人工收费，也没有针对自驾游的特定收费方式。我国在拖挂式房车上牌照方面仍存在需要协调解决的困难，对房车的收费究竟应该按私家轿车收费标准执行还是应该按照重型车的标准执行，在此问题上，依然存有分歧。

3. 汽车租赁业尚不发达

目前我国已经出现几家全国性的汽车租赁公司，凭借强大的技术支持、风险投资作后盾，加之现代化的管理和网络化发展，极大地方便了异地自驾旅游者及无车驾驶人，推动了自驾车旅游市场的发展。但是总体来看，我国汽车租赁业整体水平较低，汽车租赁的费用还比较高，汽车租赁公司与汽车制造商之间的关系还有待进一步密切。这些又都在不同程度上影响了我国自驾车旅游市场的发展。比如，在美国一辆车一个星期的租费大概占人均GDP的1/150，而在我国要占到1/5左右。国内大部分企业都只是从事单纯的经营性汽车租赁业务，缺乏汽车厂家的支持，新车主要从经销商处贷款购买，车型不能得到及时更新，与国外租赁用车一般使用8至12个月就淘汰到二手市场的情况相比，国内租赁车的使用时间一般要3~5年，技术指标和安全性能都远远落后。

4. 安全救援和保险保障等方面尚存欠缺

我国的旅游保险险种还不是很丰富，专门针对自驾游的旅游保险还比较少，保险产品的宽度、深度都有待提升。目前，我国的车辆救援主要还集中在城市市区内，针对自驾过程中的救援、修理、给养补充（如能否加油、油品质量保障等）、餐饮住宿、车辆安全等方面还比较欠缺，户外救援的组织化程度难以满足自驾车旅游市场的需要，更不要说像美国汽车协会（American Automobile Association，简称AAA）这样的救援服务组织。

（二）我国汽车营地建设发展的问题

1. 缺乏全局性的营地规划和营地标准

目前有些省份和目的地行政主管部门已经制定了相应的汽车营地发展规划，但是还没有跨区域、全国性的营地规划。汽车营地建设尚处于起步和探索阶段，很多营地实际上只能起到停车场的作用，配套设施和相应服务还没有跟上，安全保障能力也有欠缺，对营地的功能定位也还没有从观光转到休闲娱乐上来，因此还远不能发挥汽车营地强大的辐射带动作用。

目前，国内的汽车营地数量有限，缺乏相应的规划建设标准，并没有对现有的汽车营地硬件软件进行分等定级，这显然不利于自驾车旅游者的选择。同时，汽车营地还处于各自为战阶段，尚未形成全国的汽车营地网络，相应的宣传推广、信息化建设也存在很多不足，不利于自驾车旅游者搜索预定。

2. 营地选址困难，相关政策支持不足

在我国土地利用类型中，没有专门的旅游用地类型，而汽车营地更多的是为旅游者服务的旅游设施，这就导致汽车营地在获取建设用地时存在不少困难。而且汽车营地一般都会远离现有城市建成区，甚至远离人口聚集的村镇，这无疑会提高安全保障、基础设施建设、交通配套、用地规模、金融服务、加油服务、维修补给等方面的要求，从而提高汽车营地的建设成本。在汽车营地网络化、联盟化发展的起步时期，加之很多营地的经营具有明显的季节性特征，如果没有相关政策扶持，汽车营地要想得到长足发展是比较困难的。

三　我国自驾车旅游与汽车营地建设的相关建议

（一）自驾车旅游发展对策

1. 提供准确与详尽的自驾车旅游信息

要加强自驾游相关信息网站的无线接入，充分利用手机等移动设备及时更新网上的自驾游相关信息，满足人们对信息的需求。特别是在旅游旺季，对信息的更新速度更要加强。同时对道路的标识进行完善与修复，各地地图的制定要符合事实，而且要尽可能详尽。

除了利用传统的杂志、地图、广播等方式提供相关信息外，还要探索移动信息终端、网络等新的信息传播媒介的应用；除了有偿提供信息外，更要从旅游目的地全局发展的角度，积极探索无偿信息的供给。

2. 制定相关政策，完善规范管理

要加快推进燃油税改革和高速公路收费制度改革，出台有关自驾车旅游的专门计费方式（比如面向自驾旅游者的、特定时间内有效的区域通票等）。国家公园等应开放更多的公共空间，增加自驾车旅游的选择。从财税等方面鼓励汽车租赁业的发展。要鼓励汽车制造商与汽车租赁业务之间建立更紧密的联系。鼓励旅行社积极介入自驾车旅游市场组织与经营。最终形成以旅行社与汽车俱乐部为主要组织形式，以汽车旅馆为住宿载体，以汽车营地为中转中心，以品牌化、网络化的汽车租赁为产业服务基础的自驾车旅游基本架构。

3. 建立安全救援机制，保障自驾车旅游的安全

由政府引导，组织相关企业及利益相关者，扶持建立区域性、全国性的户外车辆救援服务组织，逐渐构建起社会化的专业救援力量，以满足迅速发展的自驾车旅游对安全保障的需求。加强对自驾车旅游者的安全意识教育，提高自驾旅游者面对突发状况时自救与互救的能力。鼓励保险企业开发面向自驾车旅游市场的专项保险产品。

（二）我国汽车营地建设发展建议

1. 合理规划汽车营地，加快制定营地标准

应该根据国务院对国家旅游局“三定”方案的要求，坚决贯彻《国务院关于加快发展旅游业的意见》，尽快组织力量编制全国性的汽车营地发展规划，组织力量制定汽车营地规划、建设的标准以及管理、服务规范，同时中国旅游车船协会要积极承担起引导全国汽车营地建设的重任，推动全国汽车营地网络的建设。

2. 政府发挥引导作用，为营地建设开发提供相关的政策支持

汽车营地是我国自驾车旅游服务体系中的重要一环。各地政府应该清晰地认识到汽车营地建设对本地居民休闲生活质量改善、吸引外地游客深入惬意体验的重要性，认识到汽车营地建设对培养年轻一代亲近自然、历练性格、提高素质等方面的重要作用。各地政府应该站在市场发展大势的高度，对汽车营地的用地、财税、资金等给予大力支持，鼓励在辖区内建设数量合理、类型多样、层次分明的符合国家露营组织相关要求的汽车营地。

参考文献

赵鹏、李享、刘磊：《旅行社与汽车俱乐部经营自驾车旅游的比较研究》，《旅游学刊》

2008 年第 1 期。

周剑锋：《发展我国自驾车旅游的思考》，《商场现代化》2009 年第 7 期。

代俐：《中国自驾车旅游要有序发展》，《学术论丛》2009 年第 6 期。

吴娲：《论中国自驾车旅游市场开发管理的问题与对策》，《技术与市场》2007 年第 3 期。

杨丽：《我国自驾车旅游发展探讨》，《现代商贸工业》2009 年第 17 期。

张薇：《旅行社开发自驾车旅游的必然性》，《科技经济市场》2008 年第 8 期。

林福煌：《广西自驾车旅游营地建设研究》，广西大学，2008。

中国户外运动的发展与展望

李洪波　张尊*

摘　要：中国的户外运动经历了探索学习、兴起发展、多元化和规模化发展三个阶段，至今已成为不可忽视的社会现象。总体来看，户外运动发展迅速，时尚性强，户外用品制造业数量发展快于质量发展，户外运动发展的速度高于公共管理发展的速度，同时也存在法律法规缺失等问题。

关键词：户外运动　公共管理　发展展望

一　关于户外运动的几个概念

（一）户外空间

户外空间的概念是随着人类社会的发展而逐步形成的，尤其是人类聚落形态的变化对其产生了巨大的影响。人类定居之前，并未形成“户内”、“户外”空间的概念。自人类祖先定居后，开始有自己建造的居住空间，形成了聚落，进而出现城镇，“室内”、“室外”空间才变得明晰起来。而现代意义上的“户外空间”则出现于城市的形成和人类对自然环境更深刻的认识之后。这种空间感超越了早期“室内”、“室外”的概念。目前，人们以休闲为目的的活动空间主要有：城市空间、乡野空间及荒野空间等。而现代户外运动又是以城市人口为主体，所以，户外空间可以理解为乡野空间与荒野空间的总汇。

* 李洪波，华侨大学旅游学院规划与景区管理系主任，副教授，主要从事乡村休闲、生态旅游研究。张尊，华侨大学旅游学院2009级硕士研究生。

（二）户外运动

虽然“户外运动”已成为一个热门词汇，但是从学术角度对它的界定和讨论还很不成熟。总体来说，大致可将户外运动界定为：以休闲为目的，以乡野空间（环境）和荒野空间（环境）为主要活动场所，以非竞技性的运动形式和运动内容而进行的活动。依据此定义，户外运动可以分为以下几个类型（见表1）。

表1　户外运动分类

户外运动分类	具体项目举例
水上项目	游泳　潜水　漂流　冲浪　海上航行
陆上项目	登山　攀岩　徒步　穿越　露营　骑行　溯溪　自驾　滑雪 沙漠探险　探洞速降　钓鱼　拓展
空中项目	热气球　蹦极　滑翔伞　跳伞

（三）拓展训练

拓展训练是一个容易与户外运动混淆的概念。拓展训练源于训练士兵的野外生存技能。“民用化”后的拓展训练主要用于机构培训，其培训方式大致分为三种：室内训练、场地器械训练和野外生存训练。拓展训练在活动项目上与户外运动有一定程度的类似，但两者差别主要体现在三个方面。第一，目的不同。理论上说户外运动的目的是休闲，完全是主观的，依据个人兴趣参与活动；而拓展训练则是培训者按照培训机构的要求和目的进行项目设计，对其员工进行培训，参与者不能完全按照自我兴趣和意愿参与活动。第二，组织方式不同。拓展训练的组织形式较正式、紧密；而户外运动都是松散型的，对个体不具有太大的约束力。第三，活动场所（空间）不同。户外运动的活动场所（空间）基本都是“非正式”的，可以利用几乎任何自然条件；而后者的一部分场所则必须是经过人工设计和建设的，是“专用的”（正式的）。

二　我国户外运动的发展

（一）发展过程

我国户外运动发展大致可以分为三个阶段。①

1. 探索、学习阶段：20 世纪 50 年代至 90 年代中期

这一阶段又可细分为两个时期。其一是 20 世纪 20 年代初至改革开放之前。由于当时新中国刚刚成立，百废待兴，无论是政府还是普通百姓，重心都在如何搞好建设上，还没有户外运动的概念。1965 年，由全国总工会组建了第一支国家登山队，两年后，国家体委正式成立，国家登山队归入中国登山协会，成为最早的登山运动组织，并于 1960 年和 1975 年两次登上世界之巅——珠穆朗玛峰。由于国情所限，虽然从运动形式上看，这些活动都属于户外运动，但具有更多的政治意义。其二，改革开放至 20 世纪 90 年代中期。随着改革开放步伐的加快，到 20 世纪 90 年代中期，户外运动开始从纯官方化向民间化和社会化转变。例如 1989 年，北京大学成立了北大山鹰社；1990 年，昆明市登山探险协会成立，成为最早进行有偿服务的户外探险组织。

2. 兴起阶段：20 世纪 90 年代中期至 2003 年

如果说第一阶段中出现的户外运动形式和组织方式还带有官方或半官方色彩，那么以 1997 年三夫户外运动俱乐部的出现为标志，我国的户外运动组织形式已经从官方组织形式向民间组织形式过渡，并且后者迅速占据了主导地位。这一时期，各类媒体从生活方式、休闲方式及个性体现等角度对户外运动进行了大量宣传，推动了其发展。这一时期的另一个特点是，户外运动俱乐部及网络虚拟户外运动俱乐部开始不断出现，主要集中在北京、广州、深圳、上海、成都等大中城市，其中 84.6% 都是 1999 年以后成立的，而且大多处于“游戏”状态，经营及运作模式还未完全形成。②

① 李红艳：《户外运动的理论与实践研究》，北京体育大学博士论文，2006。

② 王莉等：《对北京市户外运动产业发展状况的调查研究》，《北京体育大学学报》2005 年第 9 期。

3. 多元化、规模化阶段：21 世纪初至今

这一阶段是我国户外运动发展最迅速、规模增长最快的时期。据中国登山协会不完全统计，“目前我国户外运动参与者已达5000 万人，到2008 年底，专业从事户外运动的俱乐部已达800 多家，还不包括大量自发组织的非专业团体。”①

这一阶段表现出如下特点：①普及化、时尚化和多层次发展。目前在许多县级及以上城市已经形成了登山协会等户外组织，受时尚引领参与户外运动的爱好者远多于专业人员。②组织形式多样。我国现有的与户外运动相关的社会组织形式主要有：户外运动俱乐部、户外运动协会、登山协会，以及网络虚拟俱乐部，其中以俱乐部和虚拟俱乐部为主。③产业链初步形成，户外运动的发展带动了户外用品和装备行业的发展。④户外运动俱乐部经营模式基本形成，网络平台重要性突显。

（二）发展现状

1. 我国户外运动参与人群

户外运动是个体和群体的民间行为，很难进行完全的数量统计，不过总体来看，这个群体也表现出了明显的人口学特征，即高学历、高收入、年龄主要分布在 20～40 岁之间。近期户外资料网（www. 8264. com）通过网络论坛对户外运动爱好者进行的抽样调查发现，年龄在 20～40 岁之间的样本数占整个调查样本的88%。在北京和湖南等地进行的调查也得出了类似的结论：北京的抽样调查中16～35 岁年龄段占整个调查样本的 80. 4%，大专以上学历占 77. 7%，个人收入2000～4000 元/月的占 43. 8%，22. 1% 的被调查者收入在 4000 元/月以上②。从职业来看，户外运动参与者主要包括技术人员、管理人员、公务人员等，分别占样本比例的 40. 5%、17. 8%、13. 9%③。

2. 户外运动俱乐部及网络平台

在网络还未普及之前，户外运动俱乐部是最主要的参与平台。乃至今日，户外运动俱乐部已经遍布全国各个地区，不过总体上还是以沿海及经济发达地区为主。据户外资料网的不完全统计，我国现有专业户外运动俱乐部的分布情况是：广东约

---

① 《驴友探险，千万别弄成真冒险》，2009 年 9 月 3 日新华网每日电讯，http：//news. xin hua net. som/focu5/2009－09－23－conten。

② 李红艳、肖光来：《北京市民参与户外运动现状的调查与分析》，《体育学刊》2008 年第 4 期。

③ 李红艳：《户外运动的理论与实践研究》，北京体育大学博士论文，2006。

90家，北京89家，上海80家，浙江约90家，江苏约60家，福建约55家，山东约53家，辽宁约52家，湖南约49家，云南约47家，广西、湖北也分别有45家左右。

经过几十年的发展和探索，我国户外运动俱乐部已经形成了四种基本模式：一是在工商部门注册的企业法人，如云南大家探险俱乐部等；二是在民政部门注册的民办非企业类社团，如北京三夫户外运动俱乐部等；三是以互联网为平台的虚拟俱乐部，如绿野、磨房等；四是隶属于学校和事业单位的群众性社团，如各学校的户外运动社团等。其中第一、三类是盈利性的俱乐部，主要经营模式为：以公司经营的方式为主，以召集和组织户外活动为手段，进行户外装备的销售。另一种盈利方式则是以经营拓展训练为主。第四类则是单纯的非盈利性组织，以满足内部成员爱好为主要功能。而第二类的情况相对复杂一些，又可分为两种：其中一种是单纯的“自娱”型的，这种俱乐部模式在早期占有主导地位，由一些户外运动爱好者，又有经济实力的群体自发组成，以自娱自乐为主要目的，但这类俱乐部目前的数目较少；另一种是具有商业功能的，这类俱乐部表面上看是没有明显的经营行为，但实际上通过召集和组织户外运动以提升其所属公司的知名度，起到广告宣传的作用。

从2003~2009年，中国登山协会召开了八次全国户外运动俱乐部大会，并从2005年开始评选年度全国十佳户外运动俱乐部，引导俱乐部的经营管理逐渐走向规范（见表2）。

表2　历届全国十佳户外运动俱乐部

届　次	会议地点	全国十佳俱乐部名单
第八届	浙江宁海	宁波大自然、宁波酷客、武汉穿山豹、武汉跋涉者、武汉氧气、北京三夫、长沙凌鹰、北京极度体验、深圳哈哈户外、遵义行云体育
第七届*	湖北武汉	深圳5183、深圳哈哈户外、武汉穿山豹、宁波大自然、长沙凌鹰、武汉氧气、武汉指南针、北京三夫
第六届	湖北武汉	长沙凌鹰、北京极度体验、苏州野营旅、武汉穿山豹、贵州起点、宁波大自然、武汉天龙、贵州悠山美地、北京三夫、武汉指南针
第五届	北京怀柔	长沙凌鹰、昆明登山探险协会、成都顶点、武汉穿山豹、武汉天龙、南京走涯、武汉指南针、贵州起点、杭州天择、郑州追赶
第四届	北京怀柔	北京三夫、长沙凌鹰、武汉野山、武汉穿山豹、十堰神农氏、南京走天涯、遵义户外运动协会、宁波大自然、兰州大玩家
第三届	北京怀柔	杭州天择、武汉穿山豹、中国地质大学、成都顶点、贵州地平线、广州垂直极限比天、昆明山野、北京三夫、南京走天涯、长沙凌鹰

*第七届的数据不全面。

依靠网络平台发展的虚拟俱乐部是随着互联网的普及而出现的，也正是由于它的出现，极大地带动了我国户外运动的迅猛发展。实际上，最初的网络平台是作为户外运动俱乐部的辅助手段或窗口而建立的。随着越来越多的人利用网络，网络平台的功能也逐渐被强化，在召集、组织、交流等功能上已经成为与实体俱乐部并驾齐驱的形式。例如，目前在户外资料网上，与其建立链接的网络平台虚拟俱乐部约有230家。网络虚拟户外运动俱乐部可分为两类：其一是与实体俱乐部结合。大多数较具规模的实体户外运动俱乐部都建有相应的网络平台，作为与外界联系和宣传之用。其二是独立的网络平台虚拟俱乐部，而没有实体俱乐部作为依托，主要功能是召集、交流及销售户外运动装备。虚拟俱乐部的运营模式与其他网站相似。2009年作者通过网站分析及统计，结合Alexa网站排名，我国户外运动网络平台虚拟俱乐部前十位排名如表3。

表3　中国内地主要的户外网站

户外网站	论坛会员数(人)	主要影响范围	pr值*	Alexa排名**
户外资料网	37万	全国	7	8649
磨房	35万	华东、华南	5	10586
天涯户外	26万	广东	5	171075
绿野仙踪	未知	北京及周边	6	23634
三夫	未知	北京、上海	6	78232
小羊军团	11万	新疆	未知	5411207
旅友公社	10万	重庆	未知	1934883
旅途中国	7万	全国	5	437257
中国自驾网	6万	全国	5	34109
极限户外	4万	全国	5	69077

注：*pr，即PageRank，网页的级别技术，取自Google的创始人Larry Page，是Google排名运算法则的一部分，用来标识网页的等级或重要性。pr值的取值区间是0~10，pr值越大说明网站越受欢迎。

**Alexa是一家专门发布网站世界排名的网站，排名越靠前说明被访问量越大。

3. 户外运动用品（装备）生产领域

我国的户外运动在发展的初期、中期时，户外运动用品几乎被国外品牌垄断，后来国内品牌才得到较快发展。目前，中国户外运动用品（装备）品牌已经占据我国市场的半壁江山，尤其是在中、低端装备用品市场方面。

中国纺织工艺品协会户外用品分会（COCA）《中国户外用品市场2008年度

调查报告》显示，2000~2008 年，中国户外用品从不足 2 亿元人民币激增到 36.5 亿元，年均增长率达 48.6%；2008 年全年的零售总额与上年同比增长 53.3%（见表4）。

表 4　中国户外用品市场年度销售情况

单位：亿元，%

类　别	2007 年	2008 年	同期增长	可比增长
户外店零售总额	10.6	14.6	37.7	—
商场店零售总额	13.1	20.7	58	—
其他渠道零售总额	0.86	1.2	39.5	—
零售总额	24.56	36.5	48.6	42.7
国内品牌出货额	6.6	9.1	37.9	—
国外品牌出货额	7.5	12.7	69.3	—
出货总额	14.1	21.8	54.6	43.8

资料来源：节选自《中国户外用品市场 2008 年度调查报告》，中纺协户外用品分会（COCA），2009，第 15 页。

4. 我国户外运动的公共管理

户外运动就其活动性质和特点而言，具有非常明显的民间性、大众性和组织形式的多样性等特点，从而使得相关管理存在一定难度。目前，国家体育总局登山运动管理中心是负责户外运动管理的政府职能部门，下设户外运动办公室，同时有中国登山协会，下设户外运动部，以及各地市体育局及登山协会的相关机构等。目前的这种行业管理还无法覆盖众多的户外运动个体的行为。行业协会的公共服务功能主要集中在了自己组织的活动和带有竞技特点的户外运动的活动上。公共管理机制的不健全导致相关事故逐年上升，救援体系严重不健全；同时法律、法规缺失，纠纷不断。

由于户外运动本身具有一定的挑战性，加之随着参与人群的迅速增加，从 2000 年至今，我国户外运动事故呈明显上升趋势（见表5）。

户外运动的发展离不开完善的救援体系，目前我国的救援实施主体主要分为三类：①现有的相关公共服务部门，如警察、消防、武警部队等；②国家专业救援机构（但不是专门针对户外运动者）；③民间救援组织。从现状来看，在日常救援中，警察、消防和武警部队等承担了主要任务，而其他两类救援机构则占了

表5 户外事故类型及统计

年份	户外运动	滑坠	溺水	健康意外	翻船	滑坡落石	山洪	失踪	其他
2001	4起4人	3	1	0	0	0	0	0	0
2002	7起8人	4	1	1	0	0	2	0	0
2003	7起7人	3	2	0	1	0	0	0	1
2004	8起9人	5	1	1	0	0	1	0	1
2005	8起8人	3	3	1	0	0	0	0	1
2006	13起17人	5	3	2	3	1	3	0	0
2007	26起29人	6	7	7	1	1	0	2	5
2008	14起16人	4	0	2	0	1	3	3	3
2009	47起47人	11	2	2	0	2	22	1	7
合计	134起145人	44	20	16	5	5	31	6	18

*2007年以前的数据来自《2007年登山户外运动事故报告》。该表统计数据一般不包括专业探险的山难死亡人数和国外户外运动者。

较小的部分。主要原因有二：一是我国户外运动整体救援体系不健全，救援力量有限；二是国民似乎习惯于报警，对他们的信任度也比较高。至2009年，我国现有的专业救援机构中，民间有21个，国家有9个。相比较而言，国家专业救援机构、人员和设备配备齐全，有严格的救援方法和程序，但任务繁重，户外救援只是其工作的一部分；而民间户外运动救援组织则大多都是俱乐部自发组织，或联合组织的，规模较小，救援能力有限（见表6及表7）。

表6 民间救援组织及成立时间

组织名称	成立时间	组织名称	成立时间
广西户外救援队	2003年8月	抚顺“我行我宿”户外俱乐部救援队	2006年11月
新疆山友户外救援队	2004年2月	泰山山岳救助队	2006年12月
河南户外救援队	2004年2月	湖南蜗牛人野外运动俱乐部野外救援队	2006年
重庆奥特多救援队	2004年	北京绿野户外救援队	2007年4月
四川泸州山地救援队	2004年10月	河南gogo户外救援队	2007年10月
上海民间救援队	2005年3月	北京山岳救援队	2007年11月
郑州追赶户外救援队	2005年6月	深圳市山地救援队	2008年7月
桂林户外救援队	2006年元旦前夕	杭州户外应急救援队	2009年5月
四川省登山探险互助救援会	2006年2月	珠海红十字专业应急救援志愿服务大队	2009年7月
户外联盟库布齐沙漠专员救援组	2006年5月	—	—
深圳民间救援队	2006年9月	—	—

表 7　官方户外救援组织及成立时间

组织名称	成立时间	组织名称	成立时间
国旅总社旅行救援中心	1991 年 2 月	民政部国家减灾中心	2002 年 4 月
中国紧急救援促进中心	2005 年 2 月	交通部救助打捞局	2007 年 11 月
四川登山协会官方山地救援队	2006 年 4 月	国际 SOS 救援中心	1998 年 7 月
四川泸州户外运动水上救援队	2006 年 4 月	中国海上搜救	1989 年

由于缺乏公共监管机制和相应的法规，随着事故率的增长，近几年与户外运动相关的民事诉讼案件不断增加。法院审理中也很难有准确的法律依据，常会出现“于情有理，于法无理”的情况。例如，所谓户外运动第一案，即 2006 年 7 月 9 日，12 名户外运动爱好者自发组织前往武鸣县两江镇赵江进行户外探险活动，费用 AA 制，过程中一名成员不幸葬身山洪，之后其家人将同行的其他队员一并告上法院，最终法院按不同责任比例判决 11 名队员共同向死者家属赔偿约 21 万元人民币，其主要依据是《合同法》。而发生在柳州的户外运动第二案，因其中一个队员驾驶摩托车掉入沟中，不幸死亡，法院则依据我国《民法通则》和《关于执行〈民法通则〉若干问题的意见（试行）》等法律条文，判决其他参与者不承担直接民事赔偿责任。两起事件在社会上引起了很大反响。

三　我国户外运动发展展望

经过十几年的发展，我国户外运动行业的基础形态已经开始形成，涉及了户外运动用品生产商、户外产品营销渠道（俱乐部、商场和网络平台等），以及户外运动消费市场（户外运动爱好者）（见图 1）。

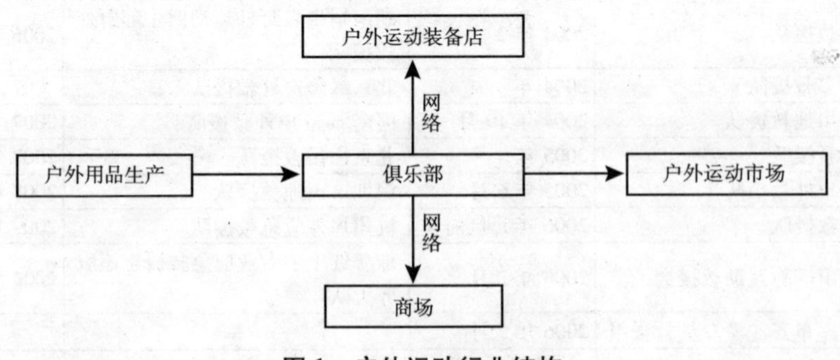

图 1　户外运动行业结构

（一）户外用品（装备）生产领域

近几年除了各个生产企业自身的努力，相关行业协会和地方政府等也不遗余力地为户外运动用品（装备）的生产企业搭建平台，举办各种论坛、赛事等，极大地推动了我国户外运动用品（装备）企业的生产和品牌建设，生产技术不断提高，产品品种趋于完整。在此基础上，表现出如下发展趋势。

1. 品牌意识增强，经营规模化和市场多极化趋势明显

据中国轻工工艺品进出口商会副会长王忠奇介绍，2009 年全球户外休闲用品出口金额为 1631 亿美元，中国出口金额达到 395 亿美元，占全球的 24.2%。“这意味着中国已经成为全球主要的户外休闲用品生产国”。[①] 在中国内地近几年举办的各种不同规模的户外用品（装备）展览会上，国内参展厂商逐年增加。2010 年许多会展已经开始运作，例如中国（银川）西部户外用品展 3 月、2010 年第七届上海国际户外旅游用品展览会（2010 年 5 月 22 日）、第五届亚洲户外用品展览会（2010 年 7 月 28 日）等。其中在南京举办的亚洲户外运动用品展最为著名。从 2006 年至今已经举办了四届，每一届的规模都在增大，尤其是国内品牌的参展数量变化最为明显。据南京国际展览中心总经理张建介绍，2006 年首次举办亚洲户外用品展览会时，参展品牌只有 174 个，2007 年增加到 214 个，2008 年增加到 245 个，2009 达到 288 个。参展面积每年递增 25000 平方米，专业观众近 14344 名。亚洲户外用品展已经成为中国最具专业性和规模性的户外用品展览会，同时也成为世界三大户外用品展之一。在全球经济衰退的大背景下，2009 年亚洲户外运动用品展览会依旧保持了强劲增长——参展品牌较上年增长达 17%，而其中国内参展品牌更是增长了 23%。[②]

虽然我国户外运动产品的销售额一直在不断增长，但主要得益于销售渠道数量的增长，而不是规模的增大。即使后期加入的大型商场和网络平台也仅仅是提供了新的空间，与国际上知名的户外品牌相比，在规模上还有很大差距。我国户外产品实体店还是以小规模为主，多数营业面积仅有几十至几百平方米，也鲜见有大规模的户外虚拟店。不过，一些从业者已经意识到了这一点，有些知名品牌

---

① 中国户外网，2010 年 2 月 1 日。

② 中国户外网，2010 年 2 月 1 日。

也已经开始建设自己的旗舰店，例如三夫已经开始进行发展连锁户外店的计划，“兄弟连”已经于2005年开始了店面规模化运作，而广州垂直极限的天河旗舰店拥有近2000平方米的营业面积，成为当时中国最大的户外用品零售店。根据探路者的信息，截至2009年6月30日，探路者在全国拥有直营店和加盟店共计430家，其中加盟店382家，直营店48家。而国内品牌莫耐在国内已经建立起了完善的销售渠道网，目前仅KA渠道（大型商场），就超过1500家，几乎涵盖所有国内知名商超，同时新辟加盟店1000家，抢占中国2500个县级区域的大众消费市场，成为中国户外用品零售终端最多的一家供应商。虽然上述企业的经营策略有所不同，但是可以看出扩大经营规模是共同点。

户外用品（装备）的分级既是生产企业市场细分的需要，也是户外运动走向国际化和专业化的必由之路。欧洲一些知名品牌在多年积累的经验上对其所提供的户外运动用品已经有了很科学的等级分类，例如，Asolo就将其生产的户外运动鞋分为极限登山鞋、登山鞋、徒步鞋等；而德国品牌Meindl则根据适应不同路况将其生产的鞋类分为A、AB、B、BC、C和D等级别，适应路况难度和项目难度逐渐增大。我国户外运动市场最终将形成如下几个主要的等级市场：极限户外运动市场、户外运动市场和普及（通用）户外运动市场。不过目前我国的户外用品等级还未形成，缺乏等级标准，产品线也还不完整。

2. 营销渠道专业化

传统上的户外用品营销渠道主要有俱乐部+户外店和专业户外店，规模都比较小，服务半径有限。大型商场是后期被选择的营销渠道。尽管网络平台发展迅速，但在户外用品的销售方面一直被视为一种辅助手段。近几年来，大型商场作为户外运动用品销售渠道发展很快，已经超过了专业店的数量和营销额（见图2）。

大型商场不仅给户外用品的销售提供了物质空间，同时也使其处于自身的商誉控制之下，保证了产品和服务质量，另外，大型商场的客流量也是增加户外用品营业额的重要因素。未来户外用品销售渠道将以大型商场+网络销售平台、户外用品店+网络销售平台和网络销售平台为主，其中前两者尤为突出。总体上讲，我国户外运动用品的营销渠道将呈现以下三个特征：第一，以传统俱乐部来促销户外用品的时代基本结束，取而代之的是更专业的营销方式，诸如规模零售店、大型商场（专卖）、直销店等；第二，生产商将成为营销的主要控制者；第三，网络平台的营销空间有待进一步开发和利用，未来可能会成为主要的营销渠道。

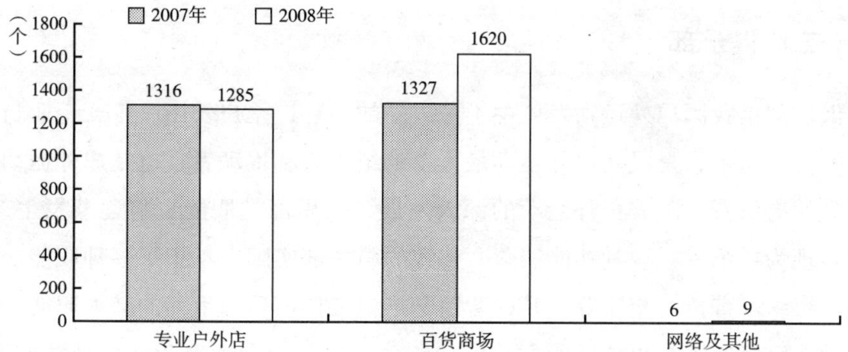

图2　中国户外用品市场年度渠道类型分析

数据来源：节选自《中国户外用品市场2008年度调查报告》，中纺协户外用品分会（COCA），2009，第11页。

3. 企业文化素质提高，资本运作成为企业发展的基本推动力

2009年1月20日，中国知名户外品牌——莫耐户外在厦门召开2010年莫耐户外新品及新闻发布会，正式发布了自己的“泛户外”发展理念。按照莫耐总裁柴建新的解释，所谓“泛户外”就是有别于一般意义专业户外的高难度高风险，而是更偏向于休闲娱乐，例如短程徒步、登山、湖边露营、垂钓、交友、采摘、海边烧烤等。相较于一般体育运动，“泛户外”及户外休闲，在锻炼身体的同时，不受场地限制，更加自由与亲近自然。如果说企业单纯的营销行为可以起到立竿见影的效果，那么将一种文化理念融入其中，就将产生长远影响和效益，甚至有可能在一定程度上改变人们的生活方式。这一事例说明我国的户外用品生产企业在思想上将走向新的高度。

除了在企业文化素质上的提升外，经济行为也有新的变化，资本运作已经开始成为企业发展的基本推动力。探路者近期披露了其2009年业绩快报，报告显示，探路者2009年实现销售收入2.93亿元，同比增加38.38%，净利润4288.94亿元，同比增加68.13%，净资产收益率为22.21%。截至2010年1月21日，探路者每股股价43.05元，动态市盈率为57倍。① 同时，莫耐品牌的拥有者钻辉国际也在以不同的方式融资，力图打造中国“户外第一品牌”。可见，户外运动用品生产企业已经从实体经济向金融领域过渡。

① 中国户外网，2010年2月1日。

（二）俱乐部

俱乐部是我国户外运动发展中不可或缺的一环，是户外用品生产企业与市场联系的传统纽带，是民间户外运动最重要的组织者和推动者，也是户外运动服务型产品的提供者。随着户外运动的深入发展，俱乐部的职能也将逐渐发生改变，主要表现为：第一，盈利功能淡化。传统的俱乐部实际上承担了多种职能，诸如营销、组织、宣传、交流等。其中营销是早期维持俱乐部生存的基本职能，但是这一功能已经逐渐被更专业的方式取代。第二，非营利性经营性产品功能增强。经营性产品是指针对户外运动本身而言，是在户外运动的组织、管理、活动设计、咨询等方面的产品。由于户外运动组织过程中多是以（AA）制进行的，所以在这方面很难获取利润，更多地体现在非营利活动上。第三，与网络结合更加紧密。随着网络平台的逐渐成熟和信誉的提升，其盈利功能也将增大。第四，户外运动俱乐部组织素质不断提高。例如，磨房保险与华泰财产保险股份有限公司合作开发的安途团体保障计划保险产品，主要面向国内户外活动爱好者和自助旅行者团队，承保非职业领队和队员的各种意外事故，并且针对领队的责任进行了保障。万一发生队友和领队（包括职业、半职业、非职业）进行诉讼，领队责任保障计划都可以给领队在保障额度内的诉讼费用，及可能出现的判决赔偿予以保障。该计划还详细规定了大多数的户外运动项目。如潜水、滑雪、滑水、热气球、蹦极、冲浪、风筝冲浪、攀岩、速降、自行车、徒步、野外穿越、野外定向、登山（仅限海拔高度5000米以下）、溯溪、漂流、露营、骑马、皮划艇、帆船、野战、拓展训练活动，均在保险范畴之内。同时，安途团体保障计划还包括了ISOS国际医疗救援及国际旅行援助服务（http：//bx. doyouhike. net/）。另外，由BLACKYAK和国际长城之友协会共同主办的“我爱山野”网站（www. 5ishanye. com）在2010年1月正式上线。从2002年至今，BLACKYAK携手国际长城之友协会，通过各种活动推广宣传在户外应当遵守的行为规范——《山野之约》。

（三）公共管理

我国户外运动主管部门已经意识到了在户外运动中公共管理的必要性，制定了《登山户外俱乐部及相关从业者资质认证标准》、《登山户外俱乐部及相关从业机构技术等级标准》、《高山向导管理暂行规定》，以及《户外运动员注册与交流管理办法》（试行）等规范和标准，并且已经培训了多期户外运动从业者。但是不难看出，这些标准和规范或与登山户外有关或涉及专业运动员，但实际上户外运动的活动项目和方式远远超越了登山户外和专业运动领域，是以大众性、民间性为主的，户外运动赛事和专业运动员的活动仅仅是其中的一个标杆。因此，未来我国户外运动的公共管理的重点应该是针对大众或民间户外运动，以为其提供公共服务为主。从户外运动（产业）的整体结构看，可以将其分为以下几个环节：①户外运动用品（装备）生产环节；②户外运动组织、活动、项目设计环节；③户外运动消费市场（户外运动爱好者）。户外运动用品（装备）生产环节的管理相对较为成熟，作为生产商本身就有相关的法律法规等对其进行控制和管理，市场规律对企业也有着很强的约束作用。国家体育总局也已经开始讨论出台关于户外用品（装备）相关产品的质量等级标准。对于俱乐部和网络平台虚拟俱乐部等组织机构，除了制定技术标准外，还应该出台更具约束力的法规。同时要充分发挥各个地方的协会等组织的作用，鼓励俱乐部参加各类比赛，以培养更多的具有专业能力的从业者。最后一个环节，也是公共管理最困难、最薄弱的，就是户外运动活动的组织，尤其是集中涉及的野外安全问题。国家体育总局登山户外运动管理中心和中国登山协会于2009年12月20日和2010年1月25日分别在宁海和深圳召开了“第八届全国登山户外运动俱乐部年会”和“第二届全国山难调查，救援技术培训研讨会”。在宁海会议上提出了《中国登山协会登山户外运动俱乐部管理办法（试行）》、《山地户外运动裁判员管理办法（讨论稿）》、《中国登山协会露营标准》、《中国山地徒步线路标准》、《国家登山健身步道标准》及《2010年山地户外运动竞赛计划》等文件。而深圳会议则主要讨论了我国登山户外运动救援体系的建立，提出了2010～2012年的工作计划：第一，2010年将从救援理念和比赛入手，宣传登山户外救援的理念和知识；第二，按区域救援的思想，建立区域救援体系；第三，2012年逐渐形成以政府为主导，以基金会为主体的登山户外救援网络；第四，重视培训和救援技术的研制。这些工作无疑代表了我国户外运动公共管理未来的发展和工作重点，但是显然忽略了户外运动的多样性和大众性。我国的户外运动公共管理的重点应该放在建立以政府机构为主导，以各地户外运动俱乐部为主体，以纵向和横向为特点的户外运动救援体系，从而才能为我国的户外运动发展提供更有力的保障。

（四）户外运动者与户外运动项目

由 ISPOCHINA（亚洲国际品牌体育用品及运动时尚博览会）及全球泛户外网联合主办，《财富圈》、《睿户外市场参考》、《TOP 精英·深造内参》等媒体协办的第四届中国泛户外产业高峰论坛于 2010 年 3 月 6 日在北京举行。这是一个非常重要的信号，表明无论是行业管理部门还是整个社会，都在将传统的专业户外理念大众化，从而形成“泛户外运动”的概念。专业户外运动是大众户外运动的推动力，而反过来大众户外运动是专业户外运动发展的基础。2009 年底，户外运动正式被纳入《全民健身条例》也说明了同样的趋势。因此，我国的户外运动者和户外运动项目未来将表现如下特点：第一，专业与时尚户外运动者并存。专业比赛将越来越多，规模也会越来越大，示范效应增大；具有专业知识和技能的户外运动者也将逐渐增多，他们将是日后各类俱乐部的中坚力量和主要的户外运动组织者。而由于我国都市化速度的加快，城市居民生活和生存压力增大，“都市森林”无法提供一个适当宣泄的环境，后现代思潮环境观中所包含的怀旧情结、寻找归属感等因素将促使产生众多的时尚型户外运动爱好者。第二，户外运动项目多元化和地方化。多数户外运动项目是从西方引进的，但是由于条件限制，有些项目在我国户外运动的初期没有能够展开，例如游艇、滑翔等。随着经济水平的提高，这些项目都将普及化。另外，一些具有中国特色的、含有地方文化元素的户外运动项目也逐渐被开发出来。例如 2006 年在武夷山举办的“全国户外运动俱乐部比赛”中就增设了推独轮车的项目。

·文化休闲·

中国文化休闲产业发展状况与前瞻

吴文新*

摘　要： 近年来我国文化休闲产业发展迅速，居民消费和投资规模持续增长，行业效益和受益群众人数不断攀升；文化体制改革对文化休闲业产生了显著助推作用，但在发展中也存在不少问题。未来一段时期，多功能家用数字化娱乐技术和文化产品与服务，以及全功能便携式休闲设备前景广阔，广大农村文化休闲和国外中华文化市场具有较大潜力。展望未来，我国文化休闲业在发展中，应增强文化休闲产业发展的内需动力及政府公共文化休闲产品和服务的供给能力，抓住大好机遇，迅速拓展文化休闲业发展空间，促进中华特色文化休闲品牌走向世界。

关键词： 文化休闲业　发展　前瞻

随着我国社会经济和科学技术的发展，人民群众的文化休闲需求日益旺盛，相应的消费规模不断扩大，从而促进了文化休闲业的发展。而在应对国际金融危机冲击、优化调整产业和国民经济结构的过程中，文化休闲业更是对国民经济健康运行、经济社会协调发展、民生大业持续改善作出了巨大的贡献。

一　文化休闲业的初步界定

根据国家统计局2004年24号文件发布的《文化及相关产业分类》的通知及文件精神，“文化及相关产业”就是“指为社会公众提供文化、娱乐产品和服务

* 吴文新，山东大学威海分校休闲研究所所长，哲学博士，副教授，硕士生导师，研究重点是休闲文化、休闲哲学。

的活动，以及与这些活动有关联的活动的集合”。在其外延界定中，涉及休闲的就是其第一部分“文化服务”中的第六项——“文化休闲娱乐服务”，这可看作文化休闲业的核心层。其他文化及相关产业也都与大众休闲有密切联系，属于文化休闲业的外围或相关层。就此，“文化休闲业”可简单界定为：“为满足社会大众休闲文化生活需要而提供的休闲文化、休闲娱乐产品和服务的活动，以及与这些活动有关联的活动的集合”。

在《文化及相关产业分类表》的“文化休闲娱乐服务”中，除了“旅游文化服务”外，直接服务于大众休闲的就是“娱乐文化服务”（包括“室内娱乐活动”、“游乐园”、“休闲健身娱乐活动”，及“网吧服务”和“其他娱乐活动”几个小类)。这里的“室内娱乐活动”包括在家庭看电视、上网、琴棋书画、阅读等，以及相关公共或商业性场馆内的同类活动和休闲餐饮（比如酒吧、咖啡馆、茶艺馆、酒店等，本文仅涉及个别数据）等，其产业内容与“其他娱乐活动”有交叉。“游乐园”包括大型主题公园如迪士尼公园、海上或水上公园、极地或海底世界、儿童游乐中心等，大多属于旅游文化服务，因有旅游产业的专业研究，在此不予探讨。“休闲健身娱乐活动”属于体育休闲产业，也有专业研究，本文不再涉及。“网吧服务”可包含与之相关的互联网信息服务，具体包括网络阅读、网络聊天、网络游戏、网络视频、动漫娱乐等服务项目，与“室内娱乐活动”稍有重叠。“其他娱乐活动”所指不明，我们可以从文化及相关产业的其他层、其他类中找到与“满足居民休闲需求”直接相关的休闲产品使用和相关服务，比如：广播电台和电视服务、电影放映、以手机为载体的各种休闲产品和服务、其他动漫及游戏产品和服务、文艺表演及相关场馆服务、博物馆、烈士陵园、纪念馆、图书馆、科技馆、档案馆、群众文化馆及相关群众文化活动服务、会展服务等。这里不区分文化休闲业的经营性和公益性，而在产业范畴内进行总体考察。

由于目前尚未见到学界或官方严格以此分类体系进行文化休闲业的专项研究①，因此，本文仅根据以上分析着重探讨除旅游文化服务、体育健身休闲服务

① 杨玉英等在《文化业的产业关联程度与产业波及效果分析》中依此界定了“狭义文化业”和“广义文化业”（涵盖了“娱乐业”），参见张晓明等《2009年中国文化产业发展报告》，社会科学文献出版社，2009。

和休闲餐饮之外的文化休闲娱乐服务的核心层，即“室内娱乐活动”、“网络休闲服务”及“其他娱乐活动”。

二　我国文化休闲产业近年来的发展状况

（一）我国居民文化休闲产品消费规模迅速扩张

根据国家统计局的数据，在2001～2009年间，我国居民的文化休闲产品拥有量发生了很大变化。截至2009年底，我国已成为广播影视覆盖大国。全国共有广播电台257座、广播电视台2069座，人口覆盖率分别达95.96%和96.95%，每年以0.34%以上的速度增长，这为我国居民能够通过广播电视享受国家的文化休闲资源提供了很好的条件。每百户彩电拥有量，城市居民2007年达到137.8台，农村居民2008年达到99.22台，具有极高的普及率。[①] 有关我国居民休闲生活的调查也显示，看电视、听广播是人们最普遍的休闲活动形式，人们从中获得各种公共信息，特别是其中的综合文艺和娱乐节目成为人们日常休闲的主要内容。

随着我国移动通信技术的发展，移动电话（手机）的普及率也居世界前列。每百户手机拥有率，2008年城市达到了172.08部，农村也达到了96.13部。而全国平均每百人手机拥有率，2006年就达到了41.64部，这几年更是增长迅速，2008年底已经超过了50%，也就是说，我国居民平均不到2人就有1部手机，远远领先于世界平均水平。手机越来越具有移动通信和电脑、电视等娱乐设备和网络娱乐的综合功能，手机越来越成为最常用的娱乐工具。2009年以来，3G手机的高调上市，更是强化了它的休闲娱乐功能。

电脑网络休闲也快速发展。我国每百户家用电脑拥有量，在2001～2008年期间，城市居民由13.30台增长到59.26台，农村居民也由0.69台增长到5.36台。电脑的普及，不仅推动了我国电脑制造业和软件行业的发展，也极大地推动了互联网及相关休闲娱乐产品和服务的发展和繁荣。至2009年底，中

① 除特别注明外，本文所采用的统计数据均来源于国家统计局公布的历年统计年鉴或公报，作者进行了分类整理；有些数据根据统计局后来公布的有关修正公告进行了修正。

国网民规模已达到3.84亿人，较2008年增长28.9%。其中宽带网民达到3.2亿人，占网民总体的94.3%。到2009年底，我国手机网民规模一年内增加了1.2亿人，已达到2.33亿人，占整体网民的60.8%。① 近一年来，与移动互联网及3G技术的发展相适应，能快速无线上网的笔记本电脑的大量销售，更是促推网络休闲行业（比如网络聊天、游戏、音视频、动漫、阅读乃至网络写作等）发展的强大助力。

（二）文化休闲产业及相关第三产业发展规模不断扩大

由于目前还没有直接的文化休闲业统计数据，因此，我们大致可以从第三产业的发展情况间接地感知它的发展状况。2007年底我国第三产业的就业人数已达到2.49亿人，占我国总就业人数的32.4%。2008年底，文化、体育和娱乐业就业人数194.1万人；相关的住宿和餐饮业就业人数585.8万人，居民服务及其他服务业就业人数199.0万人，与互联网娱乐服务相关的信息传输、计算机服务和软件业就业人数达320.7万人。② 从产值规模和贡献看，2008年底第三产业增加值达到131340亿元，从2001年算起，年增长率为10.2%，与我国国民经济的增长速度相当，其增加值在GDP中占到41.8%。2009年，我国第三产业增加值达142918亿元，增长8.9%，占GDP比重也提高到了42.6%。

具体看文化休闲业的投资规模，近几年快速增长的趋势也是非常明显的（见表1）。

表1　文化休闲业及相关产业的固定资产投资情况

单位：亿元

年　　份	2003	2004	2005	2006	2007	2008
全社会固定资产总投资	55566.61	70477.43	88773.61	109998.16	137323.9	172291
信息传输、计算机服务和软件业	1660.68	1657.67	1581.75	1875.90	1848.1	2130
住宿和餐饮业	422.98	560.79	808.77	1095.69	1519.4	1735
居民服务和其他服务业	241.61	313.71	363.46	389.45	434.7	316
文化、体育和娱乐业	531.51	773.37	857.04	955.41	1243.4	1423

① 《中国网民已达3.84亿，手机网民突破2.33亿》，2010年1月31日《光明日报》。

② 《第二次全国经济普查主要数据公报（第一号）》（2009年12月25日发布），中国国家统计局网站 http：//www.stats.gov.cn/tjfx/fxbg/t20091225_402610155.htm。

（三）我国文化休闲业的公共服务供给规模持续增长

近年来，我国公共文化休闲机构的数量总体上呈快速增长趋势（见图1）。

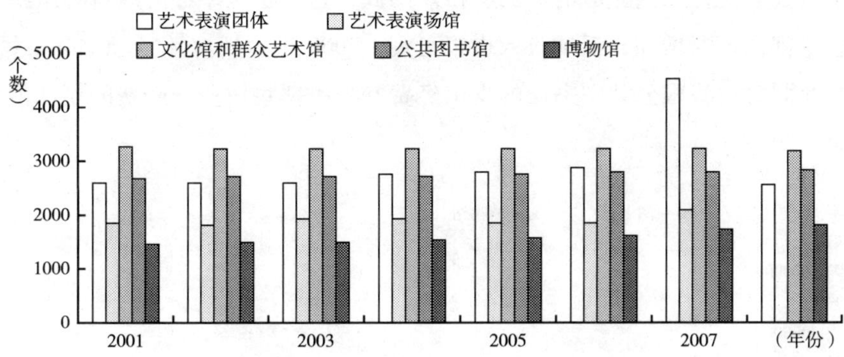

图1　我国公共文化休闲机构数量变化情况

数量的增长抑或不能从根本上说明问题。自2006年我国文化体制改革决策实施以来，公共文化事业单位开始走上集团化、企业化改制之路。伴随着文化休闲服务单位数量的徘徊或减少，发生实质性变化的是这些文化服务机构的质量和效益大幅度提升。这一点从艺术团体的表演情况也可窥见一斑（见表2）。同时，我国文化馆、群众艺术馆和文化站也得到了较快发展（见表3）。

表2　我国艺术表演团体表演情况

年　份	2001	2002	2003	2004	2005	2006	2007	2008
演出(万场)	42.3	41.6	38.5	42.5	45.9	49.0	92.2	90.5
观众(万人次)	47385	45979	39163	38701	38891	46115	75895	631868
演出收入(万元)	57448	64884	71781	93304	98268	109825	120396	119001

表3　我国群众艺术馆、文化馆/站业务活动及经费情况

年　份	2001	2002	2003	2004	2005	2006	2007	2008
单位数(个)	43391	42516	41816	41402	41588	40088	40601	41156
举办展览(个)	89466	92917	93514	120702	111300	141150	90900	100877
组织文艺活动(次)	284501	301792	327306	424479	391439	497779	546477	473613
支出经费(万元)	211140	235593	265751	310850	358640	412430	575722	653613.1
收入情况(亿元)	—	—	—	—	—	—	—	66.0111

从表3可看出，我国文化艺术馆/站的单位数量总体上是趋降的，由2001年的43391个曲折地下降到2008年的41156个，但是国家为之付出的活动经费却不断攀升，由2001年的211140万元，一路提升到2008年的653613.1万元，可见国家对公共文化休闲领域的大力支持。因此，这些机构举办的展览和组织文艺活动总量都在不断增加，活动收入也很可观，2008年达到66亿多元。

与此同时，我国公共图书馆的支出经费和各类博物馆业务经费的增加值也逐年提高（见图2）。

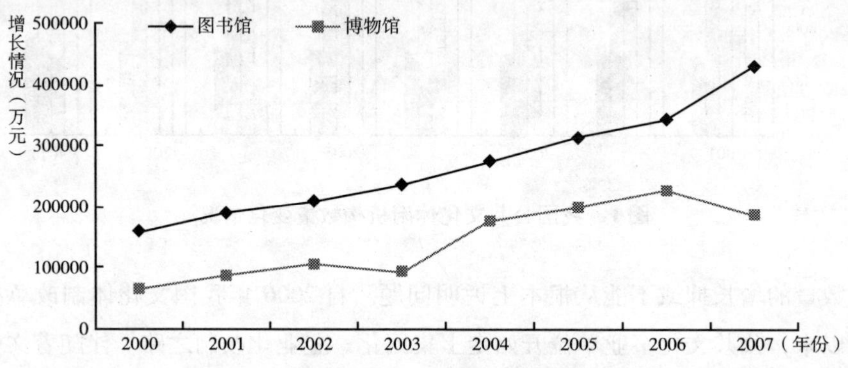

图2　2000～2007年我国公共图书馆的支出经费和博物馆业务经费增加值

（四）影视和网络视频行业的业绩表现不凡

进影院享受视觉大餐是这些年我国居民重要的休闲方式。到2009年底，我国电影制作机构200多家，年生产电影故事片406部，是世界上第三大电影大国。电影业的综合效益保持了强劲的增长势头，2008年全年电影综合效益达84.33亿元，其中国内电影票房超过43亿元。单就2009年国庆黄金周短短7天时间，以主旋律电影为主的中国电影票房创下2.2亿元的佳绩。这个数字，是2002年全年国产电影票房的总和，也是新中国历史上国庆献礼档票房成绩的最高纪录。新中国成立60周年献礼影片对中国电影的推动，已经远远超越了献礼本身。2009年，我国电影票房攀升到创纪录的60亿元，比前一年增加17.85亿元。①

① 李舫：《综述：中国元素世界风靡拥抱中国文化的春天——我国深化文化体制改革、促进文化产业发展综述》，2010年1月4日《人民日报》。

截至2009年底，我国在成为广播影视覆盖大国的同时，也成了广播影视制作大国：开办广播节目2436套、电视节目3199套、数字付费频道179套；全国有广播电视节目制作机构3343家、持有电视剧长期制作许可证的机构132家，我国的电视剧生产连续多年稳居世界第一。我国也已成为广播影视增长大国，到2008年底，全国广播电视总收入达1583亿元。

近年来我国移动电视业务迅速成长，移动电视资源在一二线城市展开激烈竞争。以华视传媒为例，其2008年第二季度财务报告显示，该季度实现总收入同比增长332.4%，环比增长48.8%，达到2030万美元；实现净利润850万美元，较上一季度增长56.7%。另一家企业世通华纳2009年第二季度收入同比增长近80%，环比增长60%。大客户收入增长更为强劲，实现了190%的同比增幅，客户数量和质量则都有质的飞跃。华视传媒2009年第二季度的财报显示，第二季度同比增长51.8%，较第一季度增长13.0%。

（五）网络影视和在线音乐及相关行业的发展势头迅猛

在文化休闲业中，电视剧和电影有着最为广泛的受众。随着网络信息技术的进步和普及，电影院和网络电影齐头并进，传统电视的数字化和网络电视的普及并驾齐驱。影视与网络信息技术的捆绑，产生出新的文化休闲和娱乐形式，对整个社会经济和文化发展起到极大的促进作用。

在走向2010年的时候，传统广播电视行业频频“触网”，形成了全新的发展态势。继央视网络电视台上线之后，2009年12月28日，浙江广电集团新蓝网上线测试。同时，位于中西部的湖南广电芒果TV也频频活动。据预测，2010年网络视频用户规模将达到3.88亿人，94%网民将会上网看电视，如此高的覆盖吸引了众多的传统电视台。传统视频媒体频频触网，在丰富节目源的同时，预示着网络视频竞争更趋白热化。

根据艾瑞咨询发布的《2009～2010年中国数字音乐行业发展报告》显示，截至2009年10月，中国在线音乐市场规模同比增长8.2%，达到1.4亿元；其中，88.3%来自网络广告收入，用户付费占5.1%。[①]

---

① 《2009～2010年中国数字音乐行业发展报告》，艾瑞网，2009，http：//news.iresearch.cn/viewpoints/104812.shtml。

（六）网络游戏业发展十分乐观

据统计，中国网游产业收入规模已经远远超过传统的三大娱乐内容产业——电影票房、电视娱乐节目和音像制品发行的收入，成为中国互联网经济发展的“火车头”之一。新闻出版总署2009年3月初数据显示，2008年，我国网络游戏出版产业在全球金融危机蔓延、实体经济受到冲击、出口下降的情况下逆势增长，实际销售收入达183.8亿元（而2001年仅为3.1亿元），比2007年增长76.6%，这为电信业、IT业等带来直接收入478.4亿元人民币。① 与此同时，原创网络游戏产业大步“走出去”。2008年，在实体产业出口普遍紧缩的形势下，我国总计有15家网络游戏企业自主研发的33款网络游戏作品进入海外市场，覆盖北美、欧洲、日本、韩国及东南亚、中国港澳台等40多个国家和地区。北京完美时空公司成功地将5款游戏输出到日本、美国和欧洲等十几个国家和地区，并在美国设立分公司独立从事国产网络游戏运营；上海盛大公司通过收购和注资韩国游戏企业等方式进入韩国市场；腾讯公司投资750万美元收购印度MIH公司；网龙公司不仅成为第一个在美国直接运营网络游戏的中国企业，近期又与全球家庭娱乐和传媒巨头华特迪士尼公司签订协议，共同开拓全球市场。②

中国互联网络信息中心（CNNIC）发布的《2009年中国网络游戏市场研究报告》显示，2009年中国大型网络游戏用户规模为6931万人，较2008年增长24.8%。休闲游戏用户增长迅速成为2009年增长主要动力，2009年大型休闲游戏用户规模达到4706万人，较2008年3929万人的规模增长了19.8%，大型角色扮演游戏增长率为11%；二者使用比例分别达到67.9%和61%。

三 我国文化休闲业发展中存在的问题

（一）居民收入水平普遍过低，文化休闲消费动力不足

这一点从近年来我国居民家庭恩格尔系数和人均文教娱乐消费支出情况的变

① 《传媒蓝皮书：网络游戏逆市而上成为亮点》，http：//news.xinhuanet.com/newscenter/2009－04/28/content_ 11269723.htm。

② 《网游业成为中国互联网经济发展“火车头”之一》，新华网，2009，http：//news.xinhuanet.com/internet/2009－04－29/content_ 11274249.1。

化就能看得出来。

总体上，中国居民家庭的恩格尔系数是在下降的。这意味着人们日常消费支出中饮食消费比例在下降，包括文化休闲在内的其他消费必然有增长的趋势。在这方面，中国城乡之间差距明显，相对来说，农村比城市的变化更显著一些，但都在35%～47%的高位运行，表明事实上我国居民非饮食生活需求严重不足（见图3、表4）。

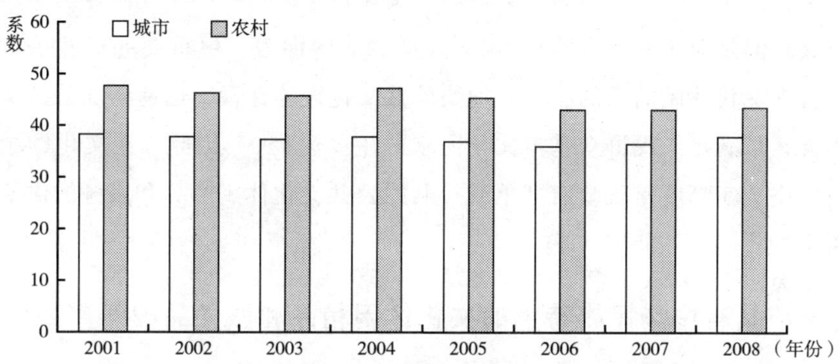

图3　中国居民家庭的恩格尔系数

表4　中国居民家庭平均每人文教娱乐消费支出情况

单位：元，%

年　份	2001	2002	2003	2004	2005	2006	2007	2008
城　市	736.63	902.28	934.38	1032.8	1097.46	1203.03	1329.16	—
支出比重	13.88	14.96	14.35	14.38	13.82	13.83	13.29	—
农　村	—	—	—	—	295.48	305.13	305.66	314.53
支出比重	11.06	11.47	12.13	11.33	11.56	10.79	9.48	—

上述数据显示，我国居民与文化休闲直接相关的文教娱乐消费支出不仅在总量上过低，而且在所有消费支出中所占比例也基本处于徘徊状态，而且近年来还有下降趋势。这表明，我国居民消费的内需不足，不仅表现在物质资料消费上，更表现在文化产品和服务的消费上。2007年我国居民人均消费总支出达到9997.47元，其中文化教育娱乐总消费1329.16元，而其中的文化娱乐用品消费343.17元，文化娱乐服务347.59元。2008年我国城镇居民人均教育文化娱乐消费支出1358.26元，其中文化娱乐用品354.82元，文化娱乐服务381.27元，这

两项合计比 2007 年增长 6.55%。显然，我国居民文化娱乐消费率与我国文化产业发展规模相比显得过低。如果不能根本扭转这种局面，我国的文化休闲乃至整个文化产业的发展都将面临内需不足的压力。

（二）相对忽视居民基本日常休闲需求的满足

近年来国家越来越重视文化体制改革和文化产业发展，出现了不少集团化、顶尖级文化公司，吸引了诸多社会资本和文化资本，对我国文化产业发展具有决定性意义。但是对于一个有着近 14 亿人口的大国而言，更重要的仍然是对普通居民的日常文化休闲需求的满足。加快公共文化设施建设、迅速增加公共文化产品和服务，是满足人民群众基本文化需求的主要途径。[①] 因此，在文化领域的改革和发展中，应高度重视政府埋单或补贴的公共文化休闲产品和服务的供给，让越来越多的普通百姓能够共享。

（三）具有中华民族特色的文化休闲精品和服务品牌严重缺乏

在经济全球化进程中，我国民族文化受到了各种外来文化的巨大冲击，外国品牌文化比如好莱坞电影、迪士尼动画和乐园、日韩影视和网络游戏等铺天盖地，外国文化产品占据着我国居民相当部分的休闲消费时间和资金。同时，中国的历史文化资源被西方文化集团制作成符合中国人口味的影视作品，像《花木兰》、《功夫熊猫》等大赚中国人的钱；国产动漫视频或动画片比如《熊猫警长》、《哪吒传奇》、《宝莲灯》及最近的《喜羊羊和灰太狼》虽在中国青少年中有一定影响，但仍然抵不过外国的米老鼠和唐老鸭、蜡笔小新、变形金刚、哈利波特及功夫熊猫等形象。这应该引起我们的高度重视，应理性分析，积极应对。

（四）先进文化主导文化休闲产品和服务显得更加迫切

现代化的文化传播手段给了人们充分的休闲自由，但也带来了很多社会问题。电视上的名人代言虚假广告及各种色情网站，手机和电脑网络上无处不在的色情图片、视频和链接陷阱，离不开血腥暴力的网络游戏和动漫作品，还有让人

---

① 《国家“十一五”时期文化发展规划纲要》，2006 年 9 月 14 日《人民日报》。

们一打开网络就唯恐躲之不及的病毒、恶意软件甚至黑客攻击，等等，愈益显示出净化文化休闲产品和服务经营者心灵、提升其道德水平的重要性。为此，不断完善相关法规，依法整顿文化休闲市场秩序，具有至关重要的意义。特别值得注意的是，青少年已经成为中国最大的网络游戏用户群体，但家庭和学校在网络游戏方面对其缺乏必要的引导和教育。中国互联网络信息中心（CNNIC）调查显示，七成的未成年网络游戏用户的父母对于网络游戏没有明确的态度，超过三成的未成年网络游戏用户在学校并没有接受过网络游戏相关的引导。农村等经济相对落后地区存在的“用户年龄偏低、高花费用户多、网吧用户多”等网络游戏特征更加突出。[①] 这些都表明了对文化休闲领域加以引导和规范的迫切性。

四　未来我国文化休闲产业发展的基本趋势和建议

（一）未来几年我国文化休闲业的基本趋势

1. 多功能家用数字化娱乐技术和文化产品与服务将有广阔前景

近年来，一些较早期的电子文化形式正在被淘汰，取而代之的是新型综合性的文化信息技术载体。有数据显示，与互联网没有直接联系的传统的软盘、光盘、录像带、录音带等文化产品形式，以及录音机、放像机、CD 机、组合音响或家庭影院等文化休闲设备，在城市有逐渐被淘汰的趋势，但在农村仍有相当的拓展空间。各种数码娱乐产品，比如具有互联网及游戏功能的数字电视（包括新近出现的 3D 电视）、具有各种休闲娱乐功能的电脑等，在城市具有更为广阔的市场前景。

2. 全功能便携式休闲设备——3G 手机市场潜力巨大、前景看好

在所有的数码休闲设备（比如 MP3、MP4、MP5 及电纸书等）中，兼具通信、电脑、广播影视、游戏、聊天、阅读、音乐、文学艺术等功能的便携式休闲设备——3G 甚至 4G 手机，将最大限度地集各种文化休闲娱乐功能于一体，具有

---

① CNNIC 发布《2009 年中国网络游戏市场研究报告》，http：//www.enet.com.cn，2009 年 11 月 24 日。

巨大发展潜力。据调查，目前手机网民中，28%表示未来半年有使用3G手机上网的意愿；目前尚没有使用手机上网的手机用户中，7.25%表示未来半年可能使用3G手机上网。[①] 新型联网手机的技术创新和普及将带领相关的文化及休闲产业获得一个极好的发展机遇，同时促进广播影视、综合性网络休闲产业的整体提升。

3. 随着“三农”问题的逐步缓解，农村文化休闲市场潜力巨大

目前我国经济社会发展的重点已经转移到“三农”领域，这关系到我国小康社会战略目标的实现及和谐社会的建设。因此，占人口大多数的农民和农民工的文化休闲需求终将成为我国文化休闲产业发展必须满足的重点对象。就像城市支持农村、工业反哺农业的城乡一体化发展战略一样，我国的文化产业发展也必将走上文化扶农、文化支农、文化富农、文化强农的道路，因此，有战略眼光的文化休闲业经营者应该早有准备。

4. 当今世界的发展困境彰显了中华优秀文化的独特价值

有着几千年历史积淀的中华文化在人类文化宝库中独具魅力，事实证明它对缓解当今人类面临的环境和生存问题有着切实的意义。因此，在休闲文化生活中以文化娱乐形式向全世界传播以和谐为精髓的中华文化，具有极为广阔的世界市场。

（二）加快我国文化休闲业发展的几点建议

1. 尽快提高居民总体收入水平，增强文化休闲产业发展的内需动力

目前我国居民的休闲时间已相当充分，也就是说，推动文化休闲业强劲发展的社会空间比较宽裕了，之后起决定作用的就是居民的有效需求和消费能力的提高。我国GDP每年以接近10%的速度增长，即使遭遇国际金融危机最强冲击的2009年，也达到了8.7%的增长速度，与之相应，居民的收入增长也应随之提速，并通过收入分配制度改革，形成居民收入与GDP协调增长的长效机制。同时提高分配公平程度，增加劳动报酬的收入比重，加大二次、三次分配力度，尽快提高占国民大多数的中低收入群众的收入水平。实际上，只有大多数居民的有

① 《第24次中国互联网络发展状况统计报告》，中国互联网络信息中心（CNNIC），2009年8月7日。

效需求切实提高，才是文化休闲业持续发展的不竭动力。

2. 在文化体制改革中不断增强政府公共休闲文化产品和服务的供给能力

虽然我们并未严格区分文化休闲业的公益性和经营性，但在现实的文化休闲生活中，满足大多数人民群众基本休闲需求和满足少数群众的高端休闲需求，还是有着鲜明的区别。因此，在通过繁荣文化产业来满足一部分群众高端文化休闲及其多样化需求并取得显著经济效益的同时，也不能无视大多数人民群众更为广泛的文化休闲需求。为此需要政府统筹协调，从国家、民族发展战略的高度出发，在法律法规建立健全和监督实施、公共基础设施建设、社会大众基本的公共文化产品和服务的供给，以及为满足大多数人民群众的基本文化需求对一些文化休闲产品和服务适度埋单等方面承担更多责任，最终在政府主导下，形成文化休闲领域产业和事业良性循环，政府、市场和文化机构之间的良性互促关系。

3. 抓住我国文化产业大发展大繁荣的大好机遇，迅速拓展发展空间

为应对国际金融危机，今后几年我国政府会继续以扩大内需为重点加大各种投资力度。特别是文化领域，作为新兴产业，符合建设资源节约型和环境友好型社会的需要，符合循环经济和低碳经济的要求，前景广阔。随着新的《文化产业振兴计划》的实施，文化休闲业必将迎来一个大好机遇，对此应抓住机遇，乘势而上。

4. 加强青少年休闲教育，以积极向上、绿色健康的产品和服务，满足青少年的文化休闲需要

这方面，除了学校要承担一定责任外，建议政府推动社会组织或团体，特别是青少年休闲产品和服务的直接提供商，承担起相应的教育引导责任，以促使相关文化休闲产业可持续地平稳发展。

5. 构建文化人才和资源整合机制，创造中华特色文化休闲品牌

在中华文化资源挖掘和优秀传统的传承弘扬中，我们应该自觉意识到肩上的担子沉重。为此，应该通过教育和文化创新机制改革，将历史文化知识和人才资源、人文艺术知识和人才资源、现代信息化技术和人才资源统一起来，形成纵贯横通、密切融合的中华文化自主创新机制，深入挖掘中华民族悠远深厚的历史文化传统和资源，通过全新的现代技术手段，将其核心的人文价值理念，在现代影视媒体、手机和电脑互联网上，以现代青少年喜闻乐见的游戏、动漫、影视作品

等产品和服务的形式，形成响当当的、独一无二的中华特色文化品牌。目前我们缺少的不是人、财、物和文化资源，而是缺少培养和使用具有战略思维、创意及战略性经营能力的人才的机制。

6. 应该具有长远眼光和世界胸怀，制定实施有效的“走出去”战略

世界性经济危机和全球性问题的日益严峻，为中华文化走向世界提供了大好机遇。因此，我们应该充满自信，优化配置各种资源，组建大型跨国文化休闲企业集团，以中华特色文化和休闲服务品牌向世界传播中华文化。

2008~2010年中国文化休闲业中热点领域的新发展

杨晶　戈双剑*

摘　要： 近年来，文化休闲业进入产业积累、扩张和结构调整初期，热点频出，前景看好。其中，传统出版业中文化休闲类出版物呈现增长趋势，数字出版进入实质性发展阶段，引领文化休闲新时尚；演艺业方兴未艾，多元化市场化进程显著；网络游戏市场规模快速攀升，休闲游戏成主流，手机网络游戏成为业界新引擎；然而，上述领域在加速发展的同时，也暴露出诸多弊端，为此须加快创新、改革步伐，完善体制机制，从而使文化休闲业进一步获得又好又快的发展。

关键词： 文化休闲　产业　热点

目前，学界对休闲业的具体范围尚无定论①。而文化休闲作为休闲产业中的主体产业之一，从理论上来说，是满足人们休闲消费中的精神文化需求的行业和部门，包括一切以精神文化内容来满足人们休闲需求的服务和产品。具体来看，大致涉及以下领域：①游戏产业，包括棋牌、游乐园、游戏机、网络游戏等；②演艺产业，包括戏剧、歌舞剧、音乐会、曲艺、城市秀场、实景演出及

* 杨晶，中国社会科学院文学研究所博士后，研究重点是文化全球化、文化旅游、文化休闲。戈双剑，现供职于中国国家旅游局办公室，研究重点是文化全球化、文化旅游、文化休闲。

① 有的学者将休闲产业分为休闲主体产业、休闲延伸产业、休闲支撑产业，其中旅游业、文化休闲业、体育休闲业是休闲主体产业，而文化休闲业则包括游戏产业、娱乐产业、品尝产业、观赏产业、阅读产业、养趣产业等。参见魏小安、丁娜娜《关于休闲产业体系的理论思考》，《现代休闲方式与旅游发展》，中国旅游出版社，2007；国家旅游局编《旅游业与休闲经济的关系研究》，《旅游科研课题成果精选》，中国旅游出版社，2008。

综合性表演类等；③动漫产业，包括动漫杂志、电视动画片、动画电影等；④影视广播产业；⑤网络休闲产业，包括网络音乐、网络视频、网络资讯等；⑥出版产业，包括书籍、刊物、晚报、音像、电子出版物、数字出版物等；⑦养趣产业，主要涉及饲养花鸟鱼虫、宠物和进行相关收藏等，包括画廊业、古玩市场、文化艺术品拍卖公司等；⑧博览产业，主要涉及博物馆、图书馆、科技馆、展览馆、动物园、植物园、园林、主题公园、主题餐馆、餐饮文化园、艺术博览会等。其中游戏、演艺、出版是文化休闲业中的热点领域。本文将通过对近两年来上述三个行业的发展进行详细分析，折射出我国文化休闲业的总体发展趋势。

一　2008～2010年文化休闲业中三大热点领域的发展

（一）传统出版业中文化休闲类出版物呈现增长趋势，数字出版进入实质性发展阶段，引领文化休闲新时尚

1. 传统出版业中，文化休闲类出版物呈增长趋势

据国家统计局和中国新闻出版总署相关统计，传统出版业中，报纸、期刊、图书、音像总体呈平稳上升趋势。几项指标中，与文化休闲关系密切相关项，如文化、艺术、文学等方面的图书出版及期刊数值有所增长。音像制品出版项目中，文化休闲类产品市场细化较明显，2008年音像出版类中录音制品、激光唱盘、高密度激光唱盘及其他载体细分为歌曲、乐曲、戏曲、曲艺、文学等多种形式，说明市场的文化休闲需求比较旺盛。

2. 数字出版新业态活力强劲，文化休闲再添新时尚

2008年我国数字出版产业的整体营业规模达530亿元，比2007年增长46.42%。其中，数字报纸的收入达10亿元，电子图书的收入达2亿元，博客的收入达9.75亿元，在线音乐的收入达1.52亿元，手机出版物的收入达150亿元。[①] 有数据表明，2009年数字出版业的整体收入预计将超过750亿元，并首次超过传统出版业产值。

---

① http：//sz. chuban. cc/dt/200912/t20091201_ 59402. html.

据《第六次全国国民阅读调查》数据显示，包括在线阅读、手机阅读、手持式阅读器阅读等方式的数字图书阅读开始在我国普及，国民各类数字媒介阅读率为24.5%。在各类阅读媒介中，“网络在线阅读”排第一（15.8%），其次是通过“手机阅读”（12.7%）。另外，全国约有2.8%的成年人只阅读各类数字媒介而不读纸质书。[①]

这些数据表明，我国数字出版已经进入从理念到实践的全面推进和高速发展阶段[②]，国民阅读习惯和阅读环境正在发生重大变化，而这种变化对文化休闲方式产生了重要的影响。手机阅读与网络文学成为近期文化休闲在出版业内的重头戏。

首先，手机出版发展迅速，成为数字出版业界新热点。《2009～2010中国移动互联网阅读市场状况调查》显示，2009年，中国手机阅读市场规模为30亿元，未来两年将保持快速递增趋势，2010年市场规模将达46亿元，2013年将突破100亿元大关。从增长率来看，2010年、2011年将是未来几年发展最快的两年，平均超过50%。手机出版将成为媒体主流。同时，作为手机出版业务的重头戏之一的手机阅读，发展速度超过预期。市场咨询公司Frost&Sullivan预计，2009年手机阅读的全国总收入将达到5898万元。易观国际最新调查结果显示，手机游戏、手机阅读是互联网用户最近半年使用最多的手机应用服务，使用比率均在50%以上。艾瑞咨询发布的统计数据也显示，2008年我国手机网民利用手机看手机报以68.3%的比例位居各项手机业务应用之首，看手机小说以42.4%的比例位居第五，大大超过其他业务。[③] 可以预见，随着3G的正式商用、手机网速的逐渐提高、上网资费的进一步下调、智能手机的日益普及及阅读内容的日益丰富，手机阅读有望成为3G时代的主流。作为手机阅读的代表性业务，2005年年底，全国手机报用户达到100万人，2007年底，这一数字超过3000万，2008年年底，全国手机报用户接近5000万人，每月订费收入超过亿元。

---

① 中国出版科学研究所全国国民阅读调查课题组发布，《第六次全国国民阅读调查》，2009年4月22日。

② 张晓明、胡惠林、章建刚：《2009年中国文化产业发展报告》，社会科学文献出版社，2009，第151页。

③ http://sz.chuban.cc/sj/200912/t20091208_59706.html.

其次，网络文学出版强势增长，成为人们文化休闲的重要选择项之一。网络文学出版已有近10年的发展历史，据《中国新闻出版报》报道，10年间，网络文学在数量上远远超过当代文学纸质作品60年的数量，催生出10万名作者和5000万读者。文学网站已形成规模，并进军大众出版市场。2008年7月，红袖添香网站继起点中文网、晋江原创网之后，成为第三个加盟盛大的文学网站。由这三家网站组成的“盛大文学有限公司”成立，开始了在文学网站领域的新一轮比拼。中国作家协会副主席高洪波指出，“网络文学正在以每年20%的增长速度快速发展，每年诞生1000部长篇小说，这意味着过去10年至少有1万部长篇小说面世”。以上数据表明，网络文学正深刻地影响和改变着中国文学的格局，也进一步丰富和拓展了文化休闲的范畴。

（二）演艺业方兴未艾，多元化市场化进程显著

1. 演艺业市场规模逐年增长，民营演艺企业和院团发展迅速

近年，我国演艺产业市场规模逐步提高，主要指标如艺术表演团体、艺术表演场所、艺术表演团体演出情况、艺术表演团体演出收入等逐年提高，发展态势良好，潜力巨大（见表1）。

表1　近年我国艺术表演机构的发展情况

要素＼年份	2004	2005	2006	2007	2008
艺术表演团体(个)	2580	2805	2866	4512	5114
艺术表演场所(个)	1846	1866	1839	2070	1944
艺术表演团体演出情况(万场)	42.5	45.9	49	92.20	90.5
艺术表演团体演出收入(万元)	93304	98268	109824.9	120396.1	133077
经费自给率(%)	28.7	31.3	37.93	30.33	29.5

数据来源：中国统计年鉴。

与此同时，民营演艺企业和院团发展迅速。自2005年底《关于鼓励发展民营文艺表演团体的意见》出台至今，我国演出市场格局发生了重大变化，民营演艺企业和院团在利好政策的支持下有了更大的发展机会。据调查，改革开放以来，各地民营文艺表演团体纷纷兴起，特别是在农村和基层，民营文艺表演团体已经成为文艺演出市场的主体。据2008年年底全国文化市场管理工作会议上公

布，全国有各类民营文艺表演团体6800家，是国有院团的2.75倍，每家年平均演出200场以上。① 各类民营演艺院团涵盖戏剧、曲艺、歌舞、杂技、魔术、马戏、木偶、皮影等众多艺术门类，年演出200万场以上，涌现了河南宝丰、浙江嵊州、辽宁沈阳、安徽临泉、江苏如皋、福建莆田等典型地区和河南小皇后豫剧团、吉林东北风二人转艺术团等优秀民营文艺表演团体。②

2. 演艺业与旅游业"联姻"成为新亮点，旅游演艺发展驶入快车道

旅游演艺是演艺业与旅游业"联姻"的结果。随着众多利好因素的聚合，旅游演艺发展已成为热点。

首先，演出规模大、投资大、相关消费带动大成为旅游演艺的特色。据不完全统计，2006年在全国各重点旅游城市和旅游景区定时定点上演的、投资在百万元以上的旅游文化演出有153台，资金投入达17.9亿元，参加的专业和业余演职人员1.76万人，观众达1.67亿人次。旅游文化演出中上亿元的大投资不断出现。广州长隆的"森林密码"，综合投资3亿元，"禅宗少林·音乐大典"项目总投资3.5亿元。

其次，旅游演艺产品趋向多元化，并不断成熟。据统计，现有影响力较大的旅游演艺项目30项左右，包括了大型山水实景演出、室内立体全景式大型歌舞、旅游歌舞晚会、大型原生态歌舞集等多种表演形式，形成了各自相对固定的演艺风格，其市场效益和社会效益显著增强（见表2）。如"云南映象"已成为云南文化第一品牌。"禅宗少林·音乐大典"正式演出以来，共演出210场，接待海内外观众20万人次，票房收入达1500万元。③

最后，旅游演艺不断成熟的另一个标志是各种旅游演艺论坛的举办。2009年10月23日，首届中国旅游演艺文化高峰论坛在开封市召开。此次论坛分析了当前我国旅游演艺文化的现状，着眼于未来旅游演艺文化的发展，鲜明地指出了旅游演艺文化产业出现的合作机制不完善、体制结构不顺畅、相互模仿、大量雷同等问题，提出了要走文化底蕴丰厚、地域特色鲜明、文化与旅游相结合、不断创新的又好又快的特色旅游发展之路。

---

① http：//www.cflac.org.cn.

② http：//culture.people.com.cn/GB/87423/9464754.html.

③ 王鹏：《中国旅游演艺新时代》，《旅游时代》2009年第1期。

表2　我国部分旅游演艺节目

产品名称	地　点	类　型
印象·刘三姐	桂林阳朔	大型山水实景演出
印象·丽江	丽江	大型山水实景演出
云南映象	昆明	大型原生态歌舞集
蝴蝶之梦	大理	大型梦幻风情歌舞
梦回大唐	西安大唐芙蓉园	大型乐舞表演
天下峨眉	峨眉山风景区	3D 实景剧
金沙	成都	大型音乐剧
千古风流	深圳世界之窗	大型音乐舞蹈史诗
森林密码	广州长隆	大型实景式主题马戏
宋城千古情	杭州宋城	室内立体全景式大型歌舞
创世纪	深圳世界之窗	大型史诗音乐舞蹈晚会
土风苗韵	张家界	大型民俗歌舞表演
北京之夜	北京	大型组合式晚宴艺术
高原红	九寨沟	歌舞宴
梦幻天堂	九寨沟	大型歌舞表演
唱享山西	太原青年演艺中心	大型原生态山西民歌演唱会
丝路花雨	兰州	大型民族舞剧表演
印象·西湖	杭州西湖	大型山水实景演出
丽水金沙	丽江	旅游歌舞晚会
禅宗少林·音乐大典	登封	大型实景音乐剧
香巴拉映象	香格里拉	情景歌舞剧
藏王宴舞	九寨沟	歌舞宴
蜀风雅韵	成都	戏曲文艺表演
ERA——时空之旅	上海	多媒体梦幻剧
风中少林	郑州	大型原创功夫舞剧
吴桥杂技	吴桥杂技大世界	杂技表演
仿唐乐舞	陕西歌舞大剧院	仿古乐舞
时空魅影	广州“魔立方”国际商旅场	大型蒙太奇多媒剧
藏谜	九寨沟	歌舞宴
天地吉祥	成都	大型民族歌舞剧
芙蓉国粹	成都	川剧综艺表演
锦城云乐	成都	茶艺情景化表演
大梦敦煌	兰州	大型民族舞剧表演

资料来源：作者整理。

3. 演艺业市场化进入新时期，市场交易形式不断创新

一是举办演艺交易博览会。2009年10月30日至11月1日，2009中国演艺交易博览会在天津举行，这是我国演艺业首个交易博览盛会，近160家演艺机构、3000余人参展、参演。演博会搭建了演艺业展示交易、交流合作、推动创新和引领发展的平台，对于打造骨干演艺企业、优化演艺市场体系、促进演艺业市场化、产业化发展起到了积极的推动作用。

二是举行优秀剧目拍卖活动。演博会推出的优秀剧目拍卖活动是促进演艺产品市场化发展的一次创新。被誉为“中国演艺第一拍”的现场拍卖会，成功拍出12个项目，拍卖金额达2100万元。很多演艺界人士表示，这次竞拍为演艺产品走向市场做了一次大胆的尝试，以拍卖方式公平、公正、公开地进行演艺交易，为演艺产品的市场化运作开辟了一条新路。

（三）网络游戏市场规模快速攀升，休闲游戏占据主流，手机网络游戏成为新引擎

1. 我国网络游戏用户规模和市场规模快速攀升

根据相关调查，2008年中国网络游戏市场实际销售收入为183.8亿元，比2007年增长了76.6%。[①] 2009年中国大型网络游戏用户调研结果表明，2009年中国大型网络游戏用户规模为6931万人，同比增长24.8%。艾瑞咨询的数据也表明，2003年我国网络游戏全行业全年收入仅为20亿元，到2008年迅速增长为207.8亿元。不过近年来增速有所放缓。例如，2009年第三季度，中国网络游戏市场规模达71.7亿元，同比增长34.5%，环比增长6.3%，增幅趋于平缓。艾瑞咨询2009年第三季度核心数据发布指出，网络游戏企业收入趋于多元化，跨平台运营与游戏出口业务逐步走向成熟。腾讯、盛大、网易仍居运营商市场规模前三位。

2. 休闲游戏崛起，已成为网络游戏市场主流，创新不足制约进一步发展

据中国互联网络信息中心（CNNIC）2008年网络游戏用户的调研中对当年中国网络游戏用户最常用的190款MMOG（Massive multiplayer online game，即大

---

① 中国版协游戏工委（GPC）和国际数据公司（IDC）发布，《2008年度中国游戏产业调查报告》，www.cgigc.com.cn。

型多人在线游戏）游戏产品所做的调查，用户渗透率最高的三款游戏为《跑跑卡丁车》、《魔兽世界》和《劲舞团》。在排名前15位的网络游戏产品中，MMORPG（Massive multiplayer online role-playing game，即大型多人在线角色扮演游戏）类型占有九席，依然占据主流，大型休闲游戏占有六席。休闲网络游戏市场的实际销售收入为28.2亿元，比2007年增长了11.5%。预计2013年中国休闲网络游戏的实际销售收入将达到120.3亿元，2008~2013年的年复合增长率为33.7%。休闲游戏表现出良好的发展态势。

但这一比例在2009年发生了变化，中国互联网络信息中心2009年网络游戏用户调研数据显示，用户使用的游戏类型中，大型休闲游戏与大型角色扮演游戏比例分别为67.9%与61.0%，而在用户最常用的网络游戏产品中，大型休闲游戏占到52.1%，大型角色扮演游戏用户比例为47.9%。[①] 2009年大型休闲游戏用户规模达到4706万户，较2008年3929万户的规模增长了19.8%，大型角色扮演游戏增长率为11%。[②]

尽管市场占有率不断上升，但目前，我国网络休闲游戏产品创新不足，成为其进一步发展的瓶颈。休闲游戏类型单款产品对于用户的吸引广度远远高于大型角色扮演游戏，并且其优势在于开发时间相对较短，但其对于创意的要求更高，国内研发厂商在这方面的欠缺直接造成自主研发休闲游戏产品市场的萎靡，部分产品模仿痕迹严重，市场效果并不理想。随着产品线的丰富及用户使用深度的增加，模仿类产品将会失去市场。同时，随着EA（Electronic Arts美国艺电游戏公司）等传统单机游戏厂商进入休闲网络游戏市场，中国自主研发休闲游戏产品市场环境会更为艰难。[③] 因此，如何实现创新，将民族文化渗透到休闲类游戏中，为文化休闲类游戏产品增加文化内涵，并由此树立和强化本土休闲类网络游戏品牌，成为摆在众多研发单位面前迫切需要解决的课题。

3. 手机网络游戏成为网游业的新引擎

中国已正式进入3G时代，为手机网游业务带来了巨大的新机遇，手机网

① 中国互联网络信息中心：《2009年中国网络游戏市场研究报告》，http://research.cnnic.cn。

② 中国互联网络信息中心：《2009年中国网络游戏市场研究报告》，http://research.cnnic.cn。

③ 中国互联网络信息中心：《2009年中国网络游戏市场研究报告》，http://research.cnnic.cn。

游业务将成为游戏产业新的增长点。手机网游面临的最大困难就是网络问题，而3G网络的开放让网游产品的手机终端化成为可能，过去制约玩家玩手机网络游戏最大的三个因素——网络速度、费用支付和体验性差，将会随之得到解决。

随着3G网络覆盖面的扩大和众多手机网络游戏的出现，业界人士表示，未来手机网游业务将成为游戏产业新的增长点，将会得到投资机构的广泛关注。华兴资本CEO包凡认为，3G商用后，无线环境会更好，手机网游将会因为“无线+网络游戏”的双重利好而重回资本怀抱。① 无线互联网分析机构魅媒调研中心的数据显示，2008年我国的手机网游用户已突破1.5亿户，增长势头迅猛。有数据显示，2008年中国手机游戏市场规模达到13.65亿元，手机游戏活跃用户数达698万户。其中手机网游用户占总体手机游戏用户的比例已接近40%，规模达280万户，已出现同时在线规模上万人的手机网游。②

二　我国文化休闲产业三大热点领域发展展望

（一）数字出版前景光明，未来发展须净化网络环境，打击盗版现象

近期，全国“扫黄打非”办公室、中央外宣办等多个部门在全国范围内联合开展了深入整治互联网和手机媒体淫秽色情及低俗信息专项行动，促进了网络环境的净化，但进一步治理还须健全长效管理机制，各部门需要密切配合，协同作战，并接受全社会的监督。

在网络文学方面，目前国内大型盗版网站约有10万家，中小型盗版网站有数百万家，每年盗版市场规模高达50亿元，而同期正版市场的规模仅为1亿多元。日益严重的盗版问题引起了业界的广泛关注和法律维权行动。2009年末，“网络文学版权研讨会”专题研讨网络文学版权话题，而盛大文学对谷歌、百度提起的诉讼，可以看做是网络文学出版法律维权的具体行动。

未来几年，净化网络环境、打击盗版将成为政府相关部门和数字出版业本身

---

① http://bbs.155.cn/thread-105895-1-1.html.

② http://www.china.com.cn/news/tech/2009-07/14/content_18135304.htm.

一项重要的任务，同时也是数字出版进一步发展的必经之路，其任务长期而艰巨，需要全社会的共同努力。

（二）政策利好驱动民营演艺业快速发展，未来几年民营演艺产业融合高潮将出现

多年来，民营演艺业在体制和机制上处于尴尬地位，突出表现为社会地位不平等。近期，国家加大了对演艺业发展的支持力度，体制机制改革是重心。《文化部关于加快文化产业发展的指导意见》、《关于促进民营文艺表演团体发展的若干意见》相继出台，明确对非公有制文化企业在资金扶持、项目审批、政府采购、职称评定、命名评比、表彰奖励等方面，与国有文化企业一视同仁，并提出新的扶持政策和措施，涉及税收优惠、专项资金支持、行政审批等多个领域。

旅游演艺方面近日也出台了相应措施，《国务院关于加快发展旅游业的意见》、《文化部、国家旅游局关于促进文化与旅游结合发展的指导意见》中明确提出鼓励各种所有制企业依法投资旅游产业，以投资、参股、控股、并购等方式进入旅游演出市场。

在利好政策的刺激下，各地方政府纷纷上马新项目，如安徽省文化厅日前推出鼓励民营文艺表演团体发展的“3311”计划，陕西省出台《关于鼓励和支持民营文化企业发展的若干意见》。由于政策层面的利好因素，可以预见，未来一段时期，演艺市场产业融合和品牌效应将逐次显现。

（三）负面影响加重将制约网络游戏深度发展，未来发展应注重提升用户维权意识和社会责任意识

315 游戏维权网（315game）正式上线、中国互联网协会调解中心成立，意味着“网游玩家”这一特殊消费群体的各项权益将得到维护和保障。[①] 网游产业正在进一步迈向规模化和法制化，这是未来几年内网游提升产业素质和服务质量的必然路径。

① 张晓明、胡惠林、章建刚：《2009 年中国文化产业发展报告》，社会科学文献出版社，2009，第 407 ~ 409 页。

近年来，网游负面影响越来越严重，网络游戏沉迷状况不容乐观，存在沉迷现象的用户比例为19.8%，负面影响亦呈现多样化趋势。① “网瘾猛于虎” 渐成为社会普遍认识，“戒除网瘾学校” 又将网络游戏的负面影响推向风口浪尖，未来网络游戏对于社会的负面影响仍将继续。这些都表明网络游戏企业应担当起更多的社会责任，避免因过度追求利润，一味迎合市场需求而导致更多的社会问题。

参考文献

国家统计局：《中华人民共和国2008年国民经济和社会发展统计公报》，2009年2月26日。

国家统计局：《中华人民共和国2007年国民经济和社会发展统计公报》，2009年2月28日。

张晓明、胡惠林、章建刚：《2009年中国文化产业发展报告》，社会科学文献出版社，2009。

张晓明、胡惠林、章建刚：《2008年中国文化产业发展报告》，社会科学文献出版社，2008。

吴必虎、宋子千等：《旅游学概论》，中国人民大学出版社，2009。

张广瑞、刘德谦、宋瑞：《2009年中国旅游发展分析与预测》，社会科学文献出版社，2009。

《旅游学刊》2008年第1～12期，旅游学刊杂志社，2008。

李仲广、卢昌崇：《基础休闲学》，社会科学文献出版社，2004

http：//www. stats. gov. cn（中华人民共和国国家统计局网）

http：//www. mcprc. gov. cn（中华人民共和国文化部网）

http：//www. gapp. gov. cn（中华人民共和国新闻出版总署网）

http：//www. chinasarft. gov. cn（国家广播电影电视总局网）

http：//www. cnnic. net. cn（中国互联网络信息中心网）

http：//www. cnci. gov. cn（中国文化产业网）

http：//www. chinapublish. com. cn（中国出版网）

http：//www. cgigc. com. cn（中国游戏产业网）

① 中国互联网络信息中心：《2009年中国网络游戏市场研究报告》，http：//research. cnnic. cn。

2009年中国电影产业发展与受众消费需求研究

张苗苗*

摘　要：2009年，中国电影产业在全球金融危机的大环境下，却呈现出飞跃式发展的良好态势，无论是影片创作生产、电影票房、电影投融资还是院线影院建设、电影产品海外销售等都迈上了一个新的台阶。这表明，中国电影发展进入整体升级时期，同时也说明电影日益成为居民文化消费的主要方式，电影产业拉动了居民的消费，居民的观影需求又进一步促进了电影产业的发展。

关键词：产业发展　休闲需求　电影消费

一　2009年我国电影产业整体情况

中国电影产业加快体制机制改革的创新步伐，逐步建立起以市场为主导、企业自主经营、政府依法管理的电影产业运营模式；全国统一开放、公平竞争、规范有序、依法经营的电影市场体系粗具规模；多主体投资、多元化经营、多样化生产、多渠道发行、多层次开发的电影生产经营体系基本形成；依法行政、科学调控、保障有力、管理有效的政府监管体系已见成效。2009年，电影产业综合效益再创新高，尤其是电影票房的新高表明，看电影正在成为人民群众精神文化生活的重要内容和休闲消费的主要方式。

---

* 张苗苗，国家广电总局发展研究中心产业研究所助理研究员，中国传媒大学硕士，研究重点是广播、电影、电视相关领域产业发展情况、趋势和规划。

（一）产业规模

1. 产量逐年攀升

经过近几年的快速发展，电影生产能力大大提高。2006 年国产故事片的生产数量达到 330 部，比 2005 年增长 26.92%，2007 年数量达到 402 部，2008 年为 406 部，2009 年再创新高达到 456 部。与此同时，观众人次不断增长。①

2. 综合效益明显增多

2006 年，电影国内市场票房达到 26.2 亿元，比 2005 年增长 28%，国产电影的海外销售收入（含票房收入）达到 19.1 亿元人民币，全国各专业电影频道播映收入为 12 亿元。2007 年电影国内市场票房为 33.27 亿元，其中，国产影片票房达到 18.01 亿元，占总票房收入的 54.13%，连续五年超过进口影片票房。同时国产电影的海外销售收入（含票房收入）达到 20.2 亿元人民币，全国各电影频道播放电影的收入为 13.79 亿元。2008 年，世界各国的各个行业都不同程度地受到了金融危机的影响，中国电影业却逆势而上，当年中国电影票房（不含农村市场）达到了 43.4 亿元，国产电影的海外销售收入（含票房收入）达到 25.28 亿元，全年电影综合效益达到 84.33 亿元。2009 年，除了年度城市总票房实现 62.06 亿元外，中国电影还实现了海外销售收入 27.7 亿元，全国各电影频道播放电影的收入 16.89 亿元，全年电影综合效益 106.65 亿元，同比增幅 26.47%。②

（二）产业结构

1. 国有资本和民营、社会资本积极投身电影业

电影业多主体的投资体系逐渐形成，电影生产拥有了相对稳固的产业基础。传统国有制片单位经过体制机制改革，依然保持强劲实力，发挥了主力军的作用，中影、上影、长影等大型国有制片单位，焕发出创作活力，不断加大生产投入，佳作不断涌现。与此同时，多种资本构成的新型制片机构快速崛起，成为重要的新生力量。在年度拍摄完成的故事片中，由民营和社会资本组成的新型制片

① 数据来源：国家广电总局发展研究中心统计数据。

② 数据来源：国家广电总局发展研究中心统计数据。

单位独立出品或联合出品的影片数量占到总量的80%左右，逐步形成较为稳定的生产能力，显示出巨大的发展潜力。

2. 中国电影类型日趋丰富

2009年国产电影尤其是故事片日趋丰富，一定程度上满足了受众的消费需求。不仅有《建国大业》、《南京！南京》、《梅兰芳》、《赤壁（下）》、《十月围城》、《花木兰》等大制作影片，也有《风声》、《疯狂的赛车》、《三枪拍案惊奇》、《熊猫大侠》、《我的唐朝兄弟》、《火星没事》、《非常完美》等中低成本影片。票房结果显示，喜剧、爱情、动画和国产大制作电影对观众有普遍吸引力。

3. 电影产业结构的多元化趋势明显

电影产业结构的多元化，一方面是电影产业内部的多元化经营，如中影和上影集团的制片、发行、放映之间的联产经营等；另一方面是指跨出电影业，实现相关领域的多元化经营，如《风声》、《疯狂的赛车》、《游龙戏凤》、《喜羊羊与灰太狼》等国产影片已经紧密地与明星经纪、演艺人经纪、网络文化、音像业、电信业务等后产业领域合作。还有长影集团依托建厂60多年的深厚电影文化底蕴，建设大型旅游项目长影世纪城，开辟了中国电影工业旅游的新空间。

二　2009年我国电影产业发展特点

（一）国产电影票房过亿影片增多，引领市场热点

2009年，面对《变形金刚2》、《2012》等国外大片的猛烈势头，国产电影表现出强劲的抗衡能力，占据全年票房总额的56.6%，连续七年超过了进口影片。2009年恰逢新中国成立60周年，献礼影片全面丰收，其中《建国大业》以4.2亿票房创造了国产电影票房的新纪录。据不完全统计，2009年献礼影片的票房成绩累计超过10亿元，而且超过50%的献礼影片进入主流院线排映。此外，2009年全年累计有《建国大业》、《十月围城》等12部国产影片突破亿元票房。

（二）院线制促进电影市场发展

2009年，电影院线制运作进入第8个年头。电影院线制的实施，新的发行

主体不断涌现，打破了电影的行政区域垄断，形成了以影院为核心的竞争趋势。新建立的影院在市场中的作用越来越大，并促使老影院加快改造和创新的步伐。

（三）适应观众休闲文化消费需求，档期开发更加合理

随着电影市场的逐渐成熟，观众对电影的消费需求大幅升温，观影人次逐年递增，越来越多的发行方和院线有意识地结合影片与观众的观影诉求和休闲时间开发档期，在已形成规模的暑期、黄金周和贺岁档，发行方投放影片更加注重品牌效应。2009 年，配合以上档期，《变形金刚 2》、《建国大业》、《2012》、《就是这样》等出现了观影火爆的场面，观众要提前预订票或者在影院排长队购买电影票。为了满足观众的不同口味，加之几条主要院线在发行环节中的参与，业内已开始有意识地避免同类题材的竞争，将不同类型影片进行搭配，以获得最大效益。针对尚未成熟的小档期，例如“三八节”、“清明节”、“五一节”、“儿童节”、“中秋节”，虽然发行方结合档期的思路尚未完全成熟，但院线和影院已经开始整合相关题材影片上映，并推出了各种有效营销手段吸引零售和团体观众，培养观众的欣赏习惯，进而打造中小成本影片档期。

（四）看电影日益成为居民主要的文化休闲方式

2009 年，《人民论坛》杂志联合《人民日报》文化新闻版开展了“中国居民文化消费倾向调查”。调查在东、中、西部大城市、中小城市、乡镇广泛展开，除此之外，还针对高端服务行业、工程技术行业、公务员、事业单位、各地高校等做了行业群体调查，另外，与人民论坛网、人民网、新浪网合作，开展了网络调查。在对“以下文化休闲消费形式中，您更喜欢哪一项?”这一问题的回答中，“看电影”以 37.5% 的支持率排在 9 个方式中的第 4 位；在选择阻碍自身“进行文化产品消费的主要因素”时，61.4% 的受访者认为“生活压力大，文化消费过于昂贵”是最大障碍；在对“以下文化生活的选项中，哪些是您最为期待的”问题的回答中，“电影票、演出票、书价能再低一些”排在第一位，“影视剧、文艺演出、书报杂志等更丰富多彩”排在第三位①。另外，

① 资料来源：新浪网。

如图1所示，随着电影产业的发展，国产影片的数量在逐年递增，票房收入增长趋势明显。

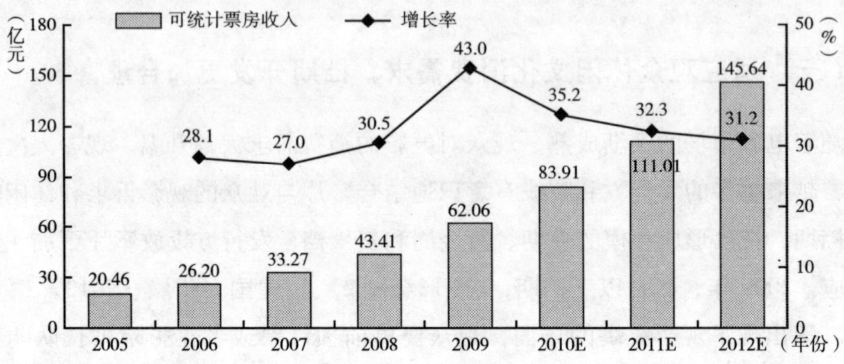

图1　2005～2012年中国电影票房收入增长趋势

资料来源：腾讯网（艺恩咨询统计数据）。

图1数据表明，电影在居民文化休闲生活中发挥着日益重要的作用，对于舒缓生活压力、满足居民文化需求起到了积极的作用，尤其在金融危机的背景下，电影产业逆势发展，产值继续提升充分说明了电影在这方面的作用。同时，电影产业在基础设施建设、提升创作水平、丰富电影产品类型、调整票价等方面还有很大空间去提升。

（五）2009年票房增速全球领先

截至2009年12月20日，2009年中国内地城市电影票房收入达到62.06亿元，较2008年的43.41亿元同比增幅达到42.96%。位列2009年票房榜前三位的影片《2012》、《变形金刚2》及《建国大业》单片票房均超过4亿元。在前几年，这还是一个遥不可及的数字。而年产量456部故事片，不仅创造了又一历史新高，也让国产片在年度票房比上，以56.6%的份额连续7年胜出进口片。[①]这表明，以国产主流影片为支柱、以商业大片为龙头、以中小成本影片为必要补充的健康、良性的市场格局正在逐渐成形。2009年内地市场平均每天增长1.7块银幕数，全年共计新增626块银幕。目前，我国主流院线银幕已达4723块。

① 数据来源：国家广电总局发展研究中心统计数字。

虽然与电影强国美国相比，还相去甚远，但有数据显示，中国内地市场在 2009 年无论是银幕数还是票房，增长速度都是全球领先①。

（六）华谊创业板上市

民营企业在电影产业中发挥着日益重要的作用。2009 年电影产业的一个重要事件就是华谊创业板上市。华谊兄弟公司在第三批创业板的推介和发行中，引起了诸多投资者的关注。

华谊兄弟公司以其明星持股计划让业界耳目一新，在影视娱乐行业首创的这种激励方式成为了各界关注的热点，也成为其成功发行的关键因素之一。作为首个在境内上市的影视娱乐公司，它是典型的“轻资产”模式，没有多少固定资产，公司资产主要是拍好的电影和应收账款，而公司最核心的资产是明星。打动投资者的正是公司电影、电视剧及艺人经纪“三大业务板块联动”和“工业化运作体系”的业务模式。当然，华谊兄弟公司与美国影视集团还有着很大差距，而缩小差距的方式是在影视娱乐行业打造完整的产业链，通过将产业链延伸至投资院线、建设主题公园、其他衍生品开发、新媒体等领域来获得更大的发展。

（七）贺岁档票房再创新高，电影《阿凡达》创票房之最

随着《福尔摩斯》等 2010 年春季档电影的全面上映，从 2009 年 11 月 20 日至 2010 年 2 月 19 日，长达三个月的贺岁档宣告结束，而这个横跨两个年份的贺岁档在全国创下 30 亿元的票房，比上年翻了一倍。共有约 50 部中外新片参与其中，热销程度创历年之最。

然而，国产影片的票房只占这 30 亿票房的一小部分。据不完全统计，仅《阿凡达》和《2012》两部好莱坞影片就获得近 17 亿元的贺岁档票房，而近 50 部国产片只获得大概 10 亿元票房，其中只有寥寥几部赢利，大多都处于亏损状态。

截至 2010 年 1 月 25 日，投资成本昂贵的电影《阿凡达》正式超越《泰坦尼克号》，成为史上全球票房最高的电影。据统计，当《阿凡达》在全球公映 39 天后，北美地区票房就达 5.55 亿美元，海外市场收获 13.04 亿美元。目前累计

---

① 数据来源：腾讯网。

全球票房总额突破20亿美元，正式超越1997年上映的《泰坦尼克号》18.43亿美元的巅峰纪录（通货膨胀等因素未经调整）①。截至目前，《阿凡达》在中国内地共获得13亿人民币左右的高票房，成为内地票房之首。

《阿凡达》上映期间观影场面空前火爆，许多观众甚至彻夜排队，就是为了一睹这部3D巨制的风采。《阿凡达》电影极大满足了观众的视觉需求，也显示出美国电影业强大的创新、制作、营销等能力，这些都对中国电影业很有借鉴意义。

三　从受众消费层面看我国电影产业存在的问题及相关对策

近几年来，国家大力发展电影产业，产业规模和产业效益逐年递长，观众人次也在逐年上升，看电影及购买衍生产品成为观众休闲文化消费中一个重要的选择。但是，我国电影产业在飞速发展的同时其与观众消费需求之间还存在着诸多矛盾和几个突出的问题。

（一）国产动画影片、儿童影片精品仍少

我国有2.3亿多少年儿童，儿童电影有着巨大的市场前景。适合儿童收看的故事影片大约分为两种：一是动画影片，二是反映儿童题材并由儿童主演的故事片。

据北京大学文化产业研究院动漫游戏研究中心提供的数据，目前全国有78个动漫（动画）产业基地（园区）；动漫制作机构从2002年的120多家猛增到目前的6400多家；2008年国产动画生产总量达到249部131042分钟，比2007年186部101900分钟同比增长28%，而从1993年至2002年的十年间，我国国产动画片总产量之和仅为33900分钟。自2002年以来，国产动画影片在各界的推动下，确实取得了巨大的进展和成绩，2009年上映的动画影片《喜羊羊与灰太狼》获得了8000万元的票房。同时，国产动画片《西游记》每集售价10万美元，创下亚洲动画片向欧美市场输出最高纪录。②

---

① 数据来源：《天天新报》。

② 数据来源：国家广电总局发展研究中心统计数据。

但是，少数作品的成功并不代表整个国产动画片的水平。近年来，国家大力扶持动漫产业的发展，产量虽不断上升，精品却并不多见。《喜羊羊与灰太狼》更多的是取决于市场运作的成功，其前身是动画电视剧《喜羊羊与灰太狼》，自 2005 年起就在各地电视台热播超过 500 集。

儿童故事片同样存在整体质量偏低的问题。业界普遍存在“拍儿童片，费力不讨好，开机没有钱，院线不接招，映后不叫好，国产儿童片像政治课，中国的儿童片没有国外的儿童片吸引人……”的共识。每到“六一”小档期，国产儿童电影密集上映，但票房和反响并不理想。国产儿童片面临的最大困难是剧本。如美国儿童影片《哈利·波特》、《海底总动员》不仅能打动儿童，连成人也爱看。外国优秀的儿童电影对儿童的智力和想象力是个启迪和丰富的过程，对感情是个宣泄的过程，对经历是个大开眼界的过程。目前，我国国产儿童片拍摄完成后一般面临两种结果：一是拍完后无法真正进入院线，而是等待进入电视台播放；二是靠得奖获取政府部门津贴，得到投资回报。国产儿童电影在创作观念上存在误区，没有真正了解儿童受众心理。

（二）电影衍生产品亟待开发

电影衍生产品是电影产业链条中不可或缺的一个环节，也是满足受众文化消费需求的一个关键层面。随着电影产业的发展壮大，国产电影越发注重电影衍生产品的开发，但是，由于诸多原因，除《喜羊羊与灰太狼》的衍生产品获得成功以外，我国电影衍生产品的开发还比较初级。据报道，2009 年 6 月 24 日《变形金刚 2》零点首映时，很多忠实观众从上午就开始排队，只为买到一个带有编号的限量版“擎天柱”。《变形金刚 2》的票房达到 4 亿多元，其衍生产品的销售收入约为 1 亿元。反观国产电影衍生产品的开发，以 2007 年贺岁大片《集结号》为例，这部票房高达 2.6 亿元的影片在热映的同时，也找专业公司做了一套较为系统的衍生产品，类型包括 DVD、同名图书、手表、打火机、服装等。影片导演冯小刚在全国十几个城市为图书进行签售，但最终其衍生品的收益没有过千万元。

《喜羊羊与灰太狼》衍生品的盈利模式与《变形金刚》等国外大片有相似之处，最大的区别在于“喜羊羊”先有动画，再有电影和玩具等衍生品。但是，很多业界专家认为“喜羊羊”模式很难被复制，《喜羊羊与灰太狼》的营销团队

在业界均很有实力和经验，包括上海文广传媒集团（SMG）、北京悠扬传媒和《动漫周刊》。《喜羊羊与灰太狼》在推出前已经整合到了各种资源与渠道。北京悠扬传媒是多家儿童电视节目的广告代理商，其前期已经帮《喜羊羊与灰太狼》电影在电视上做了铺天盖地的广告，此外，《动漫周刊》在平面上也做了辅助宣传，外加上海文广通过自己的渠道将电影推上了全国各大院线。

电影衍生品应该注重挖掘影片内在的东西，开发相应年龄层次观众喜欢的东西。不是简单地打上片名或 LOGO，而要和影片紧密相连，与影片内在精神相扣。

（三）电影票价有待调整

电影票价与观众消费意愿密切相关。尽管现在很多院线或影院设有半价日、学生票、女性日、生日半价等优惠机制，但是，票价对于受众的消费水平而言依然偏高。截至 2009 年 10 月底，以平均每天增加 1.67 块银幕的速度增长，一年增加银幕达到 610 块，以平均每家影院有 4 个映厅计算，一年即有 152.5 家新影院诞生。然而，美国平均每 9000 人就有一块银幕，中国内地则是 19 万人才有一块银幕。目前中国内地虽然有 34 条院线，然而，由于这些院线不存在差异性，即一部“大片”公映，所有院线都同时上映这同一部影片，个别热映“大片”影片，所有院线将其排映时间占了每天场次的 70%、80%，几乎形成全国只放映一部影片的现象。同质化问题相当严重，在一些重要档期，观众几乎无法做出选择。

院线应是差异化经营。香港有一条新宝院线，坚持保障其旗下影院上映中文片场次多于进口片。香港安乐公司旗下共有 3 条院线，但 3 条院线所上映影片是保持一定差异性的，最多影院的 A 院线以上映商业化影片为主，票价稍便宜；B 院线则以中高档商场为主，以上映适合这些商场的消费人群的影片为主，票价适中；C 院线则都在最高端商场，以上映被认为是经典影片或文艺片为主，票价昂贵。也就是说，这些院线针对不同消费群体而作出院线之间的区别，让消费者有更多选择。

（四）全球受众市场理应细分

尽管中国国产影片的海外销售额在逐年递增，但是，不可否认，“走出去”

工程依然任重道远。近几年来，我国国产影片虽然在戛纳、柏林、威尼斯、釜山、东京等国际电影节上有所突破，获得多个国际奖项，但是依然没有形成庞大而稳定的海外市场，对于海外观众的吸引力整体上不强。当然，除了影片的内容、制作水准、演员等创作因素外，营销推广一直是中国电影走出去的薄弱环节。

如何吸引和满足更多海外观众的需求，关键是需要细分全球受众市场。在这方面好莱坞公司的推广方法主要有以下三种：一是改变影片卖点。对于电影公司来说，续集一般比较好卖，因为有一定的观众基础，但是许多在美国国内属于流行文化的东西，海外的观众却并不以为然，因此，电影公司会在宣传时改变影片的卖点。二是修改影片名称。三是依据不同文化进行内容修改。

因此中国电影在海外推广方面必须在充分了解对象国文化、观众需求，细分全球市场，才能摸索出一条适应中国电影走出去的特色营销之路。

四　发展预期

目前，中国已经跃升为世界第三大电影生产国。从 2002 年起至今，中国电影票房以平均每年超过 25% 的幅度高速增长。业内人士预计，仅以每年 20% 的保守增长速度来看，中国 2010 年票房可达到 80 亿元，2011 年票房将达到 100 亿元，中国在 15 年后有望成为世界第二票房大国。当然，电影产业作为文化产业的重要组成部分，它的发展，并不是只追求产值的提升，更重要的是在国家大力支持文化产业发展的背景下，如何在文化产业整体升级、全面振兴过程中为居民提供更加多样化、个性化的文化消费产品，让居民的公共文化生活更加丰富多彩，精神文化需求得到更大满足。

中国休闲体育业发展的特征、问题与战略选择

凌　平*

摘　要： 总体来看，我国休闲体育业总体规模偏小，发展潜力巨大，其中休闲体育服务业发展势头良好，休闲体育用品制造业快速崛起，休闲体育用品市场规模空前，利润明显，户外运动器材市场越做越大。同时也存在产业政策没有跟上、产业结构不尽合理、产品质量有待提高、市场集中度低、企业规模较小、地区间发展不平衡、资源配置效率低下、管理体制落后、市场体系不健全和缺乏国际竞争力等问题。为此，需要大力开拓高水平竞赛表演市场，加强单项体育协会和俱乐部的协同合作，推进山水休闲体育资源的差异化组合，加强旅游景点休闲体育配套设施的合理布局，积极鼓励体育服务业投资多元化，加快相关标准的制定。

关键词： 休闲体育　问题　战略选择

随着我国社会经济的快速发展，体育运动不断地被演绎，并派生出多种形式。当民众把休闲、娱乐和时尚的元素融入体育活动时，便形成了休闲体育这一新的发展领域。许多自娱性体育项目（如高尔夫球、保龄球、网球、乒乓球、羽毛球等）和娱他性体育项目（如足球、篮球、F1 赛车等）已经成为主流体育产业，一些新兴的体育项目（如射击、射箭、皮划艇、击剑、蹦床、柔道、赛艇、游泳、摔跤、动力伞、滑翔、热气球、登山、攀岩、汽车、摩托车、摩托

* 凌平，杭州师范大学体育学院院长，教授，博士生导师，世界休闲组织常务理事，教育部体育硕士专业学位教育指导委员会委员，研究重点是休闲的制约因素和理想的生活方式、我国休闲体育的产业结构、中国体育的管理体制等。

艇、滑水、跆拳道、弓弩、健美、健美操、体育舞蹈、舍宾运动、蹦极、探险、漂流、冲浪、潜水、飞艇、轻型飞机、运动游艇、牵引伞、跳伞等）更是如雨后春笋般地发展起来。

一　我国休闲体育产业发展的基本特征

目前对于休闲体育产业，还缺乏统一的界定。总体来看，包括休闲体育服务业和休闲体育用品制造业，其中前者主要涉及体育健身娱乐市场、体育竞赛表演市场、户外运动市场、体育旅游市场、体育无形资产市场、体育人才培训市场、体育科技咨询市场、体育中介服务市场和体育彩票市场；后者又包括体育用品市场、体育服装市场和体育装备市场。从目前来看，我国休闲体育业的发展呈现如下基本特征。

（一）体育产业总体规模偏小，发展潜力巨大

从体育产业大类来看，我国目前总体规模偏小。据北京大学中国体育产业研究中心的推算，“2007 年中国体育产业的产值是 3000 亿人民币左右，占 GDP 的 0.7% 左右。和美国相比，美国体育产业间接或者直接的产值约为 10000 亿美元左右，占 GDP 的比重是 7%”。① 从这个角度看，中国潜在的体育市场产值是 20000 亿元，如果以体育产业劳动生产率平均值为 50000 元/人估算，20000 亿元可吸纳就业人数为 4000 万人，占全国就业人员的 4.75%；占全国第三产业就业人数的 14.25%。可见，体育产业在中国还是一个朝阳产业，有很大的发展潜力。

（二）休闲体育服务业发展势头良好

中国已经形成了一个有相当规模的休闲体育服务专业市场，“国内从事健身娱乐业、竞赛表演业、技术培训业的体育企业、体育产业经营性机构 2 万多家，总投资额已超过 2000 亿元，年营业额超过 600 亿元。每年各地举办的商业性竞赛和表演约有 300 ~ 500 次，营业额约 8000 万元”。②

① 《李善同在中国体育产业发展论坛上的讲话》，2009 年 10 月中国体育产业研究中心，http：//www. pkusf. com。

② 《2010 ~ 2015 年中国体育产业投资分析及前景预测报告》，中国投资咨询网，http：//www. ocn. com. cn/reports/2008528tiyu. htm。

1. 竞赛表演市场好戏连台

中国网球公开赛、F1、NBA 中国赛，是在雅典奥运会结束不足一个月内，中国推出的三大国际顶级赛事，巨星姚明与舒马赫风云际会上海滩；萨芬、费雷罗与小威叱咤紫禁城，一场场赛事惊心动魄，扣人心弦。

从 2002 年开始，引进国际体育明星到中国、和世界级别的体育企业合作，成就了很多国内成功案例。其中有充分利用品牌优势挣钱的 F1、潜心经营市场不求眼前得失的 NBA 中国赛与首届中国网球公开赛。

2003 年广州组织的中国、巴西足球赛在商业运作方面取得了巨大的成功，是近几年来国内比较成功的体育赛事市场开发的实例。该比赛总收入达 2100 万元，其中门票收入 1600 万元，扣除出场费和运作成本盈利 700 余万元，政府获得 400 多万元的财政收入，经济效益十分显著。2003 年，西班牙皇家马德里足球俱乐部在华进行商业比赛，仅皇家马德里俱乐部赴京各项活动中组织方的收入就达 4000 万元，再加上到旅游饭店拍卖冠名权等间接收益，此次活动各方收入近 5000 万元。2006 年 9 月，又一全球瞩目的体育新闻与中国相关："自 2007 ~ 2018 年，世界第一大球会——深圳观澜湖高尔夫球会连续 12 年赢得高尔夫世界杯的举办权。这意味着，中国体育界进入了一个奥运会、F1 与欧米茄观澜湖高尔夫世界杯三大盛典并举的时代。"①

2. 体育健身娱乐市场发展可观

据国家信息中心的统计，1992 ~ 1997 年这五年间，我国城镇居民在运动娱乐方面的年人均消费支出已从 84 元增加到 211 元，年平均增长 20.2%，居民的体育消费明显快于收入增长。如果以我国 2009 年体育产业总产值 3000 亿元为标准，以 3 亿户城乡居民家庭为基数，2009 年我国城乡居民家庭年均体育消费约为 1000 元。

3. 体育彩票市场增速加快

1994 年国家体委体育彩票管理中心起草了《1994 ~ 1995 年度体育彩票管理办法》，1994 年 7 月经中国人民银行批准予以公布实施。1998 年 9 月国家体育总局制定了我国对体育彩票管理的最高规范性文件——《体育彩票发行与销

---

① 《三大国际体育盛事登陆中国大时代让世界沉醉》，中国体育产业研究中心，2010 年 1 月，http://www.pkusf.com/。

售管理暂行办法》。其中明确规定，体育彩票的公益金“主要用于落实全民健身计划和奥运争光计划的开支，包括资助开展全民健身运动会、弥补大型体育比赛经费不足的问题、修整和增建体育场馆、体育扶贫工程专项支出”四个方面。[①] 其中还规定，“体育彩票的销售总额为体育彩票资金，由返还奖金、发行成本费和公益金三部分组成。返还奖金不得低于50%；发行成本费不得高于20%；公益金不得低于30%”。自此，中国体育彩票业开始走上了统一发行、统一印制、统一分配和集中管理的规范化道路，真正的“中国体育彩票”诞生了。

自1994年后，体育彩票事业持续迅猛发展，体育彩票在市场上的发行数目逐年递增。体育彩票市场规模越来越大，市场占有率也突飞猛进。2008年彩票的发行量是1994年彩票发行量的238倍，达到456亿元。

（三）体育用品制造业快速崛起

体育服务业在中国大多数省市区已经成为体育产业的主导产业，而体育用品制造业则主要分布于沿海及东部省份。体育用品制造业是改革开放以来中国新兴的产业门类，在中国体育产业发展中占有十分重要的地位。从全国来看，广东省、浙江省和辽宁省的体育用品制造业比较发达。

1. 体育用品市场规模空前，利润明显

经过20多年的发展，到2008年，我国的体育用品企业已经超过400万家，具有一定规模的体育用品企业约为25000家。中国已成为世界上最大的体育用品制造国家，是全球能够独立生产体育用品种类最多的国家。2009年1～11月，中国体育用品制造行业规模以上企业实现主营业务收入646.06亿元，比上年同期增长了6.29%；实现利润总额19.75亿元，比上年同期增长了56.90%。[②]

从地区上来说，我国已形成了很多产业集群特征较为明显的体育用品生产基地。其中，“运动鞋生产主要集中在福建晋江、福建莆田、广东东莞、浙江慈

---

① 张象、朱杰民：《中国体育彩票发展现状及部分热点问题的研究》，《北京体育大学学报》，2006年1月，第25～28页。

② 《2010～2015年中国体育产业投资分析及前景预测报告》，中国投资咨询网，http://www.ocn.com.cn/reports/2008528tiyu.htm。

溪；运动服装生产主要集中在福建石狮、广东中山、浙江海宁；体育器材生产主要集中在浙江富阳、浙江苍南、江苏泰州、河北沧州，而上海、天津及浙江的奉化、富阳则主要是三大球的生产地”。①

突如其来的全球金融危机，不仅改变了世界金融业的格局，也给中国体育用品行业带来了不小的震动。国内体育用品行业多年来形成的以耐克、阿迪达斯占据主流市场的格局正在逐步瓦解，李宁、安踏、匹克、特步等一系列国内品牌正迅速崛起。对比国内外运动品牌2009年业绩表现，不难发现体育用品行业初现“国进洋退”趋势。

2. 户外运动器材和用品市场越做越大

户外运动是指在自然场地（非专用场地）或人工模拟的自然场地开展的体育活动。近几年来，中国户外运动兴起，人们的热情也越来越高，登山、攀岩、汽车、游泳、滑翔、热气球、滑水、探险、漂流、冲浪、潜水、钓鱼、徒步穿越等运动形式愈来愈受到人们的喜爱。由于户外运动是一项专业性、挑战性、趣味性较强的体育活动，除了对参与者自身体能的要求外，还需要所使用的户外运动装备能适应恶劣的天气和复杂的地理环境，使之成为户外运动安全保证的第一道“保护屏障”，随之催生了户外用品市场。

“2008年中国户外用品市场发展稳中有升，户外品牌总数为415个，相对于2007年可比增长了9.16%，其中，国内品牌151个，国外品牌264个。在激烈的市场竞争中，大品牌渐渐地占了上风，年度出货量逐年增多，市场占有率也越来越大。2008年，全国户外用品零售总额达到36.5亿元人民币，比2007年同期增长53.3%；全国户外用品出货总额达到21.8亿元，同期增长54.6%。渠道建设也呈现出良好的发展势头，专业户外店达到1285家，百货商场内店铺达1620个。中国户外用品市场在2008年受金融危机影响有限，户外用品市场增长趋势强劲；品牌之间竞争加剧，大品牌市场占有率逐步扩大。2008年我国户外用品中，服装类产品占了最大的销售比重，其次是鞋类，再次是背包类，这三类产品的销售额占全行业年度销售额85%的比例”。②

① 《2010～2015年中国体育产业投资分析及前景预测报告》，中国投资咨询网，http://www.ocn.com.cn/reports/2008528tiyu.htm。

② 《中国体育产业发展报告简介》，2010年1月，中国体育产业研究中心，http://www.pkusf.com/。

现在的中国户外用品行业正处于高速发展的前夜。随着人们对户外生活的崇尚，户外用品市场将有着良好的前景。其中主要有两个因素：第一是人口，特别是中国中产阶层人数的快速增长，给高端户外服装产品带来了前所未有的黄金发展机遇；第二是户外运动资源，中国有很多地方都很适合户外运动，具备世界级的户外运动自然资源。随着中国户外市场的成熟，具有探险精神的人们对更专业、更优质的顶级户外装备的需求逐年增大，中国有望迅速跻身于全球最大的高端户外用品市场的行列。“预计到2010年，中国户外用品销售额将会达到45亿到60亿元，并在五年之内保持高速增长”。①

3. 休闲体育服装市场更趋时尚

随着人们生活水平的提高和消费观念的转变，体现青春、时尚的运动休闲服饰越来越受到青睐。“运动休闲服装是服装类商品中销售增长最快的产品，增幅高达50%，产生这种现象的原因主要是由于消费者对服装舒适性和个性化的要求越来越高，而追求时尚、舒适大方的运动休闲服饰恰好满足了消费者的这一偏好”。② 2008北京奥运会促使全民运动热情空前高涨，运动产业超速发展，运动正在成为一种流行的休闲方式。运动休闲装正成为流行装，而时尚运动休闲装的品牌之争也逐渐打响。

二　我国休闲体育业发展中的主要问题

（一）产业政策没有跟上

产业政策是国家、政府为实现某种经济和社会目的，以产业为直接对象，通过对全产业的保护、扶植、调整和完善，积极或消极参与某个产业或企业的生产、经营、交易活动，以及直接或间接干预商品、服务、金融等市场形成和市场机制的政策总和。产业的保护、扶植、引导、调整和倾斜政策，能促进新兴产业或幼稚、弱小产业的健康发展和强大，有些甚至能对宏观经济的发展起到推动作

① 《2010～2015年中国体育产业投资分析及前景预测报告》，中国投资咨询网，http://www.ocn.com.cn/reports/2008528tiyu.htm。

② 《2010～2015年中国体育产业投资分析及前景预测报告》，中国投资咨询网，http://www.ocn.com.cn/reports/2008528tiyu.htm。

用。我国休闲体育产业的发展离不开政策的支持。但目前政府重视还不够，相关政策较少，无论是在产业宣传上，还是在实际税收政策上，都严重不足。“如体育健身娱乐经营单位要上缴的营业税平均超过10%，有些地区甚至和歌厅、舞厅、游戏网吧等休闲娱乐场所实行同一税率（最高达20%）。此外，体育赞助、体育广告等创收收入均要征收33%的所得税，从而造成国内外各种资本对我国休闲体育产业投资信心降低”。[①] 税收优惠政策是体现政府对于某一产业支持程度的有力反映，特别是对于我国刚刚处于起步阶段的休闲体育产业而言。然而现实是，有些休闲体育企业还在支付比其他行业更高的税赋，包括像杭州这样要建立“东方休闲之都”的城市，都没有税收方面的优惠。

（二）产业结构不尽合理，产品质量有待提高

我国休闲体育产业结构不尽合理，表现在三个方面。一是核心产业滞后，即体育健身娱乐业和高水平竞赛表演业的发展速度远远落后于体育用品业的发展，其中高水平的竞赛表演业又在整体上落后于体育健身娱乐业。其主要原因在于现阶段我国竞技体育管理体制改革尚不到位，俱乐部体制并没有在所有的项目中推开，致使竞赛表演业的市场主体不明确，加之竞赛表演的电视转播权商业化运作在我国才刚刚起步，且受国家垄断等多种非经济因素的影响，赛事电视转播权的国内市场价格远远低于国际市场价格，使得竞技体育巨大的投入得不到应有的补偿和回报。二是各地区在产业发展思路、产业远景规划等方面的雷同，从而导致恶性竞争。此外，消费结构也不尽合理，消费者的消费观念落后，不少消费者的消费观念还停留在盲目攀比阶段，没有从长远发展角度来考虑对体育用品的消费。体育企业也未能给予及时的引导。三是体育用品质量较低，数量较少，很难给消费者提供充分的选择空间。休闲体育企业的特殊性，在于企业通过设置运动项目的技术难度、对抗强度、趣味程度、服务质量、服务环境、价格高低、设施完备程度、装备安全程度、到达时间多少和增值服务等来区别产品差异。就我国目前的状况来看，在市场还不能提供足够的、优质的休闲体育产品时，消费者只能接受目前提供的产品而很难去自由选择。

---

① 杨新生、王跃华、熊强：《基于产业发展理论谈影响体育产业发展的因素》，《商场现代化》2007年第11期。

（三）市场集中度低，企业规模较小

市场集中度是指某产业市场前几名企业市场份额占整个市场的比例。它是确定企业和消费者竞争程度的衡量指标。从整体来看，我国休闲体育企业的市场集中度较低，每个企业所能提供的产品和服务，在整个市场中所占的比重都不高。其原因主要在于我国小型的体育企业相对较多。以杭州为例，杭州市休闲体育企业除了极少数注册资金达到亿元和千万元外，大部分注册资金均在几十万元，经营性休闲体育企业的规模小，从业人数少，兼职人员多，员工流动性大，市场进入壁垒较低，多以运动项目为依托制定企业的发展规模和营销目标。和国外的大型体育企业相比，这些小企业缺乏竞争力，充其量只是前者的一个生产车间。

（四）地区间发展不平衡，资源配置效率低下

受我国区域经济发展的限制，我国休闲体育产业发展也极不平衡：东部体育市场发展势头良好，发展迅速，人们的体育观念意识较强，体育消费在很大程度上已成为其生活消费的一部分，有些甚至占据很重要的位置；而西部较落后的经济、较低的收入及相对陈旧的体育消费意识制约着该市场的发展。

此外，我国休闲体育产业的资源配置效率低下。由于休闲体育对空间设施要求较高，如场馆、场地、自然环境等，而这对于中国来说又是如此稀缺，以至于谁拥有它、占有它，谁就具有了竞争上的优先权。例如，我国高尔夫球运动就表现为僧多粥少的局面，仅够部分高收入的消费者进行消费。不过相反的例子也有，保龄球曾遍地开花，投资规模不断扩大，跟风者大量涌入，造成保龄球行业饱和，随后出现同类项目间的恶性竞争，每局价格由 30 元跌至 10 元 3 局，投资者纷纷落马，保龄球运动也由原来的奢侈消费，变成大众性消费直到无人问津。市场不成熟、宏观调控缺乏、政府指导不利、监管不严造成了社会资源和经济资源的大量浪费。在体育场馆建设上，我国有关体育行政机构和城市决策机构在发展思路上也存在问题：更多的城市都倾向于建设大型体育场馆，并力求将体育场馆建成城市的形象工程。“这种场馆存在的主要问题是占地面积巨大，功能单一，造价极为昂贵，维护比较困难。目前我国各地大型体育场馆多数亏损经营，

政府每年需补贴大量的维护费用。由于在场馆建设的发展目标上侧重于竞技体育的大型场馆建设，造成服务于全民健身事业的场馆，尤其是社区体育场地设施严重缺乏”。①

（五）缺乏国际竞争力

一流的企业做标准，二流的企业做品牌，三流的企业做市场，四流的企业做产品。由于受休闲体育项目的普及程度、竞技水平、观赏性、人们的喜好程度和在国际取得成绩的知名度等不同因素的影响，我国休闲体育产业资源的价值开发仍然较低，体育用品受制于体育健身娱乐业和竞赛表演业发展长期滞后的影响，也仅在低层次的产品上有一定的发展，其产品的科技含量和附加值很低，而在品牌和标准方面更是远远落后于发达国家。“目前全球体育用品市场上85%的产品都属于品牌产品，然而，我国许多体育用品企业主要靠模仿和假冒国际知名品牌或标志产品混日子，有些企业则主要承担国外品牌产品的生产，只赚取附加值最低的部分即加工费”。② 美国有世界上最发达的体育用品业，根本原因既得益于该国拥有世界上最大规模的健身娱乐市场和最活跃、最有效益的竞赛表演市场，又得益于其标准和品牌价值。比较之下，我国体育企业在国际市场上仍然处于劣势。一方面，在技术上创新力度不够。我国许多体育企业，缺乏科研人才，一味追求市场效应，而疏忽对体育产品技术性的研发。因此，在产品质量的创新上，仍处于劣势地位，还不足以与国际体育大品牌竞争。另一方面，在管理上缺乏严谨的管理措施。此外，由于我国体育产业与发达国家之间存在着落差，因而外国资本先是从体育用品业（各种体育服装、器材、设备等）、运动饮料业（各种可乐饮料）进入我国，继而发展到体育服务业（如国际管理集团）、广告业的大规模渗透。欧美国家的体育产业以其规范化的市场操作和高水平的经营管理进入我国体育市场，国内企业在当下的竞争中胜算几乎为零。当然，国外体育企业的大量涌入也会带来资金、技术和现代化的管理手段和方法，但问题是，我们却失去了市场。

① 林显鹏、虞重干、杨越：《我国体育产业发展现状及对策研究》，《体育科学》2006年（第26卷）第2期，第3~9页。

② 林显鹏、虞重干、杨越：《我国体育产业发展现状及对策研究》，《体育科学》2006年（第26卷）第2期，第3~9页。

三　对我国休闲体育产业发展的战略思考

（一）开拓高水平竞赛表演市场

在中国要开拓高水平竞赛表演市场必须具备以下四个条件：一是要有一大批忠实的球迷，二是要有媒体的关注和报道，三是要有真正高水平的运动队和运动员，四是要有政府的大力支持。能否有一大批忠实的球迷，一是取决于运动队和运动员是否真正是高水平；二是取决于该项目的普及化和社会化程度，也就是有无群众基础；三是取决于媒体的曝光度，有媒体的充分报道和广大球迷的支持就一定有市场，就一定能吸引赞助商；四是取决于有无合理的竞赛制度，中国的足球就是没有规范的赛制从而导致市场缩水。因此，要在中国开拓高水平竞赛表演市场，一定要选准项目的突破口，建立完善的竞赛制度，还要进行高强度的宣传和包装。而政府在引导企业投资、推进项目的普及和提高、规划城市体育资源的合理配置、指导新闻媒体的关注领域等方面具有无可替代的作用。

（二）加强单项体育协会和俱乐部的协同合作

以上海为龙头的长江三角洲高尔夫运动近几年取得了长足发展。上海高尔夫球协会、江苏高尔夫球协会、浙江高尔夫球协会先后在杭州、上海、南京举办了各类高尔夫球联谊赛、锦标赛、大奖赛，期间，各地高尔夫球协会和各高尔夫球俱乐部之间的交流和合作发挥了重要的作用，有的高尔夫球俱乐部之间还签订了会员联盟价协议，如杭州高尔夫球俱乐部的金卡会员去上海或南京联盟内的俱乐部打球，可以享受当地会员优惠价的待遇。虽然高尔夫球运动有其特殊性，但通过加强城市体育协会和体育俱乐部的交流和合作，民间的许多其他赛事也有可能像高尔夫球协会和高尔夫球俱乐部那样进行全方位的合作和市场开拓。在一个城市生活，加入另一个城市的俱乐部，在第三个城市参加比赛也许已经不是梦想。

（三）推进山水休闲体育资源的差异化组合

我国拥有丰富的自然山水资源，而自然山水和人文背景是山水休闲体育形成的必要条件。各地一定要根据当地的自然资源打造山水休闲体育项目。例如，杭州有精致和谐的人文西湖、有龙井茶原发地老龙井和狮子峰、有杭州的宝山“宝石山”、有“城市溪流”京杭大运河等景观。围绕这些景观可以开展各种休闲体育项目，如围绕西湖的毅行、暴走、暴骑、夜行等；围绕茶文化形成的寻茶、问茶、品茶（其中寻、问的过程就是登山、健行的体育活动）、围绕宝石山的登山运动（杭州最具特色的全民休闲体育）、围绕京杭大运河广场和健身公园的休闲体育等。

（四）加强旅游景点休闲体育配套设施的合理布局

我国是一个旅游资源极为丰富的国家，许多城市都有自己特色的城市景观，像北京有帝都文化景观、上海有海派文化景观、西安有汉唐文化景观、曲阜有孔子文化景观，杭州则很好地将大自然恩赐的自然山水与人类文化结合起来。在这方面，要将旅游景点与休闲体育结合起来，城市的休闲体育配套工程的改造要与旅游景点高度吻合，要与山水文化高度吻合，要与当地人生活口味和风俗习俗高度吻合，进行合理布局，精心打造。

（五）积极鼓励体育服务业投资多元化

“政府部门应当科学地制定产业结构专项政策，积极鼓励私营、个体、中国港澳台及国外投资者以资本、技术、信息、经营管理等各种形式参与开发体育赛事、健身娱乐、体育中介、体育培训、体育咨询、场馆服务等体育经营活动，建立经营实体。政府部门应当在市场准入、工商登记、土地使用、信贷税收、固定资产折旧、劳动用工等方面提供便利。通过以上方式进一步优化我国体育服务业的所有制结构和资本结构。”① 通过投融资政策，推动体育服务业的发展。“可以将部分体育彩票公益金用于支持具有发展潜力的全民健身服务业投资项目的贴息。”② 政府鼓励优势体育服务企业进入资本市场，通过股票上市、发行企业债券、项目融资、股权置换等方式，为体育服务业发展提供资金保障。

---

① 林显鹏、虞重干、杨越：《我国体育产业发展现状及对策研究》，《体育科学》2006 年（第 26 卷）第 2 期，第 3 ~9 页。

② 林显鹏、虞重干、杨越：《我国体育产业发展现状及对策研究》，《体育科学》2006 年（第 26 卷）第 2 期，第 3 ~9 页。

（六）加快休闲体育产业的标准研制

在经济全球化的今天，就如同谁掌握了体育比赛规则的制定权，谁就掌握了产业发展标准的制定权一样，谁制定的标准为世界所认同，谁就掌握了产业游戏规则的话语权，谁就掌握了市场的主动权。因此，建议国家体育总局组织力量研制我国休闲体育产业发展的各类标准，包括项目标准、市场准入标准、行业门槛标准、人员从业标准、场馆设计标准等。建议体育单项协会要颁布产业的设施安全标准、环境保护标准、管理体系认证标准、服务质量标准、竞赛组织标准、活动程序标准等。建议休闲体育企业研制产品的质量标准、产品设计标准、产品功能标准、产品服务标准等。同时还要培育休闲体育产业不同行业的认证机构，如体育器材设备认证机构、体育服务认证机构、体育场馆建设认证机构、体育项目准入条件认证机构、体育赛事评价机构等。培育体育认证和评价机构，通过国家和社会渠道，以民进官退的方式，运用市场化手段提高我国体育产品和体育服务的质量，对体育产品和服务实施标准化管理，是降低政府的管理成本、塑造服务型政府、提高体育产业发展水平的重要环节。

总之，应加快引导健身娱乐市场的扩张，把健身娱乐、竞赛表演两类市场作为龙头，在广大群众中提倡科学健身和休闲娱乐观念，引导消费结构的调整，尽快建立和完善一个门类齐全、结构合理、功能齐全的休闲体育市场体系。要加快休闲体育产业结构的调整，关注休闲体育产业关联的变化，优化产业组织，完善产业政策，大力发展相关培训业、体育用品销售业、中介业和科技咨询业，促进休闲体育产业的成熟。

中国休闲体育产业发展：现状、问题与建议

王向宏　韩晓龙　顾　涵*

摘　要： 休闲体育具有两项基本功能——健身娱乐和创造商业利润，因此，休闲体育产业伴随着休闲的兴起，在一国国民经济中将占据越来越重要的地位。本文对休闲体育产业的内涵和外延作了基本的界定，深入分析了我国休闲体育产业的发展现状和目前所存在的问题，并对我国休闲体育的发展提出了前瞻性的意见，为我国休闲体育产业在新的历史机遇下的发展趋势作出了预测。

关键词： 休闲体育　产业　消费

休闲体育具有两项基本功能——健身娱乐和创造商业利润，因此，休闲体育产业伴随着休闲的兴起，将在一国国民经济中占据越来越重要的地位。有研究认为，21 世纪将会掀起由休闲、生命科学、超级材料、新的原子时代和航天时代驱动的第五次浪潮，休闲、娱乐活动、旅游业将成为下一个经济大潮，并席卷世界各地，专门提供休闲健身娱乐的第三产业在 2015 年左右将会主导劳务市场，并在美国 GDP 中占有一半的份额。目前我国休闲体育产业还处在初级发展阶段，对这一产业的关注和研究，不仅具有重要的理论意义，更具有实践意义和经济价值。

一　休闲体育产业概念的界定

（一）休闲与休闲体育

休闲（leisure）一词，一是来源于希腊语中的“schole”，意指“不是在不得

---

* 王向宏，首都体育学院运动系主任，副教授，硕士研究生导师，研究方向为体育教育训练学；韩晓龙，首都体育学院在读硕士研究生；顾涵，北京体育大学在读硕士研究生。

不做的压力下从事的严肃的活动”，二是来源于古法语的“leisure”，指人们摆脱生产劳动后的自由时间和自由劳动。而该法语词又出自拉丁语“licere”，义为合法的或被允许的。休闲是一种体现人性自由选择的生活方式，它包含了一段闲暇的时间、一个娱乐休息的活动和一种情感体验。国际著名休闲学研究专家杰弗瑞·戈比教授认为，“休闲是从文化环境和物质环境的外在压力下解脱出来的一种相对自由的生活，它使个体能够以自己喜爱的、本能地感受到有价值的方式，在内心之爱的驱动下行动，并为信仰提供一个基础”。①

休闲体育的概念在20世纪90年代起进入我国学者的研究视野。关于休闲体育的定义，见仁见智，但是休闲体育的界定大体上有以下几个特点：①从时间和活动的范畴来看，休闲体育是在社会劳动和维持生活必需所用时间外的空闲时间内进行的体育活动。②从体育活动主体范畴来看，休闲体育是社会上广大群众为健身娱乐等目的进行的业余活动。③强调心理体验，少数持心理体验观点的学者认为，休闲体育具有内容丰富、自由度大、随意性强、趣味性高、参与面广等基本特点，它指人们主动地、愉快地从事某种身体活动，以达到自我实现、满足个人愿望等目的的一种休闲形式。②

本文认为，以下概念较为全面地诠释了休闲体育的内涵：休闲体育是指由内部动机引发的，为了从外界环境的压力中解脱出来，使个体能够以自己喜欢的、本能地感到有价值的运动方式，去休息、消遣、培养与谋生和经济利益无关的体能、智能和运动能力，自发地参加体育活动和自由发挥运动才能的一种社会文化活动。③

（二）休闲产业与休闲体育产业

目前对什么是休闲产业还没有定论。引用较多的一个观点是，所谓休闲产业是指以旅游业、娱乐业、服务业和文化业为龙头而形成的满足人们休闲需求的经济形态和产业系统，一般包括国家公园、博物馆、体育（运动场馆、运动项目、设备、设施维修）、影视、交通、旅行社、餐饮业、社区服务等，以及由此连带的产业群。④

---

① 〔美〕杰弗瑞·戈比：《你生命中的休闲》，康筝译，云南人民出版社，2000。

② 夏荷莲：《论休闲体育的社会价值》，《体育文化导刊》2004年第6期。

③ 崔庆霞：《浅谈我国休闲体育》，《中国市场》2007年第5期。

④ 马惠娣：《休闲产业将成为我国新的经济增长点》，《自然辩证法研究》2000年第2期。

休闲体育产业是当今世界悄然而起的一个新兴产业。有关休闲体育产业的定义，仁者见仁，智者见智。本文认为，休闲体育产业可以理解为，社会各部门提供的与休闲体育活动有关的一切产品和服务，以及与这些产品和服务相关的所有的经营活动的总和，它的外延不仅包括向社会提供休闲体育服务的各部门，而且还包括提供有形休闲体育物质产品生产的部门。休闲体育主体产业是指直接提供休闲体育活动产品和服务的产业；休闲体育相关产业是指间接提供休闲体育活动产品与服务的产业（见表1）。

表1　我国休闲体育产业的分类

	产业分类及具体内容
休闲体育主体产业	1. 健身娱乐业:健身俱乐部、健身娱乐场所、休闲康复、公园广场等 2. 竞赛表演业:各种职业竞赛 3. 博彩业:游乐场、体育彩票等 4. 休闲服务业:咨询机构、培训教育、中介服务等 5. 旅游业:登山、滑雪、攀岩、滑翔等 6. 传媒业:报纸、杂志、网络、电视、广告 7. 电子竞技业
休闲体育相关产业	1. 建筑业:休闲运动设施、体育场馆 2. 金融业:休闲体育活动保险 3. 制造业:休闲体育器械、装备、服装、鞋、饮品 4. 贸易业:各种休闲娱乐设备、装备的批发及零售

资料来源：曹琛，《中外休闲体育产业比较研究》，首都经济贸易大学，2005年。

二　我国休闲体育产业发展现状

（一）休闲体育产业已经粗具规模

自十一届三中全会以来，我国休闲体育产业通过30多年的发展与逐步转型，已经基本形成了与社会主义市场经济相适应的发展格局。虽然由于产值归属等相关问题，我国尚未有全国性的官方统计数据，但是从部分地区、部分领域的数据能够看出，已经形成了较大的产业规模。例如，截至2008年上半年，中国已有高尔夫球场近400个，中国高尔夫球场建设每年增速达30%。根据2007年掌握的统计资料，上海市已经拥有体育健身经营单位5200多家，从业人员超过1.5万人；重庆市体育健身经营单位469家，从业人员3123人；湖南省拥有体育健身经营单位2400家；陕西省体育健身经营单位2200余家。[①] 根据相关统计，近十年中国用于群众休闲娱乐的体育场地平均年递增率为4.190%，到2008年我国体育场地数量达到104万个。中国的休闲体育用品市场在新中国成立初期不到100家，2001年底，中国体育用品企业数量达到了3000家左右，2005年国家统计局的官方数据表明，我国体育用品企业的数量已经超过了5000家。据不完全统计，2008年我国从事体育用品生产的企业为20000～25000家，[②] 整体呈现迅速上升的趋势。在受2009年金融危机影响的情况下，休闲体育用品行业的固定资产也呈现出平稳、快速发展的态势（见图1）。

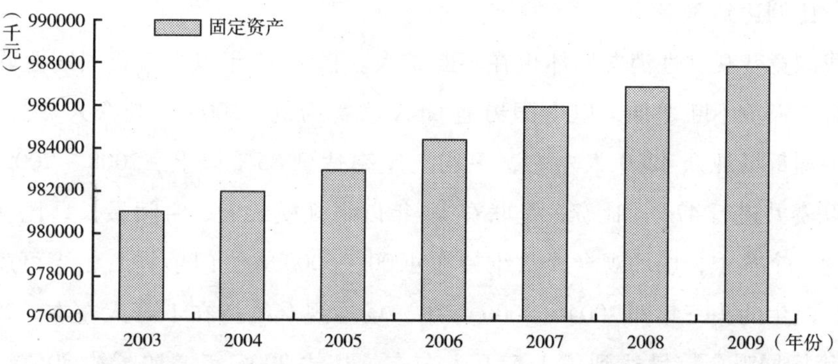

图1　2003～2009年休闲体育用品行业固定资产增长情况

资料来源：北京中经纵横经济研究院：《中国文化体育休闲用品产业发展趋势及投资前景研究（2003～2009）》。

（二）休闲体育消费市场不断升级

据有关资料介绍，过去的20年中，我国居民消费对经济的贡献率一直在60%左右，占目前我国最终消费81%的居民消费每增长一个百分点，即可带动GDP增长0.5%。按此推算，居民的体育健身消费每年增加1亿元，可带动2亿

① 刘抚民：《2007年全国体育产业工作会议报告》，国家体育总局，2007年8月11日。

② 江和平、张海潮、阮伟、王兰柱：《中国体育产业发展报告（2008～2010）》，社会科学文献出版社，2009。

多元的体育场馆建材、设备器材的销售，同时带动上亿元的运动服装、运动鞋袜和运动饮料、食品的销售，并且带动相关企业经济发展。[①] 2009 年前三季度，我国 GDP 增长 7.7%，其中，居民消费的贡献率就达到了 4 个百分点，超过外贸出口，成为了拉动经济增长的第二大动力。1978 年我国农村家庭的恩格尔系数为 67.7%，城市家庭为 57.5%，到 2007 年，这一比例已经降低到 43.1% 和 36.3%，这意味着社会整体消费水平的提高。

在这样的背景下，我国休闲体育消费市场呈现出大幅度增长的发展趋势。2007 年，我国第三次全国体育现状调查显示，体育消费人群已经占到参加体育锻炼人群的 72.7%，全年人均体育消费达到 593 元，城镇居民全年人均体育消费达到 718 元。[②] 从消费人数上看，仅中国高尔夫球的消费人群就达到 100 万人，年增长比例达到 30%。

我国竞赛观赏性消费群体也在不断扩大。自 1994 年以来，我国职业联赛的现场观众人数不断增加，以全国男篮 CBA 联赛为例，2005 年观众人数达 75 万人，平均每场观众 4200 人左右，平均上座率达到 85% 以上。2008 ~ 2009 赛季 CBA 联赛共进行 474 场比赛，是联赛 14 年以来规模最大、时间最长、比赛场次最多的一个赛季，场均观众人数维持在 4000 ~ 5000 人，门票收入相当可观。中超联赛诞生的头三年即 2004 ~ 2006 年中，场均观众维持在 1 万人左右，2007 ~ 2009 年场均观众数量达到了 1.5 万人左右，相比 2006 年增加了约 50%。截至 2009 年赛季中超联赛前 15 轮，现场平均上座人数为 1.653 万。

（三）休闲体育产业投资日趋多元化

长期以来，我国休闲体育产业的融资方式都是以国有资本投资为主。目前已经发生了格局上的变化，社会力量与个人投资显著增加，初步形成了国有、集体、私营、民营、外商独资、中外合资等多种所有制并存的多元化投资格局。如内蒙古 2006 年社会力量兴办体育经营单位 2863 户，占经营单位总数的 58.64%，营业收入占总收入的 27.39%。浙江省由社会力量投资兴办的各类体育健身经营

---

① 朱大琴：《近三年来我国休闲体育研究进展报告（综述）》，《体育科技文献通报》2008 年第 5 期。

② 国家体育总局：《2007 年中国城乡居民参加体育锻炼现状调查公报》，2008 年 12 月 17 日。

单位已经有近8000家。四川省社会办体育健身娱乐项目已经达到60余种。国外健身企业的进入也从整体上提高了我国健身业的规模和质量，推动了我国休闲体育产业的繁荣与发展。

（四）多样化经营与品牌化发展

我国休闲体育产业所涉足的运动项目日益发展壮大。从活动场所上对目前的休闲体育运动项目进行分类，可分为室内活动项目和室外活动项目。室内活动又可以分为：徒手的，如健美操、健身舞、气功等；借助器械的，如保龄球、乒乓球、飞镖、桌球等；室外活动中，有以山林野外为背景的登山、攀岩、定向越野、野外生存、探险、狩猎、骑马、滑雪、滑冰等，也有以水为依托的划船、潜水、冲浪、游泳、跳水、钓鱼、漂流、龙船、赛艇、海滩类等运动，还有在空中进行的滑翔、跳伞、热气球等休闲体育运动项目。整个休闲体育产业的服务形式趋向多样化发展，并已涌现出一批品牌化企业。例如，由浩沙健与美俱乐部发展转变为的包括高、中、低端产品的超大型综合本土企业——浩泰健身集团、朱树豪投资20多亿元兴建的深圳观澜湖高尔夫球会和乡村俱乐部、与国际化接轨的北京九华山庄国际健身俱乐部、与国外知名健身企业合作的美格菲健身俱乐部、中体倍力健身俱乐部、宝迪沃—英派斯健身中心等。

三　我国休闲体育产业存在的问题

（一）我国休闲体育消费的总体需求不足

国人的休闲观念较为滞后，“先生产、后消费”的传统观念根深蒂固；同时，广大居民也正处于由温饱向小康转化的进程当中，受个人和家庭收入水平的限制，占人口绝大多数的农民和工薪阶层对休闲消费的需求仍然不足；教育、医疗、住房等方面的负担加重，也抑制了人们的休闲需求。这些都在很大程度上影响了我国休闲产业的发展。据预测，今后几年，我国居民的消费支出将集中在家庭耐用消费品的购置和更新上，住房消费将在家庭消费结构中占更大比例。在对北京市观众每人年观赛费用情况的调查中，每人年观看比赛消费在200元以上的所占比例只有3.4%。这显然不能满足我国休闲体育产业发展过程中对消费的需求。

（二）体育人口比重与发达国家存在较大差距

虽然我国经常参加体育锻炼的人数在逐步增长（见表2），但第三次调查的经常参加锻炼人数中包含了在校学生，与前两次调查方法及样本不同，其实际比例为28.2%。即便是38.5%的比例，与发达国家相比，仍然存在很大的差距，这在一定程度上制约了我国休闲体育产业的发展。

表2　三次全国体育现状调查对比

单位：%

调查次数	时期指标	调查时间	经常参加锻炼者(7～70岁)	增长率
第一次	1996年	1997年	31.4	—
第二次	2000年	2001年	33.9	2.5
第三次	2007年	2008年	38.5	4.6

资料来源：田野，《2007年中国城乡居民参加体育锻炼现状调查情况介绍》，国家体育总局，2008年12月17日。

（三）产业规模不大

我国休闲体育产业虽然处在一个高速发展的阶段，但是占整个国民经济的比重还不到0.5%。而英国的休闲体育产业对国民生产总值的贡献率为1.7%，俄罗斯为1.9%，西班牙的休闲产业也已成为该国第四大产业，占国民生产总值的4.5%。我国休闲体育产业的发展处于起步阶段，休闲体育产业产值在国民生产总值中的比重还相对较低，整体发展水平只相当于发达国家20世纪初的水平。我国政府及各级部门在实行竞技体育“超前发展”战略的同时，相对忽视了对休闲体育的发展和投入。

（四）产业发展不均衡

首先，休闲体育产业发展的区域不平衡。由于经济发展程度的差距，我国东南部沿海地区的休闲体育产业的发展程度和规模远远高于我国西部经济欠发达地区。例如，我国知名的体育用品生产企业全都集中在江苏泰州、福建晋江、福建泉州等东南部沿海地区。城市的休闲体育产业发展程度也远远高于农村地区。其次，休闲体育产业的内部结构不平衡。休闲体育产业主要以休闲体育服务市场和休闲体育用品市场的形式表现出来①。我国体育休闲的主体产业和相关产业中，休闲体育服务市场发展较迟缓。休闲体育产业的总体构成中，休闲体育用品业所占的比重远大于休闲体育服务业。

（五）无形资产开发不力

体育无形资产的经营开发不力和竞技体育无形资产的价值实现途径不畅是整个体育产业发展中不能回避的现实。在休闲体育产业的发展中，主要体现在体育赛事和活动的冠名权、体育场馆的冠名权、体育俱乐部和组织的标志的使用权等方面开发不够。

（六）休闲体育场馆设施不足且利用率低

我国体育场馆设施基础建设的投资只占国家总投资的0.1%。我国人均拥有的体育场地面积仅有1.03平方米，发达国家人均占有体育场地面积已超过2平方米，美国人均占有体育场地面积为14平方米。②

在能源使用上，我国一直把体育健身业与工业同等对待，导致多数体育场馆需要将营业收入的近50%用于能源费用。我国大部分体育运动场馆主要用途是为竞技体育服务，而专门为休闲体育服务的场所相对较少，对群众健身需求规律的认识不足。由于城市规划中没有给予体育健身设施足够的用地定额，致使现有的休闲体育场所大多使用的是有限的租用地，而且所有的体育场馆对群众的开放时间较少，收费普遍较高，利用率偏低，经营状况不理想，这在硬件条件上制约了休闲体育的发展。国有的体育场馆对社会的开放力度也十分不够，利用率偏低，导致体育固定资产投资存在闲置现象。

（七）休闲体育行业专业人才缺乏

休闲体育产业的发展水平、速度和规模，最终取决于体育产业人才的数量和

① 王俊：《我国休闲体育可持续发展的若干思考》，《武汉体育学院学报》2007年第2期。

② 《第五次全国体育场地普查数据公报》，《体育科技文献通报》2005年第4期。

质量，以及人才管理的科学化和现代化水平。体育产业专业化经营人才主要包括两个方面：一是生产产品的人员，如体育用品经营公司等；二是提供服务的人员，比如俱乐部的专门营业人员等。他们不仅要对体育产业的发展规律和经营特点有充分的认识，也要熟悉体育市场运作和经营。

我国休闲体育行业的现有从业人员大都不是专业化人才，大部分来源于退役运动员、教练员或其他行业的商人，往往不太熟悉体育产业的运行规律。我国的休闲体育产业急需既了解体育产业特点和规律，又熟悉体育市场运作经营的专业化人才。

四　发展我国休闲体育产业的策略与思考

（一）以消费者需求为导向，大力开发多类型和多层次的休闲体育市场

体育消费者是体育市场的买方主体。因此，休闲体育产业的开发和拓展必须以体育消费者的需求为核心导向。休闲体育的消费者的消费行为多趋向于个性化，因此，必须根据消费者的不同年龄、不同职业、不同收入和不同兴趣爱好开发出多类型和多层次产品和服务。一是体育迷的观赏性消费市场。应加大对拥有众多体育迷、并已进入职业化管理的各类竞赛表演项目的市场开发力度，积极开发社会体育竞赛和商业性体育竞赛，满足消费者的观赏需求。二是中老年康体健心健身市场。开发如康复咨询、运动处方、气功养身等保健型、康复型的体育健身娱乐产品。三是青壮年的美容健身市场。开发如以健美、减肥、形体训练为主要内容的参与型体育健身娱乐产品。四是儿童和青少年的体育知识技能培训市场。开展如游泳、体操、乒乓球、网球、足球、篮球、排球、武术、棋牌等培训班，以及各种体育俱乐部、体育学校、体育幼儿园等。五是城市居民娱乐型体育休闲市场。开展多功能水上体育娱乐、体育游乐、体育民族特色休闲娱乐、体育探险、体育野营、体育旅游等。六是高薪阶层的多功能高档体育健身休闲娱乐市场。建设融休闲、健身、娱乐、公关及商务活动为一体的高尔夫球俱乐部、网球俱乐部、保龄球俱乐部、游艇俱乐部等。

（二）政府加大对商业型休闲体育市场的管理与扶持

目前，我国商业型的休闲体育健身俱乐部和场馆还存在着收费不合理和管理混乱的现象。政府部门应该制定完善的休闲体育产业发展政策，加强对休闲体育市场的管理，确定体育主管部门和工商管理部门各自的管理职责，以帮助休闲体育产业的从业者根据市场规律规范经营。此外，政府还应采取优惠的税收政策，加大对休闲体育产业的扶持力度，并积极宣传引导群众进行休闲体育消费。

（三）大力发展公益型、社区型的体育健身俱乐部

在休闲体育产业的发展和扩大中，尤其重要的是必须有效地加强群众的健身指导，引入社会体育指导员，充分发挥学校、单位、政府部门、体育协会、街道居委会、村委会等通力合作的作用，大力发展公益型、社区型的体育健身俱乐部以培养体育人口，促进休闲体育产业的发展壮大。

（四）大力开发我国西部体育休闲产业

我国西部地区拥有独特的旅游资源、多样的民族文化、独特的自然风貌和地理环境，为开展体育休闲旅游提供了理想的客观条件，不仅有利于发展漂流、越野、攀岩、滑雪休闲体育运动项目，也有利于开发龙舟、赛马、射箭、民族舞蹈等民族体育文化项目。这些休闲体育运动项目的开发，对于休闲体育产业的发展和我国西部地区经济和社会的发展都具有重大的现实意义，但是目前这些丰富独特的运动与休闲旅游资源一直处于待开发状态。因此迫切需要正确和深入地分析西部地区休闲体育产业开发的现实条件，确立合理的产业发展对策，使这种资源优势尽快转变为产业优势，促进社会经济水平的发展。

五　我国发展休闲体育产业的机遇因素

（一）发展休闲体育产业的趋力因素

1. 现代生活压力下人们追求健康生活的必然要求

休闲体育可以促进人的身心健康和发展，是人们在摆脱了劳动限制之后的一种全

身心的放松方式。发展休闲体育产业，不仅可以给人们提供健身娱乐、提高健康水平的场所和条件，而且也是丰富余暇生活内容、提高余暇生活质量的有效途径。

2. 我国体育产业延伸壮大的要求

休闲体育产业是体育产业的重要组成部分，休闲体育产业的开辟和振兴，不仅可以推动体育产业的发展，也是落实国家全民健身计划的一个必要措施和手段，在我国体育事业的发展中起着重要的作用。同时，休闲体育产业的发展将开辟我国体育产业市场向更广阔的领域进军，起到加速我国经济与体育领域结合步伐、充实我国体育用品市场与产业结构的作用。

3. 我国经济可持续发展的要求

在世界环境恶化、资源减少等情况下，一国经济的可持续发展需要依靠绿色无污染行业的加速发展。休闲体育产业属于绿色无污染的服务行业。有经济学家预测：与健康有关的产业必将成为未来世界四大产业之一，因此，休闲体育产业的发展是我国经济可持续发展的必然需要。

（二）发展休闲体育产业的动力因素

1. 余暇时间的增加

1995 年 5 月，我国开始实施每周 5 天的工作制，1999 年 9 月开始实施三个“长假日”，2007 年 12 月 7 日国务院常务会议通过《关于修改〈全国年节及纪念日放假办法〉的决定》和《职工带薪年休假条例》，从 2008 年开始又实施春节、五一节、端午节、中秋节、国庆节和元旦节等休假日，使得工作人员达到了每年“115 天节假日 + N 天带薪休假”。人们约有 1/3 的时间可以用于休闲。双休日及各种休假制度，为人们参与休闲体育消费提供了时间保证，让忙碌的人们有更多的时间来关注自身的健康和休闲娱乐。目前，我国人民的消费领域相对较窄，人们对新的休闲方式产生了强烈需求，而休闲体育的健身性、娱乐性、创造性、新奇性与冒险性的特点必将成为追求文明、健康和科学的闲暇生活方式的人的首选。

2. 消费水平的增长

有研究认为，当一个国家的人均国民生产总值达到 2000 ~ 3000 美元时，消费结构将向精神文化消费转变。2008 年我国人均 GDP 达到了 3266. 8 美元，2009 年，中国的 GDP 增长率达到了 8. 7%，这为中国人改变消费结构、追求精神和文化消费奠定了物质基础（见表 4）。

表4　我国居民消费支出水平的变化（按当年价格计算）

单位：亿元

指标 \ 年份	2004	2005	2006	2007
居民消费支出	63833.5	71217.5	80476.9	93317.2
农村居民	17550.6	19228.2	21106.7	23913.7
文教娱乐用品及服务类支出	1888.9	2064.4	2149.2	2149.3
城镇居民	46282.9	51989.3	59370.2	69403.5
文教娱乐用品及服务类支出	5650.4	6058.4	6850.9	7674.8

资料来源：根据国家统计局《中国统计年鉴2008》公布的统计数据整理而成。

经济的发展带动居民个人消费水平的增长，至少在两个方面为休闲体育提供了可能：一是为休闲体育运动提供了物质基础，让人们能够承担从事休闲体育运动必要的费用；二是改变了人们的消费需求。

3. 奥运会与全民健身计划的推动

第29届奥运会在北京举行，通过对奥运精神的宣传和对奥运活动的参与，人们对体育运动有了一个更新的认识，进而激发了国民在余暇时间内亲自参加体育运动的激情，促使我国的群众体育活动出现了新的高潮。北京奥运会过后，我国推出了国民健身计划和国民休闲计划，为中国迈入休闲时代推波助澜。随着《全民健身计划纲要》的颁布，通过政府投资和市场运作促使全民健身服务逐步成为一种实践。可以说，在后奥运时期，休闲体育产业将获得空前的发展机遇，中国人将迎来一个新的休闲健身娱乐的高潮。

4. 城市化进程的加快

1994～1998年，中国城市人口体育边际消费倾向是1.5，即城市人口收入每增加1%，体育消费就增加1.5%。体育本质上就是城市文化。随着我国经济的快速发展，城市化进程在不断加快，城市人口逐步增多，城市化建设所带来的消费增长和市场开拓对休闲体育产业的发展起着十分重要的促进作用。

六　我国休闲体育产业的发展趋势

1. 健身产业将不断发展壮大

体育健身娱乐行业是指以非实物形式向社会提供体育健身娱乐服务的单位和

个人的集合，它是休闲体育产业中的“本体”产业。健身业所具有的趋众性使该行业符合我国拉动内需、鼓励消费的政策。自2009年起，每年的8月8日为“全民健身日”，这对我国的健身业产生了极大的鼓舞和深远的影响。国家体育总局副局长肖天曾表示：今后的体育工作多放在全民健身上，以适应生活水平提高后国民对健康生活的巨大需求。健身业作为拉动内需的重要行业，有可能获得政府的重点扶持而逐渐发展壮大。

2. 体育场馆休闲化和人性化渐成趋势

体育场馆将逐渐从大城市走向小城镇和农村，从市中心走向街道和社区。体育场馆设施设计将越来越贴近百姓需求。例如，目前有的大城市转向建造体育公园，为群众提供休闲娱乐的场所，企业团体将体育场馆和设施的建造和消费作为企业文化建设的一部分，群众也把进入场馆观赛和健身作为个人的休闲文化生活。

3. 体育旅游将成为休闲体育的主要内容

目前，国民旅游休闲计划正在广东、江苏、浙江和山东等地试行，为《国民旅游休闲纲要》正式出台营造良好氛围。在国民旅游休闲计划的带动下，体育旅游将随着旅游业的发展和人民消费水平的提高成为一种生活时尚，以满足群众健身娱乐等精神文化需求为目标的休闲体育产业无疑将获得更大的发展空间。

4. 营销手段专业化及无形资产的着重开发

休闲体育产业中的各类企业在产品和服务的推广环节上将趋向更加专业化和多元化的发展。各企业将主动采取各种营销手段吸引消费者的参与，趋向以服务特色制胜，以消费者需求为导向，迎合体育消费专业化和个性化的趋势。休闲体育产业的无形资产开发也将获得突破性的进展。

参考文献

成思危：《知识经济时代与人的休闲方式变革》，《自然辩证法研究》2003年第2期。

龚建林：《我国城市体育产业的发展现状及其趋势》，《体育科技文献通报》2007年第10期。

《第五次全国体育场地普查数据公报》，《体育科技文献通报》2005 年第 4 期。

蔡军：《我国六城市居民体育消费现状及发展对策的研究》，《成都体育学院学报》2000 年第 6 期。

任丽娟：《对我国发展休闲体育产业的思考》，《首都体育学院学报》2008 年第 4 期。

鲍明晓：《我国体育健身产业发展的思路与建议》，《天津体育学院学报》1996 年第 4 期。

后奥运时期中国休闲体育的新特点

李相如*

摘　要：后奥运时期，《全民健身条例》应时出炉，为休闲体育的健康发展护航，国民休闲体育和参与健身的意识发生了重大转变：休闲体育规模和市场潜力巨大，公共体育场地设施日趋丰富，但与日益增长的休闲健身需求有巨大差距，城市社区体育和农村乡镇体育共同发展，休闲体育消费促进了休闲体育产业的发展，休闲体育项目丰富多彩，体育旅游方兴未艾，休闲体育的快速发展对应用型休闲体育专门人才提出强烈需求。

关键词：后奥运　休闲体育

2008 年奥运会在北京举办，不仅为中国体育再一次跃进提供了难得的机遇，同时对体育之外的影响可能远远超过体育本身。在政治上，“申奥”成功意味着中国国际地位和国家形象新的提升；在经济上，奥运会的投资，预计每年拉动中国经济的 GDP 增长 0.3 ~0.4 个百分点；在世界文明史中，北京奥运会把具有五千年文明的中华文化浸透和融入到世界文化大家庭之中；在科学技术上，2008 年的奥运会加速了首都乃至全国的信息化、网络化和数字化进程；在城市发展上，“绿色奥运”把一个天蓝、水清、地绿的新北京展现在了世界的面前。同时，奥运会的举办也从各个方面对休闲体育的发展产生了广泛而深刻的影响。

---

* 李相如，首都体育学院休闲与社会体育系主任教授，硕士生导师，中国体育科学学会体质专业委员会常委，研究方向为全民健身理论与实践、休闲体育。

一 后奥运与休闲体育

（一）时代背景

一届奥运会的成功举办，不但可以给举办国搭建一个展示自己竞技体育水平的平台，同时也为推进该国群众休闲体育的发展提供了强大动力和难得机遇。其中比较典型的例子有东京奥运会、汉城奥运会、悉尼奥运会等，尤其是东京奥运会堪称经典。1964 年东京奥运会的成功举办，为日本大众体育和休闲体育的发展提供了契机。在近几十年的时间里，随着大众体育振兴计划、体育指导员等各项制度的制定及体育场馆、健身俱乐部等建设的加强，日本大众体育和休闲体育的普及收到了显著成效，民众的身心健康和休闲娱乐跃上了新的台阶。

随着当今世界全球一体化趋势愈来愈强和社会变革的步伐愈来愈快，休闲作为一个新的社会文化经济现象正在广泛地影响着人的生活方式、行为方式和消费方式。按照世界的一般规律，当一个国家的人均 GDP 达到 3000 ~ 5000 美元的时候，休闲消费就将进入一个强劲增长的阶段。2008 年，我国人均 GDP 已经超过了 3000 美元，这就意味着我国休闲消费时代正在到来。随着经济的飞速发展和现代社会生产力的不断提高，人们在满足基本生存和生活需要的条件下必然向更高层次的需要递进，即享受和发展层次。而对休闲体育生活的需要从本质上讲属于人们享受性和发展性需要。这为我国休闲体育的发展提供了先决条件。

（二）休闲体育概念进入学者的研究视野

北京奥运会前后，休闲体育进入中国民众的视野。而在这方面，相关的理论准备和实践探索都处于起步阶段，由此引发了众说纷纭的名词与概念解读。

目前人们经常使用的词汇包括：休闲体育、体育休闲、运动休闲、娱乐运动、娱乐体育、运动休闲项目等。之所以出现如此繁杂的名称，是由于休闲体育在我国的发展与实践不充足、不深入造成的。一个新的理论和领域的构建，需要有足够的耐心，需要艰苦的探索，需要时间的洗礼和实践的检验。

“休闲体育”一词来自“Leisure Sports”。由于学术界对 leisure 理解各异，从而对休闲体育的理解也有所不同。当“leisure”被理解成自由时间时，Leisure

Sports 便被译为余暇体育或闲暇体育，被定义为：在休闲时间所进行的、以满足自身发展需要和愉悦身心为主要目的的，具有一定文化品位的体育活动；当"leisure"被理解为一种精神状态、心理感受时，于可红等人认为：在空闲时间进行的以一定的身体活动形式为手段而产生最佳心理体验的一种有意义的现代生活方式，人们不受限于活动的严格规定，积极追求内在的体验，使个人在精神和身体上都得到休息、放松和享受；[①] 当"leisure"被理解为尽到职业、家庭与社会责任之后，个人能够尽情从事的活动时，林志超认为，休闲体育可以定义为，"在工作、学习之余开展的群众性体育活动，它作为余暇生活的重要组成部分，可以不拘形式地通过参加各种身体活动，在充满欢悦和谐的气氛中，达到增强体质、促进健康、恢复体力、调节心理、陶冶情操、激发生活热情、培养高尚品格、满足精神追求及享受人生乐趣等目的"。[②] 此外，国内休闲学学者马惠娣认为，如果把休闲体育看成是两个词的叠加，以体育的方式参与休闲（或享受休闲），谓之为休闲体育；如果把"休闲体育"看成是修饰与被修饰的关系的话，"休闲体育"即休闲的体育，以休闲的方式参与体育的意思。[③]

关于对名词与概念的不同理解，在目前认识水平和实践不充分的情况下，简单否定或坚持可能并无益处。我们的观点是，百家可以争鸣，实践探索不能停滞。休闲体育至少具备以下特征：

第一，从文化的角度看"休闲体育"的定义与内涵。众所周知，休闲是以人的精神、情感、体悟等为特征的，而体育则通过有形的身体形态、动作技能、运动器材、物质，以及无形的与社会属性相关的意志、观念、时代精神反映出来。因此，基于体育与休闲的特征，休闲体育可以理解为，人们为不断满足自身的体育需求而处于运动创造、体育文化欣赏、体育文化构建的一种行为方式。

第二，从休闲体育的重要性和途径看"休闲体育"的定义与内涵。休闲体育的实现途径是从事体育活动的各种物质、制度、精神及现象过程的总和。其实现途径主要有：①以身体练习为手段的体育健身活动，如打羽毛球、高尔夫球、远足、户外运动、运动性体育旅游等；②非身体练习的体育活动，如打桥牌、垂

① 于可红、梁若雯等：《从休闲的界定论休闲体育》，《中国体育科技》，2003 年第 39 期。

② 林志超、季克昇主编《余暇体育》，成都科技大学出版社，1994。

③ 马惠娣：《休闲、休闲体育、后北京奥运会》，《广州体育学院学报》2008 年第 2 期。

钓、下棋等；③体育文化欣赏，如参观体育场馆、参观体育艺术展等；④体育活动观赏，如通过电视转播、电脑或现场观看体育表演、体育竞赛等；⑤体育咨询和体育博彩，包括阅读体育刊物、学习体育知识、参与体育培训、购买体育彩票等。

第三，从休闲体育使命看“休闲体育”的定义与内涵。休闲体育有双重使命：一是增强体质、消除身体的疲劳；二是获得精神上的慰藉。从这个角度来看，休闲体育是为了获得更多的幸福感，保持内心的安宁。体育一般通过玩耍、室内运动、户外运动、竞赛、娱乐、观赏等来增强体质、加强交流、获得归属感、得到自我实现，是一种紧张工作的积极休息，是被物质压抑和束缚的解放，是摆脱贫乏与困窘的一种标志，有利于抛弃狭隘与自我封闭，获得心灵开放。体育运动是休闲体育的基础，获得精神慰藉和身体冲击是休闲体育的核心。

第四，从休闲体育的目标看“休闲体育”的定义与内涵。体育作为一种社会文化现象，其休闲参与价值正在越来越多地为人们所认识，成为一种文明、健康、科学的休闲生活方式。同时，体育在一定程度上具有唤起人的天性与磨砺人的意志的功能。现代休闲体育在西方社会出现的时候，探险、极限运动、挑战大自然等都显示了这一本质特征。

二　后奥运中国休闲体育发展的热点问题

（一）《全民健身条例》应时出炉，为休闲体育的健康发展护航

我国自1995年《全民健身计划纲要》颁布实施以来，其对于推动群众性体育活动，增强公民的身体素质和健康水平起到了十分显著的作用。进入21世纪之后，我国各省市区的地方政府加快了全民健身的立法步伐，把全民健身上升为法律法规成为了各级政府的共识。截至2008年底，全国已有20多个省市区先后制定并由各省市区人民代表大会通过了各地的《全民健身条例》。各地《全民健身条例》的出台和实施进一步激发了群众体育和休闲体育的发展热潮，各级政府制定本地区《全民健身条例》（以下简称《条例》）配套法规性文件，为群众体育和休闲体育的可持续发展争取到了宝贵的政策保障。各地通过法规保障群体事业发展的实践探索，为出台国家《条例》奠定了基础，提供了十分重要的理

论和实际保障。2009 年国务院批准将每年 8 月 8 日设立为“全民健身日”，10 月 1 日《全民健身条例》正式颁布实施。《全民健身条例》是我国第一部全面、系统规范全民健身事业发展的专门性行政法规，对全民健身管理机制、全民健身计划、全民健身活动、全民健身保障及法律责任等作了明确规定。《条例》突出了政府发展全民健身事业的责任，着力于解决影响我国全民健身事业发展的重大问题。同样，《条例》的颁布与实施也为休闲体育的发展提供了政策支持。目前关于新型休闲体育项目的规划与发展、安全标准的制定、安全保障的要求等都已经进入到了实质性的发展阶段。例如，国务院体育主管部门正在会同有关部门制定、调整高危险性体育项目目录，制定相关体育设施的国家标准、相应的安全保障制度和措施，制定具有达到规定数量的、取得国家职业资格证书的社会体育指导人员和救助人员，以及相应经营资质条件等方面的规定。

（二）后奥运国民休闲体育和参与健身的意识发生了重大转变

20 世纪 80 年代，当休闲概念刚刚开始进入我国社会生活的时候，相当数量的国民在观念上难以接受，经常把休闲与游手好闲、不务正业画等号。由于国人对休闲和休闲体育认识存在误解，导致国民休闲体育观念落后。主要体现在：休闲体育的文化观念落后、休闲时间观念落后、休闲体育理论研究不成熟、休闲体育实践发展不充分，以及休闲体育教育落后等。加之在我国，部分休闲体育爱好者在吸收和引进西方休闲体育项目时，有盲目追求刺激、新奇、高消费的趋势，而没有从更深层次去追寻休闲体育的真正意义和社会价值，从而使我国休闲体育的发展缓慢。北京奥运会前后，伴随着“全民健身与奥运同行”活动的开展，国民休闲体育和参与健身的观念发生了重大转变。

据统计，目前全国经常参加体育锻炼的人数达到 3.4 亿，占总人口的 28.2%。2009 年，《全民健身条例》的颁布和“全民健身日”的设立，标志着我国群众体育和休闲体育进入了一个新的发展阶段。从群众体育活动的类型上看，近年来开展的群众体育活动不仅包括传统性群众体育活动，也不断地融入了休闲体育的创新元素，围绕奥运开展各类群众性创新活动、群众体育品牌活动。以北京为例，北京市以两年一届的全民健身体育节和每年一届的全民健身宣传周为龙头开展的休闲体育活动，与区县、单项体协、体育社团的活动相结合，共同推动北京市群众体育和休闲体育活动蓬勃开展。2001 年以来，北京市连续举办 4 届全民休闲健身体育节，参赛人数逐年增加；连续8年举行全民健身宣传周等传统性活动，同时形成了北京春季长跑、北京万人太极拳表演、京城羽毛球千人挑战赛、和谐社区乒乓球比赛、北京市健身俱乐部挑战赛等15项休闲体育品牌活动。2008年举办的第二届北京市迎奥运和谐社区杯乒乓球赛，全市314个街道、乡镇，2523个社区和3957个行政村全部参与，参与活动总人数突破290万人，创下了北京市单项次群体活动参与人数的最高纪录。

（三）休闲体育规模和市场潜力巨大

群众休闲健身热情高涨，休闲健身服务业快速发展，休闲体育规模和市场潜力巨大。近些年来，“全国亿万妇女健身活动”、“亿万青少年阳光体育运动”、“全国亿万职工休闲健身活动”、“全国亿万老年人健身展示活动” 和 “亿万农民健身活动” 等活动不仅极大地调动了国民的休闲健身热情，而且显示了休闲体育规模和巨大的市场潜力。各体育运动单项运动协会和行业体协充分发挥自身优势，积极策划、组织开展具有项目特色和行业特点的全国性单项群体活动，全国群众登山健身大会、全国百城健身气功系列展示活动、全国农民武术大赛和著名在华企业员工健身大赛等都突出了项目和行业特点，为广大群众积极参与休闲健身活动搭建了平台。为满足并引导广大市民的健身热情，相关部门不断完善各级各类群众体育组织网络，特别是百姓身边的体育组织；加大全民健身设施建设力度，特别注重设施的多元化，满足群众的不同需求；加强群众体育活动的开展，既有带动和示范意义的大活动，更有深入基层、大家身边的小活动；强化群众体育骨干队伍的建设，加强专业化、科学化，不断提升健身服务的水平。这些措施，在有效推动群众休闲体育工作开展的同时，也全方位地扩大了全民休闲健身规模。

（四）公共体育场地设施日趋丰富，但与日益增长的休闲健身需求有较大差距

在2009年全国体育局长会议上，国家体育总局局长刘鹏指出，在群众体育方面，体育设施遍布城乡，我国各类体育场地目前已超过100万个，是新中国成立的240倍以上。公共体育场地设施日趋丰富，为我国国民的休闲体育活动提供了基本条件和保障。同时，开展“体育消费与健康同行”主题活动；积极倡导

市民树立健康消费的生活理念，推进体育产业社会化、生活化、品牌化进程；开展“走进运动场，健康在身旁”活动，提倡机关、企事业单位、学校体育设施面向社会开放，实现体育资源社会共享。

然而，根据国家体育总局2007年发布的《第三次群众体育现状调查公报》，在参加体育锻炼的人群中，影响其参加锻炼的主要障碍是“缺乏时间”（41.2%），其次是“缺乏场地设施”（16.6%）和“自身惰性”（13%）。休闲体育场地设施的缺乏和广大人民群众日益多元化的体育健身需求之间仍有较大差距。

（五）城市社区体育和农村乡镇体育共同发展

社区是广大居民衣食住行及创造文化活动的主要场所。随着我国社会主义市场经济体制的不断完善，以及“单位体育”功能的弱化，以社区体育为重点的城市体育进入了新的发展时期，社区体育已逐渐成为社区居民生活方式不可或缺的重要组成部分。社区体育以群众身边的组织、身边的活动、身边的场地“三边工程”建设为主轴，实施体育组织、健身设施、体质测试、社会体育指导员、健身指导、群体活动“六进社区工程”，并取得了巨大成就。

奥运会前后，我国农村体育快速发展。2007年，国家体育总局和国家发改委、财政部共同制定下发了《“十一五”农民体育健身工程建设规划》，投入资金1.8亿元，其中体育彩票公益金投入9500万元，在中西部9277个行政村建设农民体育健身工程。截至2007年底，中央投入资金2.8亿元，其中体育彩票公益金1.8亿元，共建设“农民体育健身工程”15000多个。2007年，国家体育总局投入1000万元，在全国命名资助了16个全民健身活动中心；投入3000万元，建设了1000条全民健身路径。按照“雪炭工程”中有关2005～2007年建设计划，74个项目正式启动，41个已经建成。2008年中央投入资金3.05亿元，在全国建设“农民体育健身工程”2万个。通过上述努力，我国农村休闲体育得到迅速发展，农民在休闲体育和健身活动中得到实惠。

（六）休闲体育消费促进了休闲体育产业的发展

据国家体育总局2007年的《第三次群众体育现状调查报告》，在参加体育锻炼的人群中，有72.7%的人有过体育消费，人均消费为593元。其中，用于购买运动服装的比例最高，其他依次为购买体育器材、订阅体育报刊和购买体育图书、支付参加体育锻炼的场馆费用，以及观看体育比赛费用等。2007 年的调查结果与 2001 年的相比，体育消费的比例和人均消费金额均有显著增长（2001 年的研究报告体育消费涵盖在文化娱乐消费之中，人均仅为 117.15 元）。休闲体育消费促进了休闲体育产业的发展。2007 年，国家体育总局与国家发改委共同完成了《关于促进体育产业发展的指导意见（草案）》，继续推进体育标准化和体育服务认证工作。现阶段，我国体育场馆建设、管理和运营水平有所提高，运营模式日益多元化；并且，我国先后在深圳、成都和晋江设立了 3 个国家体育产业基地，探索体育产业发展的新模式。体育彩票工作稳步发展，以技术、网点、制度及队伍为重点的基础建设工作进一步推进，体育彩票全年发行总额度超过 385 亿元，创历史新高。同时，还成功举办了中国国际体育用品博览会和体育旅游博览会。2009 年，我国休闲体育产业发展呈现出了如下特征：高端赛事延续奥运水平，体育竞赛表演业蓬勃发展；群众健身热情高涨，全民健身服务业快速发展；巩固发展奥运成果，体育场馆服务业初步实现可持续发展；集聚效应逐渐发挥，体育产业功能区粗具规模；开拓体育彩票市场，销售额再创新高的新局面。

同时，大力发展和扶持社区体育健身俱乐部、商业休闲健身俱乐部的发展，引导和鼓励社会各界投资健身业，逐步实现投资主体多元化、融资方式多渠道、经营模式多样化的格局，更好地满足市民日益增长的体育消费需求。以北京为例，据统计，2008 年北京市体育产业实现增加值 154 亿元，占地区生产总值的比重为 1.39%，总收入 579.8 亿元，从业人员达 10.2 万人，体育产业对 GDP 增长的贡献率为 5.24%，正在成为拉动北京经济社会发展的新的增长点。截至 2009 年，北京已投入 15 个亿，共扶持项目 41 个。其中，竞赛表演业类项目 13 个，占总资金的 43%；全民健身服务业类项目 16 个，占总资金的 35%；体育产业功能集聚区类项目 4 个，占总资金的 10%；体育用品生产加工销售业类项目 7 个，占总资金的 9%；体育新兴产业类项目 7 个，占总资金的 9%；其他类项目 2 个，占总资金的 3%。带动社会资本近 30 亿元，充分发挥了政府资金的引导作用，形成了多元化投资主体，为培育体育市场起到极大的促进作用，满足了市民日益增长的体育消费需求。

（七）休闲体育快速发展，休闲体育项目丰富多彩

据国家体育总局 2007 年《第三次群众体育现状调查报告》，在体育锻炼中，

有62.0%的居民主要的锻炼项目是健身走和跑步，其他依次为球类、健身操类、骑车、武术、游泳等。后奥运时代，休闲体育包括的项目可用多元化来形容，其内容丰富多彩。既有不太需要特殊场地的运动项目，如武术、散步、跑步、徒手体操等，也有需要有一些专门场地和设施，需要一定投入的现代体育项目，如网球、游泳、旅游、家庭器械健身等，还有对场地、设施、投入要求都很高的新潮体育，如高尔夫、保龄球、赛车、摩托艇、攀登、热气球、滑翔等。不少省市区充分发挥资源优势，推出以“体育旅游，快乐城市”为主题的体育健身和体育旅游，打造一批包括漂流、探险、汽车拉力赛、摩托车越野赛、水上运动等在内的各具特色的精品体育旅游项目。例如，重庆市在奥运会之后，在市奥体中心引进了保龄球、乒乓球、台球、自行车、四轮车、跆拳道、拉丁舞等运动休闲项目，使奥体东区体育健身休闲区初具规模。

同时，奥运会后休闲体育项目的发展凸显了一些新的特点。例如，向山林野外发展的定向徒步越野、登山、攀岩、蹦极、漂流、山地自行车、滑雪、雪上摩托等；向水上及高空方向延伸的如赛艇、帆板、水上摩托、潜水、钓鱼、沙滩排球、木筏漂流、热气球、跳伞等，这些项目带给了人们新鲜的刺激与挑战。越来越多的人加入了这些休闲体育的行列，同时也给休闲体育产业带来了发展机遇。在一些奇特景观区，为满足现代人追寻奇异、探索奥妙的需要，推出了攀岩、登山、探险、野外生存、自行车旅游、漂流等休闲体育项目。

（八）体育与旅游融合，体育旅游方兴未艾

近年来，旅游界流行一种说法，那就是“中国的旅游应当从观光旅游向度假旅游转型”。体育旅游以其独特的健身性、娱乐性、挑战性、刺激性、广泛的群众性等越来越受到人们的青睐。它满足了人们新的休闲旅游理念，即从单一到复合，从疗养到健身，从欣赏到体验参与，从赏心悦目到挑战刺激，从历史古迹到探索发现。体育旅游必将成为未来休闲旅游中最时尚的领域之一。

以北京为例，北京具有丰富的旅游资源，为开展登山、攀岩、越野定向、徒步旅游、划船、溯溪、漂流、帆船、帆板、冲浪、潜水、沙滩运动等体育旅游活动提供了场所。北京市的体育场地投资及数量均居全国首位，具有各种高规格的比赛场馆，可以举办各种水平的国际比赛，为观看比赛的体育旅游提供了条件；北京市的传统体育项目和文化风俗丰富多彩，武术、抖空竹、扭秧歌和民族传统

体育遍布全市。

国家体育总局目前正在打造集体育旅游与休闲健身于一体的国家级全民健身基地。例如，我国第一个国家级全民健身基地“环太湖体育圈”，就是在江苏和浙江的太湖周围融入休闲体育元素，修建多种形式的休闲体育设施，实现体育与旅游结合、体育为经济服务。“环太湖体育圈”的基本模式是以“太湖山水、桥岛风光、旅游度假、休闲健身”为特色，既能够满足不同阶层群众的多样性健身需要，又能够吸引各方游客前来度假休闲。同时在北京建设了“龙潭湖健康产业园区”；在西北的沙漠和黄河地区，建沙漠探险和漂流活动基地；在西南，利用山川，建登山探险活动基地；在东北，利用冰雪，建冬季冰雪活动基地；在沿海地区，建海上休闲活动基地，等等。可以预见，在不久的将来，体育旅游将成为拉动休闲体育消费、丰富国民休闲健身内容、促进体育与旅游融合的新热点和新亮点。

（九）休闲体育的快速发展，对应用型休闲体育专门人才提出强烈需求

近年来，我国休闲体育发展迅速。据2009年北京群众体育现状调查的数据表明，选择体育运动作为休闲的内容的比例达到72.44%。休闲体育的快速发展必然对相关人才提出需求。例如，目前我国高尔夫球爱好者已超过500万人，且每年以20%～30%的速度递增。一份由国家发改委、国土资源部、住房和城乡建设部等7部门联合发出的《关于开展高尔夫球场建设情况调查的通知》中提出，在过去的5年里，国内高尔夫球场由100余个增长到500多个。高尔夫球已被列为2016年奥运会竞赛项目。中国目前的高尔夫球场有500多个，每个球场需要专业人才350人，按此推算，专业人士缺口近20万人。以目前的增长速度估计，未来5年中国的高尔夫球场将达1000个，专业人才缺口达30万。目前高校的高尔夫球专业毕业人数不到700人，根本无法满足市场的巨大需求。再比如，北京奥运会后，不仅高尔夫球市场火爆，另外，网球、羽毛球市场、健身康乐、冰雪运动市场、游泳和水上运动市场、户外运动市场、体育旅游市场也都相当火爆。相对而言，相关的休闲体育服务专业人才和健身服务的指导人员十分紧缺。休闲体育业和休闲体育市场对高级应用型的休闲体育人才的需求发出强烈的信号，已经对高等体育院校的办学方向提出了新的要求，但目前我国高等院校

中，招收休闲体育专业学员的院校不到十所，年招收总量600人左右，与日益增长的人才需求极不相符。

参考文献

林志超、季克异主编《余暇体育》，成都科技大学出版社，1994。

卿前龙：《休闲服务与休闲服务业发展》，经济科学出版社，2007。

李相如：《全民健身研究新视点》，北京体育大学出版社，2008。

李相如：《全民健身导论》，高等教育出版社，2008。

章海荣、方起东：《休闲学概论》，云南大学出版社，2005。

马惠娣、休闲：《人类美丽的精神家园》，中国经济出版社，2004。

马惠娣、刘耳：《西方休闲学研究评述》，《自然辩证法研究》2001年第1期。

于可红、梁若雯等：《从休闲的界定论休闲体育》，《中国体育科技》2003年第3期。

马惠娣：《休闲、休闲体育、后北京奥运会》，《广州体育学院学报》2008年第2期。

李相如：《休闲视野下我国休闲体育专业建设的思考》，《首都体育学院学报》2009年第2期。

中国休闲沐浴业发展与趋势分析*

杨劲松　冯冬明**

摘　要： 沐浴业在满足人们休闲需求、拉动内需和吸纳就业方面的作用正在日益显现。作为休闲产业的一部分，沐浴业受到了越来越多的关注。本文简要回顾了中国沐浴业的发展历程，深入分析了中国沐浴业的现状，并展望了其未来发展前景。

关键词： 休闲沐浴业　现状　趋势

一　我国沐浴业的发展历程

沐浴业主要是指为消费者提供各种沐浴服务的厂商的集合。这些厂商拥有淋浴、盆浴、池浴、药浴、桑拿、温泉、SPA 等基本沐浴条件或设施，同时提供助浴、足浴、推拿、保健按摩、修脚等服务，并辅之以餐饮、住宿、娱乐等综合服务项目。其主要业态有大型浴场、综合浴池、桑拿中心、沐浴保健中心、休闲会馆、SPA 会所、温泉度假村、宾馆或饭店洗浴部等。从广义角度讲，沐浴设备制造也应该列入沐浴业的范畴。可以看出，沐浴业不仅包含传统意义上的以清洁按摩为主要服务内容的浴场和浴室服务，还包含 SPA 和温泉等服务。①

---

* 北京联合大学校级科研基金资助项目。

** 杨劲松，北京联合大学旅游学院讲师，管理学博士，中国社会科学院旅游研究中心特约青年研究员，研究重点是旅游政策、旅游投资、旅游规划和饭店管理。冯冬明，北京联合大学旅游学院副院长，副研究员，全国沐浴企业等级划分与评定标准专家组组长，中国商业联合会沐浴专业专家委员会委员，研究重点是饭店管理和旅游管理。

① 杨劲松：《沐浴业发展的中外比较》，《旅游学刊》2008 年第 23（9）期，第 67 页。

我国沐浴业发展历史悠久，在休闲活动中占有重要地位。古时的岁时节庆、修身养性、洗涤洁身都离不开沐浴。其中尤以温泉沐浴最有影响。新中国成立后，沐浴业大体经历了三个发展阶段。

第一阶段是初步发展阶段，从1949～1977年。这一阶段呈现出计划经济的鲜明特征。一方面，满足居民日常清洁洗浴的便民浴池成为沐浴业的主体。这些便民浴池规模较小，服务单一，收费低廉，有着明显的福利性质。另一方面，和当时的政治经济体制相适应，温泉疗养院成为沐浴业发展的突出表现。服务于政府机关、事业单位、厂矿企业、部队等机构的温泉疗养院大量涌现，数量不断攀升，在20世纪60年代数量最多。这些温泉疗养院大多分布于东北的辽宁和南方沿海的广东、福建等地。主要功能是公费保障的医疗保健。

第二阶段是市场培育阶段，从1978～1990年。改革开放以来，沐浴业经历了市场化的过程。无论是温泉疗养院，还是便民浴池，都从计划经济的窠臼中挣脱出来，供给制和福利性的特征越来越淡化。沐浴企业数量越来越多，市场经营意识越来越强。资本开始大规模进入沐浴业，尤以温泉企业最为突出，一是以我国香港资本为主的温泉，比如广东的珠海斗门御温泉度假村、中山市中山温泉和深圳石岩湖温泉等；二是以国有资本为主的温泉，比如兴隆温泉、官塘温泉和保亭七仙岭温泉等。此阶段，温泉疗养院被温泉度假村所取代。人们对沐浴业的服务质量有了更高的期许。需要注意的是，在此阶段，既存温泉疗养地向观光娱乐转化，旅游业与沐浴业开始结合。

第三阶段是产业升级阶段，从1991年至今。这一阶段沐浴业的谱系中有了更丰富的存在内容。原来仅仅存在于境外或者温泉度假村的沐浴形式和业态开始为普通大众所熟知，如桑拿浴、土耳其浴、泰式按摩、SPA等，同时，现代服务、休闲和保健理念开始融入现代沐浴业。人们在清洁身体之余，对于沐浴有了更多的要求。集洗浴、餐饮、娱乐、保健、商务商洽为一体的沐浴企业纷纷出现。沐浴行业经历了由清洁向休闲功能的历史性转变。沐浴企业规模迅速膨胀，不仅表现在数量上，也表现在单个沐浴企业的规模上。面对需求多样化的市场，数量庞大的沐浴企业服务形式丰富多彩，投资主体繁多，经营业态不断升级。所有制形式由过去单一的国有制向股份制、股份合作制、外资经营等多种形式转变。连锁经营成为很多优势沐浴企业的选择。这一时期，中国沐浴业进入快速发展的轨道。2006 年全国前 100 家沐浴企业的营业额为 20.72 亿元，同比增长 19%；利润总额达 24634 万元，同比增长 21.94%；纳税总额为 13807 万元，同比增长 16.6%。①

二 我国休闲沐浴业发展现状

（一）发展特征

1. 总体规模

2008 年，全国沐浴企业数量保持稳定，依然为 15 万家左右。从业人员数为 1500 万人，年营业收入总额为 1135 亿元，同比增长 8.09%。实现税收 74 亿元。沐浴业从业人数占全国就业人数的 2%，沐浴业 GDP 占全国 GDP 的 0.38%，沐浴业实现税收占全国税收收入的 0.13%。②

可以看出，沐浴业的规模不可忽视，已然成长为容纳上千万人就业、产值上千亿的庞大产业。沐浴业在拉动内需、增进就业、提高财政收入方面发挥了积极作用。尤其需要指出的是，2008 年整个沐浴业在利润大幅下滑的艰难处境下，却在容纳就业方面增加了数百万人。

2. 单体规模

在总体规模快速膨胀的同时，沐浴企业的单体规模也迅速扩大。一般来讲，大众浴场（综合浴场）的平均面积为 5000 平方米以上，便民浴池一般小于 500 平方米，足疗企业从几十平方米到上千平方米不等。温泉沐浴企业比较复杂：温泉酒店、温泉宾馆大多是旅游酒店模式，规模在 3000 ~ 6000 平方米之间；温泉度假村一般都有上万平方米。SPA 与温泉沐浴企业类似。度假式 SPA 从几千平方米到上万平方米不等，俱乐部式和酒店式 SPA 在几百平方米左右。2008 年，大众浴场的平均经营面积为 10167 平方米，便民浴池的平均经营面积为 1500 平方米，足疗企业的平均经营面积为 946 平方米，SPA 企业的平均经营面积为 2500

---

① 周英峰：《中国沐浴业进入快速发展期》. http://www.chinabath.org.cn/xjpd_more_view.asp?id=2111。

② 商务部商贸服务管理司，商务部国际贸易经济合作研究院，中国商业联合会沐浴专业委员会：《中国沐浴业年度发展报告》中国商务出版社，2009。

平方米，桑拿中心的平均经营面积为483平方米，[①] 均在沐浴企业单体规模的上限附近。这说明中国沐浴企业的单体规模在迅速攀升，重点沐浴企业在提升规模方面影响巨大，并且推高了沐浴业的投资门槛。

3. 竞争充分

从1978年开始，国有资本逐步退出便民浴池和温泉疗养院，这给非国有资本介入提供了机会。另外，由于国家对沐浴业并没有准入限制，加上沐浴业发展初期对资金、技术和人员的要求不高，使得沐浴业成为非国有经济投资的重要领域。当前沐浴企业的所有制形式较多，有国有、集体、个体、股份制、股份合作制、民营经济、外商投资等，其中尤以个体、私营及股份制为主要所有制形式，非国有的沐浴企业占全国沐浴企业总数的95%以上。在这种情况下，竞争日趋激烈，投资额日趋高涨。可以说，沐浴业是服务业中竞争最为充分的行业之一。

（二）经营模式

由沐浴业经营基本模型[②]（见图1）可知，沐浴企业具有两大基本功能：沐浴和住宿。同时，沐浴企业经营有两大重心：医疗保健和休闲娱乐。最具中国特色的沐浴企业位于B、F，侧重于休闲和娱乐。B、E、J形式均常有，其中J代表了沐浴业最为复杂的经营形式。

在这个模型基础上，参考商务部发布的沐浴行业标准《沐浴业经营技术规范》（SB/T10442—2007）和《足浴保健经营技术规范》（SB/T10437—2007），以及中国商业联合会沐浴专业委员会的分类方式，从经营内容、规模和形态这几个方面可以把沐浴企业的经营模式分为大众浴室、综合浴场、SPA、温泉、桑拿中心和足疗等。这些都属于沐浴业单体经营模式。与单体经营模式相对应，还有连锁经营模式。无论从发展沿革还是从业务种类上，大众浴室都是基础，其他沐浴种类或多或少借鉴了大众浴室的经营经验，是在大众浴室基础上的丰富和提高。

---

① 商务部商贸服务管理司，商务部国际贸易经济合作研究院，中国商业联合会沐浴专业委员会：《中国沐浴业年度发展报告》中国商务出版社，2009。

② 杨劲松：《沐浴业发展的中外比较》，《旅游学刊》2008年第23（9）期，第69~70页。

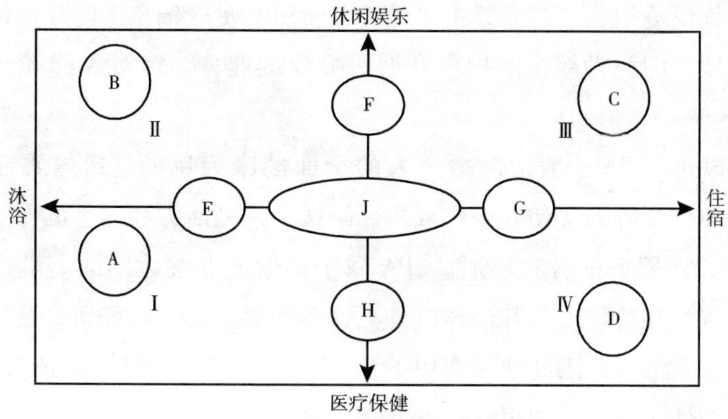

图 1　沐浴业经营基本模型

1. 单体经营模式

单体经营模式集中在沐浴企业发展初期。这一阶段，沐浴企业实力相对较弱，规模较小，资本较少，管理能力和市场开拓能力都比较欠缺。在资源的限制下，往往集中在单一经营上，采取的战略也往往是成本领先或特色优势。当前的单体经营模式主要有以下几种。

第一，大众浴室。大众浴室主要满足人们的洗浴需求，位于模型的左端。大众浴室往往坐落在老城区和城乡结合部。比如北京的便民浴池几乎都位于城四区和城乡结合部。经营面积较小，以淋浴、池浴等为主营业务，比较单一①。针对人群主要是社区居民、低收入者、外来务工人员等。

第二，综合浴场。综合浴场是最为复杂的沐浴业形态，是模型的 J 部分。这种形态几乎包含所有沐浴业的服务项目，集洗浴、住宿、餐饮、足疗、保健、娱乐为一体。综合浴场一般位于城市中心，经营规模大，装修档次高，设施齐全，讲究服务质量，针对人群主要是商务人士和高收入消费者。典型例子有北京艺海的“商务头等舱”等。

第三，桑拿中心和足疗。桑拿中心既注重保健，也注重休闲，位于模型的中左位置。可以把桑拿中心看做是简化版的综合浴场。换言之，在经营模式和服务种类上模仿综合浴场，但是仅提供有限服务（比如一般不提供住宿），费用较为

① 有些浴室还提供擦背、理疗等有限服务项目。

低廉，经营规模适中。针对人群主要是工薪阶层。足疗偏重于医疗保健，位于模型的下部区域，围绕脚部按摩护理开展医疗保健业务，针对人群和桑拿中心类似。

第四，SPA。SPA一般指以增进人的全面健康为目的，通过水疗、芳香疗法、植物精油按摩等方式使人得到放松、舒缓、恢复活力和养生的专业服务。有时也指提供SPA服务的各种场所。SPA属于沐浴业保健休闲的高端产品，处于模型中部位置，在价位上与其他沐浴种类区分明显。由于对场所、装饰、服务的要求较高，注重细节，因此往往费用不菲，定位高端。针对人群消费能力较强，当前逐渐由女性市场为主向男女市场并重发展。

第五，温泉。温泉的鲜明特征在于自然资源的占有上。沐浴业中，温泉受到自然资源的严格限制最大，换言之，发展温泉必须具备三个基本条件：地底有热源存在、岩层中具裂隙让温泉涌出、地层中有储存热水的空间。在经营形式上，主要分为两种：一种是具备条件的温泉酒店，一般位于城市中心或繁华地带，规模较小；另一种是温泉度假村，距离城市较远，但是交通方便，规模较大。温泉企业在充分利用自然优势的基础上，兼顾沐浴和住宿、休闲娱乐和医疗保健。针对人群收入中等偏上，消费能力较强。

2. 连锁经营模式

我国沐浴业连锁经营主要有两种模式。

第一种是股权连锁。也就是说，沐浴企业占有连锁店股权的大部分份额，对连锁店拥有绝对控制权。这种模式又有两种情况。一是资本来源于沐浴企业。沐浴企业经营获利后，有扩张的内部冲动，在沐浴业内加强投资，实现市场的扩张。这种模式的资本主要来自东北地区，因此又叫做“东北模式”。典型例子有北京的8号公馆和重庆的富侨保健服务公司。二是资本来自非沐浴企业。由于沐浴业相对吸引力的增强，使得其他行业的资本涌入了沐浴业。一般来讲，这些进入者都有原来行业经营的丰富经验，善于把原有知识运用到沐浴业经营中。这种模式的资本主要来自沿海地区，尤其以温州最为典型，因此又叫做“温州模式”。

第二种是非股权连锁。分店之间的联系不在股权上，而是在品牌和管理模式上。拥有强势品牌和丰富管理经验的沐浴企业为了在资源有限的条件下快速占有市场，往往采取这种模式。具体为：首先，有一个品牌或者管理技术拥有者，即主导沐浴企业;[①] 其次，主导沐浴企业和分店之间没有股权关系，而是合同关系。主导沐浴企业无法从股权的角度控制分店。各连锁店只与沐浴主导企业发生联系，沐浴分店之间没有直接的联系。[②]

（三）盈利状况

相关数据显示，2008 年我国休闲沐浴企业利润总额出现大幅下滑。原因有二：其一，营业收入增幅收窄。由于世界性金融危机的影响，2008 年全国沐浴行业营业收入同比仅增长 8.09%，这与以往年份动辄十位数的增长反差强烈。其中，SPA 会所营业收入同比增长幅度最大，为 29.33%。然后依次为温泉、综合浴场、足疗保健店、大众浴室和桑拿中心，增长幅度分别为 11.52%、8.55%、6.66%、-32.66% 和 -4.95%。大众浴室和桑拿中心出现了负增长，其中大众浴室降幅较大。其二，营业成本激增。2008 年全国沐浴行业营业成本总体同比增长 11.64%。其中，高于平均水平的有综合浴场、温泉和 SPA 会所，分别增长 15.56%、20.39% 和 59.97%；低于平均水平的有足疗保健店、大众浴场和桑拿中心，分别增长 7.72%、-12.98% 和 -6.6%。[③]

可以看出，目前我国休闲沐浴行业的盈利状况呈现出鲜明的特点。第一，受外界影响较大。金融危机和政府政策的影响，使得整个沐浴行业营业收入增幅下降，营业成本上升。一方面，商务消费大幅下降，市场消费重心下移，高档沐浴企业面临市场萎缩的窘境。同时，沐浴行业的总体经营成本又明显上升，水费、能源费和职工工资快速上升，削减了沐浴业的盈利空间[④]。第二，沐浴业内苦乐

---

① 品牌或管理技术的拥有往往以特许权表现出来，包括产品、服务、营业技术、商号、标识、或者其他能够获取利益的方面。

② 主导沐浴企业与分店的联系体现在：整个责任期内，主导沐浴企业有责任指导分店完善企业的信息、知识、技术等一整套经营系统，同时授予分店在一定区域内垄断使用店名、商号、商标、服务标记等的权利。也就是说，主导沐浴企业把自己开发的产品、服务的营业系统，以营业合同的形式，授予分店规定区域内的经销权或营业权。分店一般需要交纳一定的连锁费用，包括一次性连锁费、销售额或者毛利提成等，并且按照主导沐浴企业的一系列规定经营，自己没有经营自主权。

③ 商务部商贸服务管理司，商务部国际贸易经济合作研究院，中国商业联合会沐浴专业委员会.《中国沐浴业年度发展报告》中国商务出版社，2009，第 10～11 页。

④ 2008 年，我国大部分地区沐浴企业营业水电费按照特殊行业水电费收费标准执行，水平最高。例如北京市沐浴业水价为 61.5 元/吨（含水资源费和排污费），居民生活用水价格为 3.7 元/吨。

不均。数据显示，无论营业收入还是营业成本，不同的经营模式差别较大，利润指标也同样如此。第三，某些沐浴企业出现全面危机。这主要表现在大众浴室和桑拿中心上。由于固守原来的经营模式，提供的服务品种少，质量不高，导致原有的市场迅速缩小，或者被服务高端齐全的综合浴场和 SPA 瓜分，或者为人们家中的沐浴设备设施所替代。再加上成本的迅速攀升，大众浴室和桑拿中心的规模和数量迅速消减。第四，具有较强的自我恢复能力。沐浴行业尽管受到金融危机和政府政策的强烈影响，身处内外夹击的窘境，但是依然表现出顽强的生命力，具有较强的自我恢复能力。在艰难困苦的环境中，依然保持一定的利润增长，有些子行业甚至增幅较大。究其原因，和沐浴业立足内需、开发内需有关。

（四）行业管理

我国休闲沐浴业的发展是一个自下而上自发组织的过程。先是有沐浴企业的创新实践和蓬勃发展，然后规模大幅攀升，逐步规范的过程中对行业环境有了强烈的诉求。在此需求下，行业管理开始逐渐完善。

1. 行业协会

目前我国休闲沐浴业的行业管理主要通过沐浴协会进行。当前国家级的沐浴协会是中国商业联合会沐浴专业委员会，另外还有大量的地方性沐浴行业协会。截至 2009 年底，各地共有包括北京市沐浴行业协会、天津市沐浴行业协会、上海市沐浴行业协会、辽宁省沐浴行业协会、重庆连锁经营沐浴保健协会、河南省商业协会沐浴专业委员会等在内的省级沐浴协会 29 家，几乎所有的省都成立了沐浴协会。沐浴协会在为企业提供信息服务、积极向政府反映企业诉求、规范行业和会员行为标准、沟通会员企业联系、维护市场秩序等方面发挥了积极作用。

2. 规范制定

行业管理的重要制度基础是相关规范。经过几年的努力，沐浴行业管理趋于规范化。其中最重要的规范是商业部制定并于 2008 年 5 月 1 日开始实施的沐浴行业标准，包括《沐浴业经营技术规范》（SB/T10442—2007）和《足浴保健经营技术规范》（SB/T10437—2007）。二者都是全国性的规范。除此之外，还有大量的地方性规范，如北京市出台的《北京市洗浴和美容美发经营场所管理若干规定》、《北京市洗浴经营企业安全管理规范（试行）》、《便民浴池管理规范（试行）》等。

3. 政策扶持

沐浴业在满足人民需求、拉动内需、吸纳就业等方面显示出的实力，引起了各级政府的广泛关注，后者针对沐浴业面临的棘手问题给予政策扶持。如陕西省咸阳市以市政府的名义制定了《关于加快发展我市足疗保健产业的若干规定》、《下岗失业人员从事足疗保健个体经营有关收费优惠政策》等一系列优惠政策，对下岗失业人员兴办或从事足疗保健给予必要的政策引导和扶持，有力地促进了人们投资和兴办足疗保健产业的积极性。重庆市政府出台了《关于推进沐浴业发展的意见》，并将沐浴业纳入《重庆市国民经济和社会发展第十一个五年规划商贸流通产业综合发展重点专项规划》等。

（五）存在问题

1. 社会认知有待提高

由于中国的特殊国情，对休闲沐浴业的认知以负面居多。这表现在三个方面：第一是政策歧视广泛存在。很多地方政府把沐浴业认定为限制性行业，使得沐浴业在各地的产业目录上处于弱势地位，为沐浴业的发展带来不利影响。如北京市劳动保障局发布鼓励用人单位招用城镇失业人员优惠政策中明确规定桑拿、按摩除外。第二是社会评价不高。国内经常把沐浴场所与黄赌毒、贪污受贿腐败堕落和不安全联系起来，而对于沐浴业改善人民生活、满足人民需求、拉动内需和容纳就业方面的作用却谈得很少。固然沐浴业有其自身的问题，例如没有合理布局、盲目上马，导致洗浴市场几乎处于无序状态；为了生存，一些中小型浴池走“歪门邪道”，偷水、偷电、价格欺诈，甚至开展“黄、赌、毒”等服务等。但是，没有在合适的时间发出合适的声音，甚至声音太过微弱，都影响了沐浴业的整体社会认知。

2. 政策环境亟须完善

第一，相关规范远远不能满足需要。当前已经出台了相当多的规范，包括2009年拟出台全国性的《沐浴业术语及分类标准》和《沐浴业职业经理人资格认证条件》，以及一大批的地方性沐浴业规范和标准。但是，这些已出台的标准和规范还是不能满足沐浴业发展的现实。首先表现在覆盖面过窄。从前面的沐浴业基本模型可知，沐浴业的业态千变万化，不一而足。当前的标准和规范只涵盖了其中一小部分。其次表现在操作性差。当前的规范和标准大多是原则性的指

导，缺乏定量和细化。对于这些规范和标准，不同的沐浴企业有不同的判断和解释，监控体系形同虚设。最后是这些标准和规范缺乏强制性。由于制定主体层次较低，又缺乏权威和市场号召力，难以让沐浴企业遵行如仪。

第二，缺乏基础数据统计体系。休闲沐浴业作为蓬勃发展的新兴产业，其产业地位和作用应该得到实事求是的认识。这种认识依赖于及时、准确、全面的统计信息。信息不准确或不全面都可能导致决策的失误。尽管现在有中国商业联合会沐浴专业委员会每年推进的典调，但是毕竟缺乏对沐浴业统计指标的科学分析和定义，没有常设的专门机构和人员，不能利用现存的统计机构，覆盖面有限，得到的数据代表性不足。要推进沐浴业发展，就必须与专门统计机构建立接口，把沐浴业的统计纳入到国民经济统计体系中去。

第三，沐浴业发展缺乏专项规划。沐浴业是自发生长起来的，尽管具有顽强的生命力，但是“野蛮”的生长也有可能造成极大的浪费。当前沐浴业发展的无序化现象比较严重。结构过剩、地区分布不均衡严重影响了沐浴业的健康有序发展。沐浴业虽然有庞大的规模和强大的影响力，但是无论在国家层面还是在地方层面，都缺乏规划的指引。在“十二五”规划制定的前夕，沐浴业的发展更加迫切地需要规划来强化沐浴企业的分级设置，加强沐浴业的规范化、科学化管理，优化沐浴业布局，有效配置资源，增强沐浴业综合竞争力。

3. 产品雷同恶性竞争

随着经济的增长和休闲社会的到来，沐浴市场多层次、个性化、特色化的需求特点日益显现，沐浴业发展日新月异，逐步从单一的洁身功能向集保健、休闲、餐饮、娱乐乃至商务等多功能为一体的综合性服务转变。沐浴业已经或正在逐步融入人们的日常生活。但是，中国当前沐浴企业产品的选择，普遍存在“高大全”的思维模式：越大越好、越高档越好、产品越全越好。经常以盲目的“大百科全书”式的产品线满足游客需要。盲目高档、雷同、没有特色，反而泯灭了自身的优势。一方面，市场和产品高度相似，没有细分市场概念，不能深入了解和合理区分沐浴人群，创新能力不强；在项目选择上、战略规划上、融资渠道选择、财务分析上和项目设计上千篇一律，不得不以“价格战”为主要竞争手段；另一方面，成本大幅上升，从业人员素质堪忧，流动率过高更加大了企业经营的压力。

三　我国休闲沐浴业未来发展趋势

随着国际金融危机的缓和，中国沐浴业将很快从危机中抽身，恢复并且达到更快的发展速度。

初步估计，2009 年沐浴业营业收入和利润增幅在 10% 左右，为 1250 亿元；企业数量保持稳定，为 15 万家；从业人数增幅保持小幅增长，在 1600 万人左右。2010 年沐浴业营业收入和利润增幅均将达到 15% 以上，至少达到 1440 亿元；企业数量将会有 10% 左右的增长，达到 16.5 万家；从业人数增幅将会超过 15%，达到 1840 万人。

在发展结构上，综合浴场、SPA、温泉和足浴将会达到超出平均数的发展速度。大众浴池在政府扶持下，将保持稳定的发展态势。桑拿中心将进一步向其他沐浴形态转化。保持原来经营模式的桑拿中心的处境将更加艰难。由于城市化进程的加快，原来主要以大中城市为主要市场的沐浴企业将会更多关注新兴市镇。文化成为沐浴企业开展经营竞争的核心关注点，市场细分和文化需求的结合将日趋紧密，相关业态的协调、自然资源与市场的衔接，以及服务质量的保证和顾客满意度的提高也会成为沐浴企业的关注点。

在经营模式上，单体经营模式依然是沐浴业发展的主体，但是，连锁经营模式将会展现出更强劲的生命力，越来越多的单体经营沐浴企业将加入到连锁经营中去。沐浴企业兼并重组和资本运营将越来越被沐浴企业关注。不排除有实力的沐浴企业未来在资本市场成功 IPO。

在行业管理上，行业协会将会发挥更加重要的作用，桥梁作用将日益凸显。未来将会有更多的标准规范出台，政策对沐浴业的支持力度将会更大，沐浴业的发展将会得到更多的财政支持。

在社会认知上，依然会有对沐浴企业的负面认知，但是，情况将会出现一定的改善。

中国温泉休闲度假业的新发展

于 杨 王艳平*

摘 要： 温泉是休闲度假性很强的旅游资源，温泉度假区利用温泉的水温及水中所含有益于人体健康的化学成分，提供康疗、洗浴、游乐等服务。近10年以来，我国温泉旅游发展迅速，各地政府积极推进所在地的温泉休闲度假业。本文就全国温泉休闲度假的建设与发展，从资源分布、设施安排、组织建设、节庆活动及发展趋势等多方面，进行了较为全面、客观的综述。

关键词： 温泉旅游 休闲度假 建设 发展

一 我国温泉休闲度假业基本现状

（一）温泉休闲度假区的分布

迄今，我国已开发的温泉或地热景区有200个左右，成规模的超过100处，其中40余处达到了4A景区水准①。

其中广东省先后有19个温泉度假区被评为国家4A级景区，占总数的38.8%，湖南、山东分别占到8.2%，江西、广西、北京、湖北等省市分别占据了一定份额。其余度假区遍布在我国南北不同区域（见表1）。

另据云南省旅游协会SPA与温泉分会2009年底公布的数据，全国目前有200余

---

* 于杨，东北财经大学旅游与酒店管理学院2007级研究生。王艳平，东北财经大学旅游与酒店管理学院教授，研究方向为温泉旅游与旅游规划。

① 窦群：《我国温泉要打造品牌价值》，温泉网（广东温泉行业官方网站）（http：//www.hsccn.com），2009。

表1　我国4A级温泉度假区

广东	佛冈聚龙湾天然温泉度假村	清远清新温矿泉度假村	珠海御温泉度假村
	新会古兜温泉度假村	金水台温泉度假村	龙源温泉度假城
	从化碧水湾温泉度假村	江门恩平锦江温泉度假村	恩平金山温泉
	江门市富都温泉度假区	御临门温泉度假村	南昆山温泉大观园
	韶关曹溪温泉假日度假村	龙门天然温泉度假村	京明温泉度假村
	惠州海滨温泉旅游度假区	潮州东山湖温泉度假村	惠州白盆湖温泉
	湛江蓝月湾温泉度假村		
湖南	张家界江垭温泉度假村	郴州天堂温泉度假山庄	郴州汝城温泉
	万福温泉国际旅游度假区		
山东	江北水城温泉度假村	青岛天泰温泉高尔夫景区	盈泰生态温泉度假村
	威海天沐温泉度假区		
江西	九江庐山龙湾温泉度假村	明月山天沐温泉度假村	庐山天沐温泉度假村
广西	九曲湾温泉度假村	嘉和城温泉谷	贺州温泉
北京	天龙源温泉家园	龙脉温泉度假村	昌平区温都水城
湖北	咸宁龙佑赤壁温泉度假区	应城汤池温泉旅游景区	大洪山玉龙温泉
福建	龙海龙佳生态温泉山庄	厦门日月谷温泉度假村	
河北	石家庄华莹白鹿温泉景区	廊坊茗汤温泉度假村	
其他省份	内蒙古阿尔山海神圣泉旅游度假区	云南腾冲火山热海旅游区	陕西华清池温泉
	安徽巢湖金孔雀温泉旅游度假村	浙江宁波宁海森林温泉景区	四川甘孜海螺沟温泉

所温泉度假区（乡镇）。虽是不完全统计，但却是第一个给出全国温泉休闲度假地数量及机构名称。此外，中国温泉在线统计了457个温泉地数据，在总体分布上，与云南旅游协会SPA与温泉分会给出的数据大致相同，又由于该网站设于广州市，且广东也确实拥有众多已开发的温泉，因而其对广东省给予了较为详尽的调查。事实上，两套数据都是由温泉地（乡镇）、影响力较大的温泉企业（温泉酒店与温泉度假村）所组成。数据统计也存在一些缺陷，如注重形象传播的企业、温泉地及历史悠久的温泉地得以进入其中，而边远地区的温泉地和温泉企业，倘若不善宣传，就会被统计所疏漏，或者几家几处被笼统当做一处统计进来（见表2）。

表 2　我国温泉休闲度假地（乡镇）分布

云南(50)/(23)	广东(35)/(59)	辽宁(15)/(20)	重庆(14)/(14)	湖北(13)/(33)
海南(9)/(17)	山东(9)/(10)	湖南(9)/(21)	四川(8)/(24)	贵州(7)/(20)
安徽(7)/(11)	河北(7)/(8)	河南(7)/(13)	广西(6)/(18)	江西(6)/(8)
江苏(6)/(7)	浙江(5)/(12)	天津(5)/(6)	新疆(4)/(13)	福建(4)/(15)
陕西(3)/(14)	北京(3)/(35)	内蒙古(3)/(5)	山西(2)/(7)	黑龙江(2)/(8)
甘肃(1)/(4)	青海(1)/(8)	西藏(—)/(15)	吉林(—)/(8)	宁夏(—)/(1)

注："/"前为云南旅游协会 SPA 与温泉分会数据，后为中国温泉在线（http://www.wq18.com）数据。

对表 2 进行阅读，有以下几点需要事先了解。第一，这是分别基于协会和网站统计需要而由各单位填报的结果，因而存在漏报的情形，比如吉林长白山温泉是非常著名的温泉度假区，但却没有出现在协会的统计结果中；再如，有关北京的温泉度假区数量的统计显然太大；而且，温泉资源在个数上仅次于云南省的西藏自治区，也没有被列入协会公布的数据中，而实际上羊八井温泉、日多温泉等都是非常著名的温泉地。第二，由于还没有对温泉度假区做确切定义，所以，名单里虽大部分以度假区冠名，但也有实为单体企业的情形，有些企业甚至同处一个温泉镇里。第三，由于调查者为地方机构，所以会出现近详远疏的现象，除云南和广东省外，其他地区的数字随着距离渐远有准确性降低的趋势。

（二）温泉休闲度假区经营模式

1. 国营温泉疗养基地、温泉疗养院

国营温泉疗养基地、温泉疗养院多数始建于 20 世纪 50 年代。地方资源优势与企业资本结合而建的温泉疗养院，隶属于当地的卫生局、民政局、铁路局、总工会等不同的政府部门。例如，汤岗子温泉疗养院于 1949 年建院，由最初的三家合并为一家；中国煤炭临沂温泉疗养院 1955 年由国家煤炭部投资兴建，隶属山东省煤炭工业局；始建于 1965 年的福建省金鸡山工人温泉疗养院隶属于福建省总工会；黑龙江省军队离退休干部林甸温泉疗养院隶属于省民政厅等。

2. 股份制民营企业

这是我国温泉旅游开发的主体经营模式。股份公司以项目土地使用权和现金方式出资，战略投资者则以现金方式出资，双方共同设立有限责任公司，共同开发经营项目，项目经营收益由双方按照投资比例分享。

3. 中外合资、外商独资

市场经济的发展，使我国东部地区企业资本结构有了很大变化，尤其是广东、福建等东南沿海开放城市的温泉地，因其地理区位及市场潜力而吸引了外来资本。例如，广东省包括珠海御温泉、中山仙沐园温泉、新会古兜温泉度假村、惠州海滨温泉等企业都有港澳台资本的参与。广东肇庆的金水台温泉度假村由多米尼家外商投资，海南的七仙岭温泉度假村为日资经营，在福建有新加坡外商独资的厦门日月谷温泉度假村有限公司、台商投资建成的金汤国际温泉度假村，以及美国美中公司斥巨资兴建的福州青云山御温泉酒店及温泉休闲中心等。

二　我国温泉休闲度假业的宣传与评选

（一）各地温泉节庆典活动

虽然温泉洗浴在古时因气候原因适合于春秋两季，但是，随着交通条件的改善，以及我国素有注重春节前洗浴的习俗，现代温泉节庆活动主要发生在下半年，以10~11月份较为突出（见表3）。

表3　全国2009年度温泉节举办状况（部分）

月份	温泉节
1月	重庆巴南第二届温泉文化节
2月	四川峨眉山冰雪温泉欢乐节
3月	广东森波拉樱花温泉节
6月	辽宁阜新温泉资源开发高峰论坛
8月	辽宁熊岳海滨温泉节 海南七仙温泉戏水节(保亭) 中国星子(庐山)温泉旅游节
9月	云南寻甸首届温泉节
10月	江苏连云港东海温泉节 广东河源温泉节 山东威海文登国际温泉节
11月	广东惠州第四届国际温泉旅游节 浙江武义温泉节 广东恩平温泉欢乐节 安徽第二届黄山国际温泉旅游文化节 湖北咸宁首届国际温泉文化节 南京汤山国际温泉文化旅游节 贵州石阡首届温泉文化旅游节
12月	河南鲁山温泉节 山东枣庄温泉节 辽宁安波温泉滑雪节 安徽首届和县香泉温泉文化节

（二）媒体主推的十大温泉评选活动

2007年，由中国民族报社、搜狐旅游频道支持的中国十大温泉品牌、五十强、百强推介活动，得到了知名旅游专家的支持和近百万网民的参与。2009年，在杭州萧山举行的第二届中国（国际）休闲发展论坛暨第二次休闲城市市长峰会上，揭晓了由国内外旅游专家和网民共同评选出的“2009中国十大温泉养生基地”。除此之外，在互联网上还流传着出处不详但转载量极高的中国十大温泉度假胜地。编辑部位于上海、面向在华日本人的日文时尚杂志 *Bros*，也于2009年11月推出了中国十大举荐温泉。此外，还有北京十大温泉、云贵十大温泉等说法（见表4）。

表4　中国温泉 Top10 媒体评选活动

中国十大温泉品牌	中国十大温泉养生基地	中国十大温泉度假胜地	中国十大举荐温泉
黑龙江省五大连池	安徽黄山温泉	北京九华山庄温泉	从化碧水湾温泉
辽宁省辽阳汤河温泉度假村	云南腾冲温泉	海南皇冠假日滨海温泉酒店	扬州瘦西湖天沐温泉
八达岭温泉度假村	南京大吉汤山温泉	广东中山温泉宾馆	北京凤山温泉
北京龙脉温泉度假村	浙江嵊州碳酸温泉	广州金山温泉度假村	重庆贝迪颐园温泉
北京凤山温泉度假村	广东河源御临门温泉	四川海螺沟温泉度假区	昆明阳宗海柏联 SPA
河北省廊坊市京东第一温泉度假村	琼海市官塘温泉休闲中心	西藏德宗温泉	珠海御温泉
河南省郑州漓江温泉	内蒙古阿尔山温泉	西藏排龙温泉	厦门日月谷温泉
湖南省张家界江垭温泉度假村	湖北咸宁温泉	广东从化新温泉度假山庄	江西宜春天沐温泉
广西龙胜温泉龙福山庄	西安临潼温泉	云南南部金平勐拉温泉	重庆北温泉柏联 SPA
四川死海温泉	辽宁营口温泉	珠海御温泉	腾冲热海温泉

（三）中国温泉之乡评选活动

“中国温泉之乡”评选系中国矿业联合会地热专业委员会自2003年开展的一项活动，旨在推动地热资源的可持续利用和温泉地经济发展。评选标准有四：地热资源清楚、利用科学高效、资源管理到位、环境建设优美。以广东恩平温泉为开始，至2009年末，全国已评选出16个“中国温泉之乡”，其中2009年评选出了贵州石阡、湖北咸宁和安徽巢湖三个“中国温泉之乡”。除“中国温泉之乡”之外，该委员会还设置了“中国地热城”、“全国温泉开发利用示范区”、“地热开发利用区”和“中国御温泉之都”等别称。

三　温泉休闲度假行业规范的建立

（一）行业组织建设加快

2004 年，广东省率先在旅游协会下成立了温泉分会，2007 年又成立了广东温泉行业协会，并在其大力推进下，广东省于 2009 年 10 月宣布，每年 10 月 25 日为广东省的温泉日。除此之外，目前在全国范围内较有影响力的省市级别温泉组织还包括重庆市旅游协会温泉分会、云南省旅游协会 SPA 与温泉分会、大连市温泉协会、陕西省温泉协会和昆明市温泉协会等。

2008 年 12 月在北京温都水城温泉举行了中国饭店协会度假与温泉酒店委员会成立仪式。2009 年 6 月，中国旅游协会温泉旅游分会在广东珠海海泉湾度假城举行了成立大会，随着该组织的成立，2009 年 10 月在广东从化举行了第一届中国温泉行业总经理培训班，并于 11 月组团出访日本，参加第 62 届世界温泉及气候养生联合会日本大会。

除各地各级温泉行业组织积极推进温泉发展外，民间组织也在积极寻找温泉新亮点。例如，温泉职业经理人在线于 2009 年 10 月与重庆旅游协会温泉分会、重庆箱根温泉投资顾问有限公司共同举办了“第一届中国温泉名师大讲堂”活动。

（二）温泉标准逐步完善

2006 年 7 月，广东省质量技术监督局公布了中国首部温泉旅游地方标准《广东省温泉旅游服务规范》，该规范由广东省旅游协会温泉分会会长单位珠海温泉度假村于 2004 年初提出申请，组织有关机构经两年多的努力而完成。2008 年 5 月，广西壮族自治区质量技术监督局发布了《广西地热温泉分类》、《广西地热温泉卫生安全要求》、《广西温泉旅游度假区服务质量规范》3 个地方标准。成立于 2008 年的云南省旅游业协会 SPA 与温泉分会，虽然历史较短，却进行了诸多标准的制定工作，在 2009 年 9 月便由省技术监督局颁布了《旅游温泉标识使用规范》、《温泉旅游服务规范》、《温泉旅游服务场所等级划分与评定》和《SPA 经营场所等级划分与评定》等 4 项地方标准。

自2008年1月起，受商务部和中国商业联合会沐浴专业委员会直接委托，重庆箱根温泉投资顾问有限公司牵头多家温泉、SPA知名企业及国内外专家，起草中国第一部国家级温泉行业和SPA行业技术标准和职业认证标准，至5月初，已完成《中国温泉行业技术标准》和《中国温泉行业职业认证标准》的第一稿，正在组织起草《中国SPA行业技术标准》和《中国SPA行业职业认证标准》。

行业组织标准的完善程度可以说明一个行业的发展程度。除了广东省外，以丰富温泉资源为基础的重庆、广西、云南等一些省市地区都紧跟行业发展的步伐，加强了温泉休闲度假行业标准的制定工作。

四　温泉休闲度假效益显著

（一）全国过亿人次的温泉度假市场

2007年我国温泉企业接待总人数达到2100多万，年销售收入近40亿元，产业链价值达500多亿元（王立武，2009）。目前，我国各类温泉旅游类景区年接待游客估计在1.5亿人次，直接旅游收入超过5000亿元（窦群，2009）。云南省旅游业协会SPA与温泉分会于2009年初也得出了关于温泉旅游市场的一组预测数字："46亿元，这是开展一系列的营销和市场引导后，可为温泉旅游企业带来的直接经济收益；53亿元，这是温泉旅游对观光景区、旅游购物、非温泉型宾馆酒店、餐饮、旅游交通等行业产生的拉动效应；这还不包括对温泉旅游周边产业的拉动，比如水疗设备、精油原材料、建筑材料等。"

（二）省市温泉休闲度假经济效益显著

经过多年发展，贵州省温泉产业具备了一定的规模，2007年全省仅9家有规模的温泉企业就接待了旅游者101.78万人次，同比增长5.43%；旅游收入1.07亿元，同比增长16.93%。在陕西，华山御温泉、临潼爱琴海等30处温泉旅游项目日接待规模约5000人次，到2010年，华山御温泉等七大温泉旅游项目建设，日接待能力将达3万人次，年温泉旅游综合收入将达到50亿元人民币。据《云南信息报》显示，2008年云南省温泉旅游产值为20亿元。而《2008广东温泉旅游业综合实力研究报告》表明，该省2008年温泉行业产值达103亿元。

享有“中国温泉之乡”称号的广东省阳江市，2006 年温泉旅游接待游客 60 多万人次，直接、间接营业收入分别为 1 亿元、3.7 亿元，占全市接待游客的 13% 和旅游收入的 20%，预计 2010 年温泉旅游接待游客将达到 240 万人次，直接营业收入将超过 4.8 亿元，间接收入 16.8 亿元。[①] 全国温泉利用开发示范区南京汤山温泉 2007 年接待各地游客近 80 万人次，实现旅游收入 1.6 亿元。[②] 据江西省统计局统计表明，2008 年星子县温泉接待游客 73 万人，比上年同期增长 42%，旅游收入 7008 万元，比上年同期增长 49.4%，分别占全县旅游总人数、旅游直接收入的 49.5% 和 77.2%。在 2008 年春节黄金周期间，山东汤头温泉共持续接待游客、门票收入同比增长 56% 和 260%。安徽巢湖市截至 2009 年 12 月，可统计的温泉旅游开发实际投入 20 亿元，年接待游客 180 万人次，实现旅游收入 8 亿元，带动就业 1.5 万个。[③] 无论是省级还是在地市级上，温泉以其明显的资源优势为当地创造着巨大的经济和社会效益。

五　我国温泉行业存在的问题及发展趋势

一方面，就全国范围而言，温泉利用在我国还是比较初级的，缺乏充足的技术含量及文化内容。很多温泉资源由于地处相对较为偏远的郊区或乡镇，当地经济基础薄弱，缺乏发展资金，投融资方式落后，缺少卓越的经营者和充足的开发资金，因此停留于小规模经营或资源闲置阶段。开发前的规划及基础设施建设，以及运营中的科学管理等，都需要投入相当数量的发展资金。

另一方面，温泉度假休闲设施同质化现象严重。中国地方文化特色将在温泉建设中逐步深度渗透，物理性温泉疗法的专业化不仅是一个发展方向，而且将出现地域上功能分异的细分趋势。中国温泉业已经步入重新洗牌的时代，企业要创新才能可持续发展。主题鲜明、个性化、特色性、差异化将是整个温泉旅游行业的战略发展方向。目前，同类产品低档次，重复建设较多，单纯注重建筑形态和建设规模，从而忽略中国传统风格的继承，同质化不仅造成国内的竞争，也不利

① 北部湾东盟经济网，http：//www.bbwdm.cn/。

② 南京市国土资源局江宁分局，http：//www.jngt.gov.cn/。

③ 安徽省人民政府新闻发布网，http：//ah.anhuinews.com/。

于我国温泉休闲度假建设在国际市场上影响力的形成。

未来，我国在发展温泉特色项目上可以运用传统医学等领域的优势，利用一些天然植物制成药品，将温泉水与医疗保健相结合。在促进行业多元化发展的同时，中国温泉也应该争取海外的休闲度假市场。另外，在发展趋势上，还存在着产官学联合研究、交通行业主导边远开发、居民主导开发、健康养生等若干潜力的温泉增长领域。

参考文献

窦群：《我国温泉要打造品牌价值》，温泉网（广东温泉行业官方网站）（http://www.hsccn.com），2009。

王艳平：《中国温泉旅游地理》，大连出版社，2004。

王华、彭华：《温泉旅游的发展与研究评述》，《桂林旅游高等专科学校学报》2004年第15期。

王艳平：《温泉旅游研究导论》，中国旅游出版社，2007。

许兴旺：《休闲旅游——旅游经济发展的新潮》，2009年4月24日《中国民族报》。

王立武：《温泉旅游亟须行业规范》，2009年1月12日《中国文化报》。

张齐、周慈：《贵州温泉产业发展方兴未艾》，2009年1月5日《贵州日报》。

《陕西旅游力寻破“冰”点》，《陕西信息报》，http://xxb.sei.gov.cn。

《临沂河东“汤头温泉”旅游效益高》，新华网，http://www.sd.xinhuanet.com。

王艳平：《温泉开发的策划与规划》，东北财经大学出版社，2009。

山东半岛葡萄酒文化休闲旅游的发展

马 波 耿庆汇*

摘 要：基于雄厚的葡萄酒产业基础和日益普及的休闲文化，山东半岛葡萄酒文化休闲旅游得以迅速兴起，形成了以葡萄酒博物馆、葡萄酒庄、葡萄种植园、葡萄酒企业、葡萄酒街区和葡萄酒城、葡萄与葡萄酒节事活动为主要表现形式的产品体系，为区域旅游发展增添了新的内涵和特色。从山东半岛的实践经验看，葡萄酒产销与葡萄酒休闲旅游的协调、葡萄酒文化传播与葡萄酒休闲旅游消费的互动、葡萄酒品牌建设与葡萄酒休闲旅游长期发展的关联、葡萄酒休闲旅游的区域性嵌入、葡萄酒休闲旅游管理的制度创新，是需要周密考虑和有效解决的关键问题。葡萄酒文化休闲旅游的持续发展，当坚持促进产业统筹、渐进扩大规模、多元开发产品、塑造文化格调的基本策略。

关键词：休闲旅游 葡萄酒文化 山东半岛

山东半岛是中国现代葡萄酒工业的发祥地，也是国内最大的葡萄种植基地和葡萄酒产区。近年来，随着葡萄与葡萄酒产业的迅猛发展，具有休闲旅游功能的葡萄园区和葡萄酒庄悄然出现。葡萄酒文化休闲旅游涉及一、二、三次产业，既有助于带动区域葡萄与葡萄酒产业的发展，也有利于区域休闲旅游产业的升级，无论是表现形式还是内在机制，都有极大的特殊性。希冀本文对山东半岛（以烟台、青岛两市为主）葡萄酒文化休闲旅游的分析，为学界、相关业界和类似地区的政府部门提供参考和借鉴。

* 马波，青岛大学旅游学院院长，教授，博士生导师。耿庆汇，青岛大学旅游学院旅游管理系副教授。

一 山东半岛葡萄酒休闲旅游的兴起

（一）发展脉络

目前，我国葡萄酒休闲旅游尚处于起步阶段。山东半岛由于具备了较好的产业基础和文化背景而走在了全国前列。其发端，始于烟台张裕酒文化博物馆。

张裕是我国开展葡萄酒旅游最早的葡萄酒企业之一，拥有国家工业旅游示范点、国家4A级旅游景区张裕酒文化博物馆和张裕·卡斯特酒庄。始建于1992年的张裕酒文化博物馆是我国第一座专业葡萄酒文化博物馆，经改建、扩建后2002年正式对外开放，揭开了山东半岛葡萄酒文化休闲旅游的大幕。同年，集高档葡萄酒生产、旅游观光、休闲娱乐于一体的张裕·卡斯特酒庄开业。

2004年初张裕旅游公司正式挂牌成立，并将国内最大的葡萄酒文化博物馆、百年地下大酒窖、酒文化广场、被称为中国第一家专业化酒庄的张裕·卡斯特酒庄，以及张裕麾下的现代化葡萄酒生产线、万亩葡萄园、白兰地蒸馏车间、大型发酵中心等连成一线，构建起中国第一条真正的葡萄酒文化游线路。

张裕公司的成功，吸引其他企业纷纷加入了葡萄酒休闲旅游的队伍中。这些企业结合自身特点开发了多样而富有吸引力的产品，其中葡萄酒庄成为近几年来开发的重点。中粮集团·南王山谷君顶酒庄，致力于打造以葡萄酒生产为核心，涵盖优质酿酒葡萄苗木研发和种植、葡萄酒文化推广、世界顶级葡萄酒交流、葡萄酒主题休闲旅游、会所及专卖店经营等的产业集群；青岛华东百利酒庄是国家工业旅游示范点，新建的葡萄酒文化综合服务楼已投入使用；烟台瑞事临酒庄正式推出葡萄酒采摘及酒庄旅游项目；龙口南山庄园依托南山旅游对外宣传酒庄之旅；在养马岛的伊斯顿酒庄以葡萄酒生产、体育休闲旅游为重点；海阳金鼎、蓬莱的登龙、瑞枫奥赛斯等酒庄均被列为重点开发项目。

葡萄酒休闲旅游的蓬勃发展也引起了政府的关注，并推出一系列推广活动和重点建设项目，如葡萄酒特色街和葡萄酒节事活动等。2007年，烟台举办首届国际葡萄酒节；2008年烟台国际葡萄酒街正式开街；同年，亚洲首座葡萄酒主题乐园——张裕国际葡萄酒城落成并开放，成为展示烟台葡萄酒风情的标志性景观。2009年8月，青岛红酒坊葡萄酒特色一条街开街，葡萄酒文化周同时开幕。

（二）产业基础

大自然赋予了山东半岛发展葡萄酒休闲旅游的独特条件。烟台的气候与地理条件与法国的波尔多相似，非常适宜优质酿酒葡萄生长，被誉为“中国的波尔多”。尤其是蓬莱一带逐渐成为国内外知名葡萄酿酒企业的葡萄种植和酿酒基地，被列为“世界七大葡萄海岸”之一。沿烟台到蓬莱206国道两侧，葡萄种植基地连成片，形成了一条“葡萄长廊”。青岛大泽山葡萄种植历史悠久，距今已2100多年，现栽培面积达3万余亩，年产量5000万公斤以上。目前，山东半岛酿酒葡萄种植面积40多万亩，占全国总种植面积的一半左右。

以此为依托，烟台汇聚了张裕、长城、王朝、威龙等国内知名葡萄酒企业，并有法国、意大利、美国、加拿大、荷兰、英国等多个国家的企业兴办合资或独资葡萄酒企业19处，初步形成以张裕等企业为龙头的葡萄酒产业集群。在山东半岛，除了张裕、中粮长城等国内一线品牌，还有华东、威龙等二线品牌，海阳金鼎等新军，千里海岸线上有大大小小近150家葡萄酒企业。山东的葡萄和葡萄酒产业基本形成了沿海岸线密集分布的格局，葡萄酒海岸正在崛起，产业集群式发展特征明显。

（三）文化背景

葡萄酒文化体验是葡萄酒休闲旅游活动的核心部分。相较于欧美，我国的葡萄酒文化尚未普及。但随着我国葡萄酒生产和消费的快速增长，葡萄酒文化也逐渐得以传播并受到社会的认可。山东半岛作为我国最大的葡萄种植基地、葡萄酒产区，加之悠久的种植历史和深厚的葡萄酒文化积淀，为葡萄酒休闲旅游活动的发展奠定了良好的基础。

烟台是我国近代葡萄酒工业的发祥地，1987年又被国际葡萄·葡萄酒组织（OIV）授予“国际葡萄·葡萄酒城”。这其中，张裕公司作为中国最早的葡萄酒生产企业，在110多年的发展史中，为中国葡萄酒文化写下了灿烂的一笔。始建于1992年的张裕酒文化博物馆是中国第一座专业葡萄酒文化博物馆。博物馆通过历史实物、珍贵照片、翔实资料等，真实地展示了张裕公司100余年的传奇故事和中国葡萄酒文化的无穷魅力，每年都吸引大量中外游人前来参观。2002年，张裕又与法国葡萄酒业巨擘卡斯特集团合资兴建了张裕·卡斯特酒庄，这是中国第一座严格遵循国际酒庄3S（阳光sun，大海sea，沙滩sand）原则兴建的世界级葡萄酒庄，集高档葡萄酒生产、旅游观光、休闲娱乐于一体，通过展示高档葡萄酒的整个生产过程，宣传葡萄酒文化，引导消费者认识葡萄酒，理性消费葡萄酒。2007年，在张裕酒文化博物馆基础上创建的中国国际葡萄酒博物馆正式开馆。

此外，从1912年德国商人克劳克创建了青岛市第一家葡萄酒厂开始，葡萄酒就和青岛人结下了不解之缘。目前，我国从国外进口的葡萄酒总量中有三分之一通过青岛口岸。为进一步推广葡萄酒文化，青岛自2008年开始举办中国葡萄酒文化周，集中举办葡萄酒文化交流、展示和推介活动。

二 山东半岛葡萄酒休闲旅游产品开发的主要形式

（一）葡萄酒博物馆

葡萄酒博物馆是葡萄酒文化展示的集中地，也是葡萄酒休闲旅游活动开展的重要场所。山东半岛的葡萄酒博物馆主要有烟台张裕酒文化博物馆（中国国际葡萄酒博物馆）和青岛葡萄酒博物馆。

张裕酒文化博物馆以张裕公司一百多年历史为主线讲述企业文化及酒文化知识，介绍了中国葡萄酒业及中国民族企业崛起的艰辛历程，是葡萄酒行业中世界级水平的专业博物馆。自1992年对外开放以来，至今已累计接待150万游客，跻身国家4A级旅游景区。游客在亚洲最古老的酒窖，触摸600多只贮满酒的橡木桶，在酒香中品赏佳酿，并通过赏酒、品酒及与专业品酒顾问的交流，了解中外葡萄酒文化，学习葡萄酒知识。中国国际葡萄酒博物馆在张裕酒文化博物馆基础上创建，于2007年正式开馆，主要向人们展示世界葡萄酒文化及国际葡萄酒城烟台的葡萄酒外交。它的建立，对提升烟台国际葡萄酒城的地位，增进烟台与国际葡萄酒行业及组织的信息交流，起到了积极的推动作用。

青岛葡萄酒博物馆于2009年正式开馆，是青岛市“红酒坊”特色街的点睛之作。博物馆主要分为五个区域，分别介绍展示酿酒葡萄知识、葡萄酒知识、世界葡萄酒区的情况、中国葡萄酒文化、葡萄酒制作工艺流程等。

（二）葡萄酒庄

酒庄是葡萄酒文化休闲旅游的方向。在酒庄，人们可以领略诗情画意的田园风光，欣赏欧式风格的漂亮建筑，品尝葡萄酒高端产品和酒庄自制美酒、美食，体验人工采摘和酿酒，品味一种悠闲又高雅的休闲生活。目前山东半岛正在建成全国著名的葡萄海岸酒庄群。

已建成或在建的主要葡萄酒庄有：张裕·卡斯特酒庄（最早建成开发，功能相对完善）；南王山谷君顶葡萄酒庄（规模宏大，自然环境优美，建有观光园和五星级会所）；华东猎王谷葡萄酒庄（规模较大）；瑞事临酒庄（拥有“中国葡萄酒旅游网”平台，已开展葡萄采摘等诸多休闲活动）；南山庄园（位于著名的南山旅游区）；伊斯顿葡萄酒庄（体育特色鲜明，位于养马岛）；瑞枫奥赛斯葡萄酒庄（法国风格，有食宿条件）；登龙红酒庄（胶东民居建筑，纯正英式酒堡，位于丘山山谷）；海阳金鼎葡萄酒庄（极具中国特色，鼎状标志性建筑）；华东百利庄园（自然环境优美，位于崂山九龙坡）等。这些酒庄依托自身特色和周边环境，可以开发出形式多样而又极具吸引力的产品，代表了山东半岛葡萄酒休闲旅游的形象和发展方向。

（三）葡萄种植园

葡萄种植属于农业的范畴，葡萄种植园区也多位于乡村或城市的周边，拥有开阔的空间、优美的乡村环境和独特的葡萄景观，非常适合于开展葡萄休闲旅游活动。在山东半岛广大的葡萄种植基地，尤其是蓬莱山区和平度大泽山等葡萄种植聚集区，形式多样的乡村/农业休闲旅游活动遍地开花，深受周边城市居民和外地游客的欢迎。

游客通过观赏葡萄园的田园风光、采摘品尝各种各样的葡萄、尝试传统的手搓酿酒，以及在葡萄园进餐、住宿、篝火晚会等活动，获得全面、真切的独特体验。

（四）葡萄酒企业

山东半岛目前有大小葡萄酒生产企业150多家，而对外开展此类休闲旅游活动的仅有烟台张裕、中粮长城、青岛华东等少数知名企业，部分企业已制订相应的发展规划，而绝大多数中小企业尚未有开放的意图。

葡萄酒企业一般组织游客深入生产一线参观酒厂生产设备，例如罐装车间、库房、储藏运输罐；观看葡萄酒酿造工艺生产线，了解葡萄酒制作的全部过程，了解并品尝各种品牌、不同年代葡萄酒样品等，借此既可以满足旅游者增长知识、开阔视野、丰富阅历等休闲旅游需求，又给酒厂带来了酒品直销收入和旅游门票等直接的经济效益，还获得了宣传企业形象、打造企业品牌、建立良好客户关系、拓展业务领域等间接效益。

（五）葡萄酒街区和葡萄酒城

葡萄酒街区和葡萄酒城是山东半岛葡萄酒文化休闲旅游的重要载体，主要包括张裕国际葡萄酒城、烟台国际葡萄酒街和青岛红酒坊特色街等。

烟台是亚洲唯一的“国际葡萄·葡萄酒城”。2008年，展示烟台葡萄酒风情的标志性景观——张裕国际葡萄酒城落成并开放。它由张裕·卡斯特酒庄、酒城之窗、葡萄公园等部分组成，是亚洲首座葡萄酒主题乐园。其中张裕·卡斯特酒庄是中国第一座专业化酒庄，拥有目前国内最现代化的酒窖，常年举办葡萄酒修学之旅、体验之旅、风情采摘节、体验购物节等特色活动；酒城之窗是中国乃至世界最大的葡萄酒文化体验中心，主要由葡萄酒展销中心、个性化体验中心、葡萄酒主题餐厅等组成；葡萄公园背依浩瀚大海，与金沙滩相伴，风光迤逦。千亩葡萄园里种植了180多种来自世界各地的名贵葡萄，500米鲜食葡萄长廊秀美壮观。

烟台国际葡萄酒街位于烟台海滨，拥有中西合璧的历史建筑和欧式风格的牌坊，洋溢着浓郁的西洋风格。该街一层为酒吧，二层为展示销售厅，作为休闲、经营场所长期对外营业。而红酒坊是青岛市2009年重点打造的一条特色街，现已入驻葡萄酒企业18家，目标是建成岛城档次最高的红酒时尚消费区，打造出一条具有国际水准的红酒大道。目前已被中国酿酒工业协会授予“中国（青岛）国际葡萄酒街”的荣誉称号，成为国内首条获此殊荣的红酒特色街。

（六）葡萄与葡萄酒节事活动

节事以其巨大的经济增量效应、关联带动效应、地区形象传播效应等普遍受到地区政府及企业的重视。目前，山东半岛最具代表性的葡萄与葡萄酒节事活动

是烟台国际葡萄酒节和青岛大泽山葡萄节。

烟台国际葡萄酒节是经国务院批准的重要国际经贸活动，曾当选全国“30个最受关注的节庆活动”之一，自2007年以来已经成功举办了三届，共有来自20多个国家和地区的500多家企业和10万人次参会参展。这一活动的举办，为加强国际间在葡萄与葡萄酒领域的交流与合作，弘扬葡萄酒文化，做大做强中国的葡萄酒产业发挥了重要作用。青岛大泽山葡萄节始于1987年，经过23届的发展，而今也已成长为在国内外颇有影响力的节庆品牌。为进一步推广葡萄酒文化，青岛自2009年开始举办中国葡萄酒文化周，集中举办葡萄酒文化交流、展示和推介活动。

三　山东半岛葡萄酒休闲旅游开发面临的主要挑战

（一）葡萄酒产销与葡萄酒休闲旅游的协调

葡萄酒休闲旅游活动的开展不仅为葡萄酒企业带来直接的门票收益，更是企业产品销售、企业形象宣传的重要渠道。当前，山东半岛的大多数葡萄酒企业尚未认识到开展休闲旅游活动的重要意义，更缺乏足够的动力对此进行规划建设。即使在已经开展葡萄酒休闲旅游的企业中，大多数条件还不完备，仅有少数提供品酒服务，基本不提供就餐和住宿服务，缺少专门机构和专业人员提供相应服务。

为使休闲旅游活动发挥出应有的效益，葡萄酒企业应从多方面注意两者之间的协调问题，如游览线路、展示销售中心及品酒室的设计等。

（二）葡萄酒文化传播与葡萄酒休闲旅游消费的互动

同我国其他地区一样，山东半岛由于生活方式和消费习惯的差异，葡萄酒消费人群较小，葡萄酒文化缺乏足够的沉淀。无论是当地居民还是外来游客，对葡萄酒的生产和消费都缺乏足够的了解。这在一定程度上制约了葡萄酒休闲旅游消费的规模。

因此，从这一角度来讲，葡萄酒休闲旅游的发展有赖于葡萄酒生产企业和各相关机构对葡萄酒文化的传播。另一方面，通过观赏、参与、体验各种类型的葡萄酒休闲旅游活动，人们对葡萄酒文化的认知水平也会水涨船高。两者相互依赖，相互促进。

（三）葡萄酒品牌建设与葡萄酒休闲旅游长期发展的关联问题

国际葡萄酒休闲旅游发展的实践证明，葡萄酒的质量和品牌是葡萄酒休闲旅游成功的先决条件，通过葡萄酒质量和品牌给人们留下好的印象可以使一个地区吸引到游客。

从整体上看，山东半岛已经是国内领先的葡萄酒产区，并拥有张裕、威龙、华东等品牌，但这与总共 150 多家葡萄酒生产企业、全国第一大葡萄酒产区的地位仍不相称，建设国内甚至国际著名葡萄酒品牌任重而道远。葡萄酒休闲旅游的长期持续发展离不开葡萄酒产业和品牌的支撑。

（四）葡萄酒休闲旅游的区域嵌入性

葡萄酒休闲旅游涉及一、二、三次产业和多元主体。葡萄种植和葡萄酒的酿造直接影响着葡萄酒休闲旅游的发展，而葡萄酒休闲旅游又能促进葡萄酒产业发展、推动乡村进步，这就要求葡萄酒休闲旅游开发需要通盘考虑区域内部产业协调与主体合作。当前，山东半岛的葡萄酒休闲旅游仍主要依附于一、二次产业，难以满足游客的需要，各开发主体单打独斗，各行其是，缺乏合作。

此外，作为一项专项活动，葡萄酒休闲旅游需要融入区域休闲旅游的大格局中才能发展得更好更快。在当前各园区服务机制和配套设施还不是很完善的大环境下，葡萄酒厂商应主动寻求与旅行社建立长期合作关系，将葡萄酒休闲旅游穿插进旅行社的相应行程进行推广。

（五）葡萄酒休闲旅游管理的制度创新

由国际经验可知，葡萄酒休闲旅游的兴起和繁荣必须由官方或行业组织的统一规划和协调管理。德国的葡萄酒之路、美国那帕谷葡萄酒之旅等世界知名葡萄酒产地，在葡萄酒休闲旅游的开发、规划管理、联合发展等方面的成功经验值得我们参考借鉴。

但包括山东半岛在内的我国葡萄酒产区与国外葡萄酒休闲旅游的组织管理有明显差别，参与主体和利益相关者众多，既有分散的种植农户，又有企业的种植

基地，还包括地方政府，组织协调难度很大。因而，需要各地根据区域内的实际情况，探索创新管理制度，促进葡萄酒休闲旅游持续发展。

四　葡萄酒休闲旅游持续发展的基本对策

基于对休闲旅游特性、葡萄酒文化特性及山东半岛葡萄酒旅游发展实践的综合分析，可以看出，葡萄酒文化休闲旅游可持续发展的实现，应当坚持实施合作发展、渐进发展、多元发展、格调发展四大基本策略。

（一）合作发展

合作发展有多层含义，包括统筹三次产业，协调多元主体，加强地区分工合作等。

“好葡萄酒是种出来的”，这句名言反映了葡萄种植业与葡萄酒酿造业在规模、品质之间的关系。由于葡萄种植和葡萄酒酿造在很大程度上决定着葡萄酒文化休闲旅游的发展，而葡萄酒文化休闲旅游又起到带动葡萄酒业、推进乡村进步的功能，这就使得葡萄酒专项旅游开发要统筹葡萄种植业、葡萄酒制造业和葡萄酒文化休闲旅游业这三个分属于不同经济部门的产业（见图 1）。

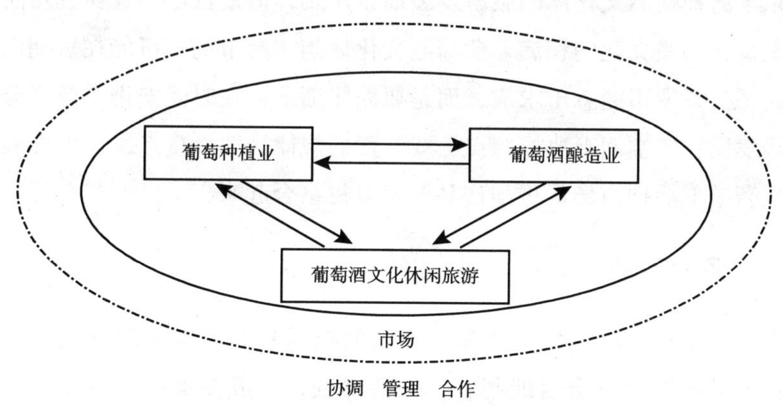

图 1　葡萄酒休闲旅游发展中的产业关系

进一步说，三次产业间的经济技术关联表现在数量、质量和利益分配三个方面，其中利益分配是最根本的因素。发展葡萄酒文化休闲旅游，要求种植户和葡萄酒厂商提供符合旅游者需求的产品和服务，同时，必须能够给种植户和葡萄酒厂商带来平衡的收益。这就意味着，开发葡萄酒文化休闲旅游首先需要发挥政府的功能，建立一套合作体系，把包括种植农户、葡萄酒企业、旅游企业及其他相关主体组织起来，协同发挥作用。

此外，对于青岛、烟台、威海这三个毗邻的城市而言，需要根据自身特色，在葡萄酒文化休闲旅游发展过程中形成明显的分工，避免重复建设，进而构建合作关系，保证整体利益的最大化。

（二）渐进发展

山东半岛已经是中国葡萄酒生产的主要区域，但葡萄酒文化休闲旅游的潜力并没有得到完全释放。葡萄种植户和葡萄酒生产商的旅游观念还比较淡薄，也没有聚焦区内和国内市场的旅游营销。迄今为止，山东半岛的葡萄酒文化休闲旅游影响依然较小，到山东甚至是到山东半岛的旅游者，多数并不知道这里的葡萄酒生产全国知名，也不知道所生产的葡萄酒的种类。目前，大多数酒厂不认为酒窖直销是重要的，只有少数几个酒厂/酒庄和一个葡萄酒博物馆为游客提供品酒服务。

在葡萄酒文化休闲旅游具体的实施过程中，必须考虑市场的规模和增长速度。山东半岛葡萄酒文化休闲旅游发展前景广阔，但是目前仍处在起步阶段。由于中国缺少葡萄酒文化的积淀，葡萄酒文化休闲旅游市场不可能在短期内迅速壮大。因此，其开发不能急于求成，而是要循序渐进：在时间安排上要区分阶段目标，稳步发展；在空间上要按照点、线、面的规律，选择重点，优先发展，逐步扩展；在营销上要把市场促进与产品开发有机结合起来。

（三）多元发展

葡萄酒休闲旅游以葡萄种植和葡萄酒消费为基础，以葡萄酒文化体验为主体，具体产品的开发应当因地制宜，灵活多变，形成多类型、多层次的产品体系，以适应市场的多样化需求，使之成为山东半岛乃至山东全省的一大特色。

尽管葡萄酒文化休闲旅游的重要性和经济价值都在提高，但是即使在传统的葡萄酒生产国，也很少只用葡萄酒本身作为主题的包价旅行团。虽然葡萄酒可能是很重要的方面，但是葡萄酒通常都会与其他的旅游吸引物相结合。近几年，将葡萄酒与其他活动结合的新型旅游产品取得了成功。这些产品包括葡萄酒与烹饪、葡萄酒与骑自行车、葡萄酒与游船、葡萄酒与高尔夫等。同样，葡萄酒也成了农业旅游和工业旅游的一部分。

因此，山东半岛在努力开发多样化的葡萄酒专项休闲旅游产品的同时，要注重葡萄酒文化休闲旅游产品同景区（点）、高尔夫、温泉、度假区等其他产品的组合配套，使葡萄酒文化休闲旅游同观光旅游/度假旅游、工业旅游/农业旅游、城市旅游/乡村旅游、节事旅游/商务会展旅游等多种旅游形式融为一体，互相促进，协调发展。

（四）格调发展

葡萄酒的性质决定了葡萄酒休闲旅游开发是一种健康雅致的活动，满足的是消费者的审美愉悦和精神享受。因此，无论是硬件（有形产品、配套设施）开发，还是软件（环境、服务）建设，无论是定位于高档市场，还是大众市场，都必须讲求格调，突出特色，保证品质。格调是葡萄酒休闲旅游开发的生命线。烟台和青岛作为两个主要的依托城市，应当注意在关键的区段营造葡萄酒文化休闲旅游所需要的独特的环境氛围。

·休闲的引导与促进·

国家旅游局对休闲发展的谋划和引导

高舜礼*

摘　要：2009年是国家旅游局履行国务院赋予的“引导休闲度假”职能的第一年。本文概述了国家对休闲发展的关切与指导，研究分析了当前休闲发展面对的环境与策略，回顾了一年来所做的谋划、引导和推动，以及初步形成的促进休闲发展的新局面。

关键词：休闲　引导　发展

2009年是国务院明确“引导休闲度假”职能归属的第一年，也是国家旅游局积极行使该项职能的第一年。通过多方面的谋划和多层次的推动，理出了引导休闲发展的基本思路，初步打开了促进休闲业发展的新局面。

一　国家对休闲发展的关注

休闲是人类物质文明和精神文明发展的里程碑，是经济社会发展到一定阶段后的必然追求。我国少数人群的休闲文化与生活，自古有之，源远流长，但大众化的国民休闲则是近些年的事。这主要得益于改革开放以后经济社会的飞速发展、人民生活的日益改善、闲暇和金钱的不断增多，以及生活品位的日渐提升。

“休闲”进入国家视野始于21世纪之初。于光远、成思危等率先倡议发展休闲产业和休闲经济。2006年4月，在浙江杭州举办的“世界休闲博览会”和“世界休闲高层论坛”上，时任国务院副总理的吴仪发表了题为《积极发展休闲服务，不断提高生活质量》的主旨演讲，这是中央政府首次阐述对休闲服务和

* 高舜礼，国家旅游局综合协调司副司长，中国社会科学院旅游研究中心特约研究员。

休闲业的态度。她在演讲中指出，“如何满足人们的休闲需求，发展与休闲相关的产业，不断提高生活质量，是值得我们深入思考的一个问题。无论是政府机构还是企业、民间组织、学术团体，都应积极研究使大多数人都能够享受休闲生活的具体措施，倡导积极向上、文明、健康的生活方式”，并以旅游、文化、体育三个产业为例，向海内外与会者介绍了我国休闲业的发展情况。之后不久，时任全国政协副主席张怀西在视察浙江杭州、宁波等市休闲产业发展情况后，向全国政协及国务院呈送了《关于休闲产业发展情况的视察报告》，提出引导和规范休闲业发展的若干建议，国务院领导同志批示有关部门研究。2007 年 3 月，国务院总理温家宝在《政府工作报告》中提出，“积极培育休闲消费热点”，这是休闲首次进入我国经济社会发展的工作部署中。2008 年下半年，国务院办公厅印发了经国务院批准的“三定”方案，将“引导休闲度假”职能赋予国家旅游局，这是国家首次明确“休闲”管理工作的归属。2009 年 3 月，温家宝在《政府工作报告》中再次强调，“加快发展旅游休闲消费”；12 月初，在《国务院关于加快发展旅游业的意见》中，明确部署“积极发展休闲度假旅游”，“制定国民旅游休闲纲要”；在中央经济工作会议上，胡锦涛总书记强调“要适应群众生活的多样性、个性化需要，增加文化娱乐、体育健身、休闲旅游、教育培训、家政服务等消费，引导消费结构升级”；温家宝总理要求“大力发展面向民生的服务业，重点发展旅游、文化、出版、体育等产业”。

二　引导休闲发展的环境与策略

根据国务院赋予的有关职能，国家旅游局在 2009 年初进行了内设机构“三定”，决定由综合协调司行使“引导休闲度假”的职能，具体工作由假日处承担。履行和行使这一新的职能，既有一些有利因素，也面临不少挑战。

（一）拥有的有利因素

一是国家明确了支持休闲业的发展导向。无论是《政府工作报告》、中央经济工作会议文件，还是中央领导的讲话，都多次表明支持休闲业发展的原则态度。二是国务院明确了国家旅游局负责引导休闲发展的职能。这有利于促进和引导兼具分散化和集群式特征的休闲业态，统筹协调多个部门和行业，为休闲业健康协调发展提供基础性保障。三是一些地方探索积累了推动休闲发展的初步经验。例如，杭州市积极发展大休闲产业，近年来抓了十大特色和潜力产业，定期举办以休闲为主题的高层论坛，着力改善休闲公共设施；一些地方出台了与休闲相关的温泉、滑雪、高尔夫、乡村旅游等地方标准。四是休闲发展的基础和条件不断优化。我国人均 GDP 在 2010 年可望达到 4000 美元，公共假日已达 115 天，劳动者另有 5 ~ 10 天的带薪休假，随着全面小康目标的逐步实现，大众休闲消费需求日渐扩张，休闲产业发展前景无量。

（二）面对的客观困难

由于休闲自身的特征，以及缺乏必要的管理规范手段，给行使引导休闲发展职能带来一些困难。一是休闲发展实践超前于管理现实。我国大众休闲起步虽晚，但发展迅速、类型丰富、业态众多，既有传统的提笼架鸟、栽花养鱼、斗鸡遛狗、泡茶馆、搓麻将，也有后工业化时代流行的泡酒吧、上网吧、进迪厅、挑战极限、度假休闲、SPA 等时尚消费，也有乡村庄园、葡萄酒庄、高尔夫球场、豪华游艇、大型游乐园等西方“舶来品”。由于休闲产业的新兴性和非传统的主流性，往往被视为传统产业的边缘带或衍生带，有些行业管理部门给予了一些关注，但大多未正式纳入管理范围，也缺乏有效的管理手段。二是休闲业处于多头分管状态。相关行业依托传统的影响和产业关联度，对本领域内的休闲业态和相关事务施行了一定管理，使休闲业处于诸侯割据的“春秋战国”时代。一些中介机构、社团协会和非政府组织打着“休闲”旗号，通过举办论坛、评比、赛事、展览，对休闲业施加各种影响。在这种情况下，无论由哪个部门“牵头”，由各自为政到协调发展都要有一个过程。三是引导休闲发展缺乏必要的工作基础。除了国家已明确的支持休闲发展的导向外，没有相应的产业政策，也没有相应的技术标准，更没有上下关联的工作机构。因此，履行好引导休闲发展的职能，面临不少客观困难。

（三）引导休闲发展的策略

面对目前休闲业发展的客观现状，要履行好国务院赋予的引导休闲发展的职能，大致应着重抓好几方面工作：一是探索建立引导休闲发展的工作抓手。例如，研究制定指导休闲发展的规划纲要，在标准规划体系中增加“休闲”，组织发布休闲产业年度报告和趋势预测，牵头举办国际或国内休闲产业会议等。通过这些具有广泛覆盖性的工作手段，逐步引导休闲发展。二是积极争取有利于休闲发展的宏观政策。例如，优化假日资源的配置，落实带薪休假制度，推动减免旅游景区门票，完善休闲度假消费政策等，在不断提供服务过程中实现对休闲业发展的引导，这也是政府部门转变职能的必然趋势。三是加强部门协同与产业融合发展。突破产业、行业和部门的界域，加强深度协作，推动融合发展，学习借鉴经验，积极发挥综合产业优势。例如，推广各地发展休闲的政策措施，引进国外发展休闲的成功经验，制定和推行休闲技术与服务标准，推动休闲业发展上轨道、上水平。四是充分发挥行业协会的自律作用。根据休闲业发展特点，推动组建与休闲业相关的专业协会，广泛吸纳从事文化娱乐、休闲运动、养生保健、休闲商业等各类休闲度假企业加入协会，通过协会团结、凝聚广大业者，发挥引导休闲发展的桥梁纽带作用。

三　引导休闲产业发展所做的工作

2009 年尽管受到了全球金融危机的影响，但休闲与旅游、文化、娱乐等一样所受冲击不大，除延续了既有的发展态势外，休闲业发展声势未减，发展氛围更加浓厚。在国家旅游局和有关部门的推动下，休闲政策等方面取得了若干突破。

（一）争取了促进休闲发展的若干政策

自春季启动研究、到岁末发布施行的《国务院关于加快旅游业发展的意见》（以下简称《意见》），蕴含了大量促进休闲业发展的精神，政策含金量之高、覆盖范围之广，是有史以来的第一次。《意见》多处明确提出要促进休闲业发展，例如：在推动旅游产品多样化发展方面，要求“积极发展休闲度假旅游，引导城市周边休闲度假带建设”，“规范发展农家乐、休闲农庄等旅游产品”，“有序推进国家旅游度假区发展”；在培育新的旅游消费热点方面，要求“大力培育发展具有自主知识产权的休闲、登山、滑雪、潜水、露营、探险、高尔夫等各类户外活动用品及宾馆饭店专用产品”；在加强规划和法制建设方面，要求“制定国民旅游休闲纲要，设立中国旅游日，落实带薪休假制度”。此外，《意见》中有

关优化旅游消费环境、倡导文明健康旅游方式、加快旅游基础设施建设、提高旅游服务水平、提升旅游文化内涵、加大政府投入等方面的决定，也十分有利于推动休闲业发展。

（二）启动了《国民旅游休闲纲要》的相关工作

国务院《意见》决定“制定国民旅游休闲纲要”，这是关乎休闲长远发展的大事，有利于确立休闲业在国家发展战略中的定位，明确休闲产业的发展思路、政策导向、产业布局等，进一步调动各级政府积极性，充分发挥市场配置资源的优势，全面促进休闲产业发展。这一战略思路得以付诸国家层面决策，凝聚了业内人士长期不懈的努力，尤其是2009年的广泛深入的工作。制定旅游休闲纲要的思路，起源于20世纪末对编制旅游产业政策的研讨，到2007年9月国家旅游局首次公开提出“鼓励有条件的地区制定国民旅游计划”（旅发〔2007〕51号）；同年，在向国务院汇报“十一”黄金周旅游情况时，建议国家层面研究编制该计划。与此同时，一方面推动个别省份“先行先试”，另一方面谋求和推动尽快在国家层面立项编制。一年来，该项工作在几个层面陆续展开。

一是开展基础性研究。国家旅游局综合协调司牵头，委托中国旅游研究院开展基础性研究工作，如收集资料、梳理问题、厘定概念、廓清领域、研究框架等。上述方面涉及理论界、学术界对休闲相关概念的有关论点，休闲的内涵、定位、功能等，休闲相关产业的关系与边界，休闲的业态与产业链，休闲发展的影响因素，休闲发展的导向原则，休闲发展的政策环境，发达国家的经验借鉴，地方先行先试的实践探索等。上述基础性的研究工作，从2008年底至2009年夏取得了阶段性成果，为具体编制工作提供了必要的研究支撑。

二是广泛开展调查研究。从年初起，“国民旅游休闲计划”成为社会舆论的焦点之一。一方面，旅游部门密切关注各类观点，随时进行收集归纳，为基础性研究提供借鉴；另一方面，积极开展调研工作，先后在山东济南、浙江杭州召集小型座谈会，听取业界的意见，会同发改委谋划这项工作在国家的立项，走访国家体育总局，借鉴《全民健身计划》出台的经验。有关地方、部门和人士的若干代表性观点，对纲要编制具有一定的启发性。例如，休闲纲要应以关注民生为重点，兼及促进消费、拉动内需等功能，而不能着眼于短期内抗御全球金融危机的影响；休闲纲要应既体现宏观性、战略性、指导性，不急功近利，不急于求成，又具有可实施性和可操作性，有利于实质性地推动休闲发展；休闲纲要应贯彻“以人为本”，尽量扩大休闲覆盖面，既使休闲人人可望、人人可享，促进人的全面发展，又使休闲尽量覆盖传统、新兴和现代休闲领域，推动全民共享经济社会发展成果；休闲纲要既要明确各级政府加大投入，为国民旅游休闲提供服务和保障，又要充分发挥市场配置资源的基础性作用，广开市场化融资的渠道等。

三是关注和推动地方先行先试。2008 年 11 月，国家旅游局与广东省政府在紧密合作谅解备忘录中，明确支持广东省“先行先试”国民休闲计划。2009 年 1 月，国家旅游局在全国旅游工作会议上宣布，广东、浙江、江苏、山东为国民休闲计划试点省份。此后，江西省、北京市也宣布试行国民旅游休闲计划。国家旅游局紧密跟踪和指导了有关省份的试点工作。

四是争取把编制“纲要”纳入国务院《意见》。2009 年初，国家旅游局会同发改委提出了争取国务院对编制国民休闲计划立项的工作计划。之后，抓住论证和起草《意见》的契机，把“制定国民旅游休闲纲要”写入了《意见》，并于 11 月由国务院常务会议原则通过。

（三）推动把“休闲”纳入全国标准规划

标准体系表是开展标准化工作的指导性文件，也是进行标准立项和编制发展规划的重要依据。此前，标准体系表中没有“休闲”的序列和类别，仅在有些行业的标准体系表中有个别休闲业态的名称，例如，在《全国旅游业标准体系表》（2000 版）中，有“旅游度假设施与服务规范”、“分时度假操作规范”，但没有关于休闲的标准类别。旅游部门积极地开展工作，争取在新发布的《全国旅游业标准体系表》中把休闲纳入其中。其中，在有关编制说明中，休闲度假与旅游区、旅游产品、旅游住宿、旅行社、旅游车船等相关设施与服务一同被列为“旅游标准的重点领域”；在“旅游业基础标准术语”门类下，列出了“休闲度假类术语”；在旅游业要素系统标准中，“休闲度假”作为一个标准领域而非标准单项，位列“旅游区”门类之下，据此可进一步扩展为旅游度假区、户外运动基地建设、休闲空间与场所等项目；在“旅游产品”（同上）的门类下，列出了“度假旅游规范”；在“文化娱乐”（同上）门类下，列出了“休闲度假设施管理与服务”标准项目。还有一些休闲度假的项目，被分别融入各旅游要素标准中。此外，《全国旅游标准化发展规划（2009 ~ 2015）》提出，要针对旅游新业态发展的需要，加快新标准的研制，重点加强休闲、度假、生态等旅游产品及特种旅游和旅游商品等方面的国家标准、行业标准及地方标准的制定工作。

（四）加强与文化、体育等行业协作

2009年9月，国家旅游局、文化部发布了《关于促进文化与旅游结合发展的指导意见》，提出编制双年度《国家文化旅游重点项目名录》，对重点项目给予行业政策、项目审批、信息服务和市场开拓等方面的扶持，支持一批文化旅游企业向集团化和品牌化方向发展，引导旅游文化名街、名镇、文化旅游示范县建设，打造文化旅游特色产业聚集区。其中，对传统技艺类非物质文化遗产，通过生产性保护加以合理利用；对传统表演艺术类非物质文化遗产，通过原真形态的展示和开发使之成为具有地方民族特色和市场效益的文化旅游节目；依托文化生态保护实验区中独具特色的文化生态资源，积极发展文化观光游、文化体验游、文化休闲游等。

2009年6月，国家旅游局参与了国家体育总局牵头的14个部门会签的《关于组织开展“全民健身日”活动的通知》，把“健身休闲”、“康体旅游”等纳入全民健身的体育活动中。12月，会同体育局联合发出《关于促进体育旅游发展倡议书》，从战略高度强调推动体育与旅游融合发展的重要性，倡议大力培育体育旅游消费热点，创新体育旅游融合发展体制机制，促进旅游、体育与文化、服务、电信、交通等产业的关联发展，积极引导体育旅游健康发展。

国家旅游局、农业部在2008年签订合作协议的基础上，于2009年10月共同推动成立了中国旅游协会休闲农业与乡村旅游分会，旨在加强对休闲农业、观光农业、乡村旅游等的组织领导，促进休闲农业、乡村旅游的健康发展。

（五）组织研究全国休闲产业发展现状

为了总体把握休闲业发展现状，积极向休闲业界提供信息服务，发挥市场机制配置资源的基础性作用，全面引导休闲业发展，国家旅游局委托中国社会科学院开展了休闲业发展现状的跟踪研究。该项研究充分发挥中国社会科学院科研力量雄厚、公信力较高、权威性较强的优势，总结和反映全国休闲产业年度发展情况，研究预测休闲产业发展趋势，以体现对休闲产业的服务与引导。

（六）促进假日资源优化配置

科学配置假日资源与促进休闲发展关系密切。2009 年，有关地方和人士对假日资源配置提出了若干建议，有很多声音呼吁推动落实带薪休假。国家旅游局在此方面做了以下工作。

一是积极调研和推动落实带薪休假。在 2009 年初的全国旅游工作会议上，国家旅游局提出“抓住扩大内需的有利时机，积极推动和引导带薪休假与现行假日制度相结合，形成弹性休假安排”。此后，广东等省市提出了将“五一”法定假日与带薪休假搭桥连休的动议。3 月，国务院办公厅发出通知，重申严格贯彻落实 2009 年既定的放假安排，同时提出“落实《职工带薪年休假条例》，单位可根据生产、工作的具体情况和职工本人意愿，灵活安排”。8 月下旬，为贯彻国务院领导同志对带薪休假“要了解整个社会的执行情况”的指示精神，国家旅游局召集了有人力资源与社会保障部、财政部、国务院法制办、最高人民法院、全国总工会等部门同志参加的座谈会，委托搜狐网对 18591 人进行了带薪休假问卷调查。总的来看，带薪休假的落实在不同群体之间存在较大差异，相当一部分职工未享受年休假。在党政机关和事业单位中，享受带薪休假的稍多一些，其中，中央好于地方；在企业单位中，国有企业好于民营企业，其中，规模以上国有企业好于其他类型企业；在非国有企业中，外商独资和合资企业好于民营企业，其中，欧美企业好于日韩企业，智力密集型企业好于劳动密集型企业，东部较发达的地区好于中西部地区；一些传统的劳动密集型中小企业及有雇工的个体工商户，落实带薪休假最差，甚至连带薪年休假的概念也没有，也成为该制度落实执行的最大阻力方。在调研的基础上，国家旅游局向有关方面提出了推动带薪休假进一步落实的工作建议。第一，加强宣传引导。通过多种形式的宣传，让广大职工充分了解带薪休假是国家法律赋予的合法权益，让各级政府充分意识到使职工享受带薪年休假是贯彻“以人为本”执政理念的重要体现，多方位地营造有利于落实带薪休假的社会氛围。第二，制定切实可行的落实措施。有关部门和地方要以《职工带薪年休假条例》为依据，加快出台落实更为具体的措施，对不执行带薪休假规定的机关和单位予以处罚和制裁。第三，加大监督检查力度。各级人大和劳动监察执法部门要加强执法监督，对带薪休假落实情况开展专项检查，严肃查处侵害职工休假权利的行为。

二是推动科学配置2010年假日资源。与2009年有所不同，2010年的端午、中秋节在周三，如调休连续放假3天，就需调整2个工作日。为了便于群众更好地旅游、探亲、购物，也为了进一步提升传统节日气氛、扩大消费，经过反复研究和论证，最后还是向国务院建议对端午、中秋两节进行调休，最终形成了2010年全年2个黄金周（各7天）和5个3天连休的放假方案。这意味着，今后不论每年5个一天的法定假日逢周几，都将通过调休形成3天小长假。这有利于培育假日生活和休闲氛围。

三是启动设立"中国旅游日"工作。为贯彻国务院《意见》中有关设立"中国旅游日"的决定，国家旅游局2009年12月初成立了有关工作领导小组，设立了旅游日征集策划专项工作委员会，负责旅游日标识、口号等的征集、选择等工作。"中国旅游日"日期的征集，一是通过发布征集公告，发动社会公众献计献策；二是委托新浪网开展网络调查，请公众选择心目中的最佳日期。国家旅游局将在广泛征求社会意见和经过专项工作委员会评议后，提出设立"中国旅游日"的具体时间、设立依据、意义及首个旅游日举办方案等，报请国务院审议批准。首个"中国旅游日"的举办，将策划主题鲜明、形式多样的活动，通过设立主会场、分会场，举办高层论坛、开展旅游咨询、专业竞赛、文娱演出等多种参与性强、群众喜爱的活动，进一步加强宣传，增强国民旅游休闲意识，引导和鼓励公众旅游休闲，提升国民生活质量，进一步推动旅游休闲发展。

参考文献

国务院：《关于加快发展旅游业的意见》，2009年12月。

温家宝：《政府工作报告》，2007、2009年。

胡锦涛在中央经济工作会议上的讲话，2009年12月。

《吴仪出席2006世界休闲高层论坛并发表主旨演讲》中央政府门户网站，2006年，http://www.gov.cn/1dhd/2006-04-23/content_261851.htm。

《全国旅游标准化发展规划（2009~2015）》。

《关于〈职工带薪年休假条例〉落实执行情况的调研报告》，国家旅游局综合协调司，2009年8月。

中国假日旅游及相关工作制度的回顾与思考

周　梅*

摘　要：假日旅游是进入21世纪后我国社会经济发展的一个新现象。本文简要回顾了假日旅游工作制度的建立、主要内容和作用，介绍了2009年“黄金周”和小长假等假日旅游市场的总体情况，并对今后假日旅游市场及工作制度的发展形势进行了展望。文章指出，假日旅游是我国经济社会快速发展的产物，未来将随着经济社会的发展逐步走向成熟。

关键词：假日旅游　工作制度　发展

假日旅游是进入21世纪后我国社会经济和旅游业发展中的一个新现象，是国内旅游向全民化发展的一个表现。十年来，我国国内旅游快速发展，国内旅游人数从2000年的7.44亿人次发展到2009年的19.02亿人次，年均增长9.8%；而“黄金周”接待总人数则从2000年“十一”的5982万人次，发展到2009年国庆中秋8天长假的2.28亿人次，翻了两番。面对快速发展的假日旅游，为解决短时间内大量人流的集中出游问题，我国首创了以全国假日旅游部际协调会议制度为基础的假日旅游工作制度，通过调动十多个部门的力量，采取部门协作、上下联动的方式，有效保障了民众的假日出行，满足了群众需求，也促进了假日经济的平稳快速发展。

一　假日制度与假日旅游

（一）假日制度的调整

改革开放以来，我国节假日制度经历过三次大的调整。第一次是1995年

* 周梅，国家旅游局综合司假日处副处长，研究重点是假日旅游、休闲及旅游消费政策。

实施“双休日”制度，使中国劳动者每年休息的天数由此前的59天增至111天。不过，每周两个休息日和当时的经济社会发展状况还不能使假日与旅游相结合。第二次是1999年修订《全国年节及纪念日放假办法》，将“五一”、“十一”法定假日增加为3天，同时通过与相邻周末调休形成7天长假（即“黄金周”）。由此引发2000年“五一”的旅游井喷，国人快速增长的旅游需求全面爆发，使假日与旅游第一次紧紧地结合在了一起。第三次是2007年再次修订《全国年节及纪念日放假办法》，将“五一”法定假日减为1天，增加清明、端午、中秋3个法定节假日，形成1年2个黄金周和5个3天小长假；同时推行带薪休假制度。此时，我国经济社会已发生了深刻的变化，国人的休闲意识和收入水平都有了很大提高，因此每年2个黄金周和5个小长假带来的不仅是更多的休闲时间和选择，同时更催生和加速了国人旅游方式的改变，并引发出社会各界对于恢复“五一”黄金周、呼吁落实带薪休假制度等问题的高度关注和激烈讨论。

（二）假日旅游的推动

假日制度的调整与假日旅游需求的发展相互推动、相互影响，也相互适应。进入21世纪以来，我国国民经济快速发展，GDP从2000年的8.94万亿元发展到2009年的33.54万亿元，2008年之前的几年中，每年经济发展增速都高达两位数，2008年和2009年分别达到9%和8.7%；而人均GDP则从2000年的856美元发展到2009年的3600美元，增长了4倍。经济的快速发展和国民收入水平的大幅度提高，带动了居民消费能力的快速增长。与此同时，随着经济社会的发展，国人的消费观念和生活方式也在快速变化，旅游逐渐走进百姓的日常生活，成为人们在工作学习之余放松身心、陶冶情操、增长知识的一种方式。快速增长的旅游消费需求与假日相遇，形成了庞大的假日旅游市场需求。正是在此背景下，作为影响居民假日旅游的重要因素——假日制度的作用得以凸显，其意义和影响已远远超过了原有的“赋予人民休息权”的范畴，成为满足人们休闲需求、提升人民物质文化生活水平和生活质量的一种制度设计，其调整和完善必须考虑到广大人民群众不断增长的休闲和旅游需求，从而使假日资源得到更加合理的配置。

二 假日旅游工作机制的创立及其作用

（一）创立背景

1. 2000年“五一”黄金周旅游井喷

1999年9月18日，国务院颁布修订《全国年节及纪念日放假办法》，2000年“五一”，民众的旅游热情被极大地激发，国内旅游空前火爆，“黄金周”的概念首次出现。“黄金周”不仅满足了人民群众的旅游需求，也推动了旅游业及铁道、交通、民航、城市出租汽车和餐饮、商业等相关行业的发展，有力地拉动了内需，得到了各级政府和国务院有关部门的高度重视。同时，由于供给不足及对出现的情况估计不够，应对措施跟不上等原因，首个“黄金周”的旅游也暴露出一些问题，如：民航、铁路、公路运力相对不足，旅游出行受到制约；重点景区旅游者爆满，景区、景点容量和配套设施严重不足；许多地方中低档住宿设施短缺，致使部分旅游者露宿街头；一些地区不同程度地存在服务质量不高、哄抬价格、欺客宰客等现象。这些问题引起了国务院及相关部门的高度重视，由此引出了假日旅游协调工作机制的创立。

2. 国务院46号文件出台

为适应假日旅游新形势的需要，2000年5月29日，国务院第68次总理办公会议专题研究了假日旅游问题，当时的国家计委等22个单位的26名代表出席了会议。根据会议精神，6月21日，国务院办公厅下发了46号文件，转发国家旅游局等9部委联合起草的《关于进一步发展假日旅游若干意见的通知》，批准由国家旅游局牵头，会同当时的国家计委、国家经贸委、公安部、建设部、铁道部、交通部、民航总局、广电总局、国家统计局、国家宗教局、国家文物局等部门，建立全国假日旅游部际协调会议制度，定期发布旅游信息，疏导客流，协调处理出现的重大交通、安全和紧急救援等有关事宜。《通知》还要求，重点旅游城市人民政府也要相应建立假日旅游协调机构，负责及时收集、向上报送当日情况及协调处理所辖区域出现的紧急问题。因此，46号文件可以说是建立假日旅游工作机制、从国家层面统筹协调假日旅游工作的标志性文件。

3. 首次假日旅游部际协调会议召开

2000 年 8 月 26 日，召开了首次全国假日旅游部际协调会议，钱其琛副总理出席会议并讲话，14 个成员单位负责人参会并讨论通过了《全国假日旅游部际协调会议制度议事规则》，标志着全国假日旅游部际协调会议制度的正式建立。与此同时，全国各省（区、市）和重点旅游城市也参照国家一级的模式，普遍建立起了本地区假日旅游协调机构，假日旅游协调工作中的假日旅游信息统计预报制度、交通运力调配、安全保障、景区扩容等项工作也都取得了突破性进展。在短短 3 个多月的时间内，初步建立起了全国、省（区、市）和重点旅游城市三级假日旅游协调机构，形成了“条块结合、上下联动”的假日旅游协调工作机制。

（二）假日旅游工作机制的主要内容

1. 全国假日旅游协调会议的组成、职责及工作方法

根据 2003 年全国假日旅游部际协调会议第二次全体会议修订的《全国假日旅游部际协调会议议事规则》，截至 2010 年春节，全国假日旅游部际协调会议由发改委、公安部、建设部、铁道部、交通部、商务部、卫生部、工商总局、质检总局、广电总局、安全监管总局、统计局、旅游局、宗教局、民航局、文物局、食品药品监管局、气象局等 18 个部门的负责人组成，由国务院一位副秘书长担任协调会议的召集人（目前召集人为毕井泉副秘书长）。协调会议下设办公室，简称全国假日办，设在国家旅游局，由国家旅游局局长任主任，副局长任副主任，协调会议成员单位各派一名主管司领导担任协调会议联络员及全国假日办的成员。

协调会议的主要职责包括：落实党中央国务院对假日旅游工作的要求及有关工作指示，促进全国假日旅游健康有序发展；在“黄金周”节前和节中发布旅游市场信息；疏导客流，协调处理“黄金周”期间的重大交通、安全、紧急救援和投诉等有关事项；协调各省级及重点旅游城市假日旅游协调机构，及时互通重要信息，向国务院报告重大问题，并在每个“黄金周”之后向国务院写出情况报告。

全国假日旅游部际协调会议是非常设机构，只在“黄金周”工作。在每个“黄金周”之前召开协调会议全体会议或联络员会议，通报全国假日旅游综合情

况和成员单位工作情况，提出工作要求和工作建议，对需要协调解决的跨部门事宜进行协商。因此，协调会议的基本工作方法是在各成员单位抓好本部门工作职责的基础上，搞好协调配合，及时处理全国假日旅游工作中需要跨部门协调处理的问题。为做好“黄金周”假日旅游工作，各成员单位的工作又具有长期性和经常性。

2. 假日旅游信息统计调查制度

“定期发布旅游信息、合理引导游客客流”是假日旅游工作的重要内容，因此，国家旅游局与国家统计局于2000年7月25日发布试行、2001年正式发布的《黄金周旅游信息统计调查制度》，也就成为准确把握假日旅游动态、提供信息服务、引导消费行为、推动假日旅游健康发展的一项非常重要的工作制度。根据该制度，假日旅游信息统计调查工作按照“三级监测，城市为主，分工协作，分级负责”的原则组织实施。目前，全国有39个城市、119家景区纳入假日旅游统计预报系统，即通常所说的直报城市和景区。从“黄金周”前一周开始假日旅游预报，全国假日办每天19时对外发布重点城市的假日旅游市场准备情况，包括民航、铁路预订、酒店预订等；“黄金周”期间进行假日旅游通报，全国假日办每天19时发布旅游城市和景区的市场运行情况，包括热点城市和景区的市场情况和特点等。

3. 地方各级假日旅游协调机构及职责

目前，全国31个省级区域均已建立假日旅游协调机构，大连、苏州等39个重点旅游城市和32个重点景区也建立了相应的假日旅游协调机构。地方各级假日旅游协调机构的组成与全国假日旅游部际协调会议类似，一般由公安、交通、工商等相关部门组成，办事机构一般也设在旅游部门。地方假日旅游协调机构的职责主要是及时收集假日旅游信息、向上报送各地假日旅游情况、统筹所辖区域的假日旅游工作、协调处理假日旅游相关重大及紧急问题。

（三）假日旅游工作机制的作用

建立假日旅游协调机制以来，各级假日旅游协调机构按照党中央、国务院的要求，以“安全、质量、秩序、效益”四统一为工作目标，认真做好相关工作。从2000年“十一”到2010年春节，共顺利组织了26个“黄金周”长假，为保障假日旅游工作顺利运行发挥了重要作用。

1. 保障假日旅游市场健康持续发展

据国家统计局和国家旅游局共同发布的统计结果，过去的26个黄金周长假(其中2009年国庆中秋长假为8天)，我国居民共有26.8亿人次出游，实现旅游收入1.15万亿元。与实施之初的2001年相比，10年来，“黄金周”出游人数和旅游收入增长了3倍，年均增长速度保持在两位数以上。2007年3个“黄金周”的旅游人数和旅游收入已相当于当年国内旅游市场总量的1/4左右；而2009年两个“黄金周”的旅游人数和旅游收入也相当于当年国内旅游市场总量的15%左右。

2. 引导旅游产品供应更加丰富

假日旅游协调机构引导各地积极组织具有地方特色和传统文化内涵的假日旅游活动，推动假日旅游产品由传统观光向多层次、复合型产品的转型升级。乡村旅游、红色旅游、健身休闲、工业旅游、森林旅游及科教文化旅游等多种假日旅游产品，从无到有、从小到大，旅游节庆活动精彩纷呈，有效满足了广大游客多样化和个性化的出游需求。

3. 保障了假日旅游市场安全有序运行

各级假日旅游协调机构在“黄金周”前认真组织开展安全大检查，落实安全责任，建立了假日旅游安全应急机制，并针对假日出境旅游快速发展的新情况，及时建立了中国公民出境旅游安全应急机制和预警提示制度。同时，各有关部门联合开展市场督察和专项整治，坚持开展“文明出行、诚信旅游”系列活动，并对“黑社、黑车、黑店、黑导”等严重损害游客权益的行为，以及零负团费、欺客宰客、强迫和变相强迫游客消费等扰乱旅游市场的行为，加大了打击力度，有效地规范了假日旅游市场秩序，旅游投诉明显减少，游客满意度不断提高。

4. 假日旅游服务质量普遍提升

各级假日旅游协调机构着力提高“黄金周”旅游服务工作质量。针对出游集中所引发的各种问题，合理调配运力，引导新产品开发，较好地满足了游客的出行需求；通过加强市场监管，净化了景区游览、参与购物等方面的旅游消费环境；运用多种渠道，提前发布“黄金周”假日安全信息，提供及时、准确的假日旅游信息，引导广大游客平安出游和理性消费；引导旅行社、饭店、景区、旅游车船等经营单位转变观念，不断提高服务水平。

三　我国假日旅游及工作机制的新发展

（一）2009 年假日旅游的新发展

1. 春节“黄金周”

2009 年春节“黄金周”是全球金融危机影响下的首个黄金周，各地将春节“黄金周”视作活跃旅游市场、提振消费信心的重要机遇，采取多种惠民举措，引导企业协作救市，促进旅游消费实现较大幅度增长。全国共接待游客 1.09 亿人次，同比增长 24.4%；实现旅游收入 509.3 亿元，同比增长 23.1%。假日旅游各项指标稳步增长：国内旅游全面上扬，自驾游、自助游、温泉度假游、红色旅游持续升温；出境游市场平稳增长中有亮点，赴台游首度单日突破 3000 人次。

2. 国庆—中秋长假假日旅游

2009 年国庆—中秋长假是首个国庆、中秋双节相邻的 8 天长假，在国家经济形势企稳向好的有利背景下，假日期间国内游、出境游、入境游三大市场同步兴旺，全国共接待游客 2.28 亿人次，比 2008 年“十一”黄金周增长 28.5%（按可比口径，同比增长 12.4%）；实现旅游收入 1007 亿元，比 2008 年“十一”黄金周增长 26.4%（按可比口径，同比增长 10.6%）。假日市场呈现出如下特点：国庆主题鲜明；红色旅游、乡村旅游备受青睐；旅游节庆、民俗活动丰富多彩；长线旅游保持旺盛；旅游散客化趋势更加明显；旅游出行方式更加多样。

3. 小长假旅游市场

2009 年，全国假日办加强了对元旦、清明、“五一”、端午等小长假旅游市场的跟踪和监测，市场呈现以下主要特点。

（1）小长假旅游市场快速增长。2009 年 4 个小长假期间，各地积极挖掘传统民俗文化，丰富产品，推出特惠线路，推动旅游市场快速增长。其中，元旦期间，国家旅游局重点监测的 15 个旅游城市 45 家景区（点）共接待游客 66.00 万人次，同比增长 18.3%，收入 8352.2 万元，增长 19.4%；29 家商业企业共实现营业收入 13.57 亿元，同比增长 35%。4 月 3 ~ 6 日的清明小长假，全国铁路发送旅客 1953.5 万人次，同比增长 47.8%，旅游市场显著升温。“五一”期间居民出游热情更高，国家旅游局重点监测的 18 个旅游城市，共接待游客3137.1万人次，同比增长15.6%，实现旅游收入144.6亿元，同比增长17.7%。端午期间很多家庭将端午和“六一”一起过，凑成“3+X”，仅上海东方绿舟亲子欢乐健身游活动就接待游客2.3万人，同比增长40%。同时由于两岸包机常态化，两岸往来更为便利，港澳台同胞纷纷回内地过端午节，成为入境游亮点。仅5月25日至27日三天，就有近5000名台湾旅客经浦东口岸来大陆过端午节，两岸包机几乎架架爆满。端午节当天，香港有超过21万人返回内地过节。

（2）短途旅游和自助旅游成为市场主体。行程短、花费少的短途旅游在小长假期间大受欢迎，就地游、城郊游、区内游、省内游等成为主体。与此相对应，以家庭和亲友为单位的自驾游、自助游进一步增长，各主要旅游城市市内及市郊公路运输大幅增长。针对自驾和自助游客的信息引导和预订服务等也更加完善。

（3）省际和城际旅游趋向明显。高速铁路的开通和高速公路网络的建设，进一步推动了省际和城际中短途旅游市场的快速发展。2009年石太、合武等高速铁路的开通运行，加速了京津冀晋、华东地区等区域旅游市场的发展。

（4）传统民俗文化主题突出。清明节游客多以踏青春游、寻根祭祖为目的。据民政部测算，清明节期间全国参加祭扫活动的群众预计超过4亿人次。在端午节，以包粽子、赛龙舟为主题的民俗节庆活动则成为吸引游客的主要旅游产品。

（5）弹性安排带薪休假，形成与公共假期连休的趋势。随着带薪休假制度的逐步推行，很多居民将小长假与带薪休假连休，形成“3+X”的假期，出游高峰延长到1周甚至更长时间，资源和市场的配置更趋合理，居民在小长假期间的出游意向普遍高涨。同时，游客出行选择更加灵活，在清明和“五一”等一些适游季节的小长假，一些热点中长线旅游线路也深受欢迎。

（6）东、中、西部地区旅游接待呈现差异。由于小长假期间以中短途旅游市场为主，因此，主要依赖东、中部地区长途客流的西部地区，受当地居民收入水平所限，旅游收入增长幅度与东、中部地区相比则有所逊色。“五一”期间，国家旅游局重点监测的90个景区共接待游客690万人次，比上年同期增长10.2%，门票收入29151万元，同比增长9.9%。其中，东部地区监测的46个景区（点），共接待游客469万人次，同比增长15.2%，门票收入18882万元，同比增长14%；中部地区监测的21个景区（点），共接待游客127万人次，同比增长6.7%，门票收入6731万元，同比增长5.5%；西部地区监测的23个景区（点），共接待游客94万人次，同比下降5.9%，门票收入3538万元，同比下降1.2%。

（二）探索完善假日工作机制

2009年国庆—中秋长假前，全国假日办根据全国假日旅游部际协调会议的精神，牵头工信、广电、气象、国土资源、卫生等10个部门，研究建立假日安全保障信息工作机制，目标是在现有协作工作基础上，进一步完善沟通机制，扩展信息获取和发布渠道，使相关部门和游客能够更加及时准确地获取气象、灾害、公共卫生等假日旅游出行的相关安全信息。在各部门的推动下，目前，气象部门和卫生部门已与全国假日办形成了较为常态的信息沟通机制，在每个“黄金周”之前，有关假日出行的气象信息和疾病防疫信息都能通过全国假日办的平台向广大游客发布，为游客安全出行提供提示和引导。

同时，在现有假日工作机制的基本框架内，各地各部门根据各自实际，进一步履行和拓展了假日工作职能。如中国气象局将原来的预测监测司更名为预测与公共服务司，进一步强化对各部门、各行业及公众的公共气象服务；北京市分别由主要职能部门牵头，负责安全保障、环境整治、统计预报和交通保障等专项工作，假日工作统筹协调力度明显提高。

四　未来我国假日旅游及相关工作面临的新形势

（一）假日旅游市场发展趋势预测

1. 假日旅游市场将持续兴旺

随着我国经济社会的快速发展，人们的收入水平、闲暇时间和物质文化需求日益增加和提升，特别是我国人均GDP已经超过3000美元，到2010年将达到4000美元，这些因素决定了我国正处于旅游消费需求快速增长阶段，大众旅游和家庭旅游已成为必然趋势，将出门旅游作为假日休闲选择的人会

越来越多。假日旅游市场将随着旅游市场的快速发展而呈现持续走高的趋势。

2. 假日旅游将呈现常态化

随着人们收入水平的提高和交通出行的日益便捷，选择自驾车出游和航空出行的人将越来越多，人们在周末和小长假就可以轻松地安排出游。同时，随着带薪休假制度的逐步推行，在一年中自由选择时间休假出游，或将带薪休假与公共假日相连形成“3 + X”或“7 + X”的假期，或在孩子寒暑假时间利用带薪休假出游等，都将成为人们假日出游的选择。因此，假日旅游的常态化也将成为假日经济的一个重要发展趋势。

3. 假日旅游品质整体提升

未来人们出游将更加理性，对旅游品质的要求将会更高。从 2009 年以来各个“黄金周”的市场预订情况来看，旅游产品销售时间提前，有的产品在节前一个月就预订一空，说明人们出游的计划性增强；同时，一些价位高、个性化的产品，如自由行、邮轮旅游等更加畅销，反映出人们假日出游更加追求品质、追求个性化。今后，这一趋势将更加突出，对轻松的、高品质的、个性化的出游体验的追求将推动假日旅游品质不断提升。

（二）假日旅游工作尚需进一步加以完善

假日市场持续兴旺、常态化和高品质需求的发展趋势，对假日旅游工作也提出了新的要求，需要在市场监测、旅游公共设施、信息化服务等方面进一步加以完善。

1. 加强假日旅游市场监测预报

随着小长假和周末假日旅游市场的快速发展及假日旅游的常态化，对假日市场的监测预报也需相应增强。2009 年，北京、重庆、成都等地假日办已逐步开始对 5 个 3 天小长假进行假日旅游市场监测，全国假日办也通过监测重点省、市和景区情况的方式，对小长假和暑期假日市场进行跟踪监测。今后，还需进一步完善统计监测制度、市场预测信息发布制度，继续加强对“黄金周”、小长假、寒暑假等假日市场的监测，以适应假日旅游常态化的发展趋势。

2. 完善假日旅游公共设施

随着旅客出游日趋理性及自驾车出游等自助旅游的日益普遍，对相关公共服务设施的需求也会越来越多。因此，以散客、自驾车游客及中短途游客等为重点服务对象，进一步完善旅游交通、旅游出行引导系统、旅游咨询中心和集散中心及公共旅游休闲设施等，将成为今后假日旅游工作的一个重点内容。

3. 加强假日信息服务

为适应假日市场快速增长及常态化、散客化的趋势，加强假日信息服务，应是提升假日公共服务水平的一个方向。今后应在加强市场预测监测、完善部门信息沟通机制、提升信息获取能力的基础上，进一步拓宽信息发布渠道，广泛利用旅游咨询中心、旅游集散中心、12301、手机短信、互联网、车站景区信息屏等多种平台，及时发布假日旅游相关信息，做好假日旅游信息引导。

4. 提升和完善现有工作制度

现有工作制度中的“黄金周”统计制度、部际协调会议议事规则等制度，也需要根据假日市场的发展变化不断完善。如逐步将元旦、清明、“五一”、端午、中秋5个小长假纳入假日旅游统计，将出境旅游、乡村旅游等近年来发展迅速的市场情况纳入统计等；建立与外交、公安、交通、卫生、气象等部门常态化的信息沟通和合作机制，以应对假日旅游的常态化趋势，等等。

文化部门对休闲发展的推动

李晓勇*

摘　要：休闲是现代社会发展到一定阶段的产物，推动文化休闲业发展对促进人的自由全面发展有着划时代的意义。近年来，文化部门围绕娱乐业、演出业、网吧业、艺术品业、网络和动漫等领域，采取各种措施，大力推动文化休闲业的健康发展。

关键词：文化部门　休闲　新兴业态

作为现代社会的产物，休闲不仅与产业和经济有着密切的联系，更重要的是，它所体现出来的文化意义和社会意义在未来的社会发展中具有举足轻重的作用。当前，中国人均国内生产总值已经超过3000美元，城乡居民的恩格尔系数将分别降至40%和50%左右的水平。这标志着我国居民的消费，已经由温饱型消费发展为生活质量型消费，传统的生产—消费模式逐渐地转向消费—生产模式。随着工作时间的缩短（包括工作形式与工作时间制度的多样性和灵活性的出现），人们的闲暇时间将越来越多，这对发展人的个性、发挥人的创造性、提高国民素质，都具有划时代的意义。

一　文化与休闲

从文化角度看，休闲是指人在完成社会必要劳动后，为不断满足其多方面需要而所处的一种文化创造、文化欣赏、文化建构的生命状态和行为方式。休闲的价值不在于其功利性，而在于文化性，它使人在精神的自由中享受审美的、道德

* 李晓勇，法学博士，现为文化部文化市场司副处长。

的、创造的、超越的生活方式。

我国文化休闲业的发展有着多方面的基础：一是长期以来经济发展比较迅速，经济总量初具规模；二是大多数人的生活已经得到根本改善，有空闲时间和消费能力来追求更高质量的生活；三是城市中2亿左右的中产阶层正在崛起；四是人们的生活方式和思想观念已经发生了很大变化。

文化休闲业对经济发展的推动主要表现在三个方面：①文化休闲业对传统产业结构转型有很大的推动作用。文化休闲业的发展可以调节第二产业和第三产业之间的关系，同时还可以在传统服务产业中派生出新的门类，丰富产业内涵，并有利于传统服务产业的升级。②文化休闲业的发展对城市消费市场有很强的拉动能力，可形成持续不断的消费热点，同时对促进就业也有积极作用。③文化休闲业对相关产业资源整合利用、效益增值有促进作用。比如书店和咖啡馆结合而成的书吧，不仅可以整合书店和咖啡店的原有市场，也将带动两者的结合，派生出新的消费模式，增加消费吸引力，扩大消费市场。

二　近年来文化部门对休闲发展的推动

近年来，文化部门围绕娱乐业、演出业、网吧业、艺术品业、网络和动漫等领域，采取各种措施，大力推动文化休闲业的快速、健康发展。

（一）加强对娱乐场所和网吧等的管理

近年来，文化及各相关部门积极努力，通过各种方式，营造良好的文化娱乐环境。

1. 启动娱乐场所阳光工程

为加强对娱乐场所的管理，改善娱乐业行业形象，提升娱乐业产业层次，构建文明娱乐环境，2007年，文化部、中央综治办、公安部、卫生部、国家工商总局、国家环保总局、国家版权局联合推出了《2008～2010年全国娱乐场所阳光工程实施方案》。2008年1月，全国娱乐场所阳光工程在北京启动。工程着力于通过营造阳光娱乐氛围、打造阳光娱乐品牌、推动娱乐场所的标准化服务和特色化经营、提高娱乐场所管理技术含量和探索建立长效管理机制等途径，力争使我国娱乐场所经营秩序能有明显改善，服务质量明显提高，人民群众娱乐消费满

意度明显增加，最终形成有中国特色的大众化、健康、文明、诚信、充满竞争活力的娱乐产业。

2. 规范卡拉 OK 市场发展

目前，我国拥有世界上最大的卡拉 OK 市场。截至 2007 年底，我国注册登记的各类歌舞娱乐场所 5 万多家，兼营卡拉 OK 项目的各类营业场所超过 10 万家。为切实解决一些卡拉 OK 场所经营含有违法违规内容音像制品和音乐作品的问题，2008 年，文化部发布《关于开展全国卡拉 OK 内容管理服务系统建设工作的通知》，要求各地抓住示范场所安装的关键点，以点带面，积极推进，确保 2010 年底前基本完成系统建设工作。同时，文化部还发布了《卡拉 OK 节目制作规范》和《卡拉 OK 内容管理服务系统技术标准》，对卡拉 OK 节目的内容要求、技术要求和符合性要求做出了具体规定，促进行业规范发展。

（二）推动演出及其他相关产业发展

1. 促进演出市场的健康发展

2008 年，国家发改委、文化部、公安部、监察部、财政部、税务总局、广电总局、体育总局、工商总局等部门联合制定下发了《关于下发构建合理演出市场供应体系、促进演出市场繁荣发展的若干意见的通知》（以下简称《通知》）。《通知》从扩大供给、促进发展这一制高点出发，提出了从根本上解决演出市场中存在的主要问题的办法和举措：一是从公益角度出发，加大政府投入，建立公益性演出长效机制，逐步解决广大群众最基本的文化消费需求；二是从市场角度出发，培育市场主体，扩大演出供给；三是从管理角度出发，规范政府行为，优化演出环境。

2. 推动文化与旅游的结合

为推动文化与旅游的紧密结合，促进文化产业和旅游业加速发展，文化部和国家旅游局于 2009 年印发了《关于促进文化与旅游结合发展的指导意见》。《指导意见》针对当前文化旅游结合上存在的合作领域不宽广、合作机制不顺畅、政策扶持不到位等问题，做出了相应的制度安排，初步明确了十大合作领域。如打造文化旅游系列活动品牌，推出《全国文化旅游节庆活动名录》和《国家文化旅游重点项目名录》；在旅游演出、非物质文化遗产展示、游戏游艺场所经营、工艺品（纪念品）开发、文化旅游市场推广、文化旅游市场秩序整治、复合型人才培养等方面加强与旅游部门的合作。

3. 加大对国有演出表演团体的扶持

随着文化体制改革的推进和深化，国家加大了对国有文艺表演团体的资金扶持力度，全国文化部门艺术表演团体2007年财政拨款较2006年增加22%；院团总收入也有较大增长，较2006年增加了10%，经费自给率下降了20%。

（三）整合提升网吧业

根据相关统计数据，2008年，网吧已超过工作场所成为中国网民第二大上网场所，其中39%的网民选择在网吧上网，平均每个网吧的年上网人次达到了5.9万人次。随着网吧存量市场的结构调整、网吧数量的压缩，网吧行业规模化程度显著提高。2008年中国网吧总数达到13万家，总收入达到548亿元，从业人数接近55万人。为了规范网吧行业的发展，2008年，文化部、工商总局、公安部三部门下发了《关于网吧管理工作有关问题的通知》，在总量布局、宏观调控的基础上，核准各地有序开展网吧的审批工作。按照国务院《互联网上网服务营业场所管理条例》的要求，各地区充分考虑本地经济社会发展水平、人口结构、市场需求、消费习惯、监管实效、监管力量和社会反映等因素，调整了网吧布局规划，进一步改善了宏观调控方式，从制度安排上遏制了黑网吧、许可证非法倒卖等违规现象，营造了规范有序的市场环境和政策环境。

2009年9月，文化部发布《网吧连锁企业认定管理办法》，明确了网吧连锁企业的标准和范围，加强了网吧连锁企业管理与发展的制度建设。《办法》规定，经申请获得认定资格的网吧连锁企业，可以优先使用网吧总量布局规划指标进行直营门店布点；可以兼并、收购单体网吧并实现简便的许可手续；可以为政府承担一部分的公益性上网服务任务；获认定资格后还可以享受后续出台的其他优惠政策。目前，全国共形成连锁业态的网吧11451家，年营业额占行业总收入的11%。湖南长沙与广东深圳相继开展了以连锁促规范、向体制要秩序、连锁网吧建设试点工作，取得了显著成效。

（四）推广中国艺术品

传统上，艺术品的贸易体系是以欧洲、美国为核心的。随着国际化进程的加快，以中国、印度、中东、俄罗斯为代表的新兴市场的勃兴，客观上加速了艺术资源的全球化流通，全球艺术品贸易逐步形成开放式的格局。特别是近几年来，“中国概念”在全球艺术品市场中持续升温，大量资金融入中国艺术品市场，引发中国当代艺术价格暴涨，中国艺术品在全球范围内越来越多地拥有了市场话语权。据统计，2008 年上半年中国艺术品市场各类拍品的成交总额高达 115.75 亿元。

为了推动中国艺术品的发展，2008 年，文化部设立中国现当代艺术推广专项资金，引导和鼓励多样化的、自由表达思想、表达民族自豪感、荣誉感的当代艺术，树立健康、向上、创新的中国当代艺术形象。中国现当代艺术推广专项资金使用的重点是对中国艺术品经营企业在文化管理策略、大众认同、扶植出口等方面给予指导和支持，提供畅通的国际贸易渠道，帮助企业进入国际主流市场。2008 年推广计划包括举办以水墨、当代农民版画、青年艺术家为主题的一系列大型国际艺术展览。

另外，2008 年，文化部办公厅下发《关于开展“中国诚信画廊”复查和第三批中国诚信画廊评选活动的通知》，对 2004 年以来评选的 48 家诚信画廊的经营情况进行复查，确保获得荣誉称号的企业在市场示范方面发挥实际作用。经过严格复查和评审，取消了 7 家画廊的诚信称号。同时，文化部对各地推荐的 35 家画廊进行认真审核，最终评选出 23 家入选诚信企业。

（五）扶持新兴网络文化

当前，我国网络文化产业的基本管理制度主要有两个方面：一是对网络文化经营单位的市场准入制度，二是对网络文化产品的内容审查和备案制度。同时，为激发社会发展网络文化的积极性，国家对提供网络文化服务的企业取消了所有制、行业、地区、部门等各种壁垒，并大力推进以网络文化为重点的文化市场体系建设，统筹传统文化市场与新型文化市场，积极推动网络数字技术与传统文化艺术在生产方式和传播方式上的结合，大力提高网络音乐、网络游戏、网络动漫等的原创水平。

1. 对网络音乐领域的促进和规范

网络音乐已成为互联网增值产业中一个重要组成部分。据统计，2008 年，计算机、MP3 和在线试听已经成为网民三大主流听歌方式，占总比高达 92.6%，其中用计算机直接播放比例最高，达到 44%。随着 3G 时代的到来，手机的播放空间也将迅速发展。2008 年，中国网络音乐用户数持续增长，中国网络音乐市场规模超过了2亿元，年增长率超过60%。为了规范和促进网络音乐的健康发展，2006年，文化部颁布《文化部关于网络音乐发展和管理的若干意见》，提出了提高网络音乐原创水平、加强网络音乐管理、规范网络音乐进口等措施。文件的出台，对于促进我国网络音乐产业的发展，鼓励扶持网络音乐产品的创作和传播，增强网络音乐企业的竞争力，并解决部分网络音乐产品格调不高、侵权盗版、破坏市场秩序等问题，起到了非常积极的作用。另外，文化部门还致力于营造良好的知识产权保护环境，促进网络音乐市场的健康发展。各级文化执法部门整合执法资源，建立健全跨部门、跨区域的协查制度，共同打击侵权盗版音乐的违法行为。同时，引导网络音乐业界加强自律和知识产权保护意识，培养消费者自觉抵制盗版，从合法网站获取音乐。

2. 对网络游戏的管理

作为网络游戏行业主管部门，文化部首次发布了《2009年中国网络游戏市场白皮书》（以下简称《白皮书》）。《白皮书》回顾了2009年我国网络游戏发展与管理的总体状况，公布了2009年我国网络游戏市场权威数据，预测了今后网络游戏发展与管理的基本思路。根据《白皮书》的统计，2009年中国网络游戏市场规模达到258亿元人民币，同比增长39.5%。其中，国产网络游戏市场规模达到157.8亿元人民币，比2008年增长41.9%，占总体市场规模的61.2%，从根本上扭转了过去国外网络游戏在中国市场一统天下的局面，实现了由“中国代理”向“中国创造”的转变。

为了规范和促进网络游戏行业的发展，文化部重点抓了以下几个方面的工作。

首先，2009年，文化部发布《关于改进和加强网络游戏内容管理工作的通知》，要求网络游戏经营单位建立自我约束机制，如建立专门的内容自审机构负责游戏产品内容的管理，组织产品策划、研发、运营人员进行政策法规培训，提高相关人员的法律意识和社会责任意识；创新游戏规则，丰富游戏内容，调整产品结构，对游戏玩家之间的PK系统、婚恋系统等进行更加严格的限制，采取技术措施，加强对未成年玩家的注册指导和游戏时间限制。

其次，文化部进一步调整充实网络游戏内容审查机构和人员，加强对进口和国产网络游戏内容的审查备案管理。要求省级文化行政部门要对本行政区域内从事网络游戏经营活动的企业开展一次全面的梳理：一是要实地检查其是否取得文化部核发的《网络文化经营许可证》，是否严格按照许可证载明的经营范围进行经营；二是要实地检查网络游戏经营单位是否按照有关规定履行网络游戏产品审批或备案手续，是否落实内容自审制度、运营规范制度；三是要加强对网络游戏经营单位经营管理人员、内容审查人员的政策指导，分期分批开展法律法规和相关业务培训。

再次，文化部还努力推动社会监督制度的完善，加强行业自律。要求各级文化行政部门要建立学校、家长、媒体、社会紧密配合的综合治理机制，充分发挥网吧及网络游戏管理工作协调小组的重要作用，密切配合，形成合力，提升网络游戏监管水平。根据舆情和举报情况，定期组织教育工作者、消费者、有关部门及新闻媒体等各方面代表对特定网络游戏产品进行评议，并将评议结果向社会发布。加快筹建全国及地方网络游戏行业协会，建立和完善行业自律公约，引导网络游戏经营单位增强社会责任感，健全内部管理制度，自觉遵守法律法规和社会公德、职业道德，自觉为营造健康文明的网络文化环境作出贡献。

（六）大力发展动漫文化

近年来，包括电视动画、动画电影、网络动漫、手机动漫等在内的动漫产业在我国得到了迅速发展。2008 年我国国产动画播映体系日益完善，动画片年产量达到 12 万分钟，综合收入十多亿元；全年生产动画电影 16 部，动画电影综合收入在 1 亿元左右；网络动漫方面，中国网络动漫市场规模在 2007 年约为 2500 万元，2008 年约 4100 万元，2010 年预计突破 1 亿元；易观国际《中国移动动漫年度综合报告》显示，2007 年我国手机动漫市场规模达到 1.08 亿元，2008 年约 3.9 亿元，2010 年中国手机动漫市场规模预计将达到 6.24 亿元。

动漫行业的快速发展，给相关管理工作提出了新的要求。为此，2008 年，文化部发布了《关于扶持我国动漫产业发展的若干意见》，提出了文化部关于扶持我国动漫产业发展的指导性意见和具体措施，涉及扶持民族原创、完善产业链条，完善支撑体系、加快平台建设，改进管理服务、优化发展环境等方面的问题。另外，文化部还启动了“原创动漫扶持计划”，投入 700 万元扶持资金，从漫画、动漫演出、网络动漫（含手机动漫）三个方面推动原创作品和原创人才的涌现。对优秀动漫作品和动漫人才分别给予 5 万 ~ 10 万元的资金支持，扶持作者进一步提高作品质量，扩大作品影响，支持作者进一步投身原创动漫事业、提升创作水平。2009 年，文化部、财政部、国家税务总局联合发布了《动漫企业认定管理办法（试行）》（以下简称《办法》）。《办法》规定了动漫企业认定的标准和程序，财政部、税务总局将依据此《办法》出台后续财税优惠政策。《办法》的出台是对动漫企业实施财税优惠的重大政策措施，对推动动漫产业发展将发挥重要作用。

参考文献

刘玉珠主编《2008 中国文化市场发展报告》，中国文化艺术出版社，2009。

《中国文化统计年鉴》，2009。

CNNIC，第 22 次《中国互联网络发展状况统计报告》，2008 年 7 月。

《2009 年中国网络游戏市场白皮书》，文化部，2010 年 1 月。

大力发展体育休闲与休闲体育，提升国民生活品质

——我国体育部门对休闲发展的推动

续 川*

摘　要：近年来体育休闲在中国逐步兴起，本文综合分析了体育休闲在提高国民休闲生活品质方面的作用，体育部门利用休闲、引导休闲、发展体育休闲的主要举措，提出了全民健身与发展休闲更紧密结合的对策建议。

关键词：体育休闲　休闲体育　全民健身　生活品质

随着国家经济社会发展，“休闲社会”、“休闲时代”正在进入和影响着众多中国人的生活。面对由此带来的挑战和机遇，在政府和社会共同推动下，全民健身与休闲发展交汇相融，相互推动，汇成体育休闲的大潮。

一　体育与休闲

体育与休闲本来就有着密不可分的关系。体育诞生于人类的闲暇需要，早期体育就是人类的休闲活动，早期人类休闲活动的主体就是体育竞技、体育游戏娱乐活动。

随着工业革命而出现的现代西方体育，突出体育的竞技表演功能，强调身体锻炼和教育价值，提倡规范化、标准化、专业化，追求锦标和纪录。在政治与经济的双重作用下，以培养体育精英为主的竞技体育，以商业性竞赛为主要内容的

* 续川，国家体育总局群体司副司长，长期从事体育政策研究和群众体育管理工作。

职业体育，以体育教育为目的的学校体育逐步形成独立体系而获得长足发展。体育的休闲、娱乐功能被弱化，以其高水平、专业化与大众分割，以其严格规则、刻苦训练使大众避而远之。结果是体育成为了少数专业人士的专利和教育的工具，与大众日常生活渐行渐远。

第二次世界大战后，国际大众体育运动浪潮逐步在欧洲兴起，受到各国政府和非政府组织重视。大众体育的理念，倡导要在政府的支持下，使所有的公民不论年龄、性别、职业与贫富都能够在闲暇时间，就近利用体育设施，终生积极参加各种体育活动，享受体育带给人们的乐趣；强调人人都有参加体育活动的权利，“让体育为每一个人服务”，任何人都必须有充足的机会，根据所属国家的体育传统参加体育活动。许多国家政府通过制定大众体育发展政策和计划，使大众体育在世界范围迅速发展。

大众体育的发展，带来体育观念的变化，引导体育价值回归，人性化、生活化、大众化、终身化的理念使体育融入大众休闲生活。体育与休闲再续良缘，直接结果是两个新概念的出现，这就是“体育休闲”与“休闲体育”。

体育休闲以“休闲”为主词，是休闲的一种方式，指人们通过参加体育活动来满足休闲需求。体育休闲在众多休闲方式中被认为是最积极、最健康、最经济、最有效、参与面最广的休闲方式，也是能够全面满足人们需求的休闲方式。它不仅可以增进人的身心健康，强身健体、防病治病、消除疲劳，也是促进社会健全发展的理想手段。通过参加体育休闲活动，可以联络感情、促进人际交往、发展社会关系，可以打破社会地位限制，给所有人平等发挥的空间，所取得的成就可以弥补人们在社会生活中失落的成就感。体育爱好可以成为人工作之外的终身爱好，给人以寄托和归属感；可以分散人们对社会的不满情绪，避免社会情绪的聚集和转化，起到缓解、宣泄、减少利益冲突带来的社会动荡和各种矛盾的作用。体育休闲活动是化解压力、排解郁闷、实现自我最有效的途径之一。

休闲体育以“体育”为主词，是随着休闲活动兴起逐步发展起来的大众体育的一个分支，指人们在余暇时间里以休闲为主要目的，积极自主、表现个性、轻松愉快地进行体育健身娱乐活动。为此，一大批有别于传统体育项目和传统体育活动方式的休闲活动应运而生，如极限运动、小轮车、山地车、轮滑、徒步穿越、攀岩、溯溪、漂流、潜水、定向越野、露营、热气球、滑翔伞、大众滑雪、汽车越野等。休闲体育以非竞争性户外运动为主，倡导走到阳光下，走近大自然，放松心情，自由随意，挑战自我，表现自我，发展自我。由于没有过去单位、机关开展群众体育的强制性和竞技体育那样激烈的对抗性和功利性，因此，在体力、心理和精神上一般不具有抵触和反感情绪，不负担任何胜负成败的责任与压力，使人易于处于一种主动、轻松、快乐、舒畅的享受生活的状态之中。另外，人们可根据实际情况，自由自主地选择自己所喜欢的体育项目、活动方式、时间和形式等，并根据自己的意志和想法，自由自主、轻松愉快地从事体育休闲活动，从而忘却学习、工作和生活中的烦恼、痛苦、焦虑和压抑，在精神上获得解放感、自由感和愉悦感，培养耐心、恒心、毅力、勇气、进取心、意志力，有效调节人的生理状态和心理状态。在空气新鲜、阳光充足的户外进行体育休闲活动，既可以欣赏到大自然的美景，亲近大自然，感悟大自然，增强对大自然的敬畏之情，提高人体适应环境的能力，又可以体味到自身活动的莫大乐趣与魅力，使人心旷神怡，使封锁住的心灵走向开放和自由，有助于扩大社会交往，沟通感情，活跃家庭生活，促进社会稳定。

当今社会，体育与休闲二者目标一致，相互促进，关系越来越紧密。休闲为体育提供了更加广阔的发展空间和需求，体育为休闲提供了更加丰富多彩的内容和形式。各国政府大力倡导和发展体育休闲，越来越多的人选择体育休闲作为主要休闲方式。

二　我国体育部门促进休闲发展的主要措施

新中国成立初期，毛泽东同志为中华全国体育总会成立大会题词：“发展体育运动，增强人民体质”，确定了新中国体育事业的性质、任务、方向和宗旨。为人民服务，为增强人民体质服务，是党和国家对体育工作的基本要求。体育事业是群众的事业，广泛开展群众参与的体育活动，是体育工作的重点。新中国成立六十年，特别是1995年国务院颁布实施《全民健身计划纲要》以来，我国群众体育事业取得显著成就。城乡居民体育健身意识日益增强，经常参加体育锻炼的人数不断增加，群众性体育健身活动广泛普及；体育场地数量大幅增加，群众体育健身条件明显改善；城乡基层体育健身组织网络逐步建立，社会体育指导员队伍发展迅速；国民体育消费意识和消费水平不断提高，体育健身服务业迅速发展。

近几年，在筹办和举办北京奥运会的过程中，体育部门提出“全民健身与奥运同行”，借奥运东风推进全民健身事业的发展。北京奥运会成功举办后，全民健身更加得到各级政府和社会各方面的关注和重视，国务院颁布了《全民健身条例》，批准设立“全民健身日”，使我国全民健身事业进入新的发展阶段。在这一时期，我国群众体育需求不断发展变化，体育休闲成为新的潮流，体育部门从满足人民群众不断增长和变化的需求出发，顺应社会发展需要，改变原有的体育观念，打破原有条条框框的束缚，树立大体育观，形成休闲也是健身的理念，发展休闲，利用休闲，引导休闲，拓展丰富全民健身形式与方法的工作思路，采取有效措施，加大投入，促进体育休闲及休闲体育的发展，从而更好地为大众服务，为社会发展服务，同时也使全民健身计划更加广泛、深入地实施。

1. 大力发展体育休闲设施

场地设施是开展体育和休闲活动的物质基础。一个人越是靠近体育休闲设施，他就越有可能去从事体育休闲活动。近几年，体育部门围绕兴建群众身边的场地开展工作，以体育彩票公益金投入为主，带动其他投资，广泛开展“全民健身工程”建设。以室外健身器材为主要内容的“全民健身路径工程”已经遍及城乡，建设了22.2万个健身活动站点，新建了2000多个综合性全民健身活动中心、882个体育公园、5398个全民健身广场、6836个社区运动场。推动2.8万所学校在周末和节假日向社会开放体育设施。为缩小城乡差距，在“十一五”期间，国家体育总局联合发改委、财政部共同实施“农民体育健身工程”，中央投资12亿元，带动地方各级政府投资40多亿元，在20多万个行政村修建了标准体育场地，大大改善了农村群众的体育活动条件。除投资兴建标准体育场地外，体育部门突破体育场地建设的传统模式，加强户外场地设施规划和建设，提出“体育园林化，园林体育化”，“不求所有，但求所在，但求所用”的原则，充分利用山川湖海、沙漠戈壁、草原森林等自然资源开辟健身场地。国家体育总局资助建设并命名了“环太湖体育圈”、“环天山健身长廊”、“环京津体育健身休闲圈”、“环青海湖体育圈”、重庆“两江四岸健身长廊”等81个大型全民健身活动基地。在全国范围资助建设了几十个体育公园、户外营地，引导建设登山健身步道和山地自行车道。

2006年在国家体育总局指导和支持下，河北省提出建设“环京津体育健身休闲圈”，整合8个地市体育资源，大力发展健身休闲项目：利用滨海沿线发展

沙滩、海上项目；利用燕山、太行山山脉发展登山、徒步穿越、野外拓展、攀岩等山地项目；打造京北草原健身休闲带、长城健身休闲带、红色圣地健身休闲带，发展滑雪、登山、徒步等项目。经过几年发展，整体框架基本形成，每年都有相当规模的京津群众前往健身休闲，产生了很好的社会效益和经济效益。

2009 年 12 月，国内第一条按照国家体育总局、中国登山协会制定的标准，由浙江省宁海县人民政府兴建的登山健身步道竣工落成。步道全长 100 公里，在设计与施工中吸收了国外经验，统一标识系统，建立服务及安全救援体系，注重科学健身与环境保护，适合开展登山健身、露营、攀岩、峡谷穿越、野外生存等活动。

借鉴发达国家利用户外营地开展丰富多彩的青少年体育活动的经验，2004 年开始，体育部门开展青少年户外体育活动营地建设，营地包括可同时开展攀岩、拓展、山地自行车、定向越野等 8 个户外活动项目的活动区；可同时满足 400 人露营的露营区；可以提供户外活动必需物品的租赁及相关服务的服务区。到 2009 年底，已分六批命名资助建设了 58 个青少年户外体育活动营地。

2. 广泛组织开展体育休闲活动

体育部门充分发挥体育协会的作用，学习借鉴国外先进体育休闲发展经验及理念，积极引进和推广国外新兴、时尚运动项目（如极限、轮滑、攀岩、热气球、滑翔伞、定向越野、体育舞蹈、街头篮球、街舞、高尔夫球、保龄球、壁球等），努力发掘民族民间传统体育项目（如风筝、龙舟、舞龙舞狮、健身秧歌、健身气功、抖空竹等），以满足不同年龄、不同兴趣爱好和收入水平的群众参与体育休闲活动的需要。同时，组织举办易于参与、成本低的休闲体育活动，广泛发动和吸引广大群众逐渐接触、了解并参与到体育休闲活动中来。天津的“健身大拜年”、四川乐山的“假日体育”、北京的“新年登高活动”，产生了很好的社会影响。连续几年成功举办的全国群众登山健身大会每年有 15 站以上，参与人数超过百万人次。近年创办的全国极限运动会、山地运动会、露营大会、山地户外运动挑战赛、滑雪登山大会、沙漠徒步越野挑战赛等，吸引和培养了众多爱好者。

3. 积极引导户外运动俱乐部发展

休闲既是个人行为，同时很多休闲活动又是集体活动，需要相应的组织形式。最近几年，我国登山户外运动发展很快，走向户外、走向山野，在大自然中愉悦身心、陶冶情操、实现人与自然的和谐，已经成为社会休闲发展的新趋势。应运而生的民间户外运动俱乐部作为专业性大众体育社会团体，承担着推广和普及登山户外运动的责任。据有关资料显示，我国户外运动俱乐部已经从前几年的300余家增加到700余家。这些不同类型、不同规模的户外俱乐部，拥有受过专门技术培训、具有丰富经验的技术骨干，根据自己的能力和发展方向，积极组织各类针对不同对象、不同内容的登山户外活动，通过组织开展活动，传授户外运动理念、知识和技能，有效地扩大了户外运动人口。为支持和引导俱乐部的发展，中国登山协会连续召开了七届全国户外运动俱乐部工作会议，每年进行十佳俱乐部的评选，表彰先进，交流经验，研究、探讨问题，共谋发展思路；引导户外俱乐部坚持面向大众、面向社会、面向市场的原则，尽量多地吸收广大户外运动爱好者积极参与；充分发挥户外运动俱乐部在组织社会体育活动方面的桥梁、纽带作用，将之建设成为户外运动爱好者之家；最大限度地普及和推广户外运动，促进户外运动安全、有序、规范发展。

4. 从青少年抓起，培养体育休闲的兴趣爱好和习惯

从2006年开始，体育部门与教育部门配合，在全国青少年学生中开展了“阳光体育运动”。鼓励青少年学生走向操场、走进大自然、走到阳光下，充分尊重学生个体成长的规律和兴趣的需要及能力发展的要求，旨在培养每一位学生成为一个健康、积极、乐观、主动、自信、友善的和谐个体，让学生更好地理解人生的价值、生命的意义、生命的质量和生命尊严意识，使每一个人都能拥有和谐、美好的人生。“阳光体育运动”强调从学生身心发展的实际出发，培养学生恒久的体育习惯；采用课余体育锻炼的形式，为学生提供适宜的体育参与空间，保障学生有从事体育锻炼的时间，且锻炼目标多样，组织形式灵活，活动内容丰富；并最大程度激发学生体育兴趣，调动学生的体育参与热情，使学生形成良好的个人生活习惯和终身体育爱好。

5. 大力推进专业技术队伍建设

很多体育休闲活动的专业性和技术性都比较强，需要专门技术指导人员的组织和指导。建立指导队伍，提高其业务素质和服务水平是满足群众休闲需要、促进体育休闲健康发展的重要环节。体育部门建立了以志愿服务为主的《社会体育指导员等级制度》和以职业行为为主的《社会体育指导员国家职业标准》两套制度和培训管理体系，广泛开展技术培训、资格评定、技能展示、经验交流及评比表彰活动。目前指导员队伍已近50万人，在未来5年中将超过100万人。

6. 大力加强技术和法规制度建设

安全是休闲活动第一要素。一些休闲体育项目（如登山穿越、攀岩、极限、漂流、射击、热气球、滑翔伞、滑雪等）由于其自身具有高度危险性，所以在场地、技术装备、人员素质、自然条件等方面有特殊的要求，因此，加强对该类活动的引导和管理十分必要。近年来发生的一些伤亡事故也引起了社会的关注。一些组织和个人自行组织活动和赛事，由于经验不足、设施条件不具备，存在很大风险。体育部门一方面积极推动立法，在《全民健身条例》中设立了高危险性项目经营活动的行政许可，对高危项目确定、经营条件、申请审批、监督检查等做出规定，对专业人员如滑雪教练、健身教练、户外领队等制定了从业资格标准。另一方面，通过项目协会制定技术规范、活动管理办法，开展技术培训，规范社会活动的组织开展。如登山协会已经制定和正在制定的《登山活动管理办法》、《山地户外运动基地标准》、《户外露营标准》、《山地徒步标准》等，将户外赛事、活动推向安全、规范、科学的轨道。

总体来看，近年来，我国体育休闲虽然发展迅速，但还处于起步阶段，参与体育休闲活动的人数还不多，体育休闲设施及服务远远不能满足群众需要，体育休闲市场还处于无序状态，体育休闲行业尚不完备。

三　体育休闲未来发展展望

在北京奥运会总结表彰大会上，胡锦涛总书记提出："我们要坚持以增强人民体质、提高全民族身体素质和生活质量为目标，高度重视并充分发挥体育在促进人的全面发展、促进经济社会发展中的重要作用，实现竞技体育和群众体育协调发展，进一步推动我国由体育大国向体育强国迈进。"

从体育大国向体育强国迈进，必须要坚持以人为本，更加注重全民健身事业的发展。要认真研究新的历史条件下体育在人民生活和社会生活中的新特点、新定位，根据社会环境新变化，着眼于人民群众对生活质量的新追求，为人民群众提供更多更好的体育公共服务，让更多的人享受社会进步和体育发展的成果。可以预见，在向体育强国迈进的过程中，体育与休闲的关系将更加紧密。

《全民健身条例》已于2009年10月1日起正式实施。保障全体国民体育健身权利是各级政府的重要职责。未来全民健身事业发展的主要任务是，不断提高广大人民群众特别是青少年的体育健身意识，培养全体国民的健身习惯，开展丰富多彩的体育活动，让更多的人投入全民健身运动，形成科学、健康、文明的生活方式。要因地制宜、因人制宜、因需制宜、因时制宜，围绕场地设施、组织、活动三个重要环节健全全民健身服务体系，不断创新体育服务模式，丰富服务内容，切实提高服务质量和水平。

目前，国民闲暇时间增多，但不懂休闲、不会休闲、不善于休闲的问题突出。睡大觉、混时间、痴迷麻将、沉迷网络、守望电视、足不出户的“宅男宅女”越来越多，带来的直接后果是高血压、糖尿病、心脏病及精神疾患不断增长，亚健康人群不断扩大。同时，许多人渴望参与有意义的休闲活动，但苦于缺少相应的设施和服务。据调查显示，我国成年人中经常参加体育活动的不足10%，大大低于发达国家水平。如何引导休闲、培育休闲市场、发展休闲产业，是今后相当长一个时期各级政府和全社会需要高度关注和认真做好的大文章。当前大众体育休闲需求日益高涨，体育部门尤其需要打好体育健身休闲牌。

1. 加强宣传教育，营造崇尚体育休闲的社会氛围

通过广泛的宣传教育，提高国民的休闲素质，引导人们的休闲取向，树立健康的、积极的休闲观，唤醒人们体育健身休闲的主体意识和对自身健康的关注，使人们认识到体育休闲是最积极、最有趣、最有益、最有效的休闲方式，提高人们的体育休闲参与度，从而提高国民休闲生活品质。

2. 将体育休闲纳入全民健身计划

《全民健身条例》规定，国务院制定全民健身计划，县级以上地方人民政府要制定全民健身实施计划。全民健身计划是统领全民健身事业，动员和组织全体国民积极投入各种形式体育健身活动、提高国民素质的发展战略规划。体育休闲是全民健身的重要领域和重要形式，通过发展体育休闲可以动员更多的人参与体育活动，有效地实现全民健身计划的发展目标。将体育休闲纳入全民健身计划，可以从政策措施上保障和促进体育休闲的发展。各级人民政府应当制定扶持政策，发展体育健身休闲产业，引导城乡居民体育消费，推动当地体育健身休闲产业发展；应当扶持大众化营利性体育健身休闲场所的运营和体育健身休闲用品的开发；应当鼓励社会力量参与体育健身休闲产业发展；应当加快体育健身休闲专业人才培养。

3. 加强合作，整合资源，形成推动体育休闲的合力

休闲是一个宽泛的领域，涉及政府众多部门，因此，必须改变行业分割、各自为战、群龙无首的状况，加强整体规划，整合资源，分工负责，各司其职，发挥各自优势，形成推动体育休闲发展的合力。体育部门应当强化合作意识，善于借势、借力，加强与相关部门的合作，推动区域合作，运用经济、政策、法规制度、竞赛等多种手段，调动各方面积极性，共同推动体育休闲的发展。

4. 切实履行政府职责，加大投入，加快体育休闲服务体系建设

各级政府要从完善公共服务的角度，加大投入，提供基本体育休闲设施和休闲服务；要根据国民体育健身需求的发展变化，丰富公共体育健身场地设施的形式与内容，通过制定规划和政策，鼓励和引导社会投资兴办体育休闲服务业；要开发和引进更多的休闲体育项目，举办各种形式多样、内容丰富的休闲体育活动，为人们提供更多的选择，满足不同人群的需要；要加强对各种民间体育组织的管理，开展资质评定，建立注册制度，实行分级管理，规范休闲体育比赛与活动的组织者，避免恶性竞争，保障参与活动者的安全和权益；要建立健全各类技术制度和标准，特别是对高危险性项目要加强监管，建立和完善安全救护系统，促进户外运动健康发展；要充分发挥专业协会作用，开展对专业技术人员和从业人员的培训，提高其职业素养和技能，实行持证上岗制度，加强行业自律和监管。

·地方休闲发展考察·

2009年以来部分省市“国民旅游休闲计划”的实施

沈虹　白四座*

摘　要：2009年初以来，在国家旅游局的倡导和粤、浙、鲁等省份的带动下，“国民旅游休闲计划”在一些省份得以实施。文章对“国民旅游休闲计划”在粤、浙、鲁、赣、京等省市的推行情况进行了认真分析，以期对这一做法加以总结。

关键词：“国民旅游休闲计划”　先行先试　带动

2009年初，在全国旅游工作会议上首次提出了“国民旅游休闲计划”的概念，随后国家旅游局宣布，支持有条件的地区先行先试，并确定了广东、浙江、山东、江苏四省为试点地区。同年2月21日，广东省率先出台了《关于试行广东省国民旅游休闲计划的若干意见》，随后浙江、山东等省迅速跟进。江西、北京虽非试点地区，但也相继制订了计划；其他省市虽无成形方案推出，但都在积极酝酿之中。到2009年12月1日，《国务院关于加快发展旅游业的意见》出台，其中明确提出制定《国民旅游休闲纲要》。

一年来，在国家旅游局的倡导和先行省份的带动下，全国范围内推行“国民旅游休闲计划”的氛围渐浓，从理论到实践，从试点到推进，从起步到加速，取得了较大进展。

---

* 沈虹，国家旅游局综合协调司假日处处长，研究领域为旅游质量监督、旅游消费政策、公民休闲度假措施；白四座，就职于国家旅游局机关党委，侧重研究乡村旅游、红色旅游等。

一 “国民旅游休闲计划”在粤、浙、鲁三省的先行先试

（一）广东“国民旅游休闲计划”的酝酿与实施

广东可以说是地方推动旅游休闲计划的排头兵，早在2009年初就率先推出了国民旅游休闲计划，其中试行安排“拉长版”“五一”黄金周、发放国民旅游休闲卡尤其引人注目。一年来，广东省国民旅游休闲计划的试行，在全省初步形成了“各级党委政府高度重视、相关部门大力支持、广大企业积极配合、社会公众热情参与”的良好局面，并取得了阶段性成果。

1. 广东国民旅游休闲计划的酝酿

广东作为“全国旅游综合改革示范区”，率先推行国民旅游休闲计划，一是在国家旅游局的倡导下积极跟进，二是广东推行旅游休闲计划的条件基本成熟，并及时把握时机。2008年5月12日，广东省主要领导就进一步落实CEPA、深化粤港澳合作、建设中国旅游改革示范区等问题与国家旅游局领导进行磋商，并达成共识。广东省提出将试行“国民旅游休闲计划”，作为建设全国旅游综合改革示范区的重要举措之一。2008年11月27日，广东省政府和国家旅游局签署了《关于建立局省紧密合作关系机制备忘录》，双方明确要共同推动广东省旅游休闲计划的实施。广东省委书记汪洋指出，试行“国民旅游休闲计划”，广东要积极先行先试，思路可以再开阔一些，步子可以迈得更大一些。国家旅游局局长邵琪伟强调，广东是改革开放的前沿，要在推行“国民旅游休闲计划”的过程中积极探索，发挥示范带动作用。2009年2月21日，广东省政府出台《关于试行广东省国民旅游休闲计划的若干意见》。

2009年2月23日，由国家旅游局和广东省政府联合主办的国民旅游休闲计划的启动仪式在广州中山纪念堂隆重举行。为配合“国民旅游休闲计划”的施行，广东省内不少旅行社、景点、酒店等纷纷推出“旅游下乡”、发放消费券等优惠措施，吸引市民参与。

2. 主要政策和特征

《关于试行广东省国民旅游休闲计划的若干意见》中，共提出18项政策措

施和 6 项工作要求。总体来看，有如下特征。

（1）覆盖各个群体

参与广东省“国民旅游休闲计划”的主体包括具有广东省户籍的居民，以及办理了暂住证和居住证的暂住人员。其中不仅包括机关公务员、事业单位职工，而且把修学旅游纳入学生综合实践课程，把旅游休闲作为企业对职工的奖励和福利措施，并考虑了弱势群体和特殊群体的利益共享。例如，要求“推动旅游休闲示范旅行社和基地对在校学生、农村进城务工人员、残疾人、低保救助对象、五保户和年满 60 周岁的老年人等特定群体”给予特别优惠，体现了惠及全民的指导思想。

（2）以各项优惠和福利政策措施为突破口

广东省的“国民旅游休闲计划”以各项优惠和福利政策为突破口，着力为公众创造旅游休闲条件。其中比较突出的有以下几点。

第一，鼓励弹性安排带薪休假。《关于试行广东省国民旅游休闲计划的若干意见》大力推动落实带薪休假制度，为公众旅游休闲提供时间保证。鼓励公众根据个人意愿，将带薪年休假分段灵活安排，与法定节假日相连接，弹性安排带薪休假时间。

第二，创建国民旅游休闲示范单位。2009 年 4 月、10 月，广东省旅游局先后分两批推出 474 家包括景区、旅行社、酒店、餐厅、商业购物点、航空公司在内的国民旅游休闲示范单位。9 月，广东、江西两省旅游局联合授予井冈山“广东国民旅游休闲计划示范景区”，井冈山成为首个跨省示范景区。各示范单位纷纷向公众，特别是针对持国民旅游休闲卡游客推出系列优惠措施和便利服务。通过创建国民旅游休闲示范单位，为广大城乡居民参与国民旅游休闲活动提供了丰富多样、优惠便利的产品和服务。

第三，推出国民旅游休闲卡。国民旅游休闲卡具有旅游服务、金融服务、统计分析、信息服务、会员管理五大功能。2009 年 4 月，旅游休闲卡由广东省旅游局、国民旅游休闲卡项目运营公司益民公司联合中国银联正式推出。2009 年底，该卡发卡量达 100 万张，签约商户约 5000 家，7000 多个“香港优质旅游服务计划认证商户”也加入到了国民旅游休闲卡受理范围。

第四，采取系列优惠福利措施。省物价、财政、旅游等 8 部门积极联动，为城乡居民参与国民旅游休闲活动提供便利服务和优惠。2009 年，全省分两批共公布535个免费游览参观点，仅此一项，每年的免费金额就达8亿元；还有95个国有博物馆、纪念馆、15个城市公园和17个森林公园也在年内实行了免费开放。广大旅游企业积极让利于民，大力拉动旅游消费。如广东省旅游协会联合广东省邮政公司首创推出“粤游粤精彩——广东旅游门票明信片”，门票价值2686元的邮册定价95元，在全省4000多家邮政网站同时出售15万份，游客持明信片到广东境内的42个景区（点）免门票，同游者购票按8.8折优惠；广州长隆旅游度假区推出“6000万礼金大派送”大型让利活动，惠及300万游客；深圳东部华侨城推出免费开放景区夜场、景区优惠联票，每人让利40元，并可以一票玩两天，还有暑期学生优惠措施，受益学生达10多万人，让利1800多万；东莞青旅充分抓住试行“国民旅游休闲计划”这一利好机会，推出台湾游“你出一半我出一半”等系列优惠让利活动。

第五，开发专项旅游产品。广东省旅游局制订了《广东省国民旅游休闲计划专项旅游推进计划》，并联合省相关部门大力推动乡村旅游、滨海旅游、工业旅游、会展旅游、科技旅游、文化旅游、体育旅游、红色旅游、温泉旅游、中医药文化养生旅游等14个专项旅游的开发。

（3）以举办各类旅游休闲活动为载体

广东通过各类旅游休闲活动，提高公众旅游休闲的兴趣和热情。具体包括：

第一，推出多项旅游休闲活动。2009年，广东省旅游系统组织旅游休闲活动达450多项，其中省有关单位组织活动60多项，并突出旅游休闲主题，分阶段形成了全省居民旅游休闲热潮。

第二，推动城际旅游联盟。2009年5月1日“旅游休闲·精彩无限——城际旅游大联盟活动”正式启动后，各地旅游合作互动不断，“珠三角万人游潮州”、“畅游伟人故里，体验清远山水——清远中山两地旅游互动”、“广佛肇、深莞惠、珠中江旅游一体化”、“粤东九县七区无障碍休闲旅游合作区”等相继启动，进一步推动了省内区域旅游合作及省内游市场繁荣。

3. 试行国民旅游休闲计划取得的成效

（1）有效刺激了消费需求

旅游休闲计划试行过程中，各旅游企业抓住时机纷纷推出优惠措施抢占市场，广之旅、省中旅设计多个主题线路，组织“城乡心连心”、“百名优秀女村官省城游”、“万人游佛山”等系列主题旅游活动；广东国旅实施的“旅游普惠计划”，联动上千家旅游机构。同时，各地市相继启动类似计划，开展了“广佛同城大放送”、“广佛肇旅游大联盟”、“珠三角城际旅游大联动”、“粤桂湘城际旅游大联盟”等活动。“五一”黄金周虽已取消，但广东省各地、各单位积极落实带薪年休假制度，灵活安排职工休假。2009年5月1日至7日，广州七大百货商场销售额同比增长超过40%；全省刷卡消费额达194亿元，约占全国的14.9%；广东赴港澳购物旅游游客人数超过115万人次，同比增长达13%。“十一”黄金周成为广东有史以来最火爆的黄金周，1～8日全省累计接待游客总人数为2223万人次，旅游总收入达122亿元，比上年分别增长17.02%和17.33%，广东地区银联卡在省内刷卡消费交易额达72.65亿元，同比增长24.99%。

（2）促进了居民生活方式的转变

旅游休闲计划的实施，既带旺了广东旅游市场，也影响了人们的生活方式。随着该计划在广东全面深入开展，广东人旅游休闲消费的生活习惯和生活方式更加明显。据统计，广州市居民出游率达197%，深圳达243%，农村地区达41.1%。2009年初，由广东省旅游局审核发行的全国首张“国民旅游休闲卡”，成为广东人的“居民旅游身份证”，百姓旅游进入刷卡时代。与金融、旅游结合起来的“国民旅游休闲卡”的推出，为广东居民旅游休闲生活提供了便利。持卡人在国民旅游休闲示范单位及中国银联、授权发卡银行特惠商户和战略合作伙伴共同提供的商家网络刷卡消费，均可享受“吃、住、行、游、购、娱”六大旅游领域的折扣优惠和优质服务。

（二）浙江“国民旅游休闲计划”的推行

浙江作为试点省份，主要是通过政策加以引领。2009年2月，浙江召开了省旅游发展史上规模最大的旅游发展大会。5月6日，省委、省政府出台了《关于推进旅游业转型升级加快建设旅游经济强省的若干意见》，提出大力发展休闲旅游新业态等一系列政策。为贯彻落实省委省政府《意见》，指导旅游休闲产业发展，省旅游局积极组织力量研究编制《浙江省公民旅游休闲发展纲要》。至本文成稿时，该纲要已上报省政府。

1.《浙江省公民旅游休闲发展纲要（送审稿）》的起草

浙江省旅游业处于国际化进程加快、产业品质明显提升的阶段。从2002～2007年，观光客人比例由50%多下降为26%，商务度假型客人的比例由19%上升为30%。为贯彻国务院关于“加快发展旅游休闲消费”的战略部署，满足公民日益增长的旅游休闲消费需求，浙江省旅游局于2007年底就将编制《浙江省旅游休闲发展纲要》列入2008年重点工作，与省发改委、浙江大学、浙江旅游职业学院联合组成课题组进行专项研究，召开座谈会，并在2009年2月12日召开的浙江省旅游发展大会上，征求了相关部门意见。

2.《浙江省公民旅游休闲发展纲要（送审稿）》的主要思路和特点

《浙江省公民旅游休闲发展纲要》虽未出台，但其编制工作在全国当属领先。从送审稿来看，有以下特点。

一是对促进国民休闲度假设计的领域进行了科学分类，从旅游的角度诠释了休闲度假的概念，对于旅游行业开拓休闲度假的新领域具有一定的理论价值。

二是框架内容方面，从浙江的实际出发，因地制宜，凸显浙江特色。第一，确立明确的旅游发展目标。将公民人均年出游次数、休闲度假游客比重、旅游者在浙人均逗留时间及旅游者在浙人均消费等列入指标体系。鼓励城乡居民参加形式多样的旅游休闲、健康疗养等活动，进一步释放公民日益增长的旅游潜力，力争到2012年全省公民人均年出游次数达到2次以上，2020年达到3次，出游率居全国前列。第二，进一步加大政策扶持力度，鼓励旅游休闲业发展，鼓励国家机关和事业单位推行“奖励旅游”，要求有条件的市县政府设立“公民旅游休闲发展专项资金”，重点扶持与公民旅游休闲发展相关的公共基础设施和配套项目建设。第三，积极开发运动类、文化类旅游休闲产品，完善休闲产品体系，重点培育水体休闲类、山林休闲类、文化体验类、都市生活类、运动休闲类、商务会展类、主题游乐类、红色旅游类等8大类休闲产品体系。第四，加快建立健全公共服务体系，在机场、车站、码头及旅游景区等地布局集旅游咨询、交通换乘、门票销售、投诉受理、安全救助为一体的旅游集散中心，完善旅游休闲信息化服务，建立自驾车服务和信息保障体系，加快公路实景导航系统的建设，完善旅游电子信息服务系统。第五，培养旅游休闲管理人才、经营人才、设计人才和服务技能人才，为浙江省的旅游休闲事业发展提供人力资源保障。

三是分阶段推进。按照设想，实施计划分两个十年推进。第一个十年，进行宣传发动，逐步推进，引导公民形成旅游休闲理念，形成崇尚休闲、参与休闲、提高生活品质的社会风气和良好的发展环境。第二个十年，基本建成完善的旅游休闲产品体系和成熟的旅游休闲市场，不断提高旅游休闲发展水平。

3. 浙江省推进公民旅游休闲发展的措施

浙江省推进公民旅游休闲发展的思路是，顺应休闲需求不断增长的趋势，重点开发城市近郊周末休闲度假旅游和乡村旅游；整合旅游资源，加快发展会展旅游，培育保健康体、温泉养生、邮轮游艇、置业旅游、高尔夫旅游等高端度假旅游产品。

这些措施目前已有初步的成效。具体体现在以下三个方面。

一是休闲旅游投资项目增多。全省在建的 443 个旅游项目，功能类型更加丰富，更加注重旅游综合开发，更加符合现代旅游多元化发展趋势。其中，保健康体、温泉养生、邮轮游艇、置业旅游、高尔夫旅游等高端度假旅游项目约占 25%，总投资 422.6 亿元；都市休闲、海洋湖泊休闲、山地休闲、森林休闲、乡村休闲等休闲类项目约占 35%，总投资 591.7 亿元。

二是休闲旅游项目吸资能力增强。在金融危机的背景下，当许多产业和领域的招商引资工作举步维艰时，休闲旅游招商引资却成为一大亮点。例如在第十一届浙洽会休闲度假（营地）旅游项目对洽会上，浙江湘家荡国际老人健康度假中心等 4 个旅游投资合作意向项目现场签约，总投资达 2.9 亿美元。

三是休闲旅游项目成效明显。平湖九龙山、宁波东钱湖等 17 个旅游度假区建设扎实推进。“农家乐”星级经营户、省级休闲渔业基地、休闲乡村旅游点的评定工作继续开展。截至 2009 年 9 月底，全省发展农家乐休闲旅游村（点）2928 个，经营农户 15672 户，直接从业人员 98052 人；共接待游客 6039.2 万人次，同比增长 9.6%；营业收入 44.99 亿元，同比增长 22.3%。

（三）“国民旅游休闲计划”在山东的试行

山东作为先行先试省份之一，年内虽未推出专门文件，但也在这方面进行了思考和统筹。2009 年 4 月 27 日，山东省委、省政府出台的《关于进一步促进旅游业又好又快发展的意见》较充分地体现了旅游休闲的内容。

一是在产品供给方面，提出适应旅游业由观光向休闲度假转变的发展趋势，着力开发滨海、温泉、湿地、会展、邮轮、养生康体、葡萄酒庄等高端产品，加快国家级和省级旅游度假区建设；引导各地因地制宜，突出田园风光，利用自然生态和乡村文化等发展乡村旅游，培育一批世界级、国家级乡村旅游目的地；大力发展观光农业、体验农业、高科技农业、休闲渔业等乡村旅游产品；规划开发以乡村旅游为主体的环城市旅游休憩带。

二是在优化旅游消费环境方面，积极推行《全民旅游休闲纲要》，培育旅游消费观念；认真落实带薪休假制度，积极提倡带薪休假与现行假日制度相结合，形成有利于休闲旅游的弹性休假安排；支持将修学旅游纳入中小学素质教育；鼓励有条件的企业实行奖励旅游、福利旅游，所需费用列入企业经营成本；研究探索旅游景区门票价格与等级挂钩制度；大力推进旅游“一卡通”，引导旅游企业联合推出一批惠民旅游线路；加快旅游服务信息化建设，大力发展旅游电子商务，建立覆盖全省的旅游信息咨询服务体系。

三是主打“好客山东”旅游品牌。推出一批全省标志性重大旅游节庆活动品牌，培育一批知名企业品牌和服务品牌，组建“山东客栈”、“鲁菜馆”旅游企业管理集团，使之成为“好客山东”的重要载体；加大“好客山东”旅游形象品牌宣传力度，加强“好客山东”服务质量建设，在全省服务行业组织开展“好客山东”服务竞赛活动；加强旅游公共服务体系建设，建立旅游经营单位和从业人员诚信等级评定、信用监督、失信惩戒和媒体披露制度；实行旅游安全准入制度，确保旅游安全。

二　江西、北京“国民旅游休闲计划”的跟进

（一）江西

江西是非试点省份的积极参与者。2009 年 3 月 16 日，经省政府批准，省旅游工作领导小组发布了《江西省居民旅游休闲三年行动计划》（以下简称“计划”），并于 3 月 20 日在鹰潭市龙虎山仙水岩景区举行启动仪式。该计划从 2009 年开始到 2011 年止，为期三年，有以下几个特点。

1. 兼顾全民

该计划的目的在于“着力推进江西省居民旅游休闲活动”，并以“江西人游江西”为载体，贯穿于三年行动计划之中。通过组织开展“江西人游江西”，提高居民省内出游率和旅游消费总量，力争“江西人游江西”三年内旅游人数年均增长 20% 以上，旅游收入年均增长 20% 以上，2011 年分别达到 4200 万人次、280 亿元。除了推动机关公务员、企事业单位职工、中小学生参与旅游休闲，江

西还致力于促进“农民生产生活方式的改善”，引导和组织城乡居民有序互动。

2. 突出惠民

一是全省旅游景区针对本省居民（高校学生）和赣籍在外人员“回报父母，关爱子女”游家乡活动实行特殊门票，以及缆车、食宿“优惠套餐”。对本省中小学生凭学生证实行一折门票价格优惠（主要用于购买人身安全意外保险）。二是离休、退休干部和老年人员凭相应证件可分别享受景区点门票免费、优待和适当减免等。三是鼓励各类旅游企业组建经营联合体，共同实施江西省居民旅游休闲“优惠套餐”。四是旅游景区对积极组织客源的民间团体、群众组织和定点旅行社给予票价折扣优惠；五是大力支持农民和返乡农民工创办乡村旅游项目，要求旅游和劳动部门免费提供旅游创业和就业培训，要求金融机构、当地信用担保机构对符合规定条件的给予支持，当地政府给予项目贷款贴息等。

3. 政策鼓励

一是推动落实带薪休假制度。“计划”要求强化全社会依法休假的观念，各级领导干部和机关事业单位、省属国有大型企业都要带头实施带薪休假，并把实施落实情况列为评选各级文明单位的参考依据之一。二是鼓励各单位在严格遵守不使用公款旅游和规范津贴补贴有关规定的前提下，积极开展“江西人游江西”活动。三是鼓励有条件的企业、社会团体、自收自支事业单位开展福利旅游和奖励旅游。将省内旅游纳入上述单位内部评先创优的奖励范畴。鼓励在赣企业将奖励省内旅游作为市场营销的重要举措。四是鼓励各单位将健康疗养列入离退休干部保障范畴。五是开展“美丽江西、和谐城乡”互动游活动。鼓励城市社区组织居民深入农村，乡镇社区组织农民进城观光。六是大力推动会展旅游。鼓励在赣企业和行业协会组织在江西召开年会和发起、举办行业年会、展销会、博览会，开拓会展旅游市场。七是鼓励全省旅游景区联合发行年票和联票。倡导企业、社团、自收自支单位用福利基金、工会活动经费为职工购买江西旅游景区的年票和联票。八是将主题学习教育活动、扶贫活动、党团组织活动、学生修学等专题活动，与旅游活动有机结合，学校集体组织学生参观考察红色旅游等应委托旅行社承办。

总体来看，江西省“居民旅游休闲三年行动计划”实行时限较短，由于未纳入经济社会发展计划，缺少对各级公共财政投入的要求，所以更多地表现出指导性和倡导性。

（二）北京

为集中反映奥运后新北京的新面貌，北京市旅游局围绕扩大内需、刺激消费、促进增长的总体要求，策划制定了以“回味奥运，圆梦北京”为主题，以“心动北京”、“成长北京”、“乐活北京”、“玩转北京”为四大版块，以北京新16景评选、北京旅游印迹等13个专项旅游活动组成的国民旅游行动计划。通过“季季有主题，月月有活动”的方式，开拓国内市场。2009年4月11日，在王府井百货大楼前广场举办了“全国百城旅游宣传周启动仪式暨北京国民旅游行动计划启动仪式”。同时启动的活动还有“全国二十一地联动万人游北京活动”，通过在全国21个中心城市开展“心动北京”大型特惠促销，拉动春季远途目的地城市北京游的热度；从4月11日至10月12日，通过“我心目中的北京新十六景”评选活动，选出鸟巢、水立方、什刹海、八达岭长城等16个景区景点；同时还组织了“拍说唱画，演绎首都——北京旅游印记系列活动”、“寻找北京最美的乡村暨北京乡村旅游线路评选活动”，并与山东、山西、天津、河南、河北、云南、广西七省互赠景区门票。

三　相关省市推出“国民旅游休闲计划”的背景分析

按照经济规律和国际经验，我国现已进入休闲度假快速发展阶段。扩大内需、促进消费的历史机遇和城乡居民旅游消费需求的快速增长，以及假日制度的改革和旅游业的快速发展为“国民旅游休闲计划”的实施提供了现实条件。

1. 公众已具备比较充裕的休闲时间和精神需求

2008年1月1日起实施的《全国年节及纪念日放假办法》中提出，推行带薪休假制度，并取消了“五一”黄金周，增加了五个传统节日的法定假日，不仅使节假日分布更加合理，同时使广大居民得到更多的休息时间和出游时间，形成了两天双休日、三天小长假、七天黄金周的假日体系。我国的法定假日已经达到115天，加上职工带薪休假5～15天，公众的休闲时间约占全年的1/3。学校师生的假日更多。在广大农村，随着劳动生产力的提高和技术的进步，农民也有了相对充足的闲暇时间。随着人民群众闲暇时间的充裕和居民可支配收入的提高，人民群众的消费观念和生活方式发生转变，人们更加注重旅游和休闲方式的选择和生活质量的提高，更加注重追求精神生活的享受。

2. 已具备发展旅游休闲的经济基础

根据国际经验，人均 GDP 超过 3000 美元时旅游就成为居民的常态消费习惯。2009 年，我国人均 GDP 已达到 3603 美元，广东省人均 GDP 接近 6000 美元，浙江省人均 GDP 直逼 6500 美元，达 6490 美元，北京人均 GDP 更是突破 1 万美元，山东省的人均 GDP 也超过 4000 美元。快速发展的国民经济为人们的旅游休闲提供了经济基础。

从供给角度看，先行先试的省市都已经具备了国民旅游休闲的产业基础和公共设施环境，相对而言，其交通、城市建设、乡村发展、社会服务等发展迅速，旅游产品丰富，投资主体多元，服务标准细化，旅游设施完善，为国民旅游休闲计划的实施奠定了基础。

3. 经济社会发展形势为试行国民旅游休闲计划提供了重要契机

旅游业是现代服务业的重要组成部分，大力发展旅游业是转变经济增长方式，构建现代产业体系的重要举措。2008 年下半年以来，受国际金融危机的冲击和影响，经济增长速度下滑，下行压力增大，特别是外需拉动不足，外贸出口疲软。通过试行“国民旅游休闲计划”，刺激了消费，拉动了内需的增长，顺应了经济社会发展形势。

4. 各地政府对旅游业的高度重视是实施“国民旅游休闲计划”的重要前提

2008 年底至 2009 年，国家旅游局先后与广东、湖北、浙江、江苏、湖南、山东、云南、陕西、宁夏、四川等省、自治区政府建立局省紧密合作机制，签订了《关于建立局省紧密合作机制备忘录》，其中包括推进国民旅游休闲计划、鼓励休闲领域投资政策等内容。

四　各地推行“国民旅游休闲计划”的共同特点

2009 年，“国民旅游休闲计划”的推出，从看法不一到认识趋同，从概念提出到计划形成，从国家号召到地方先行先试，取得了实质性进展。总结各地方“国民旅游休闲计划”，有以下几个共同特点。

1. 突出全民参与和利民惠民原则

各地积极制定和落实扶持政策，让广大人民群众共享改革开放和经济社会发展的成果，提升人民群众生活质量和幸福指数。推行“国民旅游休闲计划”的省市普遍坚持全民参与的原则，除了推动机关公务员、企事业单位职工、中小学生参与旅游休闲，也致力于促进农民生产生活方式的改善，通过采取针对性措施，扩大覆盖面，使旅游休闲人人可望、人人可享。

2. 旨在提升国民生活质量

作为改善民生的一项行动方案，“国民旅游休闲计划”与以往增加居民收入、提高家电普及率、增加人均居住面积、解决就医就学难、改善社区服务等民生措施相比，其区别在于，从偏重提高国民物质生活和服务指标，转为倡导和改进国民生活方式，着力引导人们的生活情趣、消费习惯和休闲方式。“国民旅游休闲计划”既包括了需要花钱的休闲消费，也包括不需要花钱的休闲生活。

3. 强调地方政府的推动作用

为了积极支持“国民旅游休闲计划”的实施，确保各项扶持政策落实到位，各地政府专门成立了工作领导小组，涉及发改委、文化、体育等多个部门，彼此加强协调配合，加强工作保障，形成上下联动、齐抓共促的工作机制。其中广东省政府建立了国民休闲计划联席会议制度，负责统筹协调指导全省的国民旅游休闲工作。

4. 带动了相关市场的消费

推行“国民旅游休闲计划”的初衷虽不是应对金融危机，但客观上确实起到了即时性的应对作用，提振了信心，带火了市场。旅游业在2009年国际金融危机背景下率先走出阴霾，这与“国民旅游休闲计划”的大力倡导和推动有直接关联。

5. 探索并积累了一些经验

广东省试行的“国民旅游休闲计划”，具有明显的开创性，不仅表现在具体工作方案的内涵设计上，更重要的是把工作思路变为了工作实践；不仅为研讨全国性方案垦殖了一片试验田，而且也启发和影响了有关省市的工作思路。浙江省“纲要”送审稿，对旅游行业开拓休闲度假新领域具有积极的指导意义。山东、江西、北京等省市则通过“本地人游本地”系列活动，有效扩大了内需，刺激了消费。

从各地推行的实际情况来看，也普遍存在一些问题和困难。一是休闲理念尚未受到足够重视，突出表现在带薪休假制度落实难。在现行的行政体制和社会运转体系下，真正落实恐怕需要相当长的时间。二是对国民旅游休闲的倡导，如果管理措施不到位，难免让公费旅游有空可钻，使原本造福全民的休闲计划走样变味。三是在操作中，如果过多采用行政手段推行，势必与百姓的创业计划、培训计划、教育计划、减税计划等发生矛盾。四是国民旅游休闲发展涉及多行业、多领域，“国民旅游休闲计划”仅靠一两个部门很难完成。五是从长远来看，倡导国民休闲，关键是要提升国民素质，为休闲注入真正的精神实质，不能简单地理解为金融危机下的救市、拉动内需之举，而应从增进国民福祉、提高国民生活质量的角度来进行相应的制度安排。

休闲城市建设之“杭州经验”

杭州市旅游委员会

摘　要： 近年来，杭州以“东方休闲之都·品质生活之城”为城市发展目标，以旅游产业转型升级为核心，以特色潜力行业为突破，加快国际旅游休闲中心建设。本文从资源优势、文化底蕴、消费市场、休闲设施、产业基础等方面分析了杭州在建设休闲城市进程中的基础条件，然后从休闲规划、休闲空间、休闲项目、休闲产业等四方面进行深入分析，总结杭州在休闲城市建设过程中的成就与经验，并在此基础上提出杭州建设休闲城市的新举措。

关键词： 休闲城市　休闲产业　杭州经验

杭州素有“人间天堂”之称，三面云山一面城，其山水的完美结合，底蕴深厚的休闲文化，构成了“东方休闲之都”的坚实基底。近几年来，杭州市政府大力创建休闲环境，培育休闲项目，加速了休闲城市建设的进程。2006 年杭州成功举办世界休闲博览会，休闲理念得以广泛传播，休闲项目不断涌现，休闲产业迅速发展。与休闲产业密切相关的旅游业开始从传统的“观光旅游”发展为集“观光 + 休闲 + 会展”为一体的多元化发展格局。在此背景下，杭州提出“东方休闲之都·生活品质之城”的战略目标，从休闲规划、休闲空间、休闲项目、休闲产业等不同角度，全面启动休闲城市建设工程，以旅游产业转型升级为核心，以特色潜力行业为突破，加快国际旅游休闲中心的建设。

一　杭州休闲城市发展基础

1. 休闲资源得天独厚

杭州拥有 2 个国家级风景名胜区、2 个国家级自然保护区、6 个国家森林公园、1个国家级旅游度假区、全国首个国家级湿地公园、14个全国重点文物保护单位、5个国家级博物馆、120余处年接待1万次以上的各类旅游景区（点）。杭州丰富的自然景观资源始终对中外休闲者产生强大的吸引力。经过数百年的不断经营，杭州已基本形成“一湖、二峰、三泉、四寺、五山、六园、七洞、八墓、九溪、十景”的格局，而近几年完成的新西湖、新西溪、新运河建设工程，更是展现了一个精致而大气的杭州新形象，构建了一幅山水相依、山抱水环的自然美景，置身杭城，处处可赏景，处处可休闲。

2. 休闲文化底蕴深厚

“良渚文化发祥地”、“京杭运河南终端”、“吴越文化中心地”，“南宋古都临安府”，这是对杭州历史文化的四个经典描述，凸显了杭州作为中国历史文化名城的独特地位。杭州自古文风炽盛，人文传统优雅，在杭州历史延续和变迁中形成的风土人情、传统工艺、民间技艺、服饰饮食、市井民居、酒馆茶楼、医药保健、语言习俗等，都精致和谐地聚集在西湖山水之间，无不凝结着东方历史文化内涵，蕴含着东方休闲生活的智慧。

3. 休闲需求日益旺盛

社会经济发展水平决定了休闲产品的供给水平和消费水平。2009年杭州市经济社会实现了平稳较快发展，2009年1～3季度全市实现GDP3469.74亿元，同比增长8.5%，预计全市生产总值可突破5000亿元大关，增长10%左右。预计2009年杭州财政总收入1010亿元，增长11%，其中地方财政收入515亿元，增长13.1%；市区城镇居民人均可支配收入26800元，增长11.2%；全市农村居民人均纯收入11800元，增长10%以上。根据杭州市统计局公布的数据显示，杭州地区GDP连续18年保持两位数增长，2008年人均GDP达到10199美元。根据杭州市城调队对市区居民家庭的抽样调查，2008年杭州市区居民恩格尔系数为38.3%，恩格尔系数的降低表明杭州地区居民消费水平和消费质量有了显著提高，杭州市的经济发展水平已具备发展休闲经济的条件。

4. 休闲设施逐步完善

完善的休闲设施是发展休闲经济的基础条件，是带动整个城市的经济、社会全面发展和人们休闲生活质量提高的重要舞台。截至2009年底，杭州市共有星级酒店252家，其中五星级16家，四星级39家；旅行社462家，其中经营出境游旅行社33家；A级景区28个，其中5A景区1个，4A景区19个，3A景区8

个；杭州所有三星级以上宾馆、3A 以上景区、主要旅游特色街区、旅游公共场所均已完成四国文字标识和道路双语指示牌。环西湖公交车、观光巴士开通了中英文广播，杭州出租车配备了英文导游图。此外，杭州还拥有 22 家博物馆、16 家纪念馆及美术馆、图书馆、剧院（场）等文化场馆；体育馆、健身中心、美容美体中心等美容及健身场所；各类酒家、餐馆、休闲吧、茶室等休闲餐饮机构；以“杭州大厦”、“银泰”、“解百”等为代表的都市休闲购物场所；以及电影院、娱乐城、演艺中心等娱乐场所。特别是以武林广场、吴山广场、运河广场、西湖广场等为代表的城市休闲广场，以武林路、河坊街、南山路、湖滨路等为代表的特色休闲街区，可基本满足本地市民及外地游客的娱乐、交流、健身的休闲需要，也已成为杭州孕育、滋养城市个性文化的重要平台。

5. 休闲产业蓬勃发展

近年来，杭州不断创新，积极探索休闲度假、商务会展、文化旅游、主题旅游等多种形式，实现从“观光时代”向“休闲时代”的迈进。

近年来，杭州的休闲项目逐渐成熟，许多新兴的休闲方式也开始被接受。服务对象向多层面发展，整个休闲服务市场显示出现代化、时尚化的特点。2007 年，杭州市提出并积极推进培育十大特色潜力行业，以美食、茶楼、演艺、疗休养、保健、化妆、女装、运动休闲、婴童、工艺美术等行业为突破口，加快旅游业态的升级转型。2009 年，杭州以美食休闲、茶楼休闲、疗养休闲、化妆美容休闲、保健休闲、文化演艺休闲、运动休闲、特色购物休闲 8 大类旅游休闲服务场所为重点，评选出 150 家“首批杭州休闲生活体验点”，隆重推出“2009 杭州十大特色潜力行业休闲主题活动”。经过培育，杭州的休闲服务市场迅速发展，各类茶馆达 1500 多家，咖啡厅 700 多家，酒吧 300 多家，以及数量众多的足浴、健身、美容、疗养等休闲场所，而传统的餐饮休闲企业已经达到近万家的规模。一些大型休闲企业开始重视品牌建设，并在全国甚至海外进行连锁经营。通过一系列的节庆活动，以创意、快乐、美丽、休闲、体验、时尚、文化等元素为特点的杭州十大特色潜力产业逐渐成为杭州休闲产业的主体，充分体现了杭州的比较优势、竞争优势和产业优势，有利于杭州实现从“旅游城市”到“城市旅游”的跨越式发展。这些特色潜力产业是杭州城市生活的“新亮点”，是杭州旅游休闲的“新蓝海”，是杭州建设“国际旅游休闲中心”的重点领域。

二　杭州休闲城市建设发展经验

（一）以“生活品质之城”为目标，重视休闲规划

杭州是国家历史文化名城和重要的风景旅游城市，风景资源是杭州作为旅游目的地的主要吸引力所在。随着杭州旅游产品的不断提升和更新，杭州确定以国际化为总体发展战略，充分发挥资源优势，大力加强市场营销，全面提升以观光旅游、休闲度假和商务会展为核心的多元化产品体系，稳步提高杭州作为目的地城市在国际和国内的竞争力。

1. 把握旅游发展趋势，明确总体发展目标

2007 年杭州市提出共建共享“东方休闲之都·品质生活之城”的城市发展目标。为实现这一目标，加快推进旅游国际化建设步伐，杭州市旅游委员会与市有关部门及区、县（市）政府密切配合，重视前期规划工作，夯实建设基础，提出以“东方休闲之都·品质生活之城”为杭州旅游发展的总体规划目标，致力于将杭州建设成为具有良好声誉、提供高品质服务、居民温馨好客的旅游目的地。

2. 创新旅游发展思路，积极推进项目规划

杭州按照“发展大旅游、开拓大市场、形成大产业”的要求，深入实施“旅游西进”和“旅游国际化”战略部署，着力发展以传统旅游业为龙头的“大旅游产业”，带动杭州休闲的全面发展。2008 年杭州先后制订完成了《大运河（杭州段）旅游规划（2007～2020）》、《以运河为中心的三条水上黄金旅游线策划方案》、《杭州市休闲基地总体规划（2007～2020）》、《湘湖国际旅游综合体概念性规划方案》、《中山路城市有机更新与综合保护工程旅游发展规划》、《西湖区群山游步道专项规划设计》等重要规划，《“两江一湖”风景名胜区总体规划》已完成修改工作。通过规划来明确思路，实现招商引资及项目对接。各区（县）旅游部门主动宣传、主动协调、主动服务，努力营造发展休闲度假产业的良好环境，使国内外投资者对杭州休闲项目及配套的商贸服务业的投资热情日益高涨，重大项目建设进展迅速。

3. 政府主导，多方合作，共同建设休闲城市

明确发展目标后，杭州在一些大型休闲项目的建设过程中实行“政府主导”

战略。“政府主导”在项目前期规划及基础性建设的过程中发挥着重要作用，可有效避免完全由市场运作所引发的“低水平重复建设”及“破坏性开发”等短期行为的发生。通过充分发挥政府在塑造整体形象、制定发展规划、宏观调控产业布局和产品结构、推进基础设施建设、加强市场监管等方面的主导作用，不断完善杭州旅游休闲公共服务体系建设及目的地营销系统，按照科学发展观的要求，树立可持续发展的观念，兼顾城乡，兼顾相关产业，兼顾经济社会发展，把休闲发展纳入杭州城市建设的总体规划，调动一切社会力量参与休闲城市的建设、经营和管理，逐步在杭州形成政府主导、全员参与、多方合作的发展新格局。

（二）以“公共休闲空间”为基础，营造休闲环境

在获得“中国园林城市”、“中国环境综合治理优秀城市”、“最适合人类居住的城市”等一系列荣誉后，杭州开始积极推进杭州公共休闲空间的建设，一大批城市广场、城市公园、休闲步行街相继建成，杭州的城市面貌有了较大提升。

1. 突出城市公园的人文内涵

城市公园是城市中最主要的休闲场所与游憩空间之一，与城市居民的生活质量密切相关，在城市居民的休闲娱乐和城市旅游中发挥着重要的作用。城市公园的建设不仅反映了一个城市的经济和社会文化发展水平，同时也反映了城市人居环境及其城市功能的完善程度。杭州已在运河、西湖、西溪、钱塘江边规划建设了一批城市公园，为广大市民提供更多的休憩游览场所。杭州的城市公园坚持以人为本、生态优先、以绿为主、适地适树、体现特色、节约资源等原则，强调生物多样性保护，做到景观塑造生态化、园林小品功能化、种植设计人性化。积极尝试运用光导照明、太阳能、循环材料等节能技术，通过现代技术传达传统文化思想，既营造现代时尚景观，又体现历史文化积淀。

2. 突出城市广场的休闲功能

广场既是城市重要的公共休闲空间，也是展示城市形象的窗口。随着现代城市广场向综合化、立体化发展，一些商业设施、市政设施、娱乐设施往往会以广场为中心进行分布，使城市广场兼具集散、商业、休闲、交往等多种功能，成为市民使用频率最高的城市公共空间。杭州利用城市的自然资源和人文积淀，新建

并改建一批城市广场，逐步建设完成一批市民化、通达化、休闲化的城市广场，为市民提供了一个聚会、健身、休憩、娱乐的开敞空间。

作为“城市客厅”，杭州城市广场的设计和建设注重同时满足本地市民和外地游客的需求，积极征求大众建议，重视民众的主体作用。同时，重视大型公共建筑空间与城市公共空间的穿插与交融，使城市建筑空间形态构成模式逐渐由“内向型”向“外向型”转化，将一些居住街区广场、公共建筑前集散广场、公共建筑室内空间广场等进行整合，从而形成具有整体性的城市空间景观。杭州通过城市广场的整体规划，构建多层次的城市广场空间网络体系，使各种规模、级别、形态的城市广场成为一个有机的系统，并通过规划城市广场构筑多中心的、有层次的、系统化的城市格局。

3. 突出休闲步行街的特色凝练

城市步行街兼有游览、观景、购物、休憩等多种功能，可满足海内外游客及本地居民的多元化休闲需求。自隋唐开始，杭州就日渐繁华，南宋更是热闹非凡，历经元、明、清和民国，杭州始终是江南的商业中心。南宋定都杭州后，筑九里皇城，开十里天街，杭州步行街开始慢慢发展。特别是在20世纪90年代以后，杭州开始正式确立提升步行街、打造城市游憩商业区的构思。中山路南宋御街、清河坊历史街区、丝绸城特色街区、武林路时尚女装特色街区、梅家坞茶文化特色区、四季青服装特色街区、湖滨商业旅游特色街区、信义坊美食休闲商业街、文三路电子信息街、南山路文化艺术休闲特色街、小河直街历史文化街区等各显特色，彰显着杭州休闲城市的魅力。

（三）以“十大休闲基地”为平台，建设休闲项目

2007年，杭州结合资源开发现状及休闲度假发展趋势，制订了《杭州休闲基地发展规划》，总体构建“一心、一圈、两轴”，即以西湖为核心的休闲中心地；以余杭、滨江、萧山为基础的环城市游憩带；以杭徽高速、新安江—富春江—千岛湖两轴为骨架支撑起的山地休闲板块和滨水休闲板块。重点发展西湖、千岛湖、湘湖、西溪、运河（杭州段）、之江六大国际综合型休闲基地，积极推动大径山、大良渚、滨江、天目山、大明山、龙门山、富春山居、大奇山、新安江、分水江等特色型休闲基地，通过基地的内聚、拓展、辐射作用来推动杭州休闲建设的整体发展。

根据资源特性，目前杭州的休闲项目大致可分为三类：以西溪湿地、淳安县千岛湖、建德市新安江、萧山湘湖、余杭南湖等为代表的滨水休闲；以临安市天目山、临安市大明山、富阳龙门山等为代表的山地休闲；以桐庐大奇山、余杭山沟沟等为代表的乡村休闲。各类休闲项目分别瞄准高收入白领、老年市场、大学生市场、户外运动爱好者等细分市场进行差异化发展。

1. 打造国际化的滨水休闲项目

杭州目前依托西湖、运河、钱塘江、新安江、富春江等河流，已初步形成了一批高品质的滨水休闲基地。自 2002 年起，西湖综合保护工程全面展开，环西湖景区的生态环境得以修复，注入了品茗文化、陶瓷文化、民俗文化、演艺文化的休闲功能，增加了“印象西湖”、“西湖之夜”等文化休闲项目。传统的“西湖观光一日游”产品的内涵得到不断丰富，游客接待量及停留时间明显延长，经济联动效益显著。淳安千岛湖作为国家级风景名胜区、国家级的生态示范区，始终坚持以生态旅游为发展主线，注重提升湖泊旅游品质，从传统的观光旅游产品，逐步向集观光、休闲、度假、会议旅游及水上运动为一体的综合型旅游业态转变，重点发展游艇、度假村、温泉等高档休闲度假项目。

结合国际滨水休闲项目的开发经验，杭州的滨水型休闲基地从以下几个角度设计不同的休闲项目：第一类项目定位为全天候的休闲运动中心，设计各种强度不一、参与性强的水上运动项目（如帆板、摩托艇、滑翔伞、滨水排球、滨水网球、高尔夫等）；第二类项目则配套发展各类美容及康体保健休闲产品，以高收入、高消费度假者为目标市场，依托高档酒店或度假村，提供高尔夫、美容美体等项目；第三类项目则以水资源的景观价值、知识价值、文化价值为基础，充分考虑传统与现代的结合，度假产品与观光、科教、文化类产品的融合。

2. 开发运动型的山地休闲项目

杭州的山地休闲度假地主要集中在临安、建德、富阳，以及杭州主城区的西湖区一带，目前以登山运动为主。临安天目山围绕“森林王国”品牌形象，积极开发森林休闲、森林健身、森林考察、森林度假等多样化旅游产品，成功举办了中国森林博览会、国际山地户外运动挑战赛等重要节庆活动。由台商投资的富春山居，位于富春江畔，依托丘陵山地资源而建。富春山居的高尔夫球场是中国华东唯一以茶园为主题的丘陵地形国际标准高尔夫球场，先后获得“最佳新晋高尔夫球会”、“世界最具影响力高尔夫球场”、“中国城市最佳高尔夫球场”、

“全球116家最佳新酒店”等国际荣誉。

杭州的山地休闲项目的开发主要从以下几方面考虑：首先，深度开发传统型的山地休闲项目，开发以登山观景为代表，着力做好观景点设计、基础设施、配套设施等建设，提升登山休闲的安全性、便利性；其次，积极开发运动型的山地休闲项目，如攀岩、山地穿越、溯溪、定向运动、山地自行车等，融休闲与竞技于一体；再次，选择资源、区位、市场等因素相宜的区域开发时尚型山地休闲项目，开发以山地滑草、山地骑马、山地露营、汽车障碍赛、热气球升空、荒山生存、凌空漫步等融极限与娱乐于一体的项目；另外，在时间成熟时选择部分地区，依托山地资源的独特优势，开发反季休闲项目或建设部分运动训练基地，发展体育休闲产业，着眼发展立体化、多功能、国际性的体育训练基地。

3. 策划多元化的乡村休闲项目

近五年来，杭州的乡村休闲取得了尤为显著的成绩。杭州淳安县、萧山区分别荣获“全国旅游经济强县”、“浙江省旅游经济强区”；全市有14个乡镇、19个行政村荣获“浙江省旅游强镇（乡）”、“浙江省特色旅游村”。省市还联手开展“多彩乡村·快乐农家”乡村旅游体验活动，积极开展“休闲观光农业旅游示范点”、“星级乡村旅游点”、“全国工农业旅游示范点”的创建和评定验收。乡村旅游彰显了“旅游西进、兴旅富民”的战略成效，成为杭州旅游经济新的增长点。

杭州周边各县的乡村由于资源和区位条件的差异，已逐渐形成风格不同、互相呼应的环城乡村休闲带。杭州的乡村休闲项目发展主要分为以下几种模式：一是依托中小型景区、开发初期的景区，或者是知名度并不高但环境良好的自然景区，适度发展以生态、观光为主题的农家休闲；二是依托农户个体经营的苗木园、农场、果园、牧场、鱼塘等农业设施及活动，提供与农业、渔业、牧业相关的主题乡村休闲产品；三是依托有一定规模、生产效率较高的自然型农业园区、人工型农业园区、高科技农业园区等资源和设施，提供有一定科技含量的乡村休闲产品；四是依托古镇、古村落，设计有较高人文价值和审美价值的乡村文化休闲产品；五是选择区位条件优越、资源丰富、接待设施水平较高的乡村地区，建设有一定规模的多功能休闲农场（牧场），提供集农业种植、畜牧养殖、现代娱乐、生活体验等为一体的多元化、体验型的乡村休闲项目。

（四）以“十大潜力行业”为突破，提升休闲产业

杭州市提出的“美食、茶楼、演艺、疗休养、保健、化妆、女装、运动、婴童、工艺美术”十大潜力行业是杭州具有地方特色、优势明显的特色潜力行业，是适应生活发展需求，提高幸福指数，建设和谐杭州的必然趋势，也是杭州积极推进“生活品质之城”和“国际旅游休闲中心”建设的重要组成部分。

1. 通过规划引导，统一思想认识

为深入推进十大特色潜力产业的发展，杭州市级层面成立了特色潜力行业工作领导小组，统一领导、统筹协调落实，5 个行业主管部门为主的全市各有关部门大力配合和支持。随后，杭州正式出台《杭州十大特色潜力行业发展规划（2007～2020 年）》、《杭州十大特色潜力行业行动计划（2007～2011 年）》和《杭州市人民政府关于培育发展十大特色潜力行业的若干意见》，为杭州特色潜力行业的发展指明方向，明确培育重点及具体工作思路。借助培育发展十大特色潜力行业来包装策划城市休闲产品，有效提升城市休闲产业的发展水平。现在，杭州休闲产业已逐步形成了“政府引导、协会组织、企业参与、市场运作”的发展机制。

2. 通过政策落实，明确产业布局

2008～2009 年，杭州市共安排 4000 万元专项资金，主要用于对重点项目的扶持、行业协会的建设，以及特色潜力行业转化为旅游产品的包装和推广。启动编撰《杭州十大特色潜力行业蓝皮书》，及时掌握产业发展动态，适时调整扶持政策与行动规划，促进特色潜力行业良性发展。此举强力推动了市县新型特色产业的重新布局，充分调动了休闲从业人员的积极性，从而促进了杭州休闲产业的新增长。2009 年出台了《杭州市十大特色潜力行业重点扶持项目管理办法》，通过公开、透明的项目立项工作机制，围绕如何拉动内需、如何加快旅游休闲产品转化的目标，安排资金 2265 万元用于扶持 54 个重点项目，激发行业协会和企业发展的积极性，发挥“四两拨千斤”的重要作用，鼓励将特色潜力产业的发展与杭州休闲城市的建设融合在一起。

3. 通过协会建设，促进产业发展

为扶持潜力产业发展，杭州市充分重视完善、充实、重组和新建行业协会，由市旅委牵头出台《杭州市十大特色潜力行业协会考核办法》，通过实施综合目标考核、协会互评及企业意见征询三位一体的考核方法，促进协会尽快完善制度

规范及机构建设，加强规范化运作，提高协会工作的积极性，提升协会自主管理水平。同时，本着“树立典范、拉开差距、奖强促弱、以点推面”的原则，2009年安排530万元资金对行业协会进行“以考代奖”，推动行业协会运作大型活动，提升行业凝聚力，扩大行业影响力，挖掘行业潜力。

4. 通过品牌推广，实现产品转化

为不断提升特色潜力行业在市民和游客中的知名度和美誉度，杭州市统一规划、统一宣传、统一实施了一系列产品包装和推广活动，如评选特色潜力行业200强及150个“首批杭州休闲生活体验点”，编印《杭州十大特色潜力行业休闲旅游指南》，通过开展主题活动展示、体验点服务提升、主题线路（产品）评选、主题摄影大赛等多种形式的“杭州特色潜力行业休闲主题活动大巡展”，而充分发挥特色潜力行业的规模效应与集聚效应，有效推进特色潜力行业产品的挖掘、行业品牌亮点的提升和旅游休闲产品的转化，吸引海内外游客对杭州城市休闲产品的更多关注。

三　杭州休闲城市建设发展的新举措

为拓展杭州旅游休闲的“新蓝海”，积极打造“国际旅游休闲中心”和建设“生活品质之城”，杭州不断探索创新，坚持以旅游产品的转型升级为目标，适度超前、科学布局，培育发展具有杭州特色的休闲产业，打造具有杭州特色的城市休闲品牌。

（一）加强政府保障

休闲城市的建设是一项周期长、关联度高的系统工程，涉及经委、贸易局、卫生局、文广新局、体育局等10余个市直属部门。为保证休闲城市建设工作长期、有序推进，杭州市拟增编成立“杭州市旅游特色潜力行业发展中心”，增设推进休闲产业发展的专门编制机构和工作人员，从机构和人力上确保杭州休闲旅游的强力推进。通过成立“旅游特色潜力行业发展中心”，创新参与机制，搭建互动合作平台，关注行业资源与旅游资源、旅游元素的转化和结合，抓好行业基础建设、规范管理、评价奖励等各项工作；可以进一步整合各方力量，研究和制定杭州休闲产业的发展战略、行动计划，充分发挥各行业各企业的积极性、主动性和创造性，共同打造杭州休闲产业的品牌优势、竞争优势，推动行业健康有序发展及市与区、县（市）的良性互动。通过鼓励同业合力、异业联盟、品牌提升、产品转化，进一步扩大特色潜力行业融合发展领域，为国际旅游目的地建设培育更多的优质资源和产品。

杭州市将从政策、资金、规划、市场促销等方面对休闲产业给予全面支持，推进杭州市休闲产业的整体发展。通过确立休闲产业的范围、作用和地位，引导休闲产业向着有利于政治稳定、社会进步、经济繁荣的方向发展；通过加强法制建设和标准化、规范化建设，强化综合规划，优化整合公共资源；通过突出市场功能，进一步发挥市场运作作用；通过充分调动研究机构、行业组织、企业和新闻媒体等各种社会力量的“四界联动”作用来共同推进休闲城市的建设。

（二）加强科技投入

未来一段时期，杭州市将更加重视先进科技在休闲产业中的应用，包括科技手段的运用和科研力量的利用，重视科研成果的推广和应用。通过现代科技的联网功能，将杭州的宾馆、饭店、旅行社、景区、景点、酒吧、足浴、餐饮等协会对接，与市民中心、机场、城管办、交通局实行信息共享。将继续完善休闲城市建设的网络体系，对休闲服务企业实行网络质量监督和投诉理赔制度，维护杭州市休闲旅游的整体形象。此外，还将建立数据库，定期发布杭州休闲产业的最新发展情况、发展趋势。而且要成立专家顾问委员会，并与知名高校联合成立杭州休闲发展促进会，为培育发展杭州休闲产业提供专业的智力支持。

（三）加强人才培养

杭州将运用杭州良好的环境优势和人文优势，创造休闲产业繁荣、创业人才集聚的良好互动机制，把休闲产业人才纳入杭州人才工程的重要环节，给予政策鼓励和扶持。

2009 年，杭州市委、市政府专门向 2 万名休闲从业人员提供教育培训券，通过制定统一的教育培训计划，动员各主管部门和行业协会、企业多方联动，科学设置培训课程、科学安排培训时间，认真组织培训机构、培训人员，努力提升一线从业人员的综合素质和技能。

针对目前保健、疗休养、茶楼等高级经营管理人才不足的现状，杭州积极探索休闲行业与相关大专院校合作模式，制定“行业定向资助计划”，以全额资助学费等形式，吸引在校学生加盟相关行业经营管理课程的学习，签订未来就业合作意向。

为吸引高端人才，杭州还积极开辟“绿色通道”，即将启动“休闲产业发展人才发现计划”、“休闲行业全员培训计划”及人才奖励政策，吸引懂技术、会管理、善经营的高层次复合型人才，为加快推进休闲产业发展提供人才保障。

（四）加强设施建设

杭州市将进一步优化城市基础设施，为休闲产业发展、人民群众生活品质的提升提供更好的硬件支持。配套做好接待设施、交通设施、会展设施规划建设，提供商务、旅游、休闲服务保障，为游客的休闲旅游提供完善服务；打造现代化的城市交通和公共服务，建设与历史文化、自然环境、产业特色更加协调一致的城市基础设施；进一步提升常态化、人性化的城市管理与服务，营造杭州特有的整洁亮丽、安全有序、和谐舒适的高品质休闲环境。

综上所述，杭州休闲城市的建设经历了起步、发展、创新的不同阶段。在此过程中，科学合理的休闲总体规划明确了杭州休闲城市建设的发展目标和思路；城市广场、城市公园、休闲步行街等城市公共休闲空间的建设营造了良好的城市休闲环境；杭州“十大休闲基地”将以“中心辐射、轴线扩展、优化组合、特色互补”的原则，积极推进休闲项目的全面建设；通过挖掘“杭州十大特色潜力行业”与休闲的内在经济联系和结合点，充分调动相关行业部门共同发展休闲的积极性和创造性，把发展休闲旅游与发展区域经济结合起来，通过依托、挖掘、整合、联动相关产业，从纵向和横向培育休闲产业链，优化产业结构，全面推进休闲城市的建设。

休闲之都，品质生活

——杭州市休闲相关产业的形成与发展

蒋 艳　宋子干*

摘　要：杭州市休闲产业发展经历了旅游业稳步发展、休闲产业体系初步形成和休闲产业质量提升等阶段，具有如下特征：根植于深厚休闲文化底蕴；以发达的经济社会基础作支撑；有为政府和活跃市场经济的统一；休闲产业体系较为完整；有机融入区域整体发展；国际化视野提升休闲产业质量。2009 年，杭州市旅游业呈现出一些新的动态：休闲消费持续快速增长；休闲产业形态创新加快；公共休闲环境得到改善；社会参与程度进一步提高。从未来发展来看，杭州市休闲产业发展面临新的机遇，当然也存在一些问题，需要在进一步的发展中加以解决。

关键词：杭州市　休闲产业　发展历程　特征　趋势

一　杭州市休闲相关产业的发展历程

杭州市休闲产业从旅游业开始起步，目前已经形成由旅游休闲、餐饮休闲、文化休闲、购物休闲、体育休闲、农业休闲等六大休闲行业为支撑，对杭州市城市建设和经济社会发展具有重要拉动作用的大产业。

（一）1978～1998 年：旅游业稳步发展

杭州市休闲产业发展的源头可追溯到改革开放初期。1979 年 9 月，杭州市

* 蒋艳，浙江外国语学院讲师，管理学硕士，研究重点是休闲旅游和社区参与。宋子干，中国旅游研究院旅游政策与发展战略研究所负责人、副研究员，经济学博士，地理学博士后，研究重点是旅游经济和旅游基础理论。

服务公司首先创办旅行社，成为全省第一家经营国内旅游业务的企业。1980年，国旅杭州分社和浙江省中旅开始着手开拓入境旅游市场，自办外联业务。1982年，千岛湖被列为国家级森林公园和全国首批44处重点风景名胜区之一。1983年，国务院正式批准杭州为“历史文化名城和全国重点风景旅游城市”，明确了杭州旅游城市定位。1985年末，杭州市区经营旅游业务的旅行社、旅游服务公司、汽车服务公司总量为62家。1992年，邓小平视察杭州并做出重要指示，“像杭州这样的风景旅游城市在世界上可是不多的，要把杭州的旅游业好好发展起来”，由此杭州市旅游业发展步入快车道。

（二）1999~2005年：休闲产业相关体系初步形成

1999年是杭州市休闲产业发展的关键一年。是年，杭州市旅游总收入突破400亿元，杭州市被国家旅游局命名为首批“中国优秀旅游城市”之一。同时，杭州提出“游、学、住、创业在杭州”目标，开始着手培育更广泛的休闲产业。2000年，“西湖博览会”恢复举办，此后杭州每年举办一届西湖博览会，至2009年已连续成功举办十届。据杭州市统计局统计，西博会每年创造的增加值超过10亿元，拉动杭州GDP增长值在0.6%以上。2001年杭州市提出打造“休闲之都”和“女装之都”。同年10月，杭州被联合国人居中心授予“联合国人居奖”，被评为“最适合人类居住的城市”。11月，宋城集团举办了世界休闲经济论坛，对于人们正确认识“休闲”起了一定的推动作用，美国总统休闲顾问杰弗瑞·戈比教授认为这次会议是中国休闲经济发展的分水岭。2002年，杭州提出打造“会展之都”，同时着手实施“西湖南线整合工程”，西湖南线各大公园首次免费开放，取得了良好的综合效益，并在全国引起强烈反响。10月，杭州被国际康乐组织评为“国际花园城市”。2005年，杭州市又提出打造“中国茶都”和“动漫之都”，休闲产业范畴持续扩大。

（三）2006年至今：休闲相关产业质量提升

2006年，杭州市与世界休闲组织共同合作举办了首届世界休闲博览会，媒体称之为开创“中国休闲元年”。2007年，杭州市被国家旅游局和联合国世界旅游组织命名为“中国最佳旅游城市”，同获此殊荣的只有大连和成都两个城市。2008年1月，杭州市被评为“中国十大休闲城市”。2008年6月，被评为“中国最具影响力的会展城市”、“中国十佳宜居城市”。是年，杭州还举办了第28届世界航空业公路赛、第5届目的地管理国际会议、亚太旅游协会（PATA）旅游交易会等重大国际性会议活动。2009年5月，杭州市被评为“中国最佳休闲旅游城市”；同年6月，杭州市与世界休闲组织正式签订协议，今后的世界休闲博览会将永久落户杭州；9月，杭州被评为“2009中国十大品牌城市”、“中国节庆之都”。

二 杭州市休闲相关产业的主要特征

经过改革开放30余年的发展，杭州市休闲产业形成了较大的产业规模和较为完整的产业体系，取得了良好的经济效益、文化效益、社会效益和生态效益，在其发展过程中凸显出如下特征。

1. 根植于深厚的休闲文化底蕴

杭州休闲产业的发展，根植于杭州市深厚的休闲文化底蕴。这种休闲文化底蕴孕育着杭州市民的休闲意识，也积累了丰富的休闲文化资源。

杭州的休闲文化源远流长，在吴越时期，杭州等地就以风俗华丽著称于世；之后，作为南宋王朝的偏安之地，杭州酒肆、茶肆林立，生意兴隆，节庆活动繁多，当时各类节日即达70多个。[①] 浙江历史上的旅游休闲文化延续至今，为休闲发展提供了良好的市场心理基础。

杭州的休闲文化和自然山水、城市风貌相结合，形成了丰富的休闲文化资源。西湖及诸山历史上就是旅游胜地，苏东坡的名句“若把西湖比西子，淡妆浓抹总相宜”，吸引了无数中外游客前来游玩。杭州是中国第一批历史文化名城，是京杭大运河的端点，保留了吴越、南宋等不同历史时期的大量遗址遗迹，形成了一批历史文化街区。此外，杭派民俗文化也极具特色。

2. 以发达的经济社会基础作支撑

杭州经济社会发展迅速，特别是第三产业和现代服务业渐趋成熟，为休闲相关产业的发展提供了强有力的支撑。2009年，杭州市GDP达5098.66亿元，增长10%，增长幅度连续第19年保持两位数增长，分别快于全国、全省1.3个百分点和1.1个百分点。按户籍人口计算，人均GDP达到了74924元，按上年平

---

① 康保苓：《试析杭州休闲之都的历史渊源》，《2009中国（国际）休闲发展论坛文集》，2009。

均汇率算，达到10968美元。产业结构排序由“二、三、一”变为“三、二、一”，第三产业，即服务业增加值2473.52亿元，同比增长13.9%，对GDP增长的贡献率达到64.6%。

与此同时，杭州各项基础设施也较为完善。2006年底，杭千高速公路、杭徽高速公路全线贯通，杭州在全省率先实现市域范围内“90分钟交通圈”和“县县通高速公路”。2008年，杭州市新增公路里程237.26公里，境内公路总里程达14699.53公里，其中高速公路494.15公里。铁路方面，2007年4月，杭州到上海等地的动车组投入使用，杭州作为“浙江第一大客运枢纽”、“长三角第二大客运枢纽”的地位更加巩固。航空方面，2008年末，萧山机场已开通航线193条，其中国际航线30条，港澳台航线8条，全年旅客进出港达1267.32万人次，航班起降11.9万架次，成为全国第八大航空港。

从更大的范围看，杭州市所在的浙江省和长三角地区一直是我国经济发展的领先地区，区域内经济联系紧密，交通网络完善。

3. 有为政府和活跃市场经济的统一

近年来，以打造“东方休闲之都·品质生活之城”为核心，杭州市委市政府进行了大量卓有成效的工作。2001年，杭州市组建了旅游商贸系统，由市旅委、西湖风景名胜区、市贸易局、市西博办、杭旅集团等9个部门组成，为杭州休闲产业的发展提供了组织保障。2002年，杭州市委、市政府郑重许诺“还湖于民”，将西湖风景名胜区的景点陆续免费开放。2003年4月，没有围墙、不收门票的西湖沿湖所有绿地和景观已全部免费向市民和游客开放。2004年，杭州市提出旅游国际化战略。2007年，杭州市政府着手培育十大特色潜力行业。2008年，杭州提出建设一批城市综合体。2009年发放旅游消费券。上面的这些举措大多都是全国首创。

杭州市休闲产业的发展也离不开活跃的市场经济。如宋城集团就是推动杭州从“旅游城市”向“休闲城市”转型的重要力量。1996年开园的宋城景区是浙江省内第一家主题公园和中国最大的宋文化主题公园，也开了浙江省民营资本投资旅游休闲产业的先河。1998年建成杭州乐园，开始注重景区的休闲度假功能。1999年率先提出并实践了“景观房产”这一理念，之后又提出主题地产、休闲地产的理念，并逐渐发展到“大型休闲社区”模式。2002年投资和建设了世界休闲博览园，融旅游、休闲、度假、会展、居住为一体，是2006年世界休闲博

览会主场馆。

作为政府和企业之间的纽带，行业协会等组织也在杭州市休闲产业的发展中发挥了重要作用。杭州市先后成立了旅游协会、旅行社协会、饭店协会、烹饪餐饮业协会、饮食旅店业同业公会、杭帮菜研究会等群众团体，有力地推进了行业自律和内外交流。

4. 休闲产业体系较为完整

从总体上看，杭州市休闲产业已经形成了旅游休闲、餐饮休闲、文化休闲、体育休闲、购物休闲、农业休闲等六大支撑产业，覆盖了人们休闲生活的方方面面。旅游业方面，2008 年，杭州共接待海内外游客 4773 万人次，旅游总收入 707.22 亿元，比上年增长 12.2%。餐饮业方面，2008 年，餐饮业的法人企业有 354 家，营业收入达 839427 万元，形成了高新文教区、古墩路沿线、西湖北线/黄龙等三大集聚区。文化产业方面，截至 2008 年末，杭州有各类专业艺术表演团体 19 个，公共图书馆 14 个，文化馆 13 个，博物馆、纪念馆 57 个，全国重点文物保护单位 24 处。体育产业方面，2008 年末，杭州市拥有健身场所 2153 处，2008 年全年兴办区、县（市）级以上健身活动 1636 次，参加人数 78 万人次，全市体育锻炼人口比重达到 48%，并举办了一系列重大体育赛事。商业方面，2008 年 12 月，杭州市启动了首届休闲购物节，2009 年全年杭州市商品零售额达 1804.93 亿元。农业方面，2008 年杭州全年完成农林牧渔业总产值 273.76 亿元，比上年增长 10.8%，其中，茶叶、花卉苗木、水产品、节粮型畜禽、蔬菜和竹业等“六大优势产业”实现产值 153.91 亿元；水果、干果、蚕桑、药材和蜂业等“五大特色产业”实现产值 31.88 亿元，合计占农林牧渔总产值比重为 67.9%，比上年提高 0.6%。

5. 有机融入区域整体发展

休闲产业本身就很难说是个独立的产业，杭州市的休闲发展更是紧密地和区域经济社会联系在一起。除了旅游休闲、餐饮休闲、文化休闲、体育休闲、购物休闲、农业休闲等六大支撑产业以外，休闲要素还大量渗透在其他产业当中。杭州市提出的美食、茶楼、疗休养、演艺、化妆、保健、女装、婴童、运动休闲、工艺美术等十大潜力行业，不仅涉及餐饮、文化、体育等传统休闲行业，甚至还包括女装、婴童等制造业。

休闲产业发展也和城乡建设紧密结合。围绕“东方休闲之都·品质生活之城”建设，杭州市打造了武林路时尚女装街区、梅家坞品茶街区、南山路艺术休闲特色街区等一批融休闲生活、文化艺术于一体的街区，实施了西溪湿地综合保护工程、运河保护工程、城市基础设施建设工程和道路交通整治工程等一批城乡建设项目，有力地促进了城乡硬件建设、软件提升，提升了城市品质。特别是在2008年，杭州提出了建设城市综合体的重大战略，更是推进了休闲产业和城市发展的一体化。

6. 国际化视野提升休闲产业质量

2003年，杭州市着手开展推进旅游国际化的调研工作。2004年8月，杭州市委、市政府印发《推进杭州旅游国际化启动方案》（市委发〔2004〕40号），明确提出了杭州旅游国际化战略。这一战略的提出，对于提升杭州市休闲产业质量具有重要意义。一方面，按国际标准配套完善了旅游休闲基础设施，建设了旅游交通网络、集散中心和旅游咨询服务中心，构建了国际医疗和救助体系。另一方面，推出了一系列高品质休闲产品，推进了西湖综合保护、西溪湿地、运河（杭州段）等重大工程建设，着手“杭州西湖·龙井茶园”、运河、良渚遗址申报世界遗产工作，建设了数个国际会展中心和一批特色街区。此外，杭州市也加强了国际上的宣传推广，成立了旅游国际化专家咨询委员会，并每年设立旅游国际化专题研究项目。

三　杭州市休闲产业发展新动态

1. 休闲消费持续快速增长

两组数据足以说明这一点。一是2009年11月7日，第十一届西湖国际博览会落下帷幕，总计接待国内外观众1290万人次，实现贸易成交额138亿元，协议引进外资10.62亿美元，协议引进内资132亿元。二是在金融危机和甲型H1N1流感的双重冲击下，2009年，杭州市旅游业依然取得了优异成绩，全年旅游总收入达803.12亿元，其中国内旅游收入708.85亿元，同比增长14.8%。

发放旅游消费券是杭州市为促进旅游休闲消费发展的重要创新之举。2009年，杭州面向全国、港澳台、韩国和日本等旅游市场分两期发放2.5亿元“杭州旅游消费券”，同时启动“杭州人游杭州”系列活动。据杭州市旅游委员会统计，截至2009年8月31日，共回收第一期杭州旅游消费券761037张，直接消费总额达到4071.27万元；回收第二期杭州旅游消费券359716张，直接消费总额为1866.78万元。回收率排在前三位的是餐饮业、景区景点和饭店宾馆，这三项合计占回收消费券总量的87.12%。

2. 休闲产业形态创新加快

首先，“十大特色潜力行业”加速发展。2008~2009年，杭州市围绕“十大特色潜力行业”发展开展了一系列工作，市委、市政府先后出台了杭州十大特色潜力行业发展规划、行动计划、政策意见和行业协会发展指导性意见4个重要文件，共安排4000万元专项资金用于对重点项目的扶持，共扶持54个重点项目。目前发展规划和行动计划确定的优先发展项目落实过半。

其次，城市综合体建设进展顺利。一些旅游休闲综合体从规划阶段进入具体实施阶段。在主城区，西溪国家湿地公园三期已经实现有限开园；西溪天堂旅游综合体的中国湿地博物馆、悦榕庄酒店、公共服务设施等顺利推进；龙坞旅游综合体结合集镇改造，制定了五年规划；南宋御街国际旅游综合体正在积极运作。在各县（市），旅游综合体也都进展顺利。

再次，会展节事活动蓬勃发展。2009年，杭州市围绕西博会安排了会议、展览和节庆活动项目121个，其中在西博会期间举办48个，项目数量为历届最多。活动项目涉及：文化类（如第二届国际婚俗文化节，7月1日至10月31日）、学术类（如中国杭州名师名校长论坛，11月5~6日）、商贸类（如杭州名特优新产品常年展销会，6月27~30日）、科技类（如第一届国际天然药物和传统药物药理学术会议，9月9~12日）、体育类（如首届杭州国际山地越野挑战赛，5月24日）、休闲旅游类（如双溪水上狂欢节，7月）、休闲餐饮类（如杭州中国美食节，10月30日至11月5日）等。

3. 公共休闲环境得到改善

首先，在公共交通系统方面，公共自行车系统是杭州市公共交通系统的一大亮点。2009年底，杭州市公共自行车服务网点达2000个，拥有公共自行车50000辆，日租用量超过10万人次。此外，杭州市区增加公共停车泊位8000个以上，新辟公交线路15条，并在加强交通管理、潮汐交通组织形式等方面进行了新的探索。

其次，在城市环境方面，2009年，杭州市推进了市区河道与支小路整治，开工整治支小路50条，完成20条；实施“新三河”（胜利河、上塘河、余杭塘河）与半山地区河道（一期）整治，对河道沿线进行截污纳管改造，截污量达4.17万吨/日；完成主城区30个低洼积水点治理和230座公厕提升改造。此外，杭州市还完成230个老旧庭院、80条背街小巷的改造，城区新增绿化面积300万平方米，并加强了改善和整治工程的质量与施工管理。

4. 社会参与程度进一步提高

首先，企业在杭州市休闲产业发展中充分发挥了主体作用。各大企业利用政府搭建的西博会平台，积极地举办或参与各类博览会，如中国国际照相器材与数码影像博览会，第十届中国杭州国际汽车工业展览会，第30届中国浙江国际自行车、电动车展览会，第八届中国（浙江）家居建材博览会，第二届网货交易会等。企业为杭州市交通体系发展更是作出了重要贡献，杭州萧山国际机场二期工程三大项目之一的国际航站楼工程完成主体施工，国航、东航、南航三大航空公司纷纷在杭州投足了运力，海航也于2009年12月28日和2010年1月29日，分别开通杭州—曼谷和杭州—迪拜—马德里两条定期国际航线，国际航线覆盖面大幅扩大。

其次，大学等科研机构对杭州的休闲产业发展提供了大量的理论依据和实践成果。杭州已经七次举办休闲论坛和休闲大会，推动了国内休闲理论的研究。2009年中国（国际）休闲发展论坛对于一些主题进行了讨论，如：国际视野中的宜居城市与休闲发展、中国宜居城市建设与休闲发展、休闲文化与休闲产业发展等。

再次，媒体不仅积极宣传报道休闲产业的发展，同时也以主办单位身份举办了一些休闲活动项目。如2009年4月9~13日，杭州市文化广电新闻出版局在杭州和平国际会展中心举办了2009杭州艺术博览会——品质生活·艺术杭州。2009年5月28~29日，由《都市周报》、《都市快报》主办的杭州西湖第二届现代音乐节在西湖天地举行。大众点评网每月定期推出最热门和最新的餐馆信息，供会员选择。

最后，其他社会组织，包括文联、社团工会组织、各类协会等，也举办了各类活动，为杭州市民的休闲生活增添色彩。如中国文联艺术指导委员会、浙江省文学艺术界联合会举办的第十二届（2009）西湖艺术博览会等。

四 杭州市休闲产业发展展望

（一）杭州市休闲产业发展面临新的机遇

休闲产业在我国经济社会发展中占有越来越重要的地位。2009 年 12 月《国务院关于加快发展旅游业的意见》出台，提出把旅游业培育成国民经济的战略支柱产业，这无疑将极大地促进包括旅游业在内的整个休闲产业的迅猛发展。杭州市作为旅游休闲产业发展的领先地区，面临加快发展的新机遇。杭州市委市政府也清醒地意识到了这一点。在 2009 年底召开的十大特色潜力行业总结表彰暨誓师动员大会上，就提出 2010 年围绕“将十大特色潜力行业打造成最具特色的品质生活行业和旅游休闲行业的中心”，坚持以“促进旅游、转变结构”为目标，推进培育十大特色潜力行业，并将为此拿出 5000 万元专项资金。

（二）杭州市休闲产业发展政策建议

杭州市休闲产业发展虽然取得了良好成绩，但是也存在一些问题，如旅游企业总体实力不强，特别是旅行社发展滞后、休闲产品个性不够鲜明、休闲服务质量和专业水平不高、历史文化名城色彩偏淡、专业人才不足等。这些问题都需要在发展中逐步加以解决。为此，杭州市应充分发挥区位优势，加强区域合作，大力塑造休闲产业品牌，不断开发、设计新的休闲项目，发展多元经营的休闲经济，强化软硬件建设，培育一座真正宜居、宜闲的城市。

1. 充分发挥区位优势，加强区域合作

世界休闲组织秘书长在考察杭州申办 2006 年世界休闲博览会时指出，“杭州与其他城市相比，目前杭州在世界范围内的知名度不是很高，世界上许多人都知道中国的北京、西安、上海，却很少有人知道杭州也是中国的主要大城市，而且是非常美丽的旅游胜地”。杭州是位于长江三角洲南翼的中心城市，毗邻国际大都市上海，杭州要充分利用这一地域优势，借用上海国际知名度的延伸，来提高杭州的国际知名度。当前要充分利用 2010 年上海申办世博会的机会，与上海联手发展国际休闲业，共建“世博圈”，提升杭州休闲产业的层次和国际影响力。

2. 注重文化内涵和品牌塑造，开发设计新的休闲项目

将休闲和文化联系在一起，是休闲业深入发展的必然趋势。要使杭州的休闲产品具有特点和品牌的竞争力，最好的办法是给休闲产品注入文化品位和人文内涵。运用文化内涵的深化来提高品牌号召力和亲和力，形成品牌个性。同时，根据国际上休闲活动多样化发展趋势，杭州可结合自身优势，大力开发、设计新的休闲项目，如富有冒险性的空中跳伞、飞行模拟、森林旅游、水上活动，带有科普性的现代科幻、未来生活、海族馆，鼓励人们回归自然的农事活动，锻炼与开发动手能力的技工作坊，各种竞技性的运动项目等。

3. 整合延伸休闲产业链，发展多元化休闲经济

积极通过产业集群化、产品多样化、布局规范化等手段，实现杭州休闲产业链的整合延伸。同时，浙江有着非常发达的民营经济，要充分利用这一资源，吸纳民营资本来促进杭州休闲产业的发展。

4. 优化休闲氛围，培育一座真正宜居宜闲的城市

抓好杭州市休闲产业软硬件建设，提高休闲产业和休闲消费的质量，创建优良的生态环境、完善的公共设施、方便的交通条件、快捷的联系方式、优质的服务网络，从各个方面培育杭州的休闲氛围，让社区居民和旅游者都能体验到更多的休闲快乐和更高的生活品质。

引领时尚：北京市居民休闲生活与休闲产业发展

王琪延　侯　鹏*

摘　要： 21 世纪以来，北京市居民生活水平有了大幅提高，休闲生活成为日常生活中重要的组成部分。居民休闲生活需求的不断加大和休闲消费的不断增长，直接导致了休闲产业的迅速发展。本文从居民休闲需求和休闲产业供给两个方面分析了北京市休闲的发展状况，并总结了近年来北京市政府在休闲产业发展中所形成的区域特色及典型经验，最后针对北京市休闲产业中存在的问题，提出了相关的建议。

关键词： 北京市　居民休闲生活　休闲产业　区域特色

21 世纪以来，我国居民的生活水平有了大幅提高，居民的生活方式也发生了重大变化，人们在满足了物质层面的需求之后，开始不断关注精神、文化和心理需求。自新假日体系实施以来，我国居民有 1/3 的时间是在闲暇中度过，休闲已经成为人们日常生活的重要组成部分。北京作为中国的政治文化中心，不仅在很大程度上反映了中国城市居民生活的现况，而且作为标志性城市，在引领全国城市居民生活形式变迁和消费结构变革方面也发挥着重要作用。

近年来，北京市利用自身优势，开发了大批休闲产业项目，使得休闲产业进一步壮大。如今，在北京这座大都市中，交通、餐饮、影剧院、体育场馆、面向

* 王琪延，中国人民大学休闲经济研究中心主任，中国人民大学教授，博士生导师，北京市人民政府顾问，研究重点是社会调查方法、时间分配理论、休闲经济理论等。侯鹏，中国人民大学统计学院博士研究生，研究重点是宏观经济统计、调查与统计分析、休闲经济理论等。

市民的各类职业技能培训和成人教育，以及城市周边的近郊游、“农家乐”等休闲项目随处可见。

一　北京居民休闲需求分析

（一）需求动机

人们参加休闲活动的动机各种各样：有的人是为了在工作之余扩展生活经验；有的人是为了松弛紧张的情绪，逃离现实压力；有的人能够在休闲的过程中激发潜能；有的人则需要休闲来加强人际交流；有的人在休闲过程中享受了与家人、朋友共处的美好时光，加深了亲情与友情，促进了家庭与社会的和谐。

《北京市民休闲消费研究》课题组于2006年对1657名北京城市居民（男性846名，女性811名）的日常休闲活动内容进行了调查，将之分为5种类型，其具体的活动率如表1所示。

表1　2006年北京居民各项休闲活动率

人员	频率(%)				
	体育活动	兴趣爱好	学习研究	公益活动	旅行游玩
全体	94.6	89.9	61.9	43.5	84.7
男性	95.4	92.3	63	43.9	84.8
女性	93.7	87.3	60.7	43.2	84.6

资料来源：王琪延等《北京市民休闲消费研究》研究报告，北京市哲学社会科学“十一五”规划项目，2008。

在表1中可以看出，在各种休闲活动中，人们最热衷的当属体育活动，这说明人们对自己的健康最为关注；其次为兴趣爱好和旅行游玩，这说明人们也十分注重精神生活；参加公益活动相对较少，但是这种需求的潜力却是巨大的，如果政府能够加大宣传力度并制定相关政策的话，相信会有更多的人参与其中。

（二）消费需求

劳动生产率的提高，直接导致工作时间的缩短，这是休闲时间增加的最根本动因。随着我国现代化进程的不断加快，劳动生产率也得到了大幅提高，人们的日常工作时间缩短，而假期时间得以延长。我国新的休假制度使得居民在一年中有1/3时间是在闲暇中度过。并且伴随着劳动生产率的提高，居民家务劳动时间也明显减少，生活方式发生了很大的改变，对休闲的态度也有了很大转变，原有的价值观念和思维方式发生变化，价值观更加多元，生活方式日渐多样化，个人生活追求个性化。

另外，随着经济的发展与社会的进步，北京市居民的生活有了日新月异的变化，民众对生活质量也有了更深的认识。更多的人开始致力于提高自身生活修养，追求更加丰富的休闲享受。这种现象的出现可以归因于人们有了更多的可支配收入。

2008年北京市城镇居民人均可支配收入为24725元，比2000年增长12.6%，扣除物价上涨因素的影响，年均实际递增7%。北京居民收入的快速增长，为休闲消费提供了必要的物质基础。统计数据表明，2008年北京居民人均消费性支出达到16460元，比2000年增长7.4%。与此同时，居民消费结构日趋合理，呈现出“生存型消费比重逐年下降，发展、享受型消费比重逐年上升”的趋势，居民用于食品的消费明显减少，恩格尔系数下降，生活方式向发展和享受型转变。

按照国际经验，人均GDP从800美元跃进2000美元时，国民经济将进入快速增长时期，这一时期也是休闲娱乐获得快速增长的时期。人均国内生产总值超过1000美元时，一个国家的旅游需求就进入急剧膨胀的时期，但这一时期的需求主要还是旅游观光；当人均国内生产总值超过2000美元的门槛时，就将形成对休闲的多样性需求和多样化选择。①

北京人均国内生产总值在1997年就已超过2000美元，进入21世纪以后增长更为迅速，特别是近几年来，增幅都在1000美元以上，到2008年为止，已经达到9075美元。

另外有研究表明，当恩格尔系数达到65%时，开始出现娱乐消遣性消费。当恩格尔系数达到50%以下时，这类消费可呈现稳定的持续性增长。当人均收入达到了3000美元时，普遍会产生休闲度假的需求。② 根据北京市统计局数据，2007年北京城镇居民家庭每人每年现金收入为24576元，2008年达到27678元，已经超过了3000美元。

---

① 罗书林：《发展我国休闲产业的必然性研究》，《北京社会科学》2006年第2期。

② 钱利安：《我国休闲经济星期的因素分析》，《商场现代化》2008年第1月（中旬刊）。

以上数据表明，北京早已具备了发展休闲产业的基础，人们对休闲生活的需求十分旺盛，正处在急剧膨胀和多样化发展阶段。

二　北京休闲产业供给分析

所谓休闲产业，国内有学者将之定义为与人的休闲生活、休闲行为、休闲需求（物质的与精神的）密切相关的产业领域，特别是指以旅游业、娱乐业、服务业为龙头形成的经济形态和产业系统。休闲产业一般涉及国家公园、博物馆、体育（运动项目、设施、设备、维修等）、影视、交通、旅行社、导游、纪念品、餐饮业、社区服务，以及由此连带的产业群①。这一定义在国内学术界被广泛引用，但是随着休闲产业的不断发展，其涵盖的内容也发生了变化。

（一）北京市休闲产业的发展状况

休闲产业所涉及的范围虽然广泛，但根据现实的发展来看，最主要的还是集中在第三产业中，并且占相当大比重。北京市统计局数据显示，北京市 2007 年和 2008 年三次产业中，第三产业的生产值分别占到当年总产值的 73.2% 和 72.1%。

休闲经济作为第三产业不可或缺的一个重要组成部分，极大地促进了第三产业的发展。

1. 旅游业

北京是一个将悠久的文化历史与现代文明高度结合的城市，旅游业发展十分迅速（见表 2）。

从表 2 中可以看出，在 2001 年到 2007 年的七年中，国外游客的数量增长迅猛，除去 2003 年外，其他各年份都呈现出明显的增长趋势；2008 年由于北京主办奥运会，受到人员限制和价格等因素的影响，旅游人数有了小幅下降，但是旅游外汇收入并没有大的变化。

2. 餐饮及住宿业

到 2008 年止，北京市限额以上餐饮业企业共计 2171 家，资产总计超过 213 亿元人民币，利润总额达到 4.45 亿元人民币。根据行业划分，正餐企业有 1922

---

① 马惠娣：《休闲产业应是我国新的经济增长点》，《未来与发展》2000 年第 8 期。

表2　2001～2008年到京游客人数及旅游收入

年份	入境旅游者人数（万人次）	旅游外汇收入总额（万美元）	国内旅游者人数（万人次）	国内旅游收入（亿元）
2001	285.8	295000	11007	887.7
2002	310.4	311000	11500	930.0
2003	185.1	190000	8700	706.0
2004	315.5	317000	11950	1145.0
2005	362.9	362000	12500	1300.0
2006	390.3	402600	13200	1482.7
2007	435.5	458000	14280	1753.6
2008	379.0	446000	14181	1907.0

资料来源：北京市统计局编写的《北京市统计年鉴2009》，北京，中国统计出版社，2009。

家，快餐企业有134家，饮料及冷饮及其他餐饮业共115家。另外再加上大量的小餐饮店，北京市餐饮业市场规模应该算得上是很庞大的。

到2008年止，北京市限额以上住宿业企业总共达到1230家，资产总计超过915亿元，利润总额达到7.86亿元。根据行业划分，旅游饭店有775家，一般旅馆有412家，其他住宿服务有43家。其中星级饭店总共有694家，包括了165家四至五星级饭店和529家一至三星级饭店。自2001年以来，北京市星级以上饭店的出租率基本比较稳定，除了2003年“非典”的影响和2008年奥运会的影响，其他各年均达到60%以上。星级饭店的客源主要是国内游客，2007年和2008分别达到了77.91%和80.89%。

3. 文化及体育业

文化产业所涉及的内容相当广泛，概括起来可以分为：实物形态文化产品，如书籍、报纸的出版发行等；文化服务和娱乐服务，如广播电视服务、电影服务等；文化管理和研究服务，如文物和文化遗产保护、图书馆服务等。

到2008年为止，北京市报纸出版种类总共达到259种，总印数达到73.21亿份；期刊种类达到5392种，总印数达到9.36亿册；出版图书总计136284种，总印数达到20.78亿册。北京市广播电视综合覆盖率达到99.98%，其中农村达到99.93%。农村有线广播电视用户数为56.58万户。北京市总计三座电台，其中2座为中央级，1座为地方级，公共节目套数为32套，全年公共节目播出时间为257666小时。

北京市公众设施比较齐全，拥有众多的各类文化艺术场馆，市内总共有公共图书馆25个，建筑面积为33.4万平方米，总藏书达到4100万册；群众艺术馆、文化馆总共20个，建筑面积12.6万平方米，2008年组织各类文艺活动总共达到3007场次；北京市博物馆及其他文物保护机构总共71个，文物藏品数共计116万件，2008年参观人数达到1368.4万人次；院线影院总共70个，放映场次为46.8万场，观众人数达到1767.3万人次，票房收入达到5.37亿元。

到2008年为止，市内体育场地总计达到6149个，其中体育场94个，体育馆37个，游泳场馆446个，各种训练房1739个。群众体育活动比较频繁，这跟各种平民化体育设施比较完善有关。北京市总计有晨晚练辅导站4905个，晨晚练活动人数达到1.59亿人，另外还有青少年体育俱乐部125个，专项球类场所地设施90个，社区建设俱乐部59个，体育生活化社区75个，社会体育指导员也达到35346人。

（二）北京休闲产业的地域特色及典型经验

北京作为中国的首都，在经济社会发展的各个方面都起到了示范带头作用，在休闲产业的发展上，一方面利用自己得天独厚的优势继续发展传统优势项目；另一方面积极开拓新的市场，开发新的休闲项目，形成了自己的区域特色。政府对休闲产业的发展也给予了大力支持，并制定了相关的优惠政策，积累了不少的经验。

“沟域经济”是北京市近年来在农业区域、流域经济基础上，结合北京山区农业发展基础与特点提出的一个崭新概念，其中一部分内容是把休闲产业植入到第一产业中，将生态治理、新农村建设、种植养殖业与民俗旅游业、观光农业发展结合为一体的山区区域经济发展模式。这种模式不仅重塑了生态平衡，而且为农民找到了一条可持续发展循环经济的道路，增加了农民收入，也丰富了休闲产业的内容，为市民提供了更多的休闲活动，起到了一举多得的作用。

目前，北京“沟域经济”发展的模式主要有五种类型：文化创意先导模式、特色产业主导模式、龙头景区带动模式、自然风光旅游模式和民俗文化展示模式。各种模式所涉及的内容均与休闲产业挂钩，基本上是依托当地的自然、历史、文化资源、特色支柱产业，或者是以当地的景区、自然风光、民俗文化为龙头开展的山区经济。具体的成果有：密云汤河沟域“紫海香堤”、云蒙风情大道、平谷大华山镇桃花谷沟、昌平南口镇重点发展百合花主导产业、怀柔雁栖镇神堂峪的“虹鳟鱼一条沟”、不夜谷、夜渤海、房山区以十渡景区为龙头打造的“十渡山水文化休闲走廊”、门头沟妙峰山玫瑰谷、密云司马台古长城等。

“沟域经济”政策的实施给农村居民和城市居民同时带来了极大的利益。2000～2008年，“沟域经济”试点山区农民年人均纯收入年增长率达到12%，高于全市农民同期增长水平；同时给北京城市居民提供了观光度假、休闲旅游的好去处。据不完全统计，仅仅在2008年，北京山区民俗旅游村共接待游客2160万人次，占十个远郊区县旅游人数的88%。

北京市政府十分注重对城市旅游市场的方向性引导，为此制定了一系列卓有成效的旅游发展规划，例如：重新开辟历史文化街区、名人故居等新的历史文化旅游景点；加强都市旅游、商务会展旅游、现代娱乐旅游、城区民俗旅游、休闲度假旅游、乡村旅游等专项旅游；策划红色旅游线路和特色主题活动，实现红色旅游线路的跨区域合作和精品节庆活动；并计划在未来几年内，强化中心城区历史文化资源的保护，为都市旅游的发展、旅游要素的配套与提升创造良好契机。

三　存在的主要问题及相关建议

（一）存在的主要问题

北京市休闲产业近年来有了长足的发展，但是仍旧存在着很多的问题，特别是长期以来由于人们普遍重视劳动、轻视休闲，导致休闲业发展比较落后。随着人民群众收入的提高和休闲时间的增加，人们对休闲生活的要求越来越高，需求也越来越大，而休闲产业的发展没能跟得上需求的增长，出现了供应总体规模偏低、休闲设施不足、服务质量不高、管理不到位、产业结构不合理等问题。

1. 设施不足、服务不到位

调查显示，非节假日期间，大多数北京居民休闲活动的主要场所是家庭，但在节假日，居民的活动场所从家庭扩大到了户外的商场、社区、公园等，人们集中出行，休闲设施的不足会引起购物爆棚、交通堵塞、人满为患等问题，造成更为混乱的局面；服务不到位会造成餐饮卫生不达标、价格不透明和服务质量低下等方面的问题，尤其是在公众假期期间，此类问题凸显得更为严重，加剧了消费

者与供应方之间的矛盾，严重影响了居民外出休闲度假的心情与质量。

服务不到位的问题还表现为部分休闲企业缺乏经营理念，缺少长期规划，忽视工作规范，导致管理混乱，管理水平低下；从业人员文化水平不高，很多都没有受过严格的职业训练和职业道德教育，缺乏应有的职业素质。另外，休闲场地的休闲设施质量也存在隐患，时常发生因质量不合格等原因对居民造成伤害的情况。

2. 管理缺失

管理缺失是制约北京市休闲产业发展的一个重要问题。北京市土地价格昂贵，虽然政府划拨了部分区域用于市民休闲生活，但是休闲场所仍旧不足，并且在仅存的这些休闲场所中还存在着许多严重的问题：一些休闲场所没有发挥出积极的作用，长时间处于空闲的状态；一些娱乐场所经营内容低级庸俗，经营秩序混乱，经营者唯利是图，等等。另外，各政府部门协调也不到位，目前的状况是：旅游休闲归旅游局管理；体育活动由体育局的管理，等等。政策行政管理多，而市场约束少，居民的休闲缺少统一的机构进行管理指导。

3. 政策缺乏

就北京市而言，休闲产业发展体系还不完善，产业结构也不够合理，缺乏发展休闲产业的配套政策。长期以来，人们都有这样一个误区：发展休闲产业就是发展旅游业、餐饮业，这种错误的认识就导致了旅游业和餐饮业发展过快，而文化娱乐业、体育休闲等产业发展慢的局面的出现，使得休闲产业结构不合理。同时，休闲企业规模小、发展分散等状况也现实存在。面对休闲产业发展良莠不齐的局面，北京市政府还未采取有效的相关措施，导致北京休闲产业发展的休闲政策缺失，休闲消费动力不足。因此，休闲产业的发展，迫切需要一个强大的社会支持系统以促进休闲产业快速良好的发展。

（二）相关建议

1. 继续加大基础设施建设

继续加大基础设施建设是进一步促进休闲产业发展必不可少的组成部分，其产生的作用可以分为直接作用和间接作用两种。例如，增设更多的科技馆、图书馆、艺术馆、体育馆、健身房等文体设施，可以直接带动更多的居民参加到更为科学、健康、合理的休闲活动中来；而加强一般性基础设施的建设同样能起到带动休闲产业发展、提高居民休闲生活质量的作用，例如，在节日期间增设更多的旅游专线或旅游绿色通道，将给市民的出行带来便捷。

2. 进一步加大对企业的管理力度，协调部门合作

在企业层面上，首先要进一步加强对休闲文化娱乐市场的管理，对低级庸俗、沉渣泛起的“文化垃圾”，坚决予以扫除。在政府层面上，注重各政府部门的协调合作，进一步加强旅游局、文化局、体育局、交通局、环保局等部门之间的沟通与交流，应建立一个强大的社会支持系统以保证休闲产业的良好发展。

3. 继续完善休假制度，制定优惠政策，优化产业结构

在政策上，政府应进一步加大对休闲产业的扶持力度，制定相关的优惠政策。应完善带薪休假制度，使居民真正能够享受到假日生活带来的愉悦，参加相应的休闲活动；对休闲产业应制定相关的优惠政策，尤其对公益性和教育性的休闲产业，应采取鼓励的政策，建立激励公益活动机制，让更多的民众参与到有价值的休闲活动中来；进一步优化产业结构，对那些闲置和无人问津的项目重新规划，应尽可能发挥其作用。

让生活更美好：上海城市休闲发展研究

楼嘉军　徐爱萍*

摘　要：随着上海经济现代化和城市现代化过程的不断深入，尤其是在世博会筹办工作的大力推动下，上海城市休闲发展已进入一个新的发展时期。本文试图通过对上海城市休闲功能发展阶段、城市休闲娱乐区空间布局结构，以及居民休闲消费倾向等方面的分析，揭示上海城市休闲发展演变过程中显示出来的时代特征和地方特点。与此同时，着眼于后世博时代上海城市休闲发展可能面临的战略机遇，提出相关的对策和建议。

关键词：城市休闲　休闲功能　空间结构　消费偏好　上海

随着上海经济现代化和城市现代化过程的不断深入，城市居民生活水平持续提升，休闲生活需求日益高涨，推动了上海城市休闲在新时期的全面发展。一方面，自 1997 年起，上海人均 GDP 就已达到 3000 美元，按照国际发展经验，上海开始进入休闲时代这样一个新的发展时期。随着 2008 年上海人均 GDP 跨入 10000 美元发展阶段，上海城市休闲化时代的发展步伐进一步提速。另一方面，对上海而言，既要满足全市约 2000 万人口日常的休闲娱乐需求，还要满足每年来自国内外 1 亿多人次的各种形式的旅游需求，显而易见，上海城市休闲发展也面临巨大挑战。需要指出的是，近年来随着 2010 年上海世博会的筹办，“城市，让生活更美好”的宗旨正在促进上海城市休闲发展进入一个新的时期。

---

* 楼嘉军，华东师范大学旅游系主任，教授，博士，主要从事都市旅游、休闲娱乐的教学与研究工作；徐爱萍，上海外国语大学贤达经济人文学院教师，研究方向为都市旅游。

一　城市休闲功能进一步凸显

这里所指的城市休闲功能，可以理解为一个城市为满足本地居民的日常休闲娱乐需求和外来游客的旅游观光与度假需求所提供服务和发挥作用的总和。根据休闲服务设施配置重点和满足对象的变化，大致可以将上海城市休闲功能的发展划分为三个阶段。

第一，城市休闲功能封闭型发展阶段。这一阶段大致从新中国成立的1949年至1978年。尽管在这一时期上海社会经济有了一定的发展，但是在总体上，居民生活水平较低。直到1978年，上海人均GDP也还只有1483美元。与这一时期社会经济发展水平相对应，以及受到计划经济时期社会管理制度的制约，上海城市休闲功能仅局限于以本地居民为服务对象，因而呈现出相对封闭的特点。作为休闲功能主要组成部分的休闲服务设施配置以文化宫（馆）、电影院、图书馆和体育场为主，形成了市、区和街道三级休闲服务设施网架①，基本满足城市居民较低的休闲娱乐活动需求。

第二，城市休闲功能外向型发展阶段。这一阶段是从1978年至1996年。这一时期主要以境内外旅游者为服务对象。在改革开放刚刚起步的1979年，邓小平就明确提出，“旅游事业大有文章可做，要突出地搞，加快地搞”。② 此外，旅游业的创汇作用也受到高度重视，从而推动我国入境旅游蓬勃发展。在这样的大背景下，上海城市休闲功能建设进入了外向型发展阶段。在20世纪90年代初期以前主要以境内外旅游者为服务对象；90年代中后期，国内大众旅游也随之如火如荼地展开。这一时期，上海城市休闲功能发展呈现如下特点：一是旅游接待设施建设高档化，以星级饭店、度假区（度假村）、高尔夫球场为代表的旅游接待服务设施如雨后春笋般涌现。二是人文资源开发白热化，其中以主题公园建设最具代表性。到20世纪90年代晚期，上海地区先后建设的各类主题公园多达10余个。三是节庆活动数量倍增化。由政府主导，面向旅游者的节庆活动遍地开花。四是都市旅游产品开发系列化，尤其是东方明珠和金茂大厦等位居世界前列

① 陈伯海：《上海文化通史》，上海文艺出版社，2001，第1938页。

② 鲁敏：《邓小平与黄山旅游业的发展》，http：//www. rp. org. cn/gs/gs/200909/8230. shtml。

的超高层建筑成为上海城市观光旅游的核心内容和城市形象的象征。

第三，城市休闲功能全方位发展阶段。这一阶段从 1997 年起，目前正在延续，并不断向纵深发展。在这一时期，上海城市休闲功能建设具有如下特点：一是接待服务功能发生变化。一方面，原来单一性的旅游接待服务功能逐渐被综合性休闲接待服务功能取代；另一方面，就休闲功能的服务对象而言，上海进入了新一轮调整期，满足本地居民休闲需求逐渐上升至主导地位，同时兼顾外来游客的观光及其他相关需求①。二是活动街区快速发展。集商业、娱乐和文化各要素于一体的综合性休闲活动街区替代了以往功能相对简单的商业街区或是传统的旅游街区。以南京东路、静安寺和徐家汇为代表的大型商业街区的休闲化和主题化特点成为发展趋势。三是休闲设施日趋完备。这一时期，上海各种城市公共休闲服务设施在数量和规模上处于新一轮兴建、改建或扩建的发展阶段，建成了一批如上海博物馆、上海歌剧院、上海东方艺术中心和上海图书馆等具有国际水准的休闲文化场馆。尤其是因世博会的举办而兴建的世博主题馆等永久性场馆，成为全面推动上海休闲服务设施跃上一个更高层次的代表性设施。四是都市旅游转型升级。近年来，随着上海国际经济中心、金融中心、贸易中心和航运中心等四个中心建设的加速推进，以及现代服务业的迅猛发展，正在促使上海都市旅游由过去以都市观光、都市商业和都市文化为主逐步进入一个产品更替和主题深化发展的新时期。主要表现在以下几方面：商务旅游向会展和奖励旅游转变、购物旅游向旅游购物转变、景区（街区）旅游向园区（厂区）转变、娱乐旅游向旅游娱乐转变、传统节庆旅游向现代节事活动旅游转变、内河观光旅游向国际邮轮旅游转变。五是户外休闲活动空间环境不断优化。据有关统计资料表明，上海城市园林绿地面积近年来增速明显。其中一个值得关注的现象是，传统的公园面积涨幅不是很大，但是城市和街道的公共绿地面积涨幅显著。与 2000 年相比，2008 年城市园林绿地或街道绿地的面积分别递增三至四成。需要指出的是，近年来许多功能性设施绿地建设中，除了优化原有的绿化功能外，还增加了体育休闲、生态休闲，甚至是低碳休闲等新型功能。因此，户外公共绿地成为城市

① 有学者认为，休闲城市服务对象首先是本地居民，其次才是外来游客。〔美〕杰弗里·戈比：《中国的休闲方式与旅游发展：现状与未来趋势》，转载自宁泽群、王兵《现代休闲方式与旅游发展》，中国旅游出版社，2007，第 13 页。

居民和外来游客休闲的一个重要场所。与2000年相比，2008年游客增加了近3倍（见表1）。

表1　上海城市园林绿化情况

年份	城市园林绿地面积(公顷)	公共绿地（公顷）	公园面积（公顷）	街道绿地（公顷）	公园数（个）	游园人数（万人次）	绿化覆盖率（%）
2000	12601	4812	1153	3658	122	8184	22.2
2001	14771	5820	1291	4529	125	8561	23.8
2002	18758	7810	1411	6399	133	8796	30.0
2003	24426	9450	1473	7977	136	9629	35.2
2004	26689	10979	1481	9498	136	13381	36.0
2005	28865	12038	1521	10516	144	13656	37.0
2006	30609	13307	1525	11782	144	16652	37.3
2007	31795	13899	1675	12224	146	18342	37.6
2008	34256	14777	1686	13091	147	22119	38.0

资料来源：根据《上海统计年鉴》（2009）整理制作。
（http：//www. stats - sh. gov. cn/2003shtj/tjnj/nj09. htm？d1 = 2009tjnj/C1016. htm）

二　城市休闲娱乐区布局结构进一步优化

休闲娱乐区是城市居民和外来游客从事各种休闲娱乐活动的场所。在上海城市休闲的发展过程中，逐步形成了比较完整的休闲娱乐区布局体系。尤其是自2002年上海获得第41届世博会主办权以后，随着世博会园区建设工作的推进，“城市，让生活更美好”的主题理念正在转变为推动上海城市休闲娱乐区结构优化的重要动力。

第一，从时间角度看，改革开放以来，上海城市休闲娱乐区发展有两个重要的发展阶段。一是随着1992年浦东对外开放，上海城市娱乐区建设在结构链上越过黄浦江向东延伸，在10余年的发展过程中形成了陆家嘴休闲娱乐区和世纪公园休闲娱乐区两个重要的空间节点，使上海城市娱乐区结构在整体布局上更趋合理。二是随着上海世博会园区建设的展开，特别是世博会各大主题场馆陆续建成并将在近期接待游客，世博会园区及其周边地区正在迅速崛起，成为上海城市休闲发展过程中又一个具有国际影响力的重要活动节点。世博会园区休闲娱乐区活动节点的建成，极大地提升了上海城市休闲娱乐区布局体系的质量，提高了上海城市休闲的市场影响力和活动辐射力。

第二，从布局结构角度看，经过多年的调整和优化，目前上海城市休闲娱乐区布局结构在国内处于比较领先的发展阶段。从层次性上讲，上海城市休闲娱乐区可以分成以下三个层次：第一层次是中央娱乐区（CED）。[①] 这是一个在空间上能够与中央商务区（CBD）和中央商业区（CCD）相对应的城市休闲娱乐核心区，构成城市休闲娱乐活动的中心地标，具有相当大的市场影响力和认知度。上海中央娱乐区位于南京路和西藏路交会处的人民广场及其周边一带。第二层次是次级休闲娱乐区。例如，以旅游观光娱乐为主的陆家嘴地区，或以商业服务和休闲娱乐为特色的徐家汇地区。第三层次是社区娱乐区，主要满足周边地区居民日常的休闲娱乐活动，如长宁区天山路和娄山关路一带的天山地区娱乐社区。除中央娱乐区外，上海现有次级娱乐区 16 个。从国内城市横向比较看，上海中心城区范围内娱乐区数量相对较多，这也符合了上海社会经济高度发达的特殊市情，表现为生产资料集中、金融资本集约、服务产业集聚、市民数量和游客人数庞大等现代国际大都市的综合特征。总体上看，上海中央娱乐区和次级娱乐区在城市休闲功能上互补，在休闲娱乐市场上互靠，在产业结构上互动，共同构成一个以中央娱乐区为核心，以次级娱乐区为骨架，以社区娱乐区为基础，既在市场消费层面上相互衔接，又在空间层面上向四周梯度延伸的城市娱乐区空间布局结构。

第三，从游客流动角度看，随着世博会园区建设工作的完成，上海城市休闲娱乐区布局结构的优势将进一步凸显，游客在空间上的流动轨迹将发生重大变化。从近年来游客的流动来看，主要是沿人民广场、外滩、陆家嘴和世纪公园一线作东西向流动。而随着世博会园区建设工作的完成，上海将逐渐形成以人民广场休闲娱乐区、世纪公园休闲娱乐区和世博会园区为代表的三足鼎立的发展态势，从而使游客在空间上的活动由原来的东西向线性流动向三个节点作多线性流

---

① 中央娱乐区（Central Entertainment District，简称 CED）是指集聚一流休闲娱乐设施，能够满足城市居民及外来游客的休闲娱乐活动需求，并承载较大游客流量，在城市休闲旅游生活中具有最大综合影响力的特定区域。

动或环状流动过渡。这种改变不仅是指白天的观光和购物活动，而且也包括了晚上的娱乐夜生活，因为这里也将是上海歌剧演出、交响乐演出和通俗音乐演出最重要的场所。①

三 居民休闲消费结构进一步合理

1. 居民休闲消费支出

根据国际经验和我国发展实际看，目前，上海已经进入休闲时代。这意味着居民的消费结构将发生重大变化，生存性消费支出将大幅下降，而发展性和享乐性的消费支出比例将会显著增加，其中休闲娱乐消费支出的递增无疑成为这轮消费结构调整的显著亮点（见图 1）。

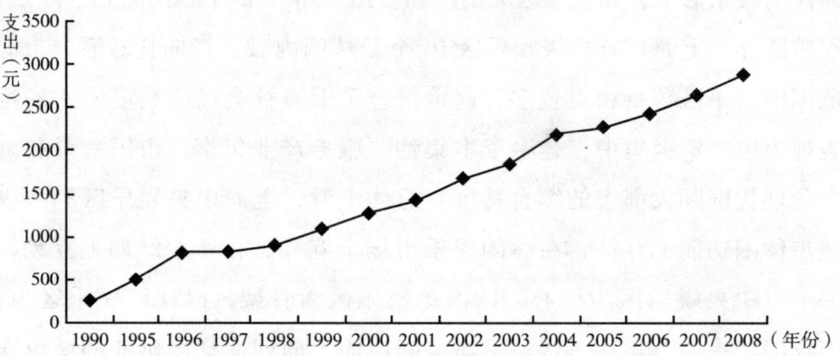

图 1　1985～2008 年上海居民教育文化娱乐服务支出演变趋势

资料来源：根据《上海统计年鉴》（2009）整理制作。
（http：//www. stats－sh. gov. cn/2003shtj/tjnj/nj09. htm？ d1＝2009tjnj/C0915. htm）

显然，随着社会的发展，上海居民的教育文化娱乐服务支出呈现大幅上升的趋势。值得关注的是，伴随着休闲的进一步发展，居民休闲消费的脱物化特征将不断凸显。这里的脱物化是指居民对传统的以物质产品为主导的休闲消费需求开始下降，而对以精神产品为主导的非物质产品的服务消费需求

① 人民广场西北侧的上海大剧院，世纪公园附近的东方演艺中心，世博会园区的上海世博演艺中心，成为上海各项演出的重要场所。

迅速攀升。[①] 以上海居民教育文化娱乐支出中文化娱乐服务与文化娱乐用品的构成比率来看，随着社会的发展，文化娱乐服务所占的比重呈现出上升的势头(见表2)。

表 2　上海文化娱乐服务构成比重一览

单位：%

年份	文化娱乐服务比重	文化娱乐用品比重	年份	文化娱乐服务比重	文化娱乐用品比重
2002	18	32	2006	21	29
2003	17	32	2007	27	28
2004	22	28	2008	30	29
2005	22	28			

资料来源：根据《上海统计年鉴》（2009）整理制作。（http：//www. stats - sh. gov. cn/2003shtj/tjnj/nj09. htm？ d1 = 2009tjnj/C0915. htm）

显然，上海居民休闲消费正处于升级的转型期。这里所说的休闲消费升级，是指一个社会的休闲消费需求由代表低一级的消费水平向代表较高一级的消费水平升级演变的过程。学者们一般认为，根据居民收入和休闲消费支出状况，可以将居民休闲消费划分为以下四个层次，简朴型消费、粗放型消费、集约型消费和发展型消费。[②] 就上海市城镇居民休闲消费现状来说，目前多数的消费者已经完成了由简朴型消费向粗放型消费的转型，相当数量的中高收入市民群体属于第三种类型，即集约型休闲消费层级；而少数观念开放、意识超前、支付能力很强的消费者属于第四种类型，即发展型休闲消费层级。[③]

总体而言，上海居民休闲消费正处于粗放型休闲消费向集约型休闲消费过渡的阶段，随着中高收入群体休闲消费频率逐渐上升，质量意识和品牌意识日趋增强，对个性化休闲产品的需求与日俱增。

2. 居民外出旅游特征

随着居民收入的稳步提升和休假制度的逐步完善，旅游已成为人们日常休闲

① 李向民：《精神经济》，北京，新华出版社，1999，第 16 页。

② 郭鲁芳：《中国休闲消费结构——实证分析与优化对策》，《浙江大学学报（人文社会科学版）》2006 年第 5 期。

③ 杨勇：《我国城镇居民休闲消费行为研究——基于扩展线性支出系统（ELES）模型的数量分析》，《财经理论与实践》2008 年第 5 期。

生活的重要组成部分。根据近年来对上海居民外出旅游市场的跟踪研究,① 上海居民外出旅游方式已呈现如下特征。

第一,旅游需求将由传统观光旅游过渡到休闲度假旅游,由被动式旅游转变为主动旅游。以前人们外出旅游大多数是把旅游当做缓解工作压力和解脱紧张劳动的一种方式,但是,随着大众休闲时代的到来,旅游逐渐成为人们日常休闲生活的一部分。一方面,在休假时间增多和带薪休假制度的保障下,上海市民实际出游频率和意愿出游都呈现出持续高涨的态势。市民的出游率已经由 10 年前的 60% 提高到 2008 年的 97%,虽然 2009 年在经济危机的影响下这一比率有所下降,但是,仍有 80% 以上的上海市民计划在未来一年中进行旅游活动。这一出游意愿常态化的演变规律与国外发达国家市民的变化轨迹基本趋同。另一方面,度假休闲已经成为上海市民出游动机的首要选择,且市民对休闲度假旅游产品的青睐程度仍具上升趋势。2008 年与 2009 年所作的“上海市民出游行为”的调查中显示,休闲度假的比率由 2008 年的 36.03% 上升为 2009 年的 40.9%。

第二,出游时间段的多元化。新休假制度形成了具有中国特色的“1+2+5+43”的休假时间模式,这为居民的出游时间段提供了更加多样化的选择空间,不仅可以丰富出游时段的长、中、短配置层次,还可以均衡出游时段的季节性分配。一方面,出游时间段选择的主体倾向完成了由偏重双休日向青睐带薪假期的转变。相关调查数据显示,2005 年居民出游时段选择的第一位是双休日(53.1%),而近两次调查显示,带薪假期已经成为上海居民最钟情的出游时段。即使在经济危机的影响下,仍有 28.5% 的市民选择带薪休假为最佳出游时间,比 2008 年的 25.9% 略有上升。另一方面,新增的清明、端午、中秋三个法定节假日,以及以此为依托形成的小长假对于市民出游的吸引力进一步下降。市民选择三个传统节假日出游的意愿由 2008 年的 6.81% 下降到 2009 年的 3.15%。

第三,旅游消费正在从低层次消费向高端消费过渡,从物质消费向注重精神消费过渡。以上海市民选择出行工具的调查来看,现阶段市民以假期时间的长短和目的地距离的远近作为主要的考虑因素,以飞机为交通工具的出游方式往往成为大多数市民的首选。这一现象表明,上海市民的出游活动已经由过去低档经济

① 2008 年 3 月,2009 年 3 月,华东师范大学旅游系受上海市旅游局综合处委托,两次进行关于“上海市民出游行为”的调查。

型向高档享受型转变。

第四，随着社会的发展，尤其是人们外出旅游次数的增多和旅游经验的丰富，团队旅游暴露出越来越多的弊端，从而导致旅游出行从以往的团队出游逐步过渡到散客游、自助游和自驾游等形式。一方面，市民在进行短途旅游时往往偏爱自助旅游，只有进行中远程旅游时，需要在交通、住宿、景点和安全方面依赖旅行社的安排，且随着出游距离的延伸，依赖性逐渐增强。另一方面，人们进行自助旅游时，对于同伴的选择也呈现更加明显的个性化消费特征。十多年来，上海市民出游对同伴的选择经历了由注重家庭到偏重友情的转变过程，市民旅游伙伴的社会性特征与上海开放性的社会结构，以及以人脉关系为关注重点的职业化社会相吻合。

第五，影响居民出游的因素由物质性过渡到精神性。虽然经济收入和休假时间是制约居民出游行为的主导性因素，但是影响居民出游行为的因素是一个多元化的体系。目前，上海居民在外出旅游时，对于旅游目的地环境安全性的考虑成为其关注的重点。这与国际旅游业发展中所遭遇的严峻挑战相吻合，也与影响发达国家居民选择出游目的地时考虑因素的价值依据相一致。①

四　上海城市休闲发展机遇与对策建议

（一）城市休闲发展迎来战略机遇期

从宏观层面讲，2009 年国务院接连发布了《文化产业振兴规划》和《关于加快旅游业发展的意见》，为上海城市休闲持续健康发展指明了方向。面临上海城市转型、经济转轨的有利条件，上海城市休闲发展正迎来新的战略机遇期。上海必须抓住这一有利时机，完成城市休闲发展的转型。对于这一战略机遇期具体可以从以下几个方面来分析。

---

① 自 20 世纪 90 年代以来，国际恐怖主义造成的生命安全问题，环境污染导致的生活安全问题构成了影响国际旅游业发展的两大核心问题，也成为影响人们出游的制约因素。〔英〕苏珊·豪娜，约翰·斯沃布鲁克：《国际旅游管理案例分析》，沈阳，辽宁科学技术出版社，2005，第 343 ~ 354 页；〔美〕查尔斯·R. 戈尔德耐、J. R. 布伦特·里奇、罗伯特·W. 麦金托什：《旅游业教程——旅游业原理、方法和实践》，大连，大连理工大学出版社，2003，第 311 页。

第一，世博会机遇。首先，世博会的举办将使得上海城市休闲旅游的核心主题进一步凸显，“城市，让生活更美好”的世博主题将会对上海城市休闲旅游产品体系的调整产生重要影响。其次，世博会是上海最大的城市创意旅游产品，世博场馆的设计及相关世博展示活动，文化演出和创意产品的演绎和开发，都将推动城市休闲产品的创新升级。再次，随着世博场馆的建设完工，世博园区将成为上海城市休闲空间布局结构中又一重要的新地标，城市休闲空间布局结构由此得到进一步优化。

第二，“大虹桥枢纽”① 机遇。作为上海建设国际贸易中心的载体，大虹桥枢纽的建设将会极大地推进上海城市休闲产业的发展。这一影响作用将在以下三方面得到充分体现。首先，随着大虹桥枢纽的建设，商务旅游、会展和奖励旅游将迎来迅猛发展的时期，这势必对上海的整体休闲氛围和休闲设施提出新的要求，将会促进上海城市休闲客源市场结构的优化。其次，随着大虹桥枢纽的建设，以城市休闲为核心的都市旅游产业效能将得到提升。最后，上海作为国际商务会展旅游目的地城市的基础将进一步夯实，而这也将对满足商务会展活动的主题性休闲产品提出新的要求。

第三，同城效应机遇。随着京沪、沪杭高铁的陆续建成，以及城际轨道交通的不断完善，长三角地区城市间的交通往返时间大幅缩短，上海到南京仅需 1 小时，上海至杭州也只有 20 余分钟，以上海为中心的长三角区域的“同城效应”初步显现。长三角地区的许多城市已进入人均 GDP 8000 ~ 10000 美元的发展时期，“同城效应”的形成不仅为上海城市休闲的发展提供了巨大的客源市场空间，也为上海成为亚太地区国际休闲城市提供了条件。

第四，迪士尼机遇。首先，迪士尼乐园项目落户上海，将极大地提高上海城市休闲旅游的核心竞争力。其次，迪士尼项目是世界级的主题公园，一旦正式投入运营，上海都市旅游客源市场的空间尺度将逐步扩大，进而驱动上海都市旅游由此进入全球性影响、全球性扩展、全球性市场的发展阶段。最后，迪士尼的主题公园文化、经营理念、产业模式都将从外部对上海城市休闲产业服务体系的完善产生不可估量的影响，从而有助于提升上海城市休闲整体的发展质量。

---

① “大虹桥枢纽”是以打造虹桥综合交通枢纽为核心，即以现有虹桥机场为基础，拓展成涵盖航空港、高速、城际铁路、磁悬浮、城市轨道交通、公交和计程车等多种交通方式的轨道、高速、航空三位一体的超大型的世界级交通枢纽中心。

（二）上海休闲产业发展的对策与建议

第一，从战略高度认识休闲时代对上海城市休闲发展可能产生的重要影响。随着经济的持续发展，上海将逐步进入到休闲时代的中高级阶段，这意味着上海居民的休闲观念和生活方式将发生本质的变化。因此，上海市有关管理部门要积极面向市场，充分考虑到未来发展趋势和潜在的市场需求，加大休闲产品的创新性开发，加快休闲产品结构和体系调整的步伐，引导休闲消费的升级，开拓休闲产业新型业态的发展，拓展休闲消费的市场容量，全面促进上海休闲产业的转型升级。

第二，从可持续发展角度认识低碳经济对上海城市休闲发展的促进作用。从全球看，低碳经济已经是未来发展的必然趋势，作为一种新型的发展模式，低碳经济将成为引领全球结构调整的重要驱动力，这意味着传统的经济发展模式和产业结构将进行必要的调整与转型。因此，上海城市休闲的发展要充分认识到这一时代背景，抓住低碳经济发展模式所引领的新型产业革命机遇，转变休闲产业的发展模式，抢占低碳休闲经济发展的制高点。

第三，从发展和谐社会角度认识完善休闲公共服务体系的急迫性。一是进一步完善休闲基础服务设施的配套建设。二是根据城市休闲民生功能凸显的特征，以政府为主导，把休闲产业作为惠民事业来抓，突出休闲的公共服务功能，树立公共责任形象。三是建立公共信息平台。面向市场、企业、居民等相关利益群体提供公益性、基础性的信息服务。四是健全相关管理体制，结合上海城市休闲发展实际，完善权威行政领导结构的职责，形成领导牵头、部门协作、社会共同参与的工作机制，发挥行业协会的作用，最终形成完善的产业管理体制。

第四，从区域系统共生角度认识上海城市休闲发展对完善长三角地区大休闲产业结构和大休闲市场格局的重要性。随着世博会的举办，世界第六大城市群的经济作用将进一步凸显。上海作为核心城市，必须着力发展区域特色的休闲产业，积极增强在长三角地区休闲经济格局中的影响力，以开放性的思维和国际化的眼光谋划休闲产业的发展，在资源禀赋上注重整合交融，在空间布局上注重融入对接，在策划包装上注重思维创新，推动休闲产业结构升级，谋求更大发展，从而为上海休闲产业实现跨越式大发展打下厚实根基。

创新与包容：广州市休闲发展考察

秦学　刘少和*

摘　要： 文章在简要介绍广州城市特色及市民休闲生活状况的基础上，重点考察了广州市休闲产业发展的历史变迁、现状特点和未来趋势，着重总结了改革开放及近年来的发展状况，包括主要措施、突出成绩、发展特点及存在问题，并提出了相关的政策建议。

关键词： 休闲生活　休闲产业发展　广州市

一　广州城市特色及城市休闲生活

（一）广州城市地位及特色

广州是一座拥有2200多年历史的文化名城，是岭南文化和海上丝绸之路的发祥地。岭南文化的求真务实、经世致用和开放兼容、革故鼎新的特质，塑造了广州人"敢为天下先"、主动吸收传统文化和外来文化的性格特征。"广州，一个最包容的城市"，外来人口占城市总人口的比重在京、沪、穗三市中最高①。中西文化在这里长期碰撞与交融，使其在民居建筑、语言、饮食、衣冠履带、音乐、美术等各方面，都带有异国文化的风情。广州因其悠久的历史文化和在近现代中国革命与中国现代化建设中的重要地位，成为我国南方的经济、社会、政治、文化中心和思想摇篮。广州城市综合实力一直位于我国各大

---

* 秦学，广东商学院旅游学院副教授，博士，美国旧金山州立大学高级访问学者，重点研究方向是休闲与生活方式、旅游经济；刘少和，广东商学院旅游学院副教授，重点研究方向是休闲与旅游文化、旅游规划。

① 叶曙明：《广州，一个最包容的城市》，2007年11月1日《黄金时代》。

城市前列，2006 年广州人均 GDP 超过 1 万美元，成为中国内地第一个人均 GDP 过万美元的城市。[①] 在《珠江三角洲地区改革发展规划纲要（2008 ~ 2020 年）》的基础上，《广州城市总体发展战略规划（2010 ~ 2020 年）》确定了广州市的发展目标为：综合性门户城市；南方经济中心；世界文化名城；国家中心城市；广东宜居城乡的“首善之区”；服务全国、面向世界的国际大都市。

广州人勤奋劳动，重商言利，集聚财富。2008 年，广州城市居民人均可支配收入 25317 元，30 年来年均增长 14.4%；城市恩格尔系数下降到 33.7%；城市居民家庭人均服务性消费支出为 7632 元，占消费性支出总额的比重为 36.63%。汽车、住房、出国旅游等消费热点持续升温，2008 年广州城市居民每百户居民家用汽车拥有量为 16 辆，人均居住面积超过 20m 平方米。[②] 广州人劳逸结合，享受生活，追求快乐，美食、购物、休闲、娱乐、旅游、学习、健身成为广州人的重要生活内容。

（二）广州城市休闲生活状况

改革开放 30 年来，广州市民物质生活大幅度提高的同时，休闲和精神文化生活越来越丰富多样，旅游度假、休闲购物、娱乐健身、学习进修成为主要的休闲生活方式。

从休闲生活的时间分布来看，大部分广州居民的日平均闲暇时间在 3 ~ 5 小时（节假日除外）[③]。广州市的“夜生活”丰富多彩，人们忙完家务及个人事务后，纷纷走出家门，散步、会友、逛街购物；娱乐场所生意兴隆，体育健身场馆灯火辉煌；“珠江夜游”成为许多市民特别钟情的休闲生活方式，往往全家相拥而去；习惯“消夜”、“饮茶”的人们，午夜时纷纷走向酒楼、茶馆、咖啡厅品尝美食。而广州市民双休日的休闲生活，主要包括室内活动、市区内的公园游乐、购物、运动健身、进修学习、近程旅游度假。广州人在双休日最喜欢

① 熊剑锋：《广州 2006 年人均 GDP 超越 1 万美元》，2007 年 1 月 4 日《第一财经日报》。

② 广州市统计局综合处：《大变革　大跨越　大发展——建国 60 年广州经济社会发展综述》，http：//www. gzstats. gov. cn/tjfx/gztjfs/200909/t20090927_ 19281. htm。

③ 秦学：《广州城市休闲的现状及其发展对策》，《商业经济文荟》2006 年第 3 期，第 91 ~ 94 页。

的休闲购物街区是上下九路、北京路、天河城三大商业游憩区（RBD）；白云山（4A级景区）是广州市民放松、健身的最佳去处；拥有30多条线路的广州旅游品牌“广州一日游”是市民最青睐的旅游方式，从化、增城、清远等“广州后花园”则是广州市民双休日的旅游度假首选之地。节假日里，绝大多数居民除了在家休息以外，基本上都安排有中远程旅游度假（省内、周边省区或更远）。

从休闲活动的内容来看，广州人喜欢吃，敢于品尝各种海鲜和“野味”，特别是喜欢“饮早茶”和喝凉茶，饮茶去处遍布城市乡镇，茶楼之多，可谓全国之最。游泳、登山、踢毽子、打羽毛球、跳舞是广州人最主要的运动健身方式。无论男女老少，无论小区空地、公园广场总能够见到三五成群的人在跳舞、踢毽子。各种健身俱乐部遍布大街小巷。在现代娱乐方式的消费方面，广州堪称全国之先、全国之最。改革开放以后，西方娱乐文化及港澳台的影视娱乐方式源源不断地从广州进入内地各大城市及至广大农村。旅游度假是广州市民休息日休闲生活的重要内容，自助游和自驾游是主流，参团游比例越来越低。2003年广州个人赴“港澳游”开放掀起出境游高潮，近年来出国游又成大潮，2008年广州组团出境旅游超过了200万人次。①

从休闲生活的特征来看，广州市民非常珍视自己的休闲生活，闲暇时间内吃喝玩乐、尽情享受，一方面享受自己的劳动成果，另一方面体验人生的快乐和生活的美好。同时，由于现代社会的高效率和快节奏，广州人休闲生活的另一特点是“闲里偷忙”。由于广州现代服务业的迅猛发展（2008年现代服务业增加值占第三产业增加值的比重约74%，广州市口径②）。从事这些服务行业的蓝领、白领阶层的工作方式发生了极大的变化，许多创意性工作延伸到休闲生活中，休闲与工作的界限逐渐融合。“居家式上班、网络化办公、休闲型工作”越来越多，工作休闲化、经济休闲化、生活休闲化趋势越来越明显。

---

① 广州市统计局综合处：《大变革　大跨越　大发展——建国60年广州经济社会发展综述》，http：//www.gzstats.gov.cn/tjfx/gztjfs/200909/t20090927_19281.htm。

② 广州市统计局综合处：《大变革　大跨越　大发展——建国60年广州经济社会发展综述》，http：//www.gzstats.gov.cn/tjfx/gztjfs/200909/t20090927_19281.htm。

二　广州城市休闲产业发展状况

（一）历史进程

1. 广州城市休闲的历史变迁

地处我国南方边陲的广州，历史上曾是与华夏文明中心地区阻隔的化外之乡。秦朝统一中国后，岭南地区纳入中央政权的统治和管辖，接受中原文明的教化。汉至唐宋时期，中原文化的民风民俗和生活方式深深影响到南越文化和广州城市生活方式。就城市休闲生活和休闲产业发展而言，上古时期城市休闲生活的主体是王室、贵族、官吏和地主等，城市中的所有休闲设施几乎都是为他们服务的。城市中的士、农、工、商等各色人等，休闲生活方式也颇为精彩，如吹竽、鼓瑟、击筑、弹琴、斗鸡、走犬、六博、蹴鞠（踢球）等。中古时代是中国封建社会的鼎盛时期，广州已成为中国海上“丝绸之路”的贸易中心，人口超过百万。酒楼、茶楼开始兴盛并成为市民闲暇时间乐意光顾的场所；蹴鞠、水秋千（跳水）、相扑、斗鸡、斗蟋蟀、杂技、种花赏花（花市）等成为闲暇时间内的主要活动方式①。及至近现代，中国门户大开，伴随着中西方的交往，作为沿海门户的广州，其城市休闲生活开始表现出“中西融合”的特点，西洋服饰、西洋音乐、西方建筑、西餐、英语、西方文化艺术、宗教信仰等深刻地影响到市民的休闲生活。

新中国成立至改革开放的30年中，广州市经济发展缓慢，社会消费品缺乏，城市基础设施落后，劳动与休息制度呆板，市民休闲生活内容和方式单调。这个时期的市民休闲娱乐活动内容主要以简单、自娱的传统游戏为主，年轻人喜欢打弹珠、凿铜块和纸角、拍公仔纸、滚铁环、丢沙包、抓棋子、闸车、拉马、抽陀螺、界纸鸢、麻鹰捉鸡仔、跳绳、插地图等游戏；年长者则喜欢收听广播、观看粤剧、在骑楼中与邻居聊天、逛花市等。看电影电视、外出旅游则是少数人的奢侈生活。即便如此，在那个年代，广州仍然在国内城市中首创了“珠江夜游”

---

① 王雅林、董鸿扬：《构建生活美——中外城市生活方式比较》，东南大学出版社，2003，第20～29页。

(1961 年)，大大丰富了市民的闲暇生活，也为外地游客、来穗的国内外公务人员提供了一种很好的休闲方式。

2. 改革开放以来广州休闲产业的发展

改革开放政策的实施，广州市得益于比邻港澳的优势，不仅经济发展走在全国的前列，城市建设和社会生活也引领国内潮流。大量的三资企业、外来流动人口（公务、经商、务工、旅游）促使广州市包括旅游在内的第三产业得以迅猛发展。一直以来，广州和深圳、珠海三市的旅游总收入、接待人次都占全省的 80% 以上。作为珠江三角洲地区的中心城市，广州市的人流、物流、信息流异常发达，成为我国最重要的商业会展中心、旅游休闲城市、文化娱乐名城。广州在中国城市旅游、休闲产业发展的诸多方面开创了先河：白天鹅五星级（涉外）酒店、中国旅行社广州分社“珠江夜游”、上下九和北京路商业步行街、音乐茶座、咖啡厅（屋）、港台影视剧和歌曲、个人赴港澳游等。北京路—上下九路、环市东路及天河分区等城市商业游憩区主题游乐园、高级别旅游景区、高星级酒店、标志性的文化艺术体育设施等各类休闲娱乐设施得以兴建。

从 1998 年广州实施“一年一小变、三年一中变、五年一大变”工程起，城市面貌焕然一新，城市休闲文化体育设施大量兴建。中国进出口商品交易会馆广州国际会展中心（琶洲新馆）、广东美术馆、星海音乐厅、广州艺术博物馆、广州芭蕾舞团址、红线女艺术中心、广州艺术创作中心、广州科学城等一批规模大、层次高、代表城市形象的现代化文化设施拔地而起；广州歌剧院、广州新图书馆、广州新电视塔、广州电视台新址、广州宣传文化设施、广州报业文化中心等一批重点项目正在建设中。城市形成了一批富有竞争力的文化品牌，如广州芭蕾舞、金钟奖、红线女、广州国际艺术博览会、羊城国际粤剧节、广州民俗文化节等。2003 年 9 月，广州市旅游局首次推出 23 条“广州游”精品旅游线路、4 条专题旅游线路，以及广州（国际）美食节、广州购物节、广州番禺康体美食节、岭南果王狂欢节、香江（长隆）欢乐节等节事活动，大大满足了市民及中外游客的休闲需求。

（二）近年来广州市休闲产业发展

1. 主要措施

近年来广州市紧密结合“广东国民旅游休闲计划”（2009 年 2 月 23 日试

行），制定并推出了一系列促进城市休闲产业发展、提高国民休闲生活的政策措施，主要包括：落实带薪休假制度，弹性安排带薪休假时间；推动建设一批旅游休闲服务社区、旅游休闲小城镇、环城市旅游度假带、城市中央休闲休憩区；推动打造一批高水平的国际旅游度假区和发展一批各具特色、品牌价值高、内涵丰富的休闲产业功能聚集区；创建一批旅游休闲示范旅行社和基地，打造一批旅游休闲精品线路和产品；各级文化、文物部门归口管理的公共博物馆（文物建筑及遗址类博物馆除外）、纪念馆、爱国主义教育基地向社会免费开放，鼓励城市休闲公园、科普教育基地、红色旅游景点等，实行免费或以优惠价格向社会开放；鼓励开发跨行政区域的旅游线路，增设行政区内的旅游专线，大力推进公交低票价制度；鼓励和支持珠三角等有条件的地区和单位先行先试，加大实验探索力度，发挥示范带头作用；充分发挥旅游扶贫资金等财政资金的作用，重点支持开发和完善一批乡村旅游休闲的项目等。今后还将配套建设"一网"（国民旅游休闲网）、"一册"（国民旅游休闲手册）、"一刊"（国民旅游休闲杂志）、"一电话咨询中心"、"一交易终端"等，联同"国民旅游休闲卡"努力构建一体化的运营服务体系。

2. 突出成就

经过60多年，特别是改革开放以来30年的建设，广州市业已形成了从休闲农业、休闲工业、休闲房地产到休闲商业、休闲服务业的休闲产业体系，以及从城区休闲、郊区休闲到乡村休闲的空间布局结构。2008年末，广州有文化馆、群众艺术馆15个，文化站163个；公共图书馆15间，图书馆总藏量1563.3万册；各类专业艺术表演团体17个，档案馆26个，博物馆、纪念馆31个[1]。2009年末，广州有各类景区（点）85处，其中5A级景区1处，4A级景区13处；星级酒店230家，其中五星级酒店13家；森林公园和自然保护区50个（面积112.5万亩，占林地面积的26%，占国土面积的10.1%），城市公园211个（免费开放169个）；会展中心7个，文化创意产业园近十个；"广州游"的精品线路和专题线路30多条；广州（国际）美食节、广州国际艺术博览会、广州购物节、广州民俗文化节等特色节事10多项。① 此外还有数千的酒楼（吧）、茶楼（馆）、咖啡厅（馆）、特色饮食店、休闲会所（俱乐部）、保健疗养馆、体育场

① 广州旅游网，www.visitgz.com。

馆、健身中心（房）、游泳馆等。这些休闲文化设施与观光游憩场所为广大市民的休闲娱乐生活提供了可靠保障，也为中外游客的旅游休闲活动提供了最佳去处。

3. 发展特点

广州休闲产业发展不仅体现了区域文化特色，而且反映了广州城市文化特别是城市休闲文化个性。

（1）产业多元发展

广州人务实、理性、包容，在休闲生活方式的选择上呈现出单个个体、圈层群体的特色，中国与西方、古典与现代、高雅与大众休闲生活方式并行不悖，进而促进了休闲服务的多样化供给。休闲产业的多元化发展，涉及农业、工业、房地产、商业、旅游、文化、体育、保健、餐饮等各个行业，形成了比较完整的休闲产业体系。

（2）产业融合鲜明

旅游休闲业与农业、工业、商业、房地产业融合而衍生出新兴业态，例如，花都区、从化市、增城市、番禺区的观光休闲农业，新老城区的休闲 Mall，从化市的休闲房地产等。

（3）主打产业突出

广州城市的休闲娱乐业、新闻出版业、体育休闲业、餐饮休闲业、休闲商业、会展业在全省、全国占有重要地位，其中长隆主题公园、《南方都市报》与《广州日报》及《羊城晚报》三大报业集团、羽毛球运动、“食在广州”、休闲商城、广交会等远近闻名。

（4）富有地方特色

“早茶夜市”构成广州人生活方式之一，“食在广州”成为广州城市品牌形象之一。改革开放以来，广州餐饮休闲业正逐步从地域性走向国际化，全国菜系、世界美食聚会广州，一年一度的广州美食节成为美食家的乐园，“食在广州”被发扬光大，餐饮休闲业一枝独秀。

（5）室内休闲发达

广州室内吧馆、会所休闲发达，前者涉及酒吧、茶吧、咖啡吧、网吧、球馆等，后者涉及文化娱乐会所、体育健身会所、保健休闲会所。广州人尤其注重健康养生，促使保健会所风行一时。

(6) 呈梯度空间布局

广州城市背山面水，南北狭长，目前初步形成从城市（娱乐）休闲、郊区（农业）休闲到乡村（度假）休闲的空间结构，构成环城休闲旅游特别是休闲度假旅游带，其中以北部山区（花都区、从化市、增城市）生态休闲旅游度假、温泉休闲旅游度假、南部（番禺区、南沙区）滨海休闲旅游度假为代表。

（三）广州城市休闲产业发展存在的问题

1. 存在问题

作为新兴行业，广州休闲产业发展仍然存在诸多不足。①公共休闲产品供给、公益休闲产业发展跟不上市民休闲生活的需要，社区休闲服务、公园休闲服务、城市绿地供给严重不足，商业地产侵占公用休闲空间，如珠江两岸的“石屎森林”。②大众文化方面，尽管广州报业在全国首屈一指，但电视电影吸引力不够，需要加强电视电影节目的品位开发、商业运作与市场攻略；文化设施特别是高雅文化设施建设方面，缺乏一批起点高、大手笔的标志性文化设施，图书馆、博物馆、书店、影剧院等基础文化设施数量不足且档次低、规模小，文化设施网点布局相对集中在越秀、荔湾、东山、海珠几个老城区，居住小区配套的文化设施缺乏等。期待进一步完善、打造“文化广州”、“品位广州”、“休闲广州”。③尽管广州实施了“一年一小变、三年一中变、五年一大变”的城市环境综合整治工程，但广州城市休闲环境建设，包括清洁卫生、绿化美化、休闲设施、文化展示等方面仍显不足；旅游休闲形象多元但不够鲜明，“一都”（商都）、“二城”（古城、花城）需要进一步整合为“休闲商都”。④休闲产业空间分布不均，重视郊区休闲发展，忽视城区休闲供给，特别是在社区休闲、公园休闲方面发展较为不足，相关产业设施主要集中在北部山区与南部滨海区市。⑤郊区休闲农业没有形成品牌。

2. 原因分析

广州休闲产业发展所存在的诸多问题，既与政府对城市休闲规划的滞后有关，即在城市规划、城市产业规划中，缺乏对休闲发展规划及其产业政策的重视；也与市民休闲需求还处在初级阶段，以及休闲公益性组织不发达有关。因此，促进城市休闲经济、休闲产业的健康持续发展任重而道远，需要政府、企业、社会多方协作。一方面需要加强休闲教育、休闲启蒙，培养市民科学健康的

休闲生活方式、休闲生活文化；另一方面需要明确市场与政府的边界，政府在休闲经济、休闲产业发展中不能错位、越位、缺位。从政府的角度而言，一是要提高休闲经济效益，如反对市场垄断、维护市场秩序、防止资源破坏；二是要促进公平发展，如提供公共休闲产品、发展公益休闲产业、补贴休闲企业；三是要保持休闲经济的稳定增长，如刺激休闲需求、进行休闲规划、制定休闲政策等。

三　未来广州城市休闲产业发展态势及相关政策建议

（一）未来广州城市休闲产业发展态势

未来一段时期，广州城市休闲产业面临着黄金发展时期。首先，由于中国经济高速发展、国民生活水平大幅度提升，经济生活化、生活休闲化成为未来中国社会发展的突出特征。而这个变化首先发端于北京、上海、广州等国际化大都市。其次，2009 年广东省率先在全国推行了“国民旅游休闲计划”，一系列旨在化解金融危机、扩大内需、促进民生的措施相继付诸实施，必将对广州市休闲产业发展产生重大而深远的影响。最后，2010 年广州将举办亚运会，在亚运会举办前后若干年内，广州市的城市基础设施与文化环境、旅游与休闲产业体系、城市旅游与休闲生活方式等都发生了并将继续发生重大变化，从而带动城市休闲经济、休闲文化的发展。

在休闲产业空间布局上，将形成“远郊旅游度假 + 近郊娱乐体验 + 城市休闲文化”的休闲产业布局模式。在从化、增城、南沙（滨海）等远郊地带将形成若干旅游度假区，如温泉度假区、滨海度假区、农庄度假区等；在番禺、花都、白云等近郊形成主题娱乐休闲区，如长隆和香江野生动物世界等；在城市地区则形成以购物、文化、体育等为主的休闲文化区。

在休闲产业体系的组织上，几乎所有的行业部门都会被动员起来，围绕亚运会、“国民旅游休闲计划”的实施及“首善之区”的建设，构成完善的休闲产业体系。城市工商业、城建园林、文化教育、艺术体育、农林水利、餐饮娱乐、交通环保等成为休闲产业体系的主要构架。民营资本将成为休闲产业的主力军，并形成“政府主导、民间主体、社会共建、协调发展”的休闲产业发展格局。

在休闲产业地位方面，因其综合性及与民生关系密切的特点，将超过城市其他所有的产业，成为广州市的第一大产业，并且引导国民经济的结构调整及其他产业的发展走向。

（二）主要政策建议

首先，要抓住机遇，提高认识。抓住中国经济发展和社会生活转型的历史机遇，适应国民休闲生活普及的趋势，提高认识。充分挖掘以闲暇时间形态存在的社会资源，提高国民的生活素质，提升城市软实力。其次，创造城市休闲，普及休闲教育。在人类即将步入“休闲时代”之际，未雨绸缪，借“国民旅游休闲计划”的实施和2010年亚运会的举办，大力调整优化城市的经济、文化、空间、生活结构，普及国民休闲教育，创造高质量的市民休闲娱乐文化生活。再次，维护社会公平、促进和谐休闲。政府和社会制定政策制度保障社会各个群体、个体拥有同等休闲权利，并且有享受休闲的条件与能力。保障后代有充分的休闲机会，促进和谐休闲及城市休闲的健康持续发展。最后，提高社会休闲福利，增强市民休闲幸福感。通过财政、消费、信贷、保险、工资等手段，促进市民休闲消费提升和休闲结构优化，通过市民的休闲生活质量和城市的休闲福利，提高公众的社会归属感和认同感、感恩意识、生活幸福感、生命价值认同，促进社会和谐、稳定、健康发展。

湘人湘风：长沙市休闲发展考察

唐湘辉*

摘　要： 长沙是中国最具幸福感城市之一，城市居民的主要休闲方式有旅游休闲、娱乐休闲、餐饮休闲、保健休闲、购物休闲及网络休闲等。居民休闲促进了相关休闲产业的迅速发展，并形成了鲜明的地方特征：歌厅文化雅俗共赏，电视娱乐青春时尚，酒吧文化动感火爆，娱乐演艺独领风骚，餐饮旅游备受青睐，动漫产业异军突起。湖南省和长沙市等各级政府有关文化娱乐、旅游商贸、网络动漫的产业政策及相关配套政策措施对长沙休闲产业健康发展提供了有力保障。

关键词： 长沙　城市休闲　产业

一　长沙居民的主要休闲方式

随着长沙经济的迅速发展和居民生活水平的逐步提高，尤其是双休日制度和“黄金周”制度实施以来，居民闲暇时间增多，休闲意识增强，体验农家乐、听歌、看演出、喝酒、聊天交友、收看电视娱乐节目等已经成为长沙居民闲暇时的主要消遣方式，而诸如洗头、洗脸、洗脚等也是一部分商务、政务客人兼顾工作与休闲的重要活动。

1. 旅游休闲

近年来，“长沙人游长沙”的消费观念进一步深化，市民的旅游消费习惯由过去单一的观光型向观光—休闲—度假复合型转化。长沙市民热衷的旅游产品包括乡村旅游、红色旅游、自驾车游，“农家乐”、古村落旅游等也备受青睐。

---

* 唐湘辉，湖南商学院旅游管理学院副教授，主要研究方向为旅游与休闲经济。

2009年清明、五一、端午等小长假期间及中秋—国庆“黄金周”期间，市民出游特别是自驾游数量大幅上升。2009年“五一”期间长沙市共接待游客133.2万人次，旅游消费达5.63亿元；2009年“十一”黄金周期间长沙市共接待游客355.53万人次，旅游消费达19.99亿元，各项指标增长都在40%以上。[①] 部分景点自助游、自驾游的增长比例已经达到65%。

2. 娱乐休闲

随着城乡居民收入水平不断提高，长沙城乡居民消费性支出中用于文教娱乐用品和服务的支出增长迅速，文化娱乐消费成为居民消费的一大亮点。

收看电视节目是长沙居民每日休闲和每周休闲的重要内容。《快乐女声》、《快乐大本营》、《金牌魔术团》等自办节目，以及一些自制剧为湖南卫视赢得了很高的收视率。2009年湖南卫视以全天收视率0.533%、收视份额3.324%，晚间收视率0.966%、收视份额3.048%攀升至全国所有频道收视排名第二。湖南卫视下午及后晚间电视剧时段均排名同时段全国第一，黄金时段排名全国第四，收视份额较2008年上涨23%，周末三天黄金时段排名全国第二。在超过7.6亿的覆盖人口中，湖南卫视2009年35岁以下人群中全天收视排名第一，成为最受年轻观众喜爱的电视频道。[②]

长沙文娱演艺市场有以“金色年华”为代表的酒吧、歌厅，有以田汉大剧院、琴岛歌厅为代表的演艺场所，这些演艺场所均已成为全省乃至全国的知名品牌。根据湖南统计局2009年7月7日发布的数据，目前长沙歌厅、酒吧总数超过400家，其中接待规模在500人以上的有19家，形成了解放路酒吧一条街、太平街、化龙池清吧一条街。[③] 2008年长沙市歌厅、酒吧接待各地消费者5000万人次，拉动消费50亿元。

3. 餐饮休闲

随着居民收入的增加和消费观念的转变，长沙居民外出就餐已成时尚。以华

---

① 长沙市统计局：《2009年长沙旅游产业逆势而上》，http：//www. hntj. gov. cn/sxfx/csfx/201001/t20100120_ 72516. htm，2010-02-02。

② 金鹰网，湖南卫视2009年全年收视小结，http：//zixun. hunantv. com/hntv/aw/20100310/588545. html，2010-03-10。

③ 文中所引用的数据资料凡未标明来源的，均来源于湖南省统计局及其官方网站湖南统计信息网。

天、通程为代表的星级酒店突出高档菜肴和优质服务，博得了高端消费者的青睐；以茶吧、酒吧为代表的新派餐饮业以其环境舒适、格调高雅，吸引了讲求品位休闲者的光顾；以肯德基、麦当劳为代表的洋快餐以其口味新、快捷化，赢得了众多青少年的喜爱；各种中西餐馆、家常菜馆以其不同特色也吸引了不同的商务客人和家庭大众消费者群体。1993～2004年，长沙居民餐饮消费年平均递增27%。2007年长沙市餐饮业零售额占社会消费品零售额的比重为14.89%，人均餐饮业零售额为2422元，比全国人均936元高1.6倍。根据长沙市统计局初步测算，2010年春节黄金周期间，长沙餐饮业消费额近10亿元。

4. 保健休闲

保健休闲是目前长沙居民较为流行的消遣方式。泡澡、洗脚及其他水疗服务深受市民欢迎。相关调查结果显示，长沙洗浴休闲者中71.6%为男性，28.4%为女性，7.3%为老年人，42.9%集中在29～38岁，47.4%月收入在2401元以上，49.1%学历在大学或大专及以上。男性、中年人、中高收入、大学或大专及以上学历的企事业管理人员、专业技术人员、党政干部及公务员、公司职员是洗浴休闲市场的重要消费群体。① 同时，各类健身俱乐部为会员提供球类、游泳、瑜伽、溜冰、体育舞蹈、器材健身、健美等项目的服务，白领阶层、中青年是各健身俱乐部的重要客源。2009年全年长沙市体育局登记开业的健身俱乐部27家。② 2009年8月11日"全民健身日"活动仪式的启动，烈士公园、岳麓公园、橘子洲公园的免费开放，以及湘江风光带的建设，进一步强化了长沙居民的健康理念，健身、游园人数增多。而越来越多的社区公园也为人们的健身提供了更多的场所。目前已经建成胜利村社区公园等6个，更多的社区公园正在建设中。2010年内新建社区公园将达20个。③

5. 购物休闲

长沙居民具有敢于引领消费潮流的特质。长沙商贸市场繁荣，居民购物活跃，尤其是节假日，各主要商业中心及步行街人满为患，食品、服装、糖酒、汽车、房产等各类会展的举办吸引了众多的居民参与，五一广场商圈对周边省市居

---

① 郑炎、谭红娟：《长沙市居民洗浴休闲动机研究》，《湖南财经高等专科学校学报》2009年第8期，第46～49页。

② 长沙市体育政务网，长沙市2009年体育健身场所受理、审批、登记情况公示，http://www.csty.gov.cn/zwgk/gsgg/200907/t20090730_100987.htm。

③ 邬伟、唐群雄：《长沙年内建二十个社区公园》，2010年3月8日《长沙晚报》。

民的休闲购物形成了较强的辐射力。2008 年底长沙举办了首届购物消费节，拉动全市社会消费品零售总额增长逾 6 个百分点，活动期间全市消费较 2007 年同期增长 22%。2010 年的“福满星城”购物消费节活动正在进行中，政府推动、企业参与、吃喝玩购等方面的优惠措施进一步激发了长沙居民购物休闲的热情。

6. 网络休闲

互联网开创了一个新的时代，也极大地丰富了长沙市民的日常生活。除了上网看新闻影视、收发邮件、聊天、玩游戏及写博客，网上购物也成为一种新的消费方式。2001 ~2006 年是长沙互联网用户数量急剧增长的时期。2006 年底，湖南网民数量首次突破 400 万，达到 408 万，占湖南全部人口的比例为 6. 4%。长沙网民数量 60 万左右。这其中，大致有 1/4 的网民经常使用网络购物。①

二 长沙休闲相关产业发展现状与特色

目前，长沙已经基本形成了以休闲旅游、休闲文娱、休闲餐饮、休闲购物等为主体、极具地方特色的休闲产业体系。

（一）长沙休闲产业发展现状

1. 休闲旅游业

目前，全市有国家级旅游区 26 个，3A 级以上旅游区 17 个。长沙有旅行社 172 家，其中国际旅行社 19 家、国内旅行社 153 家；营业收入过亿元的旅行社 6 家。各类星级饭店的总数已经达到 85 家，其中四星级、五星级酒店分别达到 17 家、10 家；星级酒店客房总数达 14334 间，具有很强的接待能力。长沙 2009 年全年共接待国内外游客 3894. 5 万人次，实现旅游总收入 355. 76 亿元，同比分别增长 18. 1%、18. 5%。②

2. 休闲文娱业

2008 年末长沙市有从事文化产业活动的各类经营单位 44692 个，比上年增

---

① 长沙市地方税务局：《网上开店“网下”纳税》，http：//www. cstax. gov. cn/read. go? _ template = 54&CONTENT_ ID = 7980，2007。

② 长沙市统计局：《2009 年长沙旅游产业逆势而上》，http：//www. hntj. gov. cn/sxfx/csfx/201001/t20100120_ 72516. htm，2010。

长15.4%。2008年全市文化产业总产出（收入）达617.9亿元，比上年增长27.4%，文化产业增加值达到293.1亿元，增长19.4%；文化产业增加值占全市GDP比重达9.8%，高于全省5个百分点，占全省文化产业增加值比重达52%，其增速高于全省4.4个百分点。2008年全市文化产业从业人员达42万人，占全市从业人员的比重达10.6%；文化娱乐、网络服务、广播电视、动漫产业等行业的就业人数增长最快。①

3. 休闲餐饮业

长沙餐饮市场中西荟萃，品种齐全。土菜、夜宵是长沙人餐饮业恒久不衰的特色，四川、广东、东北、新疆、内蒙古等特色餐饮不胜枚举，国外餐饮名牌也纷纷落户长沙，美国的麦当劳、肯德基、必胜客，德国的德克士，另外，新加坡、韩国、日本、巴西、意大利等外来餐饮数不胜数。近些年出现了大量的酒吧、茶楼、主题餐厅、休闲餐厅等，这些时尚饮食给长沙餐饮市场注入了无限活力，餐饮业呈现出各种风格、各种类型，以及不同消费档次适应居民消费需求的格局。餐饮市场多年来持续活跃，尤其是以老字号餐饮品牌、特色旅游餐饮街区、民族餐饮、主题宴会和农家乐餐饮为典型代表。长沙市星级酒店数量已进入全国五强，餐饮规模已进入全国十强。②

4. 休闲洗浴业

长沙洗浴网点已过万家，按营业面积算，4000平方米以上的有15家，1000平方米以上的上千家。③ 大型的洗浴场所除了宽敞豪华的休息大厅、优雅动听的音乐旋律，还往往设有一系列有特色的休闲场地，比如阅读室、高科技影视厅、网吧、乒乓球室、健身房、保龄球区、儿童游乐区、KTV包厢、咖啡座等，成为集洗浴、按摩、健身、休闲、娱乐、美食等功能于一体的活动中心。

5. 传媒网络业

长沙市目前拥有省市县三级影视机构。电视剧、电视专题片、电视综艺节目

---

① 刘亦彪：《长沙市文化产业现状与发展研究》，http：//www. hntj. gov. cn/sxfx/csfx/200907/t20090706_ 66944. htm，2009。

② 长沙市商务局：《长沙星级酒店全国排名前五》，《餐饮规模已进全国十强》，http：//www. cstrade. gov. cn/swt/swt/expro_ showdetail. asp？ id =12377。

③ 刘茜：《我市洗浴休闲业每年缴税超过2亿》，http：//www. cstax. gov. cn/read. go？ _ template =54&CONTENT_ ID =8079，2007。

已达年产600部（集）的能力，广告片年制作能力达500分钟。湖南卫视现已覆盖全国31个省会城市，在全国30个中心城市的入户率达到87.6%，覆盖人口达6.5亿，成为全国收视率很高的栏目。① 长沙市是中国第一个民族卡通品牌的诞生地，长沙动漫已成为国产卡通品牌产业化推广和应用的领头雁。

长沙是湖南省出版产业的中心与基地，集中了全省全部图书出版社的12家、电子音像出版社的5家和音像复制单位的7家。报业方面有面向社会发行的报纸33种，正式期刊183种。2008年全市报刊出版和发行实现产值达7.9亿元。定王台书市为全国6大书市之一，长沙图书交易会连续举办15届，被业界称为与全国书市和北京图书订货会齐名的“全国三大书市”之一。2008年全市印刷业产值过60亿元，全市书、报、刊制作和发行实现产值达58.55亿元。②

近年来，长沙市积极推进连锁网吧经营试点，加强网吧管理长效机制建设，采取了取缔黑网吧、网吧连锁化、建立绿色上网场所等系列措施，320家黑网吧在2008年初全部关闭；新组建的15家网吧经营公司通过收购、兼并、参股和托管等方式，吸纳单体网吧336家；网吧总量由2007年的1702家减少到2008年底的1688家。同时，市委、市政府在全国率先提出了建立未成年人绿色上网场所的重大举措，目前已建成绿色上网场所258家，2010年，内城区366个社区绿色上网场所将全部建成开放。③

6. 休闲商贸业

长沙规模商业网点的不断涌现，提高了长沙“一小时”都市圈的辐射力，节假日里各主要商业中心及步行街人头攒动。随着城市的发展包括城际列车的建设和开通，跨市消费成为一种涌动的潮流，使得打特色牌、营造良好城市环境和购物环境、不断优化商贸旅游市场结构、适应并激发市民的需求显得尤为重要。友阿集团、新一佳、国美、苏宁各店、平和堂、王府井、黄兴路步行商业街等商业聚集地，依然是周边城市消费者的购物首选之地。商贸业在区域经济中的突出地位，也使长沙作为区域中心的地位越来越突出。2009年长沙实现社会消费品

---

① 湖南广播影视集团：《湖南广电改革开放30周年成就展》，http：//www.gbs.cn/30/index.htm。

② 刘亦彪：《长沙市文化产业现状与发展研究》http：//www.hntj.gov.cn/sxfx/csfx/200907/t20090706_ 66944.htm，2009。

③ 星辰在线：《长沙经验值得全国推广》，《顾秀莲赞扬“绿色网吧”等工作》，http：//news.changsha.cn/cs/1/201003/t20100304_ 1076020.htm，2010。

零售总额1524.9亿元，比上年增长19.7%，在全国26个省会城市中分别排在第8位和第6位。长沙在全国省会城市和中部六市中的比较地位日渐突出，对全省及各城市群建设有着重要的贡献。①

7. 休闲康体业

长沙体育设施齐全，体育产业蓬勃发展，基本上形成了一个门类较为齐全的社会体育消费市场，体育市场经营单位500多家，主要经营项目以健身娱乐休闲为主，体育健身业的年收入达0.5亿元；体育彩票50%返奖，20%为发行成本费外，30%为公益金，主要用于资助全民健身计划、举办大型体育赛事、修整和增建体育设施和扶贫工程。体育娱乐健身休闲用品及名牌体育服饰品销售市场发展也很快，经营单位有200多家，年营业额在1000万元以上。群众性体育运动居全国领先地位，形成了市、区、街道多层次的全民健身服务指导网络体系。体育场所超过500家，遍布全市各单位各社区，584个全民健身指导站，有社会体育指导员1581人，城区常年参加体育锻炼的人数占总人口的36%。② 2008年全年举办县以上运动会301次，拥有体育运动学校80个，公共体育场馆428个。③

（二）长沙休闲产业的特色

长沙地处祖国腹部，襟湖带江，依山临水，独特的地域特征赋予了长沙人文精神中既有山的凝重，又有水的灵动，加上湖南人喜食辣椒，性格中有着不屈不挠、坚韧不拔、勇往直前的“辣”劲和“刚”劲。在大众文化繁荣的今天，长沙的休闲娱乐、休闲餐饮、休闲保健及休闲旅游等无一不渗透着本土文化的特点，从而形成了独特的长沙“歌厅文化”、“电视文化”及“酒吧文化”等极具特色的休闲文化。

1. 歌厅文化雅俗共赏，娱乐演艺活力激扬

以歌厅文化为代表的娱乐演艺凸显出长沙人热爱生活、追求个性的火辣性格，展现着长沙大众娱乐文化的独特风采。长沙歌厅的娱乐节目可以辐射到酒

① 长沙统计信息网长沙消费品市场发展呈现五大亮点，http：//www.cstj.gov.cn/html/2010/03/20100319161916－1.htm，2010－03－19。

② 唐湘辉：《长沙休闲产业研究》湖南师范大学，2006年6月，第51～52页。

③ 长沙市统计局：《长沙市2008年国民经济和社会发展统计公报》，http：//www.hntj.gov.cn/tjgb/szgb/200903/t20090327_63677.htm，2009－03－27。

吧、KTV、电视等，从而成为娱乐演艺业的龙头，形成了闻名全国的“长沙歌厅现象”。

1988年航空歌厅的出现标志着长沙歌厅的诞生，作为当时新颖而时尚的娱乐消费形式对长沙居民有着巨大的吸引力；之后，以琴岛为代表的第二代长沙歌厅成为湖南歌厅的一大亮点，其规范经营、追求特色的管理风格受到各级管理部门与观众的广泛认可；2002年开始，红太阳公司与田汉大剧院合作推出剧场式歌厅，即剧场演艺与歌厅相结合的“田汉模式”，标志着长沙歌厅进入第三代。长沙歌厅的演出节目多样、雅俗共赏，显示了通俗文化所具有的强大生命力。目前，长沙歌厅娱乐演艺的内容40%是纯本土文化，20%是高雅或剧院文化，40%左右是大众文化。

2009年1~8月全市限额以上娱乐业企业34个，实现营业收入2.30亿元，同比增长5%；实现主营业务收入2.29亿元，同比增长6%；上缴税金及附加1269万元，同比增长7%。[①] 观众中外地旅游商务考察观众占40%左右，长沙观众占30%，长沙周边观众占30%左右。其中，田汉大剧院成为国家文化产业示范基地，每年接待中央各部委、各省市文化考察团170批次以上。[②]

2. 电视娱乐青春时尚，快乐文化传遍中华

湖南广电集团在全国率先进行广电传媒产业的市场化和产业化改革，创造了“电视湘军”，激起了湖南传媒的活力。坐落在长沙的湖南卫视，其收视率一直位居全国省级卫视第一。湖南卫视追求“青春、靓丽、时尚”的电视品牌形象，成为“全国收视、全国覆盖、全国影响、全国市场”的全国性电视频道，打造了“最具活力的中国电视娱乐品牌”。2008年长沙电视综合人口覆盖率达98.5%，有线电视用户达92.4万户。[③] 2008年长沙广电集团资产突破10亿元，经营收入4亿元。2008年全市电影服务行业实现产值达2.3亿元，广播电视行业实现产值达46亿元。[④] 湖南目前已经成为中国电视娱乐节目的重要生产基地，

---

① 周锦文：《1~8月长沙市文化、体育和娱乐业发展繁荣》，http://www.cstj.gov.cn/html/2009/10/20091020163227-1.htm。

② 刘透迤：《突出长沙城市特征》，《打造歌厅百年品牌》，长沙田汉大剧院，2009。

③ 长沙市统计局：《长沙市2008年国民经济和社会发展统计公报》［DB/OL］，http://www.hntj.gov.cn/tjgb/szgb/200903/t20090327_63677.htm，2009。

④ 刘亦彪：《长沙市文化产业现状与发展研究》，http://www.hntj.gov.cn/sxfx/csfx/200907/t20090706_66944.htm，2009。

长沙电视台艺术中心是全国“十大优秀摄制组”之一。

3. 酒吧文化动感火爆，娱乐演艺独领风骚

目前，长沙共有大小酒吧 50 多家，其中 30 多家集中在解放西路与蔡锷南路，化龙池和太平街也产生了较好的集聚效应。解放西路已经成为全国闻名的酒吧一条街，与北京三里屯、上海衡山路齐名。长沙酒吧大体分为三类：第一类，迪吧类型，劲歌热舞，属于酒吧初期的典型风格，受到年轻人的追捧；第二类，概念吧类型，休闲为主，轻音乐为基调，塑造一种氛围，吸引特定的群体；第三类，综合吧类型，也有重金属音乐，但节奏稍缓，有演艺节目，这一类酒吧流行于白领之间，近年来趋于兴盛。

4. 红色旅游方兴未艾，乡村旅游备受青睐

长沙旅游产业已经初步形成了以红色旅游、乡村度假及娱乐休闲为特色的基本格局。长沙拥有一条全国红色旅游精品线路，即韶山—宁乡—平江线；“毛泽东成长之路”是湖南最近重点建设的一条以“爱国和励志”为主题的旅游线路。长沙市红色旅游系列景区（点）是湖南列入全国红色旅游经典景区的 8 个景区（点）之一。①

5. 餐饮休闲湘菜为主，连锁经营渐成趋势

长沙饮食以湘菜为主，汇集全国各地特色，已成为中南地区亮点；老字号餐饮企业不断改造更新，使得长沙成为经久不衰的餐饮消费火爆城市。不少餐馆在就餐环境装饰上做文章，烘托湖湘文化氛围，在建筑风格上、装修装饰上注重融入文化艺术特色，以改善环境，提升品位，使消费者在就餐时享受文化艺术的熏陶。一些中西餐厅还将休闲理念融入餐饮文化当中，将休闲书籍、网络、歌舞等搬进餐厅，一些酒吧、迪厅等也参与到餐饮经营当中。餐饮业市场繁荣兴旺，餐饮业集团化、连锁经营、品牌经营已成为众多餐饮企业家们关注的发展方向。徐记海鲜、金牛角王中西餐等都是企业集团化和连锁化程度较高的企业，筷乐潇湘、湘西部落、西湖楼等餐馆将本土文化融入餐饮经营并开展连锁经营而得到快速发展。

6. 动漫产业异军突起，文化创意独占鳌头

长沙已成为国产卡通品牌产业化推广和应用的领头雁。2008 年全市原创动

---

① 长沙市旅游局：《长沙市“十一”黄金周旅游接待和收入双双创新高》，http://www.hnt.gov.cn/GoldenWeek/news.aspx? Id=2366&area=430100，2009。

漫2.6万分钟，占全国24%，已连续多年居全国第一；《蓝猫淘气3000问》在全球40余个国家播出，《山猫吉咪字母历险记》2009年又在美国电视台播出。目前，长沙动漫已形成集研发、制作、播出、发行、教育培训、衍生产品开发于一体的产业体系。2008年文化创意总产值超过10亿元。①

三　政府推动休闲发展的政策与措施

（一）湖南省政府推动休闲发展的政策与措施

1. 文化产业政策与措施

2001年湖南省先后出台《湖南省人民政府关于支持文化事业发展若干政策的通知》、《中共湖南省委、省人民政府关于加快文化产业发展的若干意见》，在企业化改制、资产重组、建立多元化投资体制、税收优惠、土地扶持、科研开发、创新用人机制、分配制度等方面提出了一系列鼓励发展政策。在文化市场方面，出台《湖南省娱乐休闲服务场所硬件设施安全管理规定》，建立文化市场四级网络，构建文化稽查长效机制，规范和引导文化娱乐市场健康发展。

2. 旅游与商贸、会展、娱乐等产业政策与措施

2001年湖南省政府出台《关于进一步加快旅游业发展的通知》，从规划、旅游产品开发、区域合作、对外拓展、宣传促销、信息化建设、规范化管理等方面支持旅游业发展。随后又出台《关于培育壮大旅游支柱产业，促进全省经济快速发展的决定》及《加快发展旅游业的意见》，成立全省旅游业发展领导小组，确定培育旅游产业集团、打文化品牌、实施龙头带动的战略，并且相继出台一系列配套措施：修改《湖南省旅游管理办法》；出台《湖南省旅游专项资金管理办法》，放宽外省旅行社到湖南设办事处的条件；出台《湖南省旅游餐饮示范点评比办法》、《旅游村管理暂行办法》、《农家乐经营管理办法》、《行业协会管理办法》、《讲解员管理办法》；开展旅行社信誉等级评估，星级饭店年度复核公布，鼓励民办旅行社，放开经营权，鼓励外商投资旅行社和境外设旅游办事处；出台

① 刘亦彪：《长沙市文化产业现状与发展研究》，http：//www.hntj.gov.cn/sxfx/csfx/200907/t20090706_66944.htm，2009。

政策鼓励自驾游，政府牵头赴国外旅游招商等。2006 年出台《关于加快发展休闲农业的通知》，提出各地将休闲农业企业纳入新农村建设的统一规划，并可将其纳入新农村建设的政策支持范围；开展休闲农业企业省级星级评定工作。2007 年出台《关于加快旅游产业发展的决定》，提出要把旅游业作为全省经济发展的支柱产业，实现由旅游资源大省向旅游产业大省的跨越；《关于加快乡村旅游发展的通知》提出要大力开发乡村旅游产品，加快改善乡村旅游基础设施，加强宣传推广，严格规划管理，开展乡村旅游从业人员的教育培训等工作重点。

3. 动漫产业发展的政策与措施

2007 年出台《关于扶持我省动漫产业发展的意见》和《关于鼓励和扶持动漫产业发展若干经济政策的通知》，提出打造若干个实力雄厚、具有国内国际竞争力的大型动漫龙头企业；培育一批充满活力、专业性强的中小型动漫企业；创造一批既有湖湘特色、中国风格，又具国际影响的动漫品牌，形成动漫产业创作、研发、制作、加工、出版、发行、教育培训、播出和衍生产品开发等完整的产业体系，将长沙建设成为国家级动漫产业振兴基地，并给予财政、税收、信贷和补贴等方面的支持。

4. 餐饮产业政策与措施

2000 年湖南省出台《湖南省规范餐饮企业价格管理的通知》，提出实行餐饮企业星级考核挂牌制度；与高校对接，实行餐饮业定向培养；打造地方品牌，推广曾、广、彭、胡家菜系列等。2007 年的《关于加快发展湘菜产业的意见》提出要完善湘菜产业体系，加快湘菜业规范化和标准化进程，着力打造湘菜品牌，加大对湘菜产业发展的扶持力度。

（二）长沙市政府推动休闲发展的政策与措施

1. 旅游产业政策与措施

长沙市政府先后出台了《关于加快培育长沙旅游支柱产业的决定》、《进一步加快长沙旅游发展的意见》，明确设立市场开发、宣传促销经费，完善旅游基础设施建设，建立导游服务中心及培训中心，开发新旅游景点等；制定了《农家乐星级评定划分标准》、金牌导游评比规则，设长沙旅游官方网站；取消旅游定点接待规定；规范景点价格及实行通票制，等等。“十五”期间，长沙市完成旅游基础设施投入 210 亿元，改造了几大红色旅游景区；新开发了月湖公园、生态动物园、沩山风景区等；橘子洲风景区提质改造启动；各景区星级厕所与道路改造基本完成。另外，开展了一系列旅游、会展相结合的活动。发布了《中国南方旅游城市协作体宣言》；举办了世界旅游小姐大赛；签订了《中部六省区域旅游合作协议》；成立了中西部旅游精品推广联合体；开通了长沙—首尔直航旅游路线及台湾—澳门—长沙航线；开展了农家乐星级评定活动。

2. 文化产业政策与措施

2001 年长沙召开了全市第一次文化产业发展会议，市委、市政府出台《关于加快发展文化产业的意见》、《关于加快文化事业和文化产业发展的决定》，提出主动放开文化市场，引导社会力量兴办文化产业；斥资百万元制定《长沙文化产业发展纲要》，科学规划了文化产业布局。2006 年出台《长沙市文化体制改革的意见及实施方案》，从深化事业单位改革、强化服务，推进经营性文化单位改革、培育市场主体，深化管理体制改革、加强监管，培育现代市场体系、搭建平台，加快结构调整、提高质量和效益等五个方面提出具体实施意见，进一步推动文化产业化进程。

3. 娱乐产业政策与措施

在娱乐文化产业的改革管理与创新方面，一是加强引导。出台相应的税费政策，同时倡导以几大歌厅、酒吧为龙头，带动舞台设备公司、经纪公司共同发展，促进规模化集团化发展，打造产业集群，有力地促进了长沙娱乐行业始终走在全国前列。二是规范管理。关注和支持歌厅、网吧文化更新升级，为促进歌厅文化提升品位，提出了“歌厅二次革命”。

4. 网吧产业政策与措施

2005 年长沙市制订出以“八项制度，四大加强”为主要内容的《长沙市建立网吧管理长效机制试点工作方案》、《长沙市黑网吧整治工作责任追究办法》，发布《长沙市星级网吧评定办法》，规定五星级网吧可获得二年免检资格。同时启动蓝色健康网络工程，促进行业规范有序健康发展。蓝色健康网络工程设立会员俱乐部，统一标志，改革了网络赢利模式；设立青少年上网专区，采用疏而不堵的办法，为未成年人提供上网机会。

5. 动漫产业政策与措施

2005 年长沙市政府出台《加快动漫产业发展的若干意见》，提出：设立动漫孵化基地，免租金、实行配套服务；建产业基地，享受园区政策；设立奖励基金，扶持品牌建设；鼓励产权保护、原创及科研开发等。

6. 会展产业政策与措施

长沙会展业起步晚，但发展迅猛、后劲十足。2003 年以来，先后出台《关于加快会展业发展若干意见》、《关于以长沙市政府名义举办会展活动的规定》、《长沙市会展业发展意见》、《长沙市会展管理办法》等，构筑了一个管理有效、机制灵活、规范有序、服务延伸的行业管理体系。培育了一批知名会展品牌，金鹰文化艺术节、浏阳国际烟花节、国际农博会等国内驰名、享誉海外。2005 年，长沙被评为“全国新锐会展城市”，2006 年又被评为“全国十大节庆城市”。

7. 商贸流通产业政策与措施

长沙先后出台了《关于长沙商业企业加快改革实施意见》、《大力发展个体私营经济的决定》等，通过健全的商业法规体系（行业规范、市场准入、商业分级设置、质量安全标准、相关行业标准等）、科学的商业网点布局规划、积极的本土品牌保护和开发、商贸改革政策及系统的人才培训体系等，有力地促进了长沙商贸业不断提质。长沙全力打造“友阿”、“通程”、“蔬菜”、“饮食”四大集团，实行现代企业管理，大大提高了企业核心竞争力，其中“友阿”、“通程”进入全国商业 500 强。宽松的商业投资政策吸引平和堂、沃尔玛、家乐福、麦德龙、新一佳、百盛等企业入驻。原长沙老字号得以全面恢复，并且在坡子街形成了名优特老字号一条街。

春城无处不飞花，昆明四季好休闲

——昆明市城市休闲发展之过去、现在和将来

李 鹏 冯艳滨*

摘　要：昆明市是享誉中外的“春城”，气候温和、环境较好，休闲外在条件十分优越。同时，多民族聚集、多元文化荟萃，使昆明形成了悠久的休闲传统和深厚的休闲文化。由于经济条件有限，昆明城市居民休闲方式仍然以自主性的休闲方式为主，但随着经济的发展，城市供给性的休闲方式逐步完善，也已经形成了高尔夫、温泉SPA、民族歌舞等一系列极富地方特色的休闲产业。在“旅游二次创业”、“新昆明建设”、“打造品质昆明”等重大举措的带动下，昆明市的城市休闲必将向更高水平发展。

关键词：休闲　自主性休闲　供给性休闲　昆明

近年来，随着国民经济和社会的发展，人们可自由支配的收入快速增长，生活质量日益提高，休闲已经成为人们的一种生活方式和生活的一部分。不过，历史上，昆明居民在经济不够富裕的条件下，对休闲的享受和追求已有良久。

一　昆明城市休闲发展背景

一个城市的休闲及其产业的发展需要多种条件，如环境、经济基础和历史文化等。舒适的自然环境、较高的海拔是昆明休闲发展的外部因素，温吞、淡定的

* 李鹏，云南大学工商管理与旅游管理学院讲师，博士，研究方向为生态旅游、旅游产业经济；冯艳滨，云南大学工商管理与旅游管理学院硕士研究生。

性格和深厚悠久的休闲传统是昆明休闲发展的内部因素，它们共同促进了昆明市休闲业的发展。

（一）舒适的休闲环境

1. 独特气候是昆明休闲的最大资源

昆明素以“春城”享誉中外，宜人的气候是昆明舒适休闲环境的基础。受印度洋暖流和季风的影响，加之滇池湖水的调节，乌蒙山又挡住了北来的冷空气，地理位置虽属北纬亚热带，然而昆明却具有典型的温带气候特点，“夏无酷暑，冬无严寒，四季如春，百花盛开”，“天气常如二三月，花开不断四时春”。昆明城区常年温度在0～29℃之间，平均温度介于10.3～20.8℃之间，年温差为全国最小，是全国少有的全天候旅游目的地和避暑避寒胜地。

2. 较高海拔是昆明休闲的驱动原因

昆明位于云贵高原中部，地处低纬度高原，位于滇西横断山脉与滇东高原之间的滇中盆地，坐落于滇东高原面上，海拔1895米，在全国省会城市中排名第三，仅次于拉萨和西宁。由于高原环境限制了人体的部分运动机能，加之高原缺氧，人的精神不容易亢奋，形成了昆明人行动迟缓，做事不慌不忙的风格，营造了一种不急不躁，闲散淡定的生活氛围。

3. 良好空气质量是休闲开展的前提

良好的空气质量是城市发展休闲必不可少的前提之一，昆明是全国空气质量最好的城市之一。2007年度，昆明环境空气质量位居全国省会城市第二名，仅次于海口。昆明是“内陆空气最干净省会城市”，在全国109个重点城市（不含直辖市）中，昆明优良级天数占全年天数比例为100%，为全国主要城市第四名、省会城市第二名、西部省会城市第一名。① 2009年全年，昆明市主城区空气质量优质天数达到105天，远高于其他内陆城市，与其他地区相比具有很明显的优越性。

4. 多元文化是昆明休闲的精神支撑

昆明是一个以中国边疆文化和少数民族文化为主，以内地文化和南亚、东南亚文化为辅的多元文化城市。从地理上来说，昆明是多种文化交汇叠合的边缘地

① 环境保护部：《2007年全国城市环境管理与综合整治年度报告》，2008。

带，地处汉文化的西南边缘、青藏文化的东南边缘和东南亚小乘佛教文化的北部边缘；从精神文化上来看，佛教文化、儒教文化、道教文化、伊斯兰教文化、基督教文化和原始宗教等多种宗教文化并存；从少数民族文化的族源来看，昆明汇集了汉、彝、回、白、苗、哈尼、傣等多个民族的特色文化；从国际区位来讲，昆明地处中国与东盟的交会处，是澜沧江—湄公河次区域的核心地区和重要节点。多元文化是昆明休闲文化丰富与繁荣的支点。

5. 经济增长是昆明休闲的发展动力

长期以来，昆明城市休闲是经济相对落后情况下的一种生活方式。近年来随着经济的发展，城市休闲也逐步成为一种生活质量提高的标志。昆明是云南省唯一的特大型城市，具有较高的首位度。2008 年昆明实现地区生产总值 1605. 39 亿元，占云南 GDP 总量的 28. 16% 。① 昆明在西南 47 个城市的综合竞争力排名中仅在成都和重庆之后，列第三位。② 在经济发展中表现出来的活力，正是昆明休闲产业发展的动力。特别是 2008 年之后，昆明快速增长的经济让人们的生活水平不断增长，有力地推进了昆明城市休闲产业的发展。

（二）温吞的休闲性格

1. 休闲意愿强烈

由于有着较悠久的休闲传统，多元融合的休闲文化，以及得天独厚的休闲环境和较小的工作生活压力，加之昆明人的心态中留有农业文明时代恪守本分、安分守常心理传统的深深烙印，其性格中总是透着安逸和悠闲，表现出强烈的休闲意愿。在 2004 年 9 月王越平等人对昆明市民所做的休闲调查中，当问及“休闲娱乐和工作同等重要”时，有 68. 7% 的被调查者表示赞同（选择完全同意和同意），有 12. 1% 的被调查者表示反对（反对和强烈反对），还有 19. 2% 的被调查者表示说不清，表现出对休闲生活的一种强烈向往。③

2. 生活态度淡定

生活态度往往能决定人们的休闲心理。昆明人给人印象最深的是其恬淡、闲

---

① 昆明市统计局：《昆明市 2008 年国民经济和社会发展统计公报》，2008。

② 倪鹏飞等：《中国城市竞争力报告（2009）》，社会科学文献出版社，2009，第 270 页。

③ 叶文等：《城市休闲旅游》，南开大学出版社，2006，第 200 页。

适和淡定的生活态度。昆明人性情普遍温和，整个城市显得淡定自如。在昆明的老城区很少能看见行色匆匆的人，许多本地人开的小店，早上九点才开门，下午五点就打烊。昆明人淡定的生活态度是昆明城市休闲的心理基础。

3. 生活节奏缓慢

昆明常年恒温，季节变化不明显，人们没有养成“只争朝夕”的精神，却导致“慢性格”的形成。生活节奏慢、做事慢，对昆明人来说已经是司空见惯的事情。这种“慢”并不是一种懈怠或者一种懒惰，更多的是一种源于对生活的随遇而安。生活节奏缓慢成为昆明休闲生活方式和休闲文化产生和延续的温床。

（三）深厚的休闲传统

与其他地方不同，昆明的城市休闲并非建立在经济发展到一定程度的基础之上，在经济较为落后的情况下，昆明的城市休闲便已风行。

1. 古代休闲盛行

古代昆明人就有休闲的传统。清人黄丹崖在其《竹枝词》一文中写道：“停午楼馆试分茶，普洱毛尖胜锷佳，清歌一曲灯夹戏，且食松子听琵琶。”这便是古代昆明人在闲暇之余的休闲活动。喝茶、听戏等是城市居民所喜爱和热衷的休闲活动方式，许多人甚至天天泡在茶馆里、茶社内听说评书，听唱小曲。①

2. 近代休闲风行

到了近代，昆明的休闲氛围虽受到外来文化影响，但休闲之风不改。民国时期的昆明警察，每天早上例行的任务之一就是叫昆明街道上的店铺开门，不让人们睡懒觉。当时昆明市民人生的三件大事是“烤太阳、吃茶、冲壳子（聊天）”。随着滇越铁路、滇缅公路的修建及驼峰航线的开通，西方文化和东南亚文化源源不断地输送到昆明，使其成为了“小上海”，昆明休闲生活增添了几分文化气息和现代气息，成为全国休闲发展的先锋城市。

3. 当代休闲浓烈

改革开放之后，当代昆明城市休闲发展更为迅速，昆明的城市休闲化进程稳步推进，休闲水平逐步提高。2007 年，昆明在“2007 首届中国休闲产业经济论

---

① 蒋枝偶：《清代昆明市民的休闲消费特征》，《云南民族大学学报》（哲学社会科学版）2005 年第 6 期。

坛”上被评为“中国十大休闲城市”，与杭州市、成都市并列前三甲。评审专家认为，生活在“春城”的人是幸福的，也是永不自满的。2008、2009年，昆明市连续两年获选“中国十大最具幸福感城市”。昆明市当代的休闲发展汇集了这个城市“与日月同行的品质，与鲜花相拥的魅力，与春天相伴的福气”，展现了昆明特有的休闲气质。

二　昆明城市休闲发展现状

（一）自主性的休闲方式依旧主导

生活压力较小和收入水平偏低是自主性消费产生的主要原因。昆明经济一直相对比较落后，地方政府投资建设休闲设施较少，自主性休闲在城市居民生活中占据重要地位。

1. 全天候休闲活动展开

由于昆明气候比较好，爬山、散步等各种户外运动可以全天候开展。昆明地处山地高原，周边多为山岭，而且大多距离昆明很近，可开展山地运动休闲的有梁王山、蛇山、碧鸡山、西山等。喝茶、泡吧是娱乐性休闲的重要方式。昆明人喝茶，重在以喝茶为依托的聚会玩乐，茶室往往兼有酒吧和茶餐厅的功能。据不完全统计，昆明目前有大大小小茶馆、茶楼近2000多家。① 其中比较有特色的是文林街—北门街—青云街—翠湖片区。该片区有茶馆、茶楼200多家，汇集了法国、意大利等西方国家风格的酒吧，也有泰国、柬埔寨等东南亚国家风情的酒吧。经营者、消费者中的外国人和中国人均有，东西方人一起享受昆明柔软的阳光，使之成为中西文化的交汇地。

2. 特色性休闲活动汇聚

昆明城市休闲在发展过程中，形成了富有地方特色的休闲方式，民族歌舞和“人鸥共舞”是其重要代表。昆明市内的少数民族多达20个，民族歌舞成了昆明居民休闲最为普遍的方式之一。像彝族的打歌、烟盒舞，傣族孔雀舞，藏族的锅庄舞，蒙古族的安代，白族的霸王鞭、扇子舞等在翠湖公园、莲花池公园、宝

---

① 施惟达：《态与势——云南文化产业研究》，昆明，云南大学出版社，2007，第321页。

海公园、月牙塘公园等几十个公园中随处可见，这种街头巷尾的群众性民族歌舞，集健身、娱乐、休闲于一体。每天，各种民族歌舞与地方小调、现代文艺等，在昆明大大小小的公园中尽情上演，不管是表演者还是观看者都会融入其中，其乐融融，一到周末更是热闹非凡。这些自发性的民族歌舞，不仅活跃丰富了人们的业余休闲生活，而且促进了整个昆明休闲文化的发展。

“人鸥共舞”是昆明人冬天最为流行的休闲活动之一。自1984年以来，每年11月至次年4月，都会有大量的红嘴鸥云集昆明市城区，数量达3万~4万只，栖息地共有30多个，包括翠湖公园、滇池—草海、大观公园、滇池大坝等，其中以滇池和翠湖数量最多。每天，都会有几万人次的城市居民和外地旅游者到翠湖周边、滇池大坝去看鸥、喂鸥、戏鸥。节假日人数更多，有时甚至超过10万人次。“人鸥共生”、“人鸥共舞”，形成了一道美丽的风景线。20多年来，昆明市民与海鸥的和谐相处，充分体现了和谐昆明、休闲昆明、宜居昆明的城市风貌。“人鸥共舞”这一休闲活动也成了昆明市最闪亮的“城市名片”。

（二）供给性的休闲设施日益完备

1999年昆明世博会之后，昆明的现代化进程日益加快，各项基础设施逐步完善，公共休闲设施建设快速发展。1999年举办的世界园艺博览会更是将昆明城市建设推进了20年。随着旅游业的进一步发展和城市休闲进程的加快，供给性的休闲设施日益完备。

1. 风景名胜分布密集

昆明境内山川秀丽，文物众多，自然景观与人文景观相映生辉，旅游资源丰富。现有石林等国家级风景名胜区3个，还有昆明滇池国家级旅游度假区，阳宗海省级旅游度假区等。目前，昆明共有各类旅游景区（点）50余家，A级以上景区9家，其中国家5A级景区1家（石林风景区），4A级景区6家。这些资源既是旅游业的发展基础，也是重要的休闲场所。

2. 城市公园建设稳步推进

城市公园是居民休闲的一个重要场所，城市公园的建设关系到城市整体的休闲环境和布局。昆明市出台了一系列扩大城市公园面积的措施，努力为昆明市民创造休闲空间，翠湖、月牙塘、西华园、荷叶山等九个公园向市民免费开放，实现还绿于民。据2008年的统计显示，全市的公园、小游园、街道绿地已达338

个，其中 323 个是免费开放的。[①] 这为昆明市民营造休闲环境创造了良好条件。

3. 运动休闲条件一流

昆明地处高原，地球引力小、空气阻力小，气候常年如春，独特的地理及气候环境，使昆明的休闲运动发展非常迅速。自 20 世纪 80 年代以来，昆明的海埂、呈贡两个高原训练基地每年都要接待众多的国际、国内优秀运动团队前来训练。其中，海埂基地是目前中国体育训练基地中功能最多、综合性最全、规模最大者之一，也是世界著名的六大高原训练基地之一。同时，昆明市有中国省会城市中万人拥有量最多的网球场。据 2004 年全国第五次体育场地普查资料表明，全市辖区共有体育场地 5647 块，其中，标准场地 4027 块，非标准场地 1620 块。

4. 娱乐场所逐步充实

昆明的休闲娱乐业随着城市的发展而逐步壮大，成为昆明休闲产业中的一个重要组成部分。昆明的餐馆与茶馆、酒吧、咖啡店等在全国是单位面积分布较为密集的城市，仅五华、盘龙两城区的餐厅就有近万家。昆明市的酒吧、KTV 等娱乐场所数量也较多。据不完全统计，昆明市有各类 KTV 消费场所 250 家。[②] 同时，昆明出现了许多颇具特色的休闲娱乐类产品，如以昆明团结乡、福保文化村为代表的现代复合型休闲基地，遍及城市各个角落的茶室及烧烤餐饮夜市等都颇具云南地方特色。

（三）特色性的休闲产业已经形成

1. 民族演艺日渐成型

少数民族歌舞演艺已经成为昆明休闲产业的重要组成部分。昆明演艺休闲方式有原生态民族歌舞和歌舞伴餐表演两种类型。

全国首部大型原生态歌舞集《云南映象》影响了整个云南演艺界，也将昆明的演艺事业推向了高峰。《云南映象》是由我国著名舞蹈艺术家杨丽萍出任艺术总监和总编导并领衔主演倾情打造的艺术精品，是一台融传统和现代于一体的舞台新作，将原生的原创乡土歌舞精髓和民族舞经典全新整合重构，展现了云南浓郁的民族风情，在 2004 年中国专业舞蹈最高奖项——第四届中国舞蹈“荷花

① 左学佳，任宇：《保护翠湖是否就要重新收费》，2009 年 7 月 28 日第 B03 版《春城晚报》。

② 施惟达：《态与势——云南文化产业研究》，云南大学出版社，2007，第 326 页。

奖”的比赛中赢得十项大奖中之五项奖项，成为继“五朵金花”、“阿诗玛”之后，又一诞生在云南的经典力作。《云南映象》等原生、古朴民族歌舞的演出，为旅游者提供了认识云南的窗口，同时也是广大昆明市民休闲的好去处。继《云南映象》之后，昆明又推出了《梦·云南》、《走进伊甸园》、《小河淌水》、《云南的响声》等一大批歌舞艺术精品。2009 年，昆明演艺集团的组建整合了昆明市民族歌舞团、昆明剧院、春城剧院、长春剧院等 5 家经营性国有文化企业和文化事业单位，将更有利于培育骨干文化市场主体，推动文化产业做大做强，更能满足人民群众休闲文化的需求，为昆明的休闲文化生活增添更为丰富的内容。

在云南，“宴舞”习俗自古就有。昆明最为有名的歌舞伴餐场所是吉鑫园和福保大戏院。此外，昆明还有一系列歌舞伴餐表演，如云南人家、爱伲山寨、云南海宏民族歌舞美食源等地。昆明各种形式的歌舞演艺，不仅是昆明丰富特色的地方民族文化的体现，也是昆明多样休闲文化生活的展示。

2. 高尔夫圣地逐步显现

昆明是享誉国际的春城，光照充足，绿色植物四季常青，一年之中基本可以保证 300 天以上的时间可以进行高尔夫运动，① 十分适合开展高尔夫球项目，被业界誉为“高尔夫圣地”。坐落于阳宗海湖畔的春城高尔夫球湖畔度假村，连续两年被《亚洲高尔夫月刊》（2007、2008）评为“亚洲最佳高尔夫球场”（排名第二）；昆明阳光高尔夫球会在由《高尔夫》杂志组织的 2007～2008“中国十佳高尔夫球场”评选中以最高票入选。作为休闲性很强的一项运动，高尔夫的发展提升了昆明的休闲品位，也是昆明休闲发展的金名片。

3. “滇”派温泉开始形成

云南有着全国最丰富的温泉资源，共有温泉泉眼 1400 余处，约占中国温泉总数的 1/3。昆明及周边的安宁、寻甸等地区共有温泉 100 多处。昆明温泉休闲逐渐发展出自身的特色，一些温泉地，例如昆明滇池春天、安宁温泉心景、阳宗海柏联温泉 SPA 等温泉地已建立起较高的游客认知度，温泉心景、柏联更是将温泉旅游开发运营业务扩展到了重庆。近年来已经形成了富有云南民族特色的“滇派温泉 SPA”——将云南独有的少数民族医学精华与 SPA 服务相结合，形成独树一帜的温泉产品。

① 叶文等：《城市休闲旅游》，南开大学出版社，2006，第 259 页。

4. 花卉休闲独具一格

昆明是“亚洲花都”，昆明人喜欢养花、逛花市。在昆明赏花与买花，是一大休闲享受。昆明鲜花品种繁多，价格便宜，云南十八怪中就有一怪：“鲜花论斤卖”。昆明是全国规模最大的鲜切花生产基地和最具影响力的鲜切花集散中心及价格指导中心，“斗南花卉”已成为闻名世界的中国第一鲜切花品牌。斗南花市，不但是全国重点花卉市场，也正逐渐成为一个著名的休闲场所，形成了“游云南风光，逛斗南花市”的一道独特风景。游览者可以走进田间采摘鲜花，体验花农种花、采花的乐趣，可以购买各式鲜花和花卉制品做成的礼物。昆明将鲜花交易与鲜花旅游观赏结合起来，逐渐形成了集交易、餐饮、旅游、物流等为一体的大花卉产业区，突出发展花卉观光，深入挖掘花卉文化，丰富了昆明休闲的内容。

三 昆明城市休闲发展行动

（一）昆明城市休闲发展战略选择

1. 旅游产品转型升级

在过去一段时期，云南旅游业相对比较发达，但未来则面临转型升级的压力。2005 年云南省政府提出的旅游“二次创业”战略就是回应这种挑战的举措。在旅游“二次创业”中，昆明市提出旅游业发展要满足“居住在昆明、休闲在昆明、养生在昆明、体验在昆明”的新要求，实现旅游业由单一观光型向观光度假旅游再向康体休闲、会展商务的复合型旅游的转型，全面提升旅游业的整体吸引力和综合竞争力，打造休闲度假城市和国际商务旅游城市。在此背景下，昆明市休闲产业的发展与昆明旅游产业的结合更加紧密，休闲产业的发展深深影响着旅游业的发展。旅游观光产品向休闲度假的转型，将为城市休闲发展提供良好的物质基础。

2. 新昆明城的建设

昆明市政府于 2003 年提出了“大昆明”发展战略，计划用 18 年时间，建设以滇池为核心，形成“一湖四片”、“一湖四环”的现代新昆明。该战略的实施为昆明休闲业的发展创造了更好的发展环境和平台。首先，扩展城市面积，扩大城市休闲空间。根据《昆明市城市总体规划修编（2008～2020）》，昆明的城市规划面积将由现在的600多平方公里扩大到4060平方公里。新昆明的建设要按照“高容积率、低建筑密度、高绿地率”的原则，增加城市绿色公共空间，美化环境，塑造“春城绿都”的景观与风貌。其次，改变城市休闲空间格局。滇池是昆明最适宜休闲度假的中心区域，新昆明建设围绕滇池这一休闲度假中心区，形成“一湖四片”、“一湖四环”的格局，辐射带动周边地区的休闲产业的发展。第三，影响城市休闲产业结构。新昆明建设将重点吸引和发展旅游、休闲、户外体验、度假、康体疗养、影视传媒、体育训练、美食文化等领域的国际国内知名企业，大力发展总部经济，做大做强休闲经济。

3. 品质昆明的打造

2009年，昆明市委、市政府出台了《关于打造品质春城的指导意见》，提出将集中力量通过5～15年的努力，建设品质春城。围绕品质昆明的建设，昆明市将积极创造舒适宜人的休闲环境。围绕“魅力之城、活力之城、宜居之城”的主题，努力改善休闲环境，提高休闲水平。首先，大力发展现代服务业，提升休闲产业的总体水平。加快吸引外资进入旅游行业，支持休闲产业，提升休闲产业的总体实力。其次，改善生态环境，建设高品质的城市休闲环境。提高空气质量，打造宁静城市，构建多元生态景观格局，打造多样的休闲空间。第三，建设宜居城市，营造良好的社区环境，配套要方便衣食住行，在生产和生活中处处营造方便人、服务人、发展人、使人舒适健康的大环境。抓好步行街、地方名牌产品一条街、老字号一条街等的建设，为市民提供舒适、休闲的生活环境。

（二）昆明城市休闲发展实施进展

依据以上三大战略选择，昆明城市休闲的进一步发展主要集中在以下五个方面。

1. 市政建设改善休闲环境

围绕“居住、休闲、养生、体验在昆明”的主题，全面改善昆明休闲宜居的环境，使水更清、声更静、地更绿。首先，通过开展“河长制”、“一湖两江四全”的综合治理，滇池治理取得了显著的效果，36条入滇河道中15条水质得到了明显改善。其次，打造宁静城市，优化城市建设项目的时空布局，从源头上治理建筑施工噪声。扩大城区机动车禁鸣范围，加大交通干线两侧居住区、文教区等敏感区的隔声屏障建设力度。最后，大力推进城市绿化工程。截至 2008 年 12 月，主城和呈贡新区新栽乔木 171.7 万多株，新增绿地面积 1495.37 公顷，建成区绿化覆盖率达 40% 以上、绿地率达 35% 以上、人均公共绿地面积达 10 平方米以上，[①] 居民生活空间和休闲绿地都明显增加，为昆明休闲发展拓展了广阔的空间。

2. 老城区改造优化休闲功能

首先，改造昆明老街区，打造多元化的都市休闲产品体系，突出历史文化和休闲娱乐特色。“昆明老街”是昆明市现今唯一保留较完整而且成片的老街区，具有昆明其他区域难以比拟的历史价值、文化价值和老昆明情感价值。通过改造项目，昆明老街将重点建设休闲观光设施，突出休闲娱乐功能。通过对这些老街区的改造，将其打造成为具有较高市场知名度的专业旅游休闲街区品牌。其次，加快城中村的改造。昆明正在紧张进行的城中村拆迁改造项目，将拆除现有的城中村，进行合理规划布局，改造脏、乱、差的环境。昆明已在旧址上建设了如莲花池公园等一批居民休闲之地，至今已分两批启动 80 个村的改造，涉及用地面积 14777 亩，需拆除房屋 1289 万平方米，涉及常住人口 20 万人，正式启动城中村改造投资总额 1839.8 亿元。[②]

3. 新设施建设保障休闲空间

扩大城市休闲空间是满足广大居民的多元化休闲需求的主要途径，主要包括公园建设和城市绿地面积的扩大。首先，建设城市公园。根据 2008 年的《昆明城市总体规划》，昆明将新建 9 大全市性公园，包括：茶高山公园、海口公园、荷叶山公园、西北沙河公园、滇越铁路主题公园、中央公园、龙潭山遗址公园、斗南花卉公园、石龙坝公园。其次，改造市内河道两岸环境，建设沿河的绿化休闲设施。昆明市的 16 条主要河道两岸将建设带状滨水绿地。在盘龙江、宝象河、中央景观河沿岸两侧各设置 20 ~ 50 米沿江开放式游览绿带，形成中心城主要的景观绿带。再次，金汁河、大观河、老运粮河、新运粮河、玉带河、船房河、西坝河、采莲河、枧槽河、明通河、马料河、洛龙河、捞鱼河等河道两侧各建设 8 ~ 30 米宽度不等的带状滨水绿地。最后，推动“退二进园”战略。为使昆明市的

---

① 谢莹：《昆明荣获联合国宜居生态城市奖》，2009 年 12 月 23 日第 A05 版《云南信息报》。

② 贾薇：《“莲花胜景”扮靓昆明》，2009 年 7 月 1 日第 A03 版《昆明日报》。

休闲设施、绿地面积不断扩大，在主城区实施“退二进园”战略，计划用4年时间逐步将主城4区内的194个工业企业迁出主城，引导搬迁至17个园区。降低主城区二氧化硫、二氧化碳等化学污染排物放量，增加绿地公共空间，使主城区的环境质量和空气质量得到明显提高。

4. 改造现有景区，提供休闲新产品

首先，重点改造一部分景区，使其成为具有一定水平的休闲度假景区，提升景区品质，加快休闲化的进程。重点改造石林世界地质公园、世博园、阳宗海、环滇池旅游圈、轿子雪山、安宁温泉等六大景点。其次，增加一部分高端休闲产品。目前，云南省已经建成开业的高尔夫球场有春城湖畔、阳光等8个，练习场5个。在未来3年内，昆明周边将有55块球场投入使用，届时，昆明将进一步成为国内高尔夫球场圣地。再次，建成一批休闲度假基地。借鉴国内外旅游休闲度假设施建设经验，着重建设几个重点休闲度假区，包括环滇池康体度假片区、阳宗海休闲度假片区、富民养生旅游片区等为代表的享誉中外的康体度假旅游产业集聚区，着重建设作为全省改革试点的环滇池休闲度假区和阳宗海休闲度假区。最后，建设一批重大项目。投资29亿元建设有中国式迪士尼乐园之称的“石林幻多奇”旅游项目，此项目将对加快石林旅游转型、提升石林品位产生重大而深远的影响。另外还有投资21.7亿元的安宁温泉国际会议中心。这些项目将在几年内建成完工，届时，将会大大完善昆明休闲产业接待服务设施体系。

5. 重点打造环滇池游憩带，营造休闲新格局

环滇池游憩带是拥有国家级旅游度假区和多个旅游度假景点的综合休闲度假基地，是昆明的休闲度假中心区之一。环滇池游憩带的发展目标是打造以休闲度假为主导，集文化体验、商务会议、康体运动、观光游览等功能于一体，融山水生态文化、古滇历史文化与都市休闲文化于一体的休闲型国际名湖。围绕滇池这一中心，构建包括滇池生态湿地景观区、呈贡滨湖新城景观区、乡村景观风貌区等在内的六大景观区。同时，建设多条旅游休闲河道，连通前山与后山区域，形成“前山观光、后山休闲”的空间格局；“西山西进”，整合西山西侧安宁温泉和生态资源，打造区域一体化的休闲度假场地。将滇池旅游度假区建成国际一流度假区，将环滇池生态旅游项目建成亚洲最佳康体旅游产品集聚区。

总体来看，随着经济和旅游业的快速发展，昆明市在休闲建设方面取得了很大的成绩，已经建设了一批休闲设施，推出了一批休闲产品，树立了一批休闲品牌。随着旅游产品转型升级、新昆明城的建设、品质昆明的打造等战略的实施，昆明市的城市休闲化进程将进一步加快，昆明市的休闲发展将沿着产业化、主题化、专业化、多样化方向取得较大进展，最终实现昆明市由旅游城市向宜居城市、城市休闲向休闲城市的巨大转变。

参考文献

魏小安、李莹：《城市休闲与休闲城市》，《旅游学刊》2007 年第 10 期。

卿前龙、胡跃红：《休闲产业：国内研究述评》，《经济学家》2006 年第 4 期。

李孝友：《昆明风物志》，云南民族出版社，1999。

昆明市统计局：《昆明统计年鉴》，中国统计出版社，2008。

王奇英、赵学锋：《昆明年鉴》，云南民族出版社，2008。

海上花园：厦门市居民休闲行为与休闲设施调查

李洪波　吴丽娟　郑 慧*

摘　要： 厦门市是我国重要的港口城市和旅游目的地，以风光秀丽、环境优美而闻名。文章在对厦门市民进行调研的基础上，对厦门市休闲发展现状和厦门市居民休闲特征进行了详细分析，并指出了厦门市休闲发展中存在的问题，展望了未来的发展趋势。

关键词： 休闲活动　休闲消费　休闲设施　厦门市

厦门是我国著名的国际性海港风景城市，地处亚热带，温和多雨，风景秀丽，环境整洁，拥有“国际花园城市”、“国家卫生城市”、“国家园林城市”、“国家环保模范城市”、“中国优秀旅游城市”和“全国十佳人居城市”、“联合国人居奖”、“全国文明城市”等殊荣，在发展城市休闲方面，具有一定的优势条件和代表性。

一　厦门市居民休闲生活状况调查

为了了解厦门市居民休闲生活方式、休闲行为特征及其满意度，笔者在2009年对厦门市居民进行了调查。调查对象为拥有厦门市户籍的常住居民，以及没有厦门户籍但生活工作在厦门的外来工作人员。选择在厦门湖里区、思明区、集美区、同安区、海沧区等发放问卷，共发放1000份问卷，收回

* 李洪波，华侨大学旅游学院旅游规划与景区管理系主任，副教授，主要从事休闲理论、生态旅游研究；吴丽娟、郑慧均为华侨大学旅游学院2008级硕士研究生。

987份，回收率98.7%，有效问卷856份，有效率为86.7%，问卷采取当场回收的方式。样本中受访对象最大年龄65岁，最小年龄20岁，平均年龄35岁，教育程度的中数水平是高中毕业，50.35%的样本为女性，49.75%为男性。

（一）休闲时间

休闲时间是一种时间配置的状态。通过对时间的测量，借以体现各种生活活动之间的关系。这是衡量一个社会文明程度的重要维度和检验人的生活方式与生活质量的标准。

此次调查发现，厦门市从业者每天工作8小时以内的占69%，自由安排作息时间的占17.1%，经常加班的超过10%，可见，大部分居民的闲暇时间较多。同时，家庭现代化设施的普及，使居民从繁重的家务劳动中解放出来，而人均寿命的延长（截至2008年底，厦门市人口平均寿命为78.25岁，其中男性为75.12岁，女性为81.08岁），使居民的晚年休闲时间也同时延长。

具体到不同的时间段，厦门居民中，认为休闲最佳时间段是周末的占32.1%，其次是长假和工作日工作时间之余，分别占28%和16.3%，最后是寒暑假（12%）和其他节庆日（11.7%）。

从平时、周末和节假日三个时间段来看，厦门城镇居民反映，其平均每天没有休闲时间的占0.4%，每天休闲时间为1小时以下的占15.3%，2~3小时的占58.6%，3~5小时的占16.4%，5小时以上的占9.3%；周末没有休闲时间的占0.6%，休闲时间为4小时以下的占16%，4~10小时的占45.1%，10~15小时的占26.3%，15小时的占12%。节假日（七天以上）没有休闲时间的占0.6%，1天以下的占8.6%，1~3天的占41.7%，3~5天的占33.8%，5天以上的占15.3%。总体来看，超过一半的厦门城镇居民每天可拥有2~3小时的休闲时间，周末有约一半的居民可享受休闲时间4~10小时，而约75.5%的居民在节假日可自由支配3天左右的时间。

（二）休闲支出

2008年厦门城镇居民人均可支配收入23948元，比上年增长11.4%。其中工薪收入18986元，增长15.4%，占家庭总收入的70.5%。城镇居民人均消费支出17117元，增长4.5%。城镇居民恩格尔系数35.9%。[①] 另据统计，2007年厦门市居民用于教育文化娱乐服务消费人均支出2292元，增长16.6%。[②]

此次调查显示，厦门人均每月休闲消费870.49元。具体到不同时间，其消费也存在差异。按照工作日、周末、节假日三个不同时段对其休闲消费支出进行统计分析（见图1）。

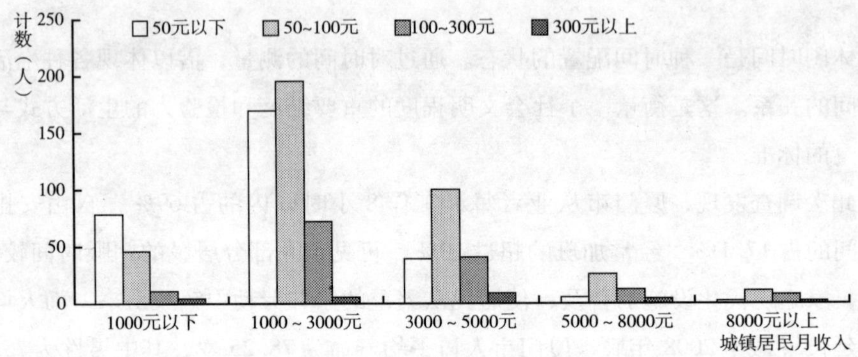

图1　厦门市不同收入水平的城镇居民工作日期间休闲消费

从图1可以看出，月收入为1000元以下的厦门居民在工作日期间如有休闲消费行为发生，其当日休闲消费50元以下的人最多，当日休闲消费300元以上的人最少。而月收入为1000元以上的厦门居民，在工作日期间如有休闲消费行为发生，其当日休闲消费在50~100元的人最多。

随着周末休闲时间的增加，厦门居民的休闲消费也随之增长，如图2所示。

在“五一”、“十一”等节假日，随着休闲时间的增加，厦门居民的休闲消费也随着增长，如图3所示。

（三）休闲动机

根据此次调查，厦门城镇居民参加休闲活动的主要目的中，为了放松身心的占27.8%，锻炼身体的占17.7%，开阔眼界占11.5%，审美愉悦占11%，加强沟通占10.7%，消磨时间占10.1%，调节生活占4.5%，商务需要占4.1%，满

① 见《2008年厦门市国民经济和社会发展统计公报》。

② 见《2008年厦门经济特区年鉴》。

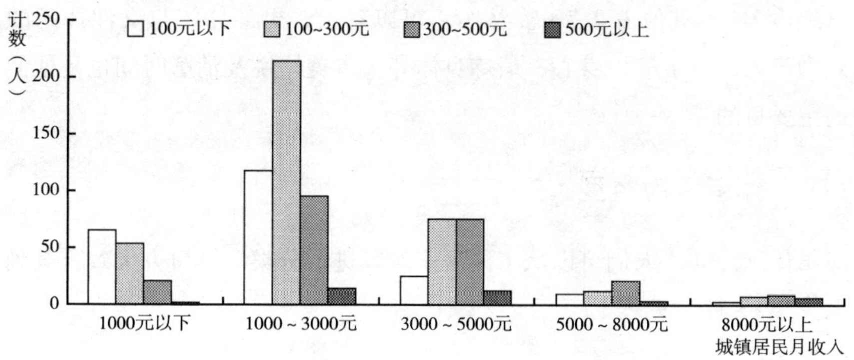

图 2　厦门市不同收入水平的城镇居民周末休闲支出

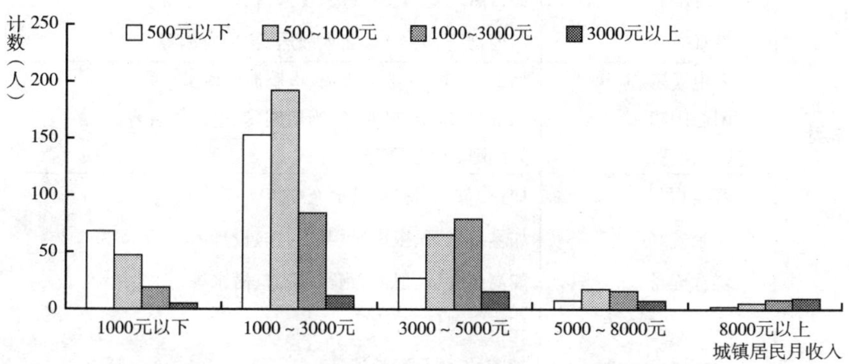

图 3　厦门市不同收入水平的城镇居民节假日休闲支出

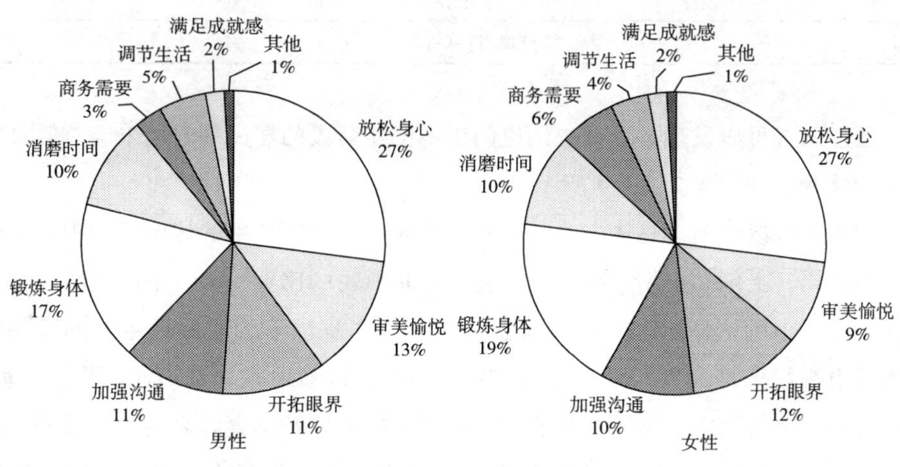

图 4　厦门居民休闲活动的主要目的

足成就感占2%，其他占0.7%。从图4可以看出，男性休闲与女性休闲的主要目的差别不大，除了放松身心、锻炼身体外，审美愉悦及消磨时间也是他们休闲娱乐的主要目的。

（四）休闲活动类型

对于休闲活动，人们可以从不同角度对其进行分类。本研究大致将其划分为以下六大类13种（见表1）。

表1 休闲活动类型

旅游类	旅游度假	如自然风光、名胜古迹、度假村、农家乐等
	参观类	如博物馆、美术馆、名人故居、主题公园等
消遣娱乐类	影视娱乐、上网	如电视、电影、歌舞表演、电脑游戏等
	闲逛闲聊	如散步、逛街、逛商场、当面闲聊、电话闲聊等
	吧类消费	如酒吧、书吧、陶吧等
怡情养性类	养宠物	如虫、鱼、鸟、兽及其他宠物等
	业余爱好	如琴棋书画、摄影、收藏、写作、设计等
	体育健身	如高尔夫球、射箭、跑马、攀岩、潜水等
	美容、装饰家居	如美容美体、养生等
	无事休息	如闲呆、闭目养神等
社交类	社会活动	如节庆活动、宗教活动、公益活动、走亲访友及各类聚会等
发展类	休闲教育	如为了怡情养性而学习美术、声乐、插花等
其他	——	如打牌、打麻将等

通过调查可以发现，受调查的厦门市不同年龄段的居民平时周末与节假日所进行的休闲活动如表2、表3所示。

由表2可以看出，总体来说，在厦门市居民周末所从事的休闲活动中，看电视影视娱乐、上网和逛街、购物、饮食、闲聊所占的比重较大。不同年龄段的居民在平时周末所从事的休闲活动也各不相同：20岁以下的居民最主要的休闲活动为看电视影视娱乐和上网；而21～30岁的居民除看电视、逛街、购物、饮食、闲聊以外，进行书画、阅读、摄影、收藏等业余爱好及体育健身的也比较多；对于31～40岁的居民来说，选择旅游度假方式来缓解工作压力、进行休闲娱乐所占的比例较高；在51～60岁的居民中，有的已经退休，随着休闲时间的增加，

表2　厦门市各年龄段城镇居民平时周末的主要休闲活动

单位：人，%

年龄	比　例	旅游度假	参观访问	影视娱乐/上网	逛街购物饮食闲聊	吧式消费	养花草宠物
20岁以下	计　数	4	7	43	23	8	6
	百分比	0.5	0.8	5.0	2.7	0.9	0.7
21~30岁	计　数	57	27	319	201	67	37
	百分比	6.7	3.2	37.3	23.5	7.8	4.3
31~40岁	计　数	39	16	102	62	23	13
	百分比	4.6	1.9	11.9	7.3	2.7	1.5
41~50岁	计　数	11	10	26	19	4	10
	百分比	1.3	1.2	3.0	2.2	0.5	1.2
51~60岁	计　数	5	4	12	5	1	8
	百分比	0.6	0.5	1.4	0.6	0.1	0.9
60岁以上	计　数	2	1	4	2	1	0
	百分比	0.2	0.1	0.5	0.2	0.1	0.0
合　计	计　数	118	65	506	312	104	74
	百分比	13.9	7.7	59.1	36.5	12.1	8.6

年龄	比　例	业余爱好	美容家居装饰	体育健身	无事休息	社会活动	休闲教育	其他
20岁以下	计　数	16	0	10	8	2	4	0
	百分比	1.9	0.0	1.2	0.9	0.2	0.5	0.0
21~30岁	计　数	118	33	144	79	59	32	7
	百分比	13.8	3.9	16.8	9.2	6.9	3.7	0.8
31~40岁	计　数	26	11	51	19	24	11	1
	百分比	3.0	1.3	6.0	2.2	2.8	1.3	0.1
41~50岁	计　数	6	5	20	4	11	3	0
	百分比	0.7	0.6	2.3	0.5	1.3	0.4	0.0
51~60岁	计　数	4	0	10	3	3	3	0
	百分比	0.5	0.0	1.2	0.4	0.4	0.4	0.0
60岁以上	计　数	2	0	6	0	3	2	0
	百分比	0.2	0.0	0.7	0.0	0.4	0.2	0.0
合　计	计　数	172	49	241	113	102	55	8
	百分比	20.1	5.7	28.2	13.2	12.0	6.5	0.9

表3　厦门市各年龄段城镇居民节假日的主要休闲活动

单位：人，%

年龄	比　例	旅游度假	参观访问	影视娱乐/上网	逛街购物饮食闲聊	吧式消费	养花草宠物
20岁以下	计　数	14	8	13	11	5	5
	百分比	1.6	0.9	1.5	1.3	0.6	0.6
21~30岁	计　数	209	65	90	223	28	26
	百分比	24.4	7.6	10.5	26.1	3.3	3.0
31~40岁	计　数	84	25	22	21	11	12
	百分比	9.8	2.9	2.6	2.5	1.3	1.4
41~50岁	计　数	25	12	10	3	2	7
	百分比	2.9	1.4	1.2	0.4	0.2	0.8
51~60岁	计　数	11	2	2	3	0	0
	百分比	1.3	0.2	0.2	0.4	0.0	0.0
60岁以上	计　数	3	3	2	1	1	0
	百分比	0.4	0.4	0.2	0.1	0.1	0.0
合　计	计　数	346	115	139	262	47	50
	百分比	40.4	13.4	16.2	30.8	5.5	5.8

年龄	比　例	业余爱好	美容家居装饰	体育健身	无事休息	社会活动	休闲教育	其他
20岁以下	计　数	7	6	7	12	7	3	1
	百分比	0.8	0.7	0.8	1.4	0.8	0.4	0.1
21~30岁	计　数	47	33	50	66	107	27	11
	百分比	5.5	3.9	5.8	7.7	12.5	3.2	1.3
31~40岁	计　数	15	21	15	23	45	8	0
	百分比	1.8	2.5	1.8	2.7	5.3	0.9	0.0
41~50岁	计　数	6	2	4	8	7	3	1
	百分比	0.7	0.2	0.5	0.9	0.8	0.4	0.1
51~60岁	计　数	1	0	6	1	3	2	0
	百分比	0.1	0.0	0.7	0.1	0.4	0.2	0.0
60岁以上	计　数	0	0	3	1	4	1	0
	百分比	0.0	0.0	0.4	0.1	0.5	0.1	0.0
合　计	计　数	76	62	85	111	173	44	13
	百分比	8.9	7.2	10.0	12.9	20.3	5.2	1.5

看电视、影视娱乐和上网成为他们度过闲暇时间的主要方式，此外，养花草、宠物也是其自娱自乐的方式之一；60 岁以上的居民平时周末选择体育锻炼的最多，其次为看电视、影视娱乐和上网等。

从表 3 可以看出，在节假日里，厦门居民的休闲活动主要为旅游度假、逛街购物饮食闲聊及社会活动（如民间节庆、宗教活动等）。各个年龄阶段的居民在节假日里参加各类活动的比例分布比较均匀。对于 60 岁以上的居民来说，节假日与平时周末所进行的休闲活动并没有太大的区别。

（五）休闲场所选择

根据调查，厦门居民经常选择的休闲场所大致分为以下 13 类：①家里（包括自己家和别人家）；②社区或单位活动中心；③公共文体娱乐场所（如影剧院、音乐厅等）；④公共餐饮场所；⑤街道、商场、超市、夜市；⑥宗教活动场所；⑦旅游景区、公园、广场、绿地；⑧学校或培训中心；⑨图书馆；⑩博物馆等有教育意义的场馆；⑪网吧、酒吧、陶吧等；⑫俱乐部；⑬其他。表 4 和表 5 为受调查的厦门市不同年龄段的城镇居民平时周末及节假日经常选择的休闲场所。

从表 4 可见，总体来看，厦门居民平时周末的主要休闲活动场所为家里（包括自己家和别人家）、街道、商场、超市、夜市及公共文体娱乐场所（如影剧院、音乐厅等）。具体到不同年龄段的人群而言，对 20 岁以下的居民来说，图书馆也是他们进行休闲活动的主要场所之一；而公共文体娱乐场所则是 21～40 岁居民经常选择的休闲娱乐中心；41～50 岁居民的休闲活动场所除家里外，选择旅游景区、公园、广场、绿地等休闲场所的也相对较多；而对于 51 岁以上的居民来说，社区或单位活动中心在他们选择的休闲活动场所中占有较大比重。

从表 5 可见，厦门居民节假日的休闲活动主要在旅游景区、公园、广场、绿地街道、商场、超市、夜市及家里等场所。此外，不同年龄阶段的居民所选择的休闲活动场所也各不相同：21～30 岁的居民节假日进行休闲活动的场所类型较丰富，选择在吧类及俱乐部活动的比例较其他年龄阶要多；31～50 岁的居民节假日更多选择在旅游景区、公园、广场、绿地等休闲场所进行休闲活动。

（六）交通工具选择及信息获取渠道

调查还发现，厦门城镇居民参加休闲活动通常使用的交通工具首先是汽车

表4　厦门市各年龄段城镇居民平时周末的休闲活动场所

单位：人，%

年龄	比　例	家里	社区或单位活动中心	公共文体娱乐场所	公共餐饮场　所	街道商场超市夜市	宗教活动场　所
20岁以下	计　数	37	5	11	8	25	2
	百分比	4.3	0.6	1.3	0.9	2.9	0.2
21～30岁	计　数	322	52	123	91	213	16
	百分比	37.6	6.1	14.4	10.6	24.9	1.9
31～40岁	计　数	123	17	51	20	62	4
	百分比	14.4	2.0	6.0	2.3	7.2	0.5
41～50岁	计　数	43	7	6	8	14	4
	百分比	5.0	0.8	0.7	0.9	1.6	0.5
51～60岁	计　数	20	10	4	1	7	1
	百分比	2.3	1.2	0.5	0.1	0.8	0.1
60岁以上	计　数	8	5	4	0	1	0
	百分比	0.9	0.6	0.5	0.0	0.1	0.0
合　计	计　数	553	96	199	128	322	27
	百分比	64.5	11.3	23.4	14.8	37.5	3.2

年龄	比　例	旅游景区公园广场绿地	学 校 或培训中心	图书馆	博物馆等有教育意义的场馆	网吧酒吧陶 吧 等	俱乐部	其他
20岁以下	计　数	8	14	15	1	11	2	0
	百分比	0.9	1.6	1.8	0.1	1.3	0.2	0.0
21～30岁	计　数	110	53	105	11	55	19	2
	百分比	12.9	6.2	12.3	1.3	6.4	2.2	0.2
31～40岁	计　数	44	9	28	6	19	10	1
	百分比	5.1	1.1	3.3	0.7	2.2	1.2	0.1
41～50岁	计　数	19	3	7	0	6	3	2
	百分比	2.2	0.4	0.8	0.0	0.7	0.4	0.2
51～60岁	计　数	7	0	1	1	1	1	1
	百分比	0.8	0.0	0.1	0.1	0.1	0.1	0.1
60岁以上	计　数	2	2	2	2	0	1	0
	百分比	0.2	0.2	0.2	0.2	0.0	0.1	0.0
合　计	计　数	190	81	158	21	92	36	6
	百分比	22.1	9.5	18.5	2.4	10.7	4.2	0.6

表5　厦门市各年龄段的城镇居民节假日的休闲活动场所

单位：人，%

年龄	比　例	家里	社区或单位活动中心	公共文体娱乐场所	公共餐饮场　所	街道商场超市夜市	宗教活动场　所
20岁以下	计　数	11	6	8	9	25	1
	百分比	1.3	0.7	0.9	1.1	2.9	0.1
21～30岁	计　数	114	44	77	99	137	34
	百分比	13.3	5.1	9.0	11.6	16.0	4.0
31～40岁	计　数	36	26	23	24	47	13
	百分比	4.2	3.0	2.7	2.8	5.5	1.5
41～50岁	计　数	9	11	5	12	3	2
	百分比	1.1	1.3	0.6	1.4	0.4	0.2
51～60岁	计　数	5	4	3	1	5	2
	百分比	0.6	0.5	0.4	0.1	0.6	0.2
60岁以上	计　数	1	2	3	0	2	0
	百分比	0.1	0.2	0.4	0.0	0.2	0.0
合　计	计　数	176	93	119	145	219	52
	百分比	20.6	10.8	14.0	17.0	25.6	6.0

年龄	比　例	旅游景区公园广场绿地	学校或培训中心	图书馆	博物馆等有教育意义的场馆	网吧酒吧陶吧等	俱乐部	其他
20岁以下	计　数	17	4	6	10	7	8	1
	百分比	2.0	0.5	0.7	1.2	0.8	0.9	0.1
21～30岁	计　数	208	34	47	50	47	48	3
	百分比	24.3	4.0	5.5	5.8	5.5	5.6	0.4
31～40岁	计　数	71	16	19	12	9	9	2
	百分比	8.3	1.9	2.2	1.4	1.1	1.1	0.2
41～50岁	计　数	20	2	3	3	2	2	1
	百分比	2.3	0.2	0.4	0.4	0.2	0.2	0.1
51～60岁	计　数	12	0	0	1	1	2	0
	百分比	1.4	0.0	0.0	0.1	0.1	0.2	0.0
60岁以上	计　数	1	0	2	2	1	0	0
	百分比	0.1	0.0	0.2	0.2	0.1	0.0	0.0
合　计	计　数	329	56	77	78	67	69	7
	百分比	38.4	6.6	9.0	9.1	7.8	8.0	0.8

(43.2%)、步行(22.5%),其次是火车(13.5%)、自行车(9.6%),再次是飞机(8.3%)、轮船(2.9%)。城镇居民获取休闲信息的渠道主要有互联网、电视广播、报纸杂志和亲友介绍等(见表6)。可以看出,随着互联网的迅速发展,网络信息已经成为人们获取资讯最重要的渠道。

表6 厦门城镇居民获取休闲资讯渠道

单位:%

性别	电视广播	互联网	报纸杂志	亲友介绍
男	13.5	34.0	13.5	10.8
女	13.0	33.0	14.4	16.3
合计	26.5	67.0	27.9	27.1

(七)对厦门作为休闲城市的认可度和满意度

当问及厦门是否是一个休闲城市时,0.4%的居民没有表明自己的态度,87.7%的居民认为厦门是休闲城市,只有11.9%的居民持否定态度。从中可以看出,厦门作为休闲城市已得到当地居民的普遍认同。同时,调查结果显示:59.8%的居民认为厦门城市的休闲环境比过去改善了一些,32.1%的居民认为休闲环境有了很大改善,只有2.3%的居民认为休闲环境比过去更差。可见,休闲环境的改善是城市生态环境建设的重要部分,也是城镇居民生活满意度的重要方面。图5是不同年龄阶段的居民对厦门城市休闲环境的满意程度。

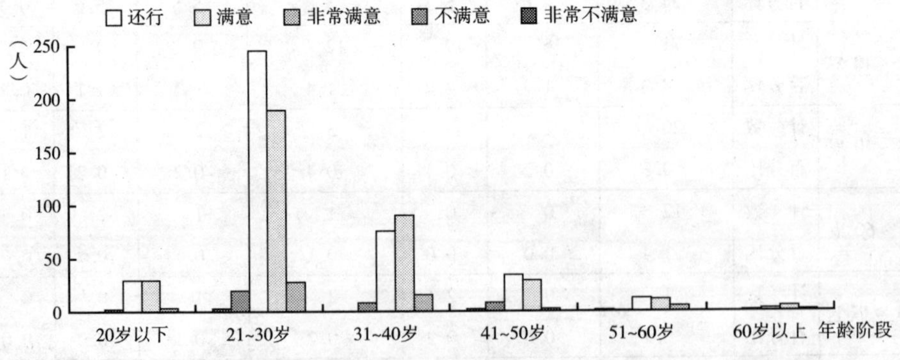

图5 厦门城镇居民对城市休闲环境的满意程度

二 厦门休闲供给、设施及场所发展状况

从公共休闲活动空间与休闲消费空间来看，前者主要包括学校、社区、博物馆、影剧院、展览馆、文化艺术中心、体育场馆、公园，以及会展中心、图书馆、科技馆、植物园、园林等休闲场所；而后者主要包括各类酒店、健身馆/健身房、商场/商城、咖啡厅/酒吧、餐馆，以及商业广场、旅游商业街/步行街、KTV、旅游景点、度假休闲中心、游乐场/游乐城、养生馆、洗浴中心、美食中心、俱乐部、保龄球馆、高尔夫练习场等其他娱乐场所。由于这些供给设施和场所类型不一，没有总体的统计数据。笔者于2009年12月5日至10日对厦门市岛内各个区的休闲设施进行了专门的实地调研，并绘制出了厦门各类休闲设施空间布局图供市民使用。调研中首先将休闲设施分为公共休闲设施和消费型休闲设施，再进行细化。由于有些休闲场所提供的休闲活动多样，例如老年活动中心、社区活动中心，故图中仅用地点名称标出。总体来看，厦门市休闲设施的空间分布主要集中在岛内的两个主要区，消费型休闲设施多于公共休闲设施，但由于近几年房地产的迅速发展，岛内的绿地较少。

近年来，为了提高厦门市民的生活质量，当地政府出台了一系列政策、措施来提高居民生活水平，改善其休闲条件。首先是公园免费开放。目前，厦门全市公园、风景点、博物馆对本市年满六十岁以上老年人实行优待开放的政策，其中，中山公园、万石植物园、菽庄花园、日光岩、市博物馆、集美归来堂、毓园、皓月园、郑成功纪念馆、胡里山炮台、鸿山公园实行门票免费，南普陀寺、集美鳌园、陈嘉庚先生故居、华侨博物馆实行门票减半收费。此外，厦门还出台了许多优待老人的措施，比如70岁以上的老人，不管是本地人还是外地人，都可以享受到免费乘坐公交车、旅游景点优惠或者免费的待遇。① 此外，2008年厦门率先建立广覆盖、多层次、可转移的城乡居民医保体系，被誉为“厦门模式”，在全国推广。厦门还首创了“建筑工地农民工大病保险”，社会保险覆盖面进一步扩大，连续三年提高企业退休人员基本养老金，对城乡生活困难群众实行临时物价补贴，社会保障性住房建设加快。这些政策的出台，不仅缓解了低收入群体生活窘迫的现象，而且使他们也能有更多机会进行休闲。

① 厦门市人民政府网。

三　厦门休闲发展中存在的问题及相关建议

（一）存在问题

1. 休闲政策不完善

虽然厦门市近年来从各个方面着力改善居民的休闲和生活环境，但目前还缺乏总体的休闲发展规划和政策安排。

2. 公共休闲设施有待完善

2005 年以来，厦门暂住人口增加，居住面积扩大，城市公共绿地面积缩减迅速，休闲公共空间缺乏；同时，公共休闲设施不齐全，居民社区的休闲设施不足，种类单一，而且各区的公共休闲设施分布不够合理。根据调查，大部分居民选择的主要是逛街、购物、夜市、洗浴中心洗桑拿等消费休闲活动，而选择阅读书刊杂志、听戏曲、练书法、舞蹈等休闲方式的较少，这在一定程度上也反映出相关设施和服务的匮乏。

3. 休闲消费价格偏高

目前厦门市休闲消费价格偏高，并且大众性的消费娱乐项目较少。部分受调查者认为休闲消费价格高，尤其是新兴休闲场所，低收入、高消费的现象比较严重，旅游景点的价格也有些不合理。

4. 老年人和青少年休闲亟待关注

老年人的休闲活动比较单调，主要为看电视、上网等，缺乏其他娱乐活动项目，主要的活动场所也集中在社区活动中心，活动范围狭小，休闲活动比较被动，不利于老年人的身心健康。而青少年这一群体大多处于学习阶段，学习压力比较大，而他们的休闲活动场所主要集中在家里或者街道、商场、超市、夜市等场所，自由发展的空间相对狭小，闲暇时间的利用与分配也相对单调，其爱玩的天性受到一定程度的压抑。

（二）相关建议

厦门市政府坚持风景旅游城市的定位，在“十一五”规划中加强了公共休闲设施建设的规划（例如将在岛内建设厦门油画市场和厦门文化艺术中心等），但因为岛内空间有限，未来将以岛外为主发展休闲产业，并在如下几方面给予更多关注。

1. 保障居民休闲权利

政府首先应制定相关的法律、法规，保障居民的休闲权利，使每个居民都有机会使用休闲设施，享受休闲的乐趣，使休闲活动融入居民的日常工作、生活中去。

2. 完善公共休闲设施

目前厦门公共休闲设施分布不合理，而且休闲场所的分布过于集中，主要集中在思明区。政府应加大对公共设施建设的投入力度，多建一些生态公园，使岛内外的公共休闲设施分布相对平衡，设施的建设应更加人性化、齐全化。同时要关注外来务工人员的休闲福利，完善社区的公共休闲设施，提高休闲设施质量，增建休闲健身场馆，使居民有更多享受公共休闲设施的机会。

3. 引导休闲消费发展

目前，厦门市的休闲场所正由公共休闲空间向消费休闲空间转变，消费空间分布越来越广泛。休闲消费价格应该以人为本，应注重低收入群体的休闲消费，满足大众休闲的需要，降低消费门槛，使居民都能体验到休闲的快乐。政府在加大投资、加强休闲设施建设的同时，还应监控服务价格。

4. 改善居民休闲环境

厦门岛内岛外的空气质量相差很大，应增加绿化面积，为居民营造良好的休闲环境。截至2008年底，厦门市拥有户籍人口173.67万人，常住人口为249万人。在户籍人口中，城镇人口为118.58万人，岛内的思明、湖里两个区人口合计80.87万人，占全市人口的46.51%，使得该两个区内交通拥挤成为普遍现象，特别是在“五一”、“十一”等节假日期间，随着大量游客的到来，岛内交通拥挤状况堪忧，影响居民休闲活动的进行。政府应发挥主导地位，逐步完善旅游交通系统，改善交通状况，改善节假日行车难的现象。此外，街道、社区公共卫生设施较少，而且指示牌不到位，应加强这方面的建设。

参考文献

马惠娣：《休闲：人类美丽的精神家园》，中国经济出版社，2006。

· 休闲研究与评述 ·

近十年来我国休闲研究的历程与特征*

宋 瑞**

尽管中国传统文化中休闲精神的存在以及有关“休”、“闲”二字的解读由来已久，但“休闲”作为一个研究对象，引起国内学界的关注，还是近十几年的事。在这短短的十几年里，休闲从一个知者甚少、支持者寥寥的研究话题，发展成为备受关注、拥趸者众多的研究热点，并正朝着一个独立学科的方向发展。对这样一个倾注了诸多学界前辈心力、智慧与情感的领域进行全面深入地总结，或许是笔者的阅历、资历和功力未必能够胜任的。然而，这样的回顾与梳理，却也是国内第一本休闲皮书不可或缺的。因此，虽心存惶恐，也只能竭力而为。

一 发展历程：多重力量的汇集与交融

休闲这样一个年轻的研究领域，在中国得以起步并日渐引起广泛关注，得益于一位老人的远见卓识。早在 20 世纪 80 年代，中国社会科学院原副院长、我国著名学者、自称“望家”与“发起家”的于光远先生便提出要重视对休闲的研究。① 在社会上对“闲”、“休闲”普遍存在传统偏见时，他最早指出，“闲，是

---

* 中国社会科学院研究生院 2009 级硕士研究生廖斌同学耗费大量时间和精力搜集、整理相关文献，即将进入中国社会科学院研究生院学习的赵鑫同学和即将毕业的中国社会科学院研究生院 2007 级博士研究生张毅同学也提供了一定的帮助。在此一并表示衷心的感谢！

** 宋瑞，中国社会科学院财政与贸易经济研究所副研究员，中国社会科学院旅游研究中心秘书长，中国社会科学院研究生院硕士生导师，主要关注休闲经济、旅游可持续发展和文化遗产旅游等。

① 作为“发起家”，近 30 年来，于光远先生创立了自然辩证法、国土经济学、发展战略学、技术经济学、玩学等几十个新兴学科。20 世纪 70 年代末他还最早提出了旅游研究的问题。而休闲学是他晚年对中国学界做出的又一贡献——转引自《于光远与马惠娣十年对话：关于休闲学研究的基本问题》，重庆大学出版社，2008。

一个很大很大的字眼”，是“同社会生产力这个大字眼密切相关的事务”，是社会发展的必然趋势，这种趋势“不以我们当前的意志为转移”。在于光远以及成思危、龚育之等学术大家和学者型领导的积极倡导下，马惠娣等学者自20世纪90年代开始潜心研究，倾力推动。之前以及之后从相关学科进行研究的学者们也逐渐汇集到“休闲”研究的旗帜下，相互碰撞、彼此交融。通过十多年的努力，“休闲”这样一个在一些人看起来或许有些“另类”的主题被纳入学术研究的范畴，并在社会科学领域获得了自己的位置。

在我国休闲研究的发展中，除了社会经济发展提供了良好条件和历史机遇之外，就研究本身而言，还有以下一些主要力量在推动。

其一，是以于光远、成思危、龚育之、马惠娣等为代表的哲学、社会学人的努力。他们凭借对人类发展、社会进步和经济运行的深刻理解以及浓厚的人文精神，敏锐地认识到休闲发展的社会意义，认识到休闲研究的学术价值，从20世纪90年代便身体力行地倡导休闲学研究，并集中于“关注国计民生中的休闲，关注休闲中的人文关怀”。在他们的努力和影响下，休闲不仅引起了学界的重视，更重要的是，唤起了社会对这一问题的广泛关注，并在国际上发出了中国学人的声音，建立了国际学术交流的网络。

其二，是旅游等休闲分支领域内的研究者，以各自领域为起点，逐步延伸到休闲。例如，旅游研究者在对实践的追踪和前瞻性研究中，逐渐将视野扩展到旅游之外更加广阔、同时又与旅游相邻很近的领域——休闲。这一趋势始于20世纪90年代中后期，特别是2000年之后对“黄金周”集中旅游的思考。人们在关注节假日异地休闲（即旅游）的同时，也开始关注平日本地休闲的发展。① 这其中不仅包括了诸多学院派研究者的努力，也包括了被誉为学者型官员或者官员学者的魏小安等人的鼓与呼。旅游研究者对休闲领域的介入，体现了“旅游”与“休闲”的密切联系，更重要的是，唤起了人们对旅游发展中人文关怀的重视，拓展了旅游业界的视野。此外，体育研究者也从健身运动发展的角度，对人们的健身活动、城乡的健身设施等进行了研究。农业、林业等专业的研究者也基于各

① 众所周知，旅游不等于休闲，然而在其他休闲领域产业化程度相对较低、休闲设施和服务供给相对欠缺的情况下，旅游成为与休闲活动有关的行业中最为引人注目的一个，从而在某种程度上导致旅游与休闲的概念混淆。

自研究领域对与人们休闲活动相关的供给部分给予了关注。这些研究者从关注相关产业的角度出发，更多地研究休闲的产业化发展和经济贡献，也推动了相关教育体系的调整（包括院校专业的设置、高校教材的出版等）。

其三，是社会学、统计学等研究者从对人们生活时间分配的关注开始，逐步拓展到对在自由时间内的活动（即休闲活动）的研究。这其中尤以王琪延、王雅林等人为代表。虽然他们最早的研究在名称上并没有直接冠以“休闲”二字，在理论和方法上主要是通过统计学来研究人们的生活时间分配，但这些研究为了解人的休闲生活提供了科学依据，这恰是休闲研究走向深入、休闲管理更加科学化的前提。

其四，是人文地理、城市规划等领域的学者，从休闲活动的空间分布、游憩设施和休闲空间的规划与设计、城市发展等角度给予了关注。他们的研究试图解释并解决与人们日常休闲活动最为密切相关的部分——休闲空间和休闲设施，尤其是公共休闲空间和休闲设施，从而使休闲研究能够最终落地，并指导规划者提供更有利于人们休闲活动的设施和场所。

这些力量在共同推动中国休闲研究向前发展的过程中，从不同的出发点起步，不断汇集，并越来越多地相互借鉴、相互交融。此外，除了上述四个方面的学术力量外，有关部门的重视、地方政府的实践、业界企业的推动也为休闲研究提供了更多的支持，并扩大了相关研究的社会影响力。

二　近十年来我国休闲研究的重要成果：一个剪影式的扫描

休闲是一个交叉性、综合性很强的新的研究领域，在其基本概念尚有争议、理论体系尚未形成的情况下，要从思想、内容、逻辑体系上对近十年来我国休闲研究的成果进行全面梳理，客观地说，是很困难的。限于篇幅，只能从著作、机构、课题、会议等几个方面做一个剪影式的扫描。基于个人掌握资料的局限性，扫描中难免有所遗漏。

在主要成果方面，2000 年马惠娣主持翻译的“西方休闲研究译丛”① 可算

① 由云南人民出版社出版，共五本，分别是《人类思想史中的休闲》、《你生命中的休闲》、《女性休闲——女性主义的视角》、《走向自由——休闲社会学新论》、《21 世纪的休闲与休闲服务》。

是一个重要标志。该丛书对美国休闲学研究中有代表性的成果进行了一次集中介绍。四年之后的2004年，马惠娣等人主编了“中国学人休闲研究译丛”①，作为其10年学术研究的积累和课题研究的成果，五本书立足国情、国人，反映了中国学者对中国问题的思考。2008年，由湖北大学马勇教授等人主编的“休闲与游憩管理丛书（译丛)”② 出版。这套丛书以教学为主要目的，着力对休闲相关基础知识的普及和人才的培养进行了阐述。2009年，由马惠娣担任主编的“西方休闲研究译丛”③ 面世。该丛书从休闲与生活满意度、休闲教育、休闲服务、美国人时间分配等角度，再次向人们介绍了美国休闲研究的近期成果。同年，浙江大学出版社出版的几本译著也从不同角度展示了国外研究成果，如现任世界休闲组织秘书长的克里斯多夫·爱丁顿所著的《休闲：一种转变的力量》，侧重于考察休闲作为一种重要力量如何推动个人、社区、国家的转变；《休闲的制约》一书探讨了哪些因素会制约人的休闲。除了上述丛书之外，另有不少著作、译著④陆续出版，其中不乏精品力作。令我印象深刻的译著包括：介绍英国休闲研究的《休闲研究引论》；国际知名学者 A. J. Veal 所著的《休闲与旅游研究方法（第三版)》等。笔者通读过的以下著作也令人颇有收益：王雅林主编的《城市休闲——上海、天津、哈尔滨城市居民时间分配的考察》(2003)、魏小安的《中国休闲经济》(2003)、楼嘉军的《休闲新论》(2005)、卿前龙的《休闲服务与休闲服务业发展》(2007)、郭鲁芳的《休闲经济学：休闲消费的经济分析》(2005)、魏翔的《闲暇经济导论——自由与快乐的经济要义》(2009) 等。而年轻学者马纯红所著的《农民工闲暇生活与城市社区建设研究》则以写实的风格，社会学的笔体，深入研究了

① 由中国经济出版社出版，共五本，分别是《论普遍有闲的社会》、《民闲论》、《中国公众休闲状况调查》、《走向人文关怀的休闲经济》、《休闲：人类美丽的精神家园》。

② 包括：“休闲与游憩管理译丛”，共6本，分别是《休闲产业》、《休闲市场管理》、《休闲与游憩管理》、《户外娱乐管理》、《休闲项目策划》、《娱乐与运动的规划与设计》；“休闲与游憩管理丛书”，共9本，分别是《休闲学概论》、《休闲经济学》、《休闲文化学》、《休闲社会学》、《城市休闲度假目的地管理》、《休闲市场营销学》、《休闲规划案例》、《休闲与娱乐管理》、《运动休闲概论》。

③ 由中国经济出版社出版，共五本，分别是《休闲与生活满意度》、《劳动、社会与文化》、《休闲教育的当代价值》、《走向21世纪中叶的休闲与休闲服务》、《美国人生活时间分配的调查与反思》。

④ 据笔者的初步统计，2000～2010年间出版的休闲类学术著作、译著约69部。

一个少有人关注、但又不得不关注的现代社会话题。程遂营所著《北美休闲研究：学术思想的视角》介绍了以杰弗瑞·戈比等人为代表的北美休闲研究的发展。

在机构建设方面，在于光远、马惠娣等人的大力推动下，中国休闲研究会、中国文化研究所休闲文化研究中心、中国艺术研究院休闲文化研究中心、中国软科学研究会休闲研究专业委员会等学术机构相继成立。作为我国自然科学和社会科学的最高殿堂，中国科学院和中国社会科学院也有专门的力量从事休闲研究，其中，中国社会科学院2003年批准将财政与贸易经济研究所旅游研究室更名为旅游与休闲研究室，中科院地理科学与资源研究所也在1998年立项研究北京老年人的休闲生活，并于2009年将城乡室调整更名为“旅游与社会文化地理研究室”，将休闲作为一个重要研究主题。在院校方面，2002年，北京旅游学院设立休闲管理系；同年，中山大学在重新组建地理科学与规划学院时，也在旅游发展与规划研究中心基础上，成立了旅游与休闲学系；杭州商学院旅游学院把休闲学纳入旅游管理专业的本科课程之中；东北财经大学、厦门大学等也在相关专业的研究生课程中渗透了休闲学内容；2004年11月由浙江大学、杭州市政府等联合成立的“浙江大学亚太休闲教育研究中心”正式揭牌。

在课题方面，马惠娣等人先后承担了“休闲产业与社会条件支持系统”、“休闲产业将成为我国经济新的增长点的对策研究”、“闲暇时间、我国公众文化精神生活现状的调查与研究”等国家级课题研究项目，并将其成果结集成书，在学术界引起了较大反响。其他还包括王雅林等人在福特基金会资助下所做的多个城市居民休闲生活调查，王琪延教授组织的关于北京市居民生活时间分配调查等。

在会议方面，2000年8月“中国休闲产业国际研讨会”首次在北京召开，成为我国休闲研究的一个里程碑。与会代表围绕“休闲产业——新的经济增长点”这一议题，就休闲产业在中国，休闲组织的变化及服务管理，女性、青少年、老年休闲项目的开发与创新，休闲产业与经济发展，假日旅游等问题展开了充分探讨。2001年11月，由国家旅游局和杭州市政府合办、杭州宋城集团协办的“中国休闲经济国际论坛”邀集了国内外学者，就休闲经济在中国的发展进行了深入讨论。2002年10月，由中国软科学研究会、《自然辩证法研究》编辑部、中国艺术研究院休闲文化研究中心联合举办的“2002 中国：休闲与社会进步学术研讨会”就“休闲产业与经济结构、产业结构、消费政策、劳动时间的关系”、“转型期城乡（社区）居民休闲时间的利用、特点及存在问题”等一系列问题进行了讨论。由世界休闲组织、浙江大学、杭州市人民政府、浙江省旅游局联合、连续主办的“中国休闲经济国际论坛”，以及“密云休闲论坛”等也都提供了一个交流的平台。2005～2009 年，中国自然辩证法研究会休闲哲学专业委员会和中国艺术研究院休闲研究中心等连续组织了五次会议，分别以“文化：城市的荣誉与责任”、“休闲价值与构建和谐”、“休闲与社会转型问题”、“休闲与国计民生”、“休闲：一条通向人类福祉与社会和谐之路”为主题，进行了广泛讨论，引起了较大反响。

三 休闲研究的学术特征：基于相关文献的分析

为了全面了解近十年来国内休闲研究的学术特征，2009 年末到 2010 年 4 月，在中国期刊网上分别以“休闲”和“闲暇”为题名，对 2000 到 2009 年间的文献进行检索，共搜索到博士论文 33 篇、硕士论文 583 篇、期刊文章 7815 篇，剔除其中非学术性和关联性较小的文章，最终确定对 27 篇博士论文、446 篇硕士论文、1542 篇期刊论文进行分析。同时，通过互联网搜索到国内学术类休闲研究著作，通过对其内容摘要、目录的分析，确定将 67 部著作纳入分析范围。① 以下是对上述文献的学术特征所作的分析。②

（一）休闲研究成为热点，文献数量持续增加

从总量来看，近年来休闲研究文献持续增加，十年间增长了 16.3 倍（见图 1）。从结构来看，期刊文章最多（占 76%），接下来依次是硕士论文和著作，博士论文相对较少（见图 2）。

① 之前笔者已阅读了其中相当部分的著作。

② 需要说明的是，笔者深知这种直接的数量比较存在一定的局限性，但至少能从某种角度说明一些问题。

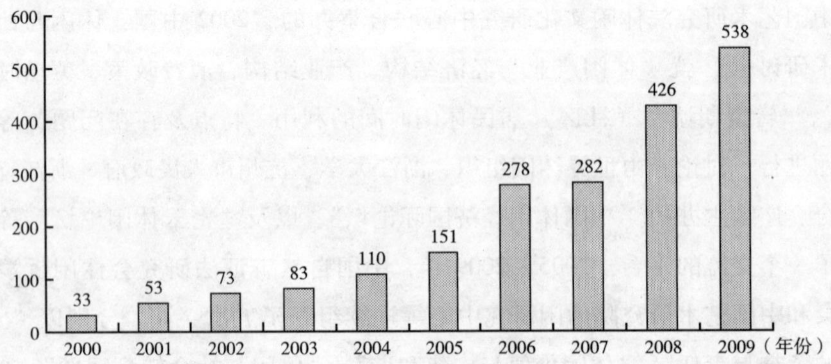

图1　2000～2009年我国休闲研究文献总数

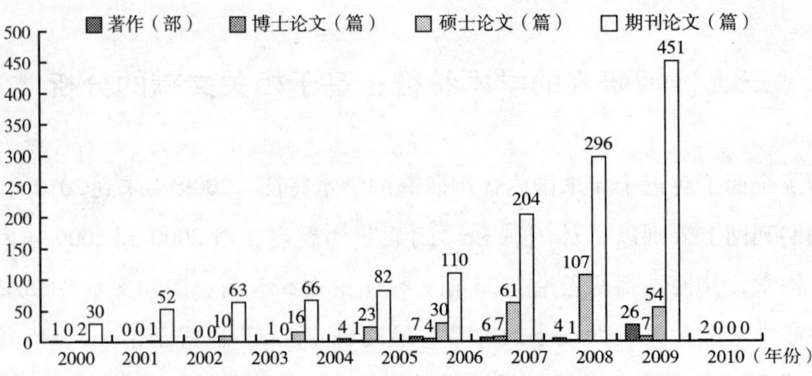

图2　2000～2009年休闲研究文献的类型结构

（二）涉猎学科以经济学最众，其次为社会学、地理学

按照研究者的学科背景及文献所采用的主要研究方法，对其进行分类，可以看出，从文献总量上看，经济学所占比例最大，接下来依次为社会学、地理学等。但有两点值得注意：一是尽管社会学、地理学文献总数少于经济学，但其硕士论文、博士论文、著作等的比例则要高于经济学；二是就期刊论文所占比例而言，经济学文献的最高（见图3）。从时间上看，经济学、社会学、哲学角度的文献近年来都保持持续增长；管理学的文献则是2003年才出现，增速比较快；地理学文献在2006年达到高峰，之后有所减少，并慢慢恢复。

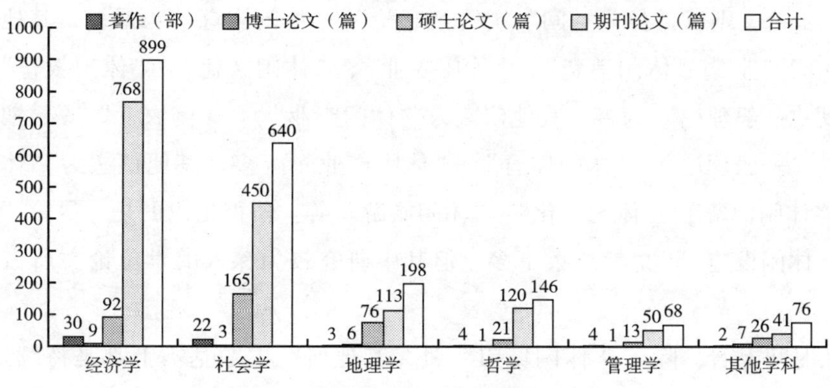

图3　2000~2009 年休闲研究文献的学科分类

（三）研究主题分布较为全面，其中尤以“一般理论”和“休闲体育”为多

可将文献的主题和内容大致分为“一般理论”、“休闲产业”、“休闲消费”、“休闲服务”、“休闲城市”、“休闲空间（休闲设施）”、“休闲文化”、“休闲旅游”、“休闲体育”、“休闲农业（休闲林业、休闲渔业）”、“休闲教育”等11类加以分析（见图4）。当然这种分类主要是为了便于总结其特征，并不完全科学。

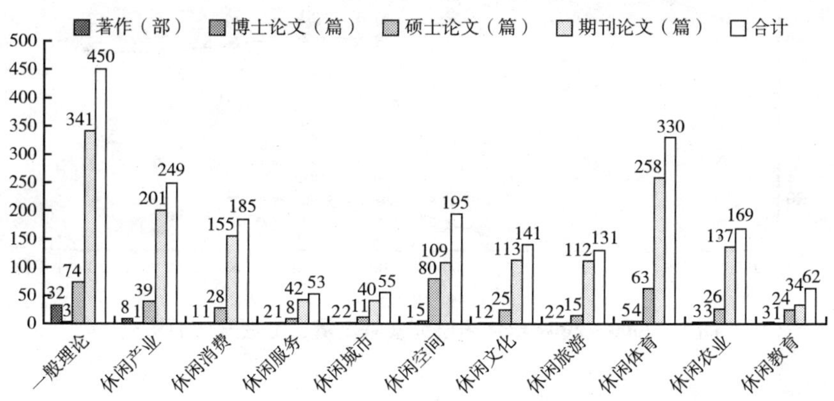

图4　2000~2009 年休闲研究文献的主题分布

从数量上看，所有文献中，“一般理论”和“休闲体育”最多。就类型而言，博士论文总数较少，其中以“休闲空间”、“休闲体育”、“一般理论”为

多；硕士论文则以“休闲空间”、“一般理论”、“休闲体育”为最多，其他依次为“休闲产业”、“休闲消费”、“休闲农业”、“休闲文化”、“休闲教育”等；著作以“一般理论”为多，其他依次为“休闲产业”、“休闲农业”等；期刊文章也以“一般理论”、“休闲体育”、“休闲产业”为多，其他依次为“休闲农业”、“休闲消费”、“休闲文化”、“休闲旅游”等。值得指出的是，尽管“休闲空间（休闲设施）”文献总数不多，但其中研究较为深入的学位论文所占比例最高。

从时间上看，除了“休闲城市”外，其他研究主题基本上都是持续增长，而“休闲城市”研究自2006年后有所减少，后来慢慢恢复，但未达到2006年顶峰时的数量。

（四）定量研究相对较少，但比例有所增加，案例研究逐年增加

从定性与定量方法的角度来看，绝大部分文献都采用定性方法，但近年来定量方法所占比例也有所增加（见图5）；同时，案例研究逐年增加（见图6）。

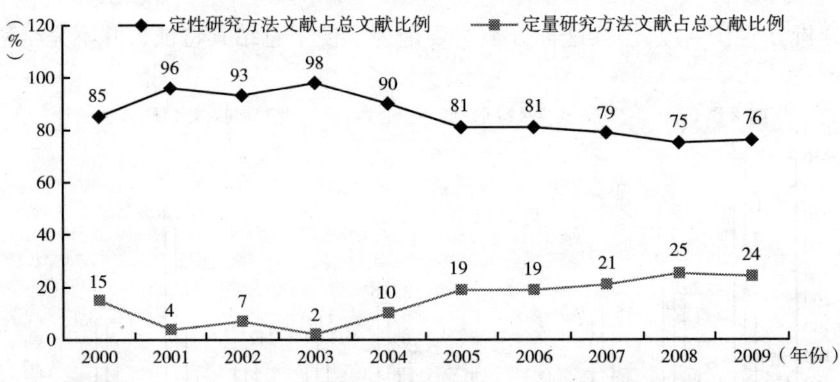

图5 2000～2009年休闲研究文献定量、定性方法的构成

（五）农民、学生、女性、老人等特殊人群受到关注

值得欣喜的是，研究者在一般性的研究之外，还对农民、学生、女性、老人等特殊群体给予了特别的关注（见表1）。

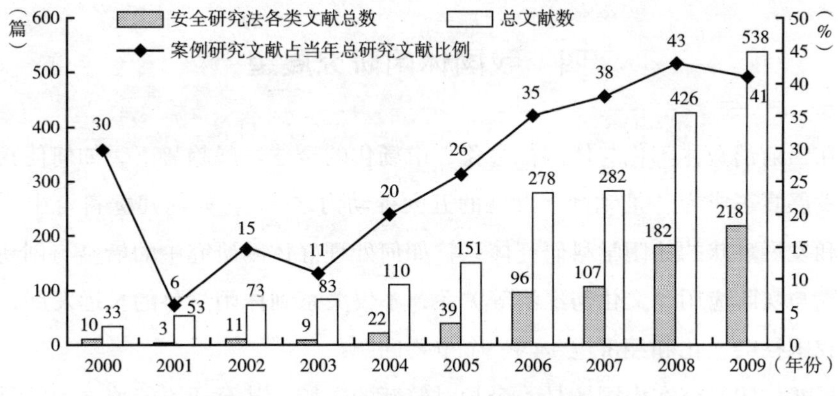

图6　2000～2009年休闲研究文献的案例研究情况

表1　2000～2009年休闲研究文献中关注的特殊人群

单位：篇

	著　作	博士论文	硕士论文	期刊论文
青少年		2(其中初中生1篇)	34(大学生)	41(大学生)
老年人			9	17
女　性	1		8	36
农　民	3(其中农民工2篇)		7	24(其中农民工12篇)
总　计	4	2	58	118

（七）北京、杭州、上海、长沙等城市的案例研究最多

在对城市的关注方面，研究者涉及最多的城市依次为北京（59）、杭州（55）、上海（49）、长沙（46）、成都（31）、武汉（28）、广州（13）等（见表2）。

表2　2000～2009年休闲研究文献中所涉及的城市

	著　作	博士论文	硕士论文	期刊论文
关注的城市文献数量	25	6	68	68
主要关注城市	北京(8) 杭州(7) 上海(4) 长沙(3) 天津(3) 哈尔滨(3)	北京(3) 杭州(3)	北京(19) 杭州(18) 长沙(16) 上海(15) 西安(15) 武汉(14) 成都(11)	上海(30) 北京(29) 长沙(27) 杭州(27) 成都(20) 武汉(14) 广州(13)

四　我国休闲研究展望

在当前消费休闲化与休闲社会化、市场化的全球发展趋势下，如何使我国的休闲发展真正成为“推动社会发展的五大推动力之一”，如何建立符合中国文化传统和发展现状的休闲学科研究体系，如何处理好休闲研究中的借鉴与创新、理论研究与实际应用、文化与经济等关系，不仅关系到休闲学科的长远发展，更是关乎我国社会文化和经济进步的一个重要问题。

虽然休闲研究在中国还是一个相对较新的领域，甚至还不能称之为学科，然而可喜的是，经过十多年的发展，我们已经形成了一个较为庞大的研究者队伍，并吸引着越来越多的人加入其中。随着不同学科间的沟通、交流、融合，基本概念和术语的统一、研究框架和体系的建立、方法论的完善，都是可以期待的。在当前和未来一段时期内，对以下几个方面问题的研究具有相当的紧迫性：①经济学角度对休闲产业的边界及其构成的研究，休闲的经济贡献度研究等；②统计学角度对休闲活动与休闲消费调查、休闲服务统计、休闲产业统计、休闲 GDP 等的研究；③从公共政策和政府治理角度对休闲管理的研究；④社会学中对社会阶层与休闲生活、休闲消费与社会分化、休闲的社会符号、休闲与社区管理等的研究；⑤对休闲与文化冲突、文化侵蚀等的研究等。

在此，作者谨借用马惠娣老师常用来概括休闲的一句话来展望中国未来的休闲发展和休闲研究——“以欣然之态，做心爱之事”。如果一个社会的大多数人都能以这种状态生活，如果休闲研究领域的所有学者都能以这种精神去对待他们的工作，那么我们离“休闲社会”的全面到来大概就不太远了。

休闲产业界定：观点综述

卿前龙*

摘　要： 由于对休闲产业的理解不同，目前国内学术界对休闲产业所应包括的行业范围尚未达成共识。文章在提出界定休闲产业三原则的基础上，结合国民经济三次产业划分法，将休闲产业划分为休闲第一产业、休闲第二产业和休闲第三产业。

关键词： 休闲　休闲产业　休闲服务业

一　休闲产业观点综述

休闲产业也称为闲暇产业，这一概念自提出以来，就引起了学者们的兴趣，且关注者越来越多。迄今为止，学术界就此发表了许多不同的见解。

布朗和威尔（Brown & Veal，1988）认为，休闲产业主要是指那些为满足人们在闲暇时间里的消费而向其提供物品、服务和设施的组织和个人的集合。这一概念看上去无懈可击，但事实上它必须建立在对闲暇时间准确定义的基础之上，如业余学习时间是否属于闲暇时间？学者们在这一问题上至今还存有争论。在人们对闲暇时间的理解至今还没有取得一致的情况下，这一定义难免会导致对休闲产业的不同解读。

美国学者穆森则尝试用列举法界定休闲产业的范围，他认为休闲产业主要包括了以下的产业序列：宾馆、汽车旅馆，饭店；田径运动场；高尔夫球场；网球俱乐部；健身俱乐部；剧院；主题公园；游泳池；私人经营的可供游泳的湖泊；划船俱乐部和码头；马术场；收费的垂钓园；钓鱼船只出租；天然小径探险；岩

* 卿前龙，教授，北京大学旅游研究与规划中心博士后，主要研究休闲产业和休闲规划。

洞探险；风景游览；狩猎向导；射击场；台球厅；保龄球馆；滑雪场；溜冰场；假日农场和度假牧场；度假宿营地；野营中心；探险旅行和野炊场所，等等。除此以外，那些为以上活动提供咨询、订票服务，进行经营管理，以及提供“菜单”服务的行业，还有那些专门制造、发送、销售如体育器材等娱乐装备的行业，也都应当包括在休闲产业的范围之内。[①] 这种列举方法虽然列出了休闲产业的具体行业，但其缺点却是难以穷尽所有。

同样，我国许多学者也对休闲产业的定义及范围界定进行了一些有益的探索，这些观点概括起来大致可以分为三类。

其一，是认为休闲产业只是服务业中那些满足人们休闲需求的行业的集合，从而将休闲服务业等同于休闲产业。这类定义将休闲产业仅限在服务业的范围内加以讨论，将提供休闲物品的行业完全排除在休闲产业的范围之外，从而导致据此所界定的休闲产业的外延过小。如张捷等（1998）就将休闲产业等同于广义旅游业，认为休闲产业就是更广泛意义上的旅游业，它不仅包括了旅游业，还包括了为非旅行者提供娱乐消费产品和服务的所有产业结构或组织。李再永（1999）认为，休闲产业是指当人们的收入达到一定水平后，随着生活质量的提高和休闲时间的增加而兴起的产业，它主要为人们的精神享受提供服务，以满足人们的“美、感、游、创”等心理需求为主，主要包括旅游业、美容业、文化娱乐业、居民服务业、体育产业、教育产业等，它的出现极大扩张了第三产业的内涵。宋成立（2001）则明确将休闲产业与休闲服务业等同，认为休闲产业是那些为人们的休闲活动提供直接服务的各种行业和产业的统称，它包括传统的消费品零售业、生活服务业、社区服务业、娱乐及旅游业、文化、体育、继续教育等产业。许峰（2001）也认为，休闲产业服务于消费者闲暇时间内基本生活条件之外的需求，可以被看做是第三产业的核心构成，并涵盖了工农业中少数服务于人类主体休闲需求的企业或部门，如观光农业、陶艺作坊等，对休闲产业的界定是以经济活动的主体特性为划分依据，并借此加强对关系人类生活质量提升的服务业等部门的总体把握。王琪延似乎也将休闲产业与休闲服务业等同，认为休闲产业主要包括旅游、体育、文化娱乐、休闲教育及公益事业等。

---

① 穆森的观点转引自马惠娣《大旅游视野中的休闲产业》，《杭州师范学院学报》2003 年第 2 期。

其二，是错误地将一些非满足人们休闲需求的行业和部门也列入了休闲产业的范围。有些学者刚好相反，他们所定义的休闲产业的范围不是太小，而是太大。如郑胜华（2002）认为，休闲产业是指与人们休闲行为密切相关的产业领域，特别是指以旅游、度假、健身娱乐、文化传播、社区服务等产业为主形成的产业群。它大致可以分成主体休闲产业、辅助休闲产业和休闲相关产业三大类。其中主体休闲产业是指那些直接提供休闲环境和娱乐、健身、文化交流等场所的企业群体，如度假区、野营地、主题公园、体育健身中心、购物中心、博物馆、各类休闲吧等；辅助休闲产业是为主体产业提供各类休闲物品、器械和组织旅游休闲活动的企业群体，如旅行社、音像制品公司、各类健身娱乐器械和服装制造公司，休闲食品公司等；休闲相关产业是为上述两类产业提供食宿、交通、资金和各类支持的企业，如饭店、金融机构、各类租赁机构、广告策划公司等。谭军、赵凌（2008）也认为，休闲产业是休闲功能耦合于其他产业的产业，休闲产业划分为休闲品制造产业、主体休闲产业和辅助休闲产业。休闲品制造产业由为主体休闲产业提供各类休闲物品、器械等休闲服务物质“载体”的企业组成，如音像制品公司、各类健身娱乐器械和服装制造公司、休闲食品公司等；主体休闲产业由那些直接提供休闲服务的企业组成，如度假区、野营地、主题公园、体育健身中心、休闲服务企业、博物馆等；辅助休闲产业由为上述两类产业提供食宿、交通、资金等支持性服务的企业组成，如宾馆、饭店、银行、租赁公司、广告策划公司等。在这里，无论是郑胜华所定义的休闲相关产业还是谭军、赵凌所定义的辅助休闲产业，其实都不是真正意义上的休闲产业，它们只是由消费者的休闲引致需求所间接引发的经济部分，它们最多可以归入休闲经济的范畴。

其三，认为休闲产业是一个不仅限于服务业的综合性产业，它还包括了那些提供休闲物品的部门，并且其中大多数学者还表达了休闲服务业是休闲产业主体的观点。如较早尝试对休闲产业进行定义的郭舒权、车明（1995）认为，休闲产业是以休闲产品为龙头，以人们的休闲消费为市场的综合性产业，它主要是为了满足现代人旅游、健身、服饰、娱乐、求智、消闲、居室装饰等休闲要求。马惠娣（2000）认为，休闲产业是指与人的休闲生活、休闲行为、休闲需求（物质的与精神的）密切相关的产业领域，特别是以旅游业、娱乐业、服务业为龙头形成的经济形态和产业系统，一般涉及国家公园、博物馆、体育（运动项目、设施、设备、维修等）、影视、交通、旅行社、导游、纪念品、餐饮业、社区服务，以及由此连带的产业群，它不仅包括物质产品的生产，而且也为人的文化精神生活的追求提供保障。这一概念目前为国内学术界所广泛引用。王宁（2000）认为，休闲产业是指为消费者在闲暇时间内的自由活动提供休闲产品（如：书刊、玩具、花卉、宠物、扑克或麻将等娱乐工具、收藏品、音像设备和制品、体育比赛和健身器材等）、设施（如：公园、博物馆、图书馆、体育场馆、游乐场）和服务（如：电视节目、餐饮、按摩、旅游等）的行业，主要包括音像书刊电视等传媒、工艺、园林、影剧院、博物馆、体育产业、业余爱好俱乐部、电子游戏室等娱乐业、餐馆酒吧、桑拿按摩、旅游、摄影、收藏等领域。邓志阳（2001）认为，休闲产业具有很高的综合性，可分为生产休闲物质产品的产业和生产休闲精神产品的产业两个部分。徐峰（2002）和于光远（2003）则高度概括地将休闲产业定义为满足人们的休闲需要而组织起来的产业，它主要存在于服务业中，它是休闲得以实现的条件。楼嘉军（2003）认为，休闲产业是从人们休闲活动消费的观点出发，把能够满足人们休闲消费需要的各种不同行业从国民经济中分离出来所形成一个特殊的产业部门，它是为人们提供产品和劳务的部门，并保证人们在休闲活动的全过程中获得各种享受和满足，其产出很大程度上体现在文化、娱乐、旅游、体育等各行业中。周丽洁（2005）认为，举凡提供人们从事休闲时所需之相关产品或服务之企业，皆可谓之为休闲产业。游碧竹、郑宪春（2007）认为，广义的休闲产业涉及休闲活动的所有相关行业，狭义的休闲产业主要包括旅游产业、体育产业、文化产业、餐饮产业、娱乐产业，等等。很显然，其所指的狭义休闲产业，其实就是休闲服务业。

二　休闲产业难以界定的原因

休闲产业到底应该包括哪些行业或部门？从目前的情况来看，学术界对休闲产业的范围界定仍是相当模糊的，理解也是较为混乱的。虽然有部分学者从学理层面对休闲产业进行了较正确的定义，但如何据此确定休闲产业的具体行业范围，至今仍是一件困难的事情。出现这一状况的原因有四。

首先，人们对休闲这一概念本身的理解就是模糊的。什么是休闲？人们至今仍是莫衷一是。从某种程度上说，休闲是按照人们的消费动机对人们所从事的各种活动所进行的分类。但休闲本身又具有很强的主观感受性，不同的人对休闲有不同的理解，有些人可能认为工作比旅游更让人感受到快乐，有些人则认为做家务是最好的休闲活动。而休闲产业这一概念又是建立在休闲这一概念的基础上的，哪些活动属于休闲都不能明确，又如何对休闲产业进行明确界定？

其次，即使按照人们的消费动机所定义的休闲来确定休闲产业的范围，则休闲产业所包括的范围也确实太广。正如美国学者所认为的，很难对休闲产业的范围有一个全面的统计，因为几乎所有的产业，包括国防，都有一些与休闲相关的工作。加拿大休闲学会在其发布的休闲白皮书中也指出，休闲活动渗透在包括军队在内的几乎所有部门之中，很难确定其产业边界。因此，如果按照传统的产业划分方式和统计方法，我们很难准确划定休闲产业的界限。

再次，大多数学者还没有将休闲产业与休闲服务业区分开来，而将休闲产业等同于休闲服务业。这些学者在对休闲产业的范围进行界定时，只列出了那些为人们的休闲消费提供无形产品即休闲服务的行业或部门，其中主要是旅游业、体育业、文化娱乐业等，而没有将那些为人们的休闲消费提供有形产品如休闲食品、休闲用品和休闲器械的行业或部门包括其中，从而把一些本应包括在休闲产业范围内的一些重要的产业部门漏掉了。这一问题在国外的研究中也同样存在，如杰弗瑞·戈比曾把休闲业定义为“与旅游、疗养、娱乐及游园等休闲行为有关的职业和团体组织”，而他在另一本著作《你生命中的休闲》中，则通过列出与休闲相关的产品和服务项目来概括休闲产业。事实上，对于经济学来说，休闲首先是作为一种消费活动而存在的，那么休闲产业就应该包括了所有为满足社会的休闲消费需求而组织起来的产业。而消费者的休闲消费需求既包括了对休闲服务产品的需求，也包括了对休闲物质产品（如休闲食品、休闲服装、休闲用品等）的需求。那么，休闲产业就不应该只限于服务业，还包括那些为消费者的休闲消费需求提供物质产品的行业。

最后，部分学者对服务业和休闲服务业本身的范围也把握不准。有些学者虽然将休闲产业等同于休闲服务业，将休闲产业限定在服务业这个比较狭窄的范围内进行界定，但对服务业的行业范围他们并不清楚，对服务业中哪些行业应该归入休闲服务业，也不能很好地把握。典型的如旅游交通服务，是属于交通服务还是休闲服务？还有如休闲用品零售服务，是零售服务还是休闲服务？这些棘手的问题，都有可能使我们陷入模糊。

三 界定休闲产业的三个原则

由于在休闲产业界定中存在着上述困难，因此目前学术界对休闲产业的界定还缺乏一个统一可行的标准，有些学者对休闲产业界定的范围过大，有的又过小，为了不失之偏颇，有必要在此确定几条界定休闲产业的原则。

第一，是从休闲的经济学概念出发的原则。从目前的情况来看，学术界之所以在休闲产业的范围界定上还没有取得一致意见，主要是由于对休闲产业定义的多样化，而休闲产业定义的多样化又主要是缘于对“休闲”这一概念理解的多样化。目前学术界对休闲的定义可谓是五花八门，既有来自哲学和社会学的定义，又有来自心理学和经济学的定义，而且即使是来自同一学科领域的学者，他们所定义的休闲也大多是互不相同的。而我们知道，同一概念，如果给定的内涵不同，外延也将不同。

那么，我们在界定休闲产业范围时应该从哪一类休闲的定义出发？我们认为，休闲产业作为一个经济学的研究范畴，首先应该遵循经济学的定义方法，从休闲的经济学概念出发来对休闲产业进行定义。而在经济学那里，休闲被定义为“消费者在闲暇时间里的活动”，它首先是一种消费活动，隐藏在这一活动背后的是消费者对休闲物品和休闲服务的消费需求。因此，从这一意义上来说，休闲产业首先应该被定义为国民经济中那些“生产休闲物品和休闲服务的部门”。

第二，是消费者直接使用的原则。既然休闲产业是指所有生产休闲物品和休闲服务的部门，那么接下来的问题就是：哪些产品属于休闲物品或休闲服务？在这里我们遇到了一个定义的难题，那就是：如果以消费者的直接休闲需要定义休闲物品和休闲服务，则那些为大型游乐场所提供游乐设备的行业将被排除在休闲产业的范围之外，导致休闲产业的范围过窄。因为这些游乐设施并不是消费者的直接休闲需要，它们只是游乐服务企业生产休闲游乐服务的中间投入，游乐服务企业生产的休闲游乐服务才是消费者的直接休闲需要。相反，如果以消费者的间接休闲需要定义休闲物品和休闲服务，则因消费者的休闲引致需求而引发的所有产业活动都将被纳入到休闲产业的范围，如，那些为游乐设备生产企业提供中间产品的行业如钢铁行业、塑料行业、电力行业等，都将属于休闲产业。这样无疑会导致休闲产业的范围宽泛无边。

因此，我们既不能以消费者的直接休闲需要也不能以消费者的间接休闲需要定义休闲物品和休闲服务，而应该遵从“消费者直接使用”的原则，即如果某产品是供“消费者在休闲时由消费者直接使用和消费”的，是“用于休闲的”，则这样的产品就是休闲物品或休闲服务，生产这类产品的行业就属于休闲产业。比如游乐场向游人提供的游乐服务是游客的直接休闲需要，而游乐场的游乐设施是游客的间接休闲需要，这些游乐设施虽然只是游乐场生产游乐服务的中间投入，但由于许多服务尤其是休闲类服务的生产具有生产的特殊性，即要求消费者利用服务企业提供的服务设施进行自我服务，因此这类游乐设施仍是供游客“直接使用”的，故生产这类游乐设施的企业仍应被归入休闲产业，而其他那些为生产休闲物品（用品）和休闲服务的企业提供中间产品的企业，由于它们所提供的中间产品不是供消费者在休闲时“直接使用”的，因此不能被纳入到休闲产业的范围。所以，对休闲产业的界定应遵循“消费者直接使用”的原则，而不是“直接需要”的原则。

第三，是和市场相关的原则。人们的休闲活动多种多样，有些要通过市场，有些不要通过市场，那些不通过市场的休闲活动属于自我供给的休闲消费，消费者在进行这类休闲消费时没有相应的产业活动发生，因此虽然这类休闲活动在人们的生活中广泛存在，但不能计入休闲产业的范围。

四　休闲产业界定：一个尝试

根据以上分析，可将休闲产业定义为：由消费者的休闲消费需求引发的、国民经济中那些生产休闲物品和休闲服务的行业总称，它广泛存在于三次产业之中。结合国民经济三次产业划分法和2002年颁布的国民经济行业分类法，可尝试对休闲产业所包括的行业范围进行如下界定：一是休闲第一产业。包括了第一产业中那些提供休闲物品的行业或部门，如农业中的花卉和园艺作物种植业、林业中的观光林营造业、畜牧业中的宠物养殖业、渔业中的观赏鱼养殖业等，我们分别称为休闲农业、休闲林业、休闲畜牧业和休闲渔业。二是休闲第二产业。包括了第二产业中那些提供休闲物品的行业或部门，如休闲食品（饮料）加工制造业、休闲用品（用具）制造业、各类公园、游乐园、体育场馆、城市休闲广场等休闲设施建造业等。三是休闲第三产业。包括了第三产业中那些为人们的休闲消费需要提供休闲服务的行业或部门，我们大致可以根据这类休闲服务的属性将其划分为休闲旅游业、休闲体育业、文化休闲业、娱乐（游憩）业、休闲餐饮业及其他休闲服务业共6类。其中，休闲第一产业和休闲第二产业是生产休闲物品的行业，可以合称为休闲物品业，休闲第三产业是提供休闲服务的行业，称为休闲服务业。为清晰起见，我们将休闲产业的行业体系图示如下（见图1）：

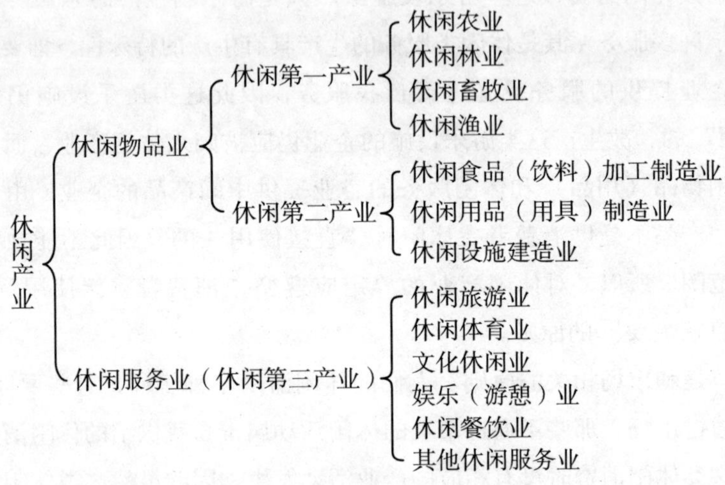

图1　休闲产业行业范围

参考文献

Brown, P. & A. Veal, *The professional preparation of leisure workers: possibilities and dilemmas*, paper presented at the ACHPER 17th National Biennial Conference, Canberra, 1988.

张捷等：《试论城市闲暇业及其持续发展》，《南京大学学报》1998年第2期。

李再永：《增加就业的新途径——休闲产业》，《山西财经大学学报》1999年11月（增刊）。

宋成立：《利用资源优势发展休闲产业》，2001年3月29日《中国贸易报》。

许峰：《休闲产业发展初步探析》，《中国软科学》2001年第6期。

郑胜华：《我国发展休闲产业的可行性研究》，《桂林旅游高等专科学校学报》2001年第2期。

谭军、赵凌：《基于系统耦合的休闲产业变迁分析》，《现代经济探讨》2008年第2期。

郭舒权、车明：《休闲消费浪潮与休闲产业的崛起》，《上海管理探索》1995年第4期。

马惠娣：《休闲产业将成为我国新的经济增长点》，《自然辩证法研究》2000年第2期。

王宁：《略论休闲经济》，《中山大学学报》2000 年第 3 期。

邓志阳：《休闲与休闲经济》，《南方经济》2001 年第 12 期。

徐峰：《国外休闲产业的发展现状与加快我国休闲产业发展的对策》，《商业经济与管理》2002 年第 9 期。

于光远：《休闲服务与经营的创新问题》，《自然辩证法研究》2003 年第 2 期。

楼嘉军：《休闲产业初探》，《旅游科学》2003 年第 2 期。

周丽洁：《论休闲产业发展的推动力》，《求索》2005 年第 3 期。

游碧竹、郑宪春：《论人类休闲社会与中国休闲产业》，《湖南商学院学报》2007 年第 1 期。

有闲而有钱　无为而有为*

——闲暇的经济效应与实证数据

魏　翔**

摘　要：为何同时存在某些国家"又富又强"、某些国家"强而不富"的格局？为何在生产和收入分配的交叉领域会存在勤奋工作却收入增长乏力、甚至处于低收入水平的阶层和工作时间逐渐减少却日渐富裕的"有闲阶层"？跟踪闲暇经济领域中的以上谜题，解析了闲暇微观效应在经济个体寻求"幸福"和创造价值方面的影响，探究了闲暇的宏观效应，即经济体的"快乐式增长"，并提出中国基于闲暇经济的新经济增长模式。

关键词：闲暇　经济效应　经济增长

一　闲暇的经济学谜题

（一）"富强之谜"

国家的富强，在经济学中，需要具体的指标来衡量。GDP 用以衡量经济体的总体实力，是衡量"强"的指标；人均 GDP 考量经济体内部的富裕程度，是衡量"富"的指标。GDP 总量高，可能和人口众多，具有"人口红利"的大国效应有关；人均 GDP 高，可能和技术进步带来的规模经济有关。那么，"富"和

---

* 感谢国家旅游局规划项目（09TAAG007）的资助。感谢我的学生冯慧茹在文字编排、图表整理和篇章布局上的有益帮助和良好建议。同时感谢审稿人的专业建议，当然，文责自负。

** 魏翔，北京第二外国语学院中国闲暇经济研究中心主任，讲师，经济学博士，研究重点为闲暇经济、休闲产业经济、旅游衍生品市场。

“强”是统一的还是矛盾的呢？是可以兼得还是难以两全呢？

我们来看看数据（见表1）。

表1　2000年23个OECD成员国的产出数据对比

国家名称	排名	GDP总量(百万美元)	排名	人均GDP(美元)
①美国	1	7351307. 281	2	27679. 026
①日本	2	2795818. 362	5	22323. 532
①德国	3	1758535. 668	7	21622. 193
法国	4	1201420. 077	11	20797. 094
意大利	5	1188318. 606	12	20770. 192
英国	6	1138270. 436	14	19550. 574
②墨西哥	7	649713. 159	23	7178. 165
①加拿大	8	641230. 778	6	21877. 332
西班牙	9	615146. 837	18	15619. 719
②韩国	10	495092. 474	21	10998. 351
澳大利亚	11	378499. 558	10	20938. 308
荷兰	12	331763. 381	8	21507. 617
比利时	13	215834. 215	9	21327. 826
③奥地利	14	176982. 354	4	22376. 17
瑞典	15	171421. 452	13	19554. 525
希腊	16	139418. 663	20	13169. 786
葡萄牙	17	134034. 934	19	13357. 451
③丹麦	18	123373. 391	3	23581. 785
芬兰	19	99346. 213	15	19501. 622
匈牙利	20	96909. 384	22	9478. 588
爱尔兰	21	64561. 229	16	17786. 059
新西兰	22	59960. 805	17	16359. 365
③卢森堡	23	14205. 321	1	34664. 567

*各变量均用PPP方法计算得来。

数据来源：GDP总量和人均GDP数据来源于中国宏观数据库；其他数据来源于OECD官方网站。

OECD是经济合作与发展组织的缩写，共31个成员国，是世界上最发达国家的一个组织，俗称为“富国俱乐部”。在表1中，呈现出三个典型的区带：①美国、日本、德国、加拿大四国（表中①），GDP总量和人均GDP均排进前十名，属于“又富又强”的国家；②韩国和墨西哥（表中②），GDP总量很高，但人均排名迅速下落，在俱乐部中属于“强而不富”的群体；③卢森堡、丹麦和奥地利（表中③），总量 GDP 排名十分落后，但人均排名急剧突前，是“不强但富”的国家；最突出的是卢森堡，它在表单中是“最弱”的国家，却同时是“最富”的国家。

颇有意味的是，无论是从感性上还是从数据上看，中国都属于“强而不富”的国家。根据 IMF（国际货币基金组织）2008 年的数据，中国的 GDP 总量排名全球第三，但人均 GDP 尚不如表 1 国家中最穷国墨西哥 2000 年人均 GDP 的一半，屈居世界排名的第 125 位。中国强大了，但还很不富裕。

富和强，有些国家兼而有之，如表中的①类国家；可有些国家却顾此失彼，如表中的②类国家。还有一些国家，展现出更为神奇的能力，“不强而富”，如表中的③类国家。这其间的奥妙是什么？我们的研究显示（魏翔，2006b），至少是部分地，这和一个国家的工作—闲暇时间分配及工作模式、休闲观念密切相关。因为工作—闲暇的数量安排和结构模式涵盖了经济效率的高低，一个经济效率高的国家更容易实现富强（魏翔，2007）。

（二）有闲有钱与“勤劳悖论”

与闲暇有关的另一个谜题来自生产和收入分配的交叉领域。闲暇时间和收入呈现出两种倾向。一是勤奋工作、工作时间长进而休闲很少的阶层，而这些人群却收入增长乏力，甚至处于低收入水平，如农民工群体、初级服务业乃至一些专业技术人员；二是高收入群体的工作时间逐渐较少，甚至出现了富裕的“有闲阶层”，如一些企业主、新经济自由职业者。针对北京市的一份“时间使用调查”（魏翔，李振兴，2009）显示，专业技术人员、商业和服务员人员的加班时间最长（平均加班时间占总闲暇时间的 20% 以上）；企业高管或负责人的日均休闲娱乐时间最多（平均 6 小时/天）。国外的情况也显示出类似的规律性。有研究发现，美国大多数专业人士和产业职员的自由时间在减少，而只有少部分富裕家庭的闲暇时间增加了，并且，富裕家庭的主要财富增加并非来自生产领域，而是非实体领域，如股票、房产等（Zuzanek，Beckers and Peters，1998）。

按照新古典经济学的预测，劳动者的收入应按其边际生产价值来计值，也就是说，多生产，多劳动，更勤奋，能带来更多的收入，但是，上述证据却构成了一个悖论：生产时间越长，越是勤奋工作，收入的最终水平不会出现伴随性上升，却更有可能被锁定在低端；相反，有闲有钱阶层出现了，这些人闲暇时间长，似乎并不勤劳，但收入颇丰。有闲有钱阶层的出现，导致了“勤劳悖论”。

“勤劳悖论”内蕴涵着一个逻辑问题：对于有闲有钱阶层，是“有钱”后导致了“有闲”，还是“有闲”本身就能导致“有钱”？

对于前者，它只部分违背了新古典主义，可以用“后弯的劳动供给曲线”来解释：收入上升到一定阶段后，由于边际效用递减，人们对工作的偏好降低，愿意放弃工作而选择更多的闲暇。① 后者则代表了更正式的“勤劳悖论”。除了通过继承遗产、中了彩票等非系统收入而成为有闲有钱阶层的个体外，剩余的那些有闲有钱人又如何解释？一个可能的解释是，要么是该个体本人，要么是他所从事的工作，具有很高的产出效率和边际贡献率，可以在较少的时间内生产出较多的产品或服务。换句话说，有闲有钱的人及其从事的岗位具有边际报酬递增的特征。而要达成这种效果，就需要提高工作时间内的效率，这种效率一方面来自工作领域，如来自技术创新和技术进步，另一方面，效率还很有可能来自闲暇领域，如在休闲时间内提高自尊、增加对健康的认识、提高信心、提高群体社会化程度，从而增加个体的工作效率（Allen and Donnelly，1985；Smale and Dupuis，1993；Cassidy，1996；Cavette，1999）。并且，闲暇时间内的有些生产已经接近或达到专业水平，这也会间接提高工作时间内的效率（Baxter and Kroll-Smith，2005）。也就是说，闲暇对生产具有互补效应，进而有可能造就“有闲有钱”阶层（魏翔，2007）。

二　闲暇的微观效应

闲暇时间、休闲活动，通常被作为非工作因素被排斥在经济系统之外。但是，在后工业化社会中，收入水平的提高和服务业比重的增加，使“休闲”正在成为一种实在而有力的生产力。它在微观上影响着个体的幸福和效率，通过工

① Owen（1971）的经验证据显示，美国 1900～1961 年的闲暇时间增多，有 25% 可由商业娱乐的相对价格下降（消费的互补效应）来解释；75% 要由工资率上升来解释——这支持向后弯曲的劳动供给曲线。

作—休闲的权衡，不但有利于提高个体的生活质量，并且，这种质量改善，必将成为创新的个体基础和策动之源。

（一）幸福在哪里?

幸福是由什么带来的？这是个古老而永远引人入胜的话题。通常，主观幸福度可以通过总体幸福度测定（Veenhoven，1997）。范—普拉格等（Van Praag，Frijters and Ferrer-i-Carbonell，2003）证明总体幸福度由工作满意度、健康满意度、工作满意度、闲暇满意度、环境满意度和财务满意度6个域幸福度决定，这6个域之间还有交互作用。这种交互作用得到了先行文献的支持。例如，研究人员发现，闲暇和生活满意度之间的关系显著为正（Singh and Joesph，1996）。这说明，闲暇满意度导致幸福感提高。

（二）闲暇三效应

闲暇或休闲，对个体的工作或生活具有三个积极的效应，或者说对个体具有“互补效应”。这些效应会通过提高个体的效率对整个经济系统产生影响。

个体的闲暇时间可以分为三部分：一是睡觉、吃饭等维持基本生存的必要性闲暇时间，这部分闲暇时间对经济几乎没有影响，而且对个体而言基本上是个常量，因此不在我们讨论的范围内；二是从事旅游、文化交流、体育运动、各种娱乐等享受性活动的休闲时间（Recreation Time，简称 RT）；① 三是从事家庭生产的时间（Home Production Time，简称 HPT）（Gronau，1977）。

将社会学、心理学的实证论点引入经济学，可以发现，闲暇时间对要素积累、技术进步和经济增长的互补作用主要表现为三种效应。

首先，闲暇时间中的休闲时间 RT 具有“闲而优”效应（魏翔，2005，2008）：健康而积极的休闲活动有利于形成人力资本中精神、意志方面的禀赋，即休闲使个体产生“畅”的感受（Csikszentmihalyi，1975），从而使个体“高度投入、感到自足、忘记时间流逝、被激发出创造性、探索感和冒险精神”（Gunter，1979）。并且，格式塔心理学始终强调，创新的获得必须经过一个休闲

① 在美国传统词典里，recreation 的意思正是“Refreshment of one's mind or body after work through activity that amuses or stimulates”（在工作之后通过逗乐或刺激的活动来使某人的身心得到恢复）。

的“潜伏期”（汪丁丁，1998）。“闲而优效应”表明闲暇可以提高个体的效率，提高其人力资本的质量。爱因斯坦曾组织过素有盛名的“奥林比亚科学院”，每晚例会，与会者总是手捧茶杯，边饮茶，边讨论，后来相继面世的各种科学创见，有不少就是产生于这些闲暇之中。据说，茶杯和茶壶已列为英国剑桥大学的一项“独特设备”，以鼓励科学家们充分利用闲暇时间，在饮茶时沟通学术思想，交流科技成果。这些都是“闲而优”现象。

其次，在休闲体验和家庭活动中，最有可能产生有意义的学习（Csikszentmihalyi，1981），休闲中学习的潜力是最大的（Kelly，1999）。这种活动和在工作中与受教育中的活动一样，会提高个体的知识水准和学习能力。人们在后者中进行学习被称为“干中学”（Romer，1990）和“校中学”（Landron-De-Guevara、Ortigueira and Santos，1999），而在前者中进行的学习则属于“闲中学”（魏翔，2007）。

第三，闲暇时间既是消费要素也是生产要素（Gronau，1977）。人们乐于在闲暇时间里从事生产性活动，如制作一架漂亮的飞机模型或做一个精致的家用小板凳。基于兴趣与自愿，这种业余或家庭生产的效率通常并不亚于工作时间内的专业性生产的效率（Kelly，1999）。例如，在概率论、解析几何等方面有卓越贡献的费尔马，他的第一职业是法国图卢西城的律师，而数学则是他在闲暇中的“第二工作”；哥白尼的正式职业是大主教秘书和医生，而创立太阳系学说则属于他在闲暇时间里的“生产”；富兰克林的许多电学成就是当印刷厂工人时从事“第二职业”的成果。这些在闲暇时间内的生产，其水平已经接近或达到专业水平，我们说这些闲暇时间具有“等势效应”（魏翔，2007）。

三　闲暇的宏观效应

（一）快乐式增长

在经济增长与人民幸福之间有没有两全之策？经济增长的本质过程在于经济体中“人的贡献”，而经济增长的本质结果在于经济体中“人的效用”提高。除此之外，我们很难再找到经济增长的终极本质——没有人的参与与体现，一切经济增长要么是不可能的，要么是无意义的。那么，实现经济在人与自然、精神与

物质间的和谐增长的过程，就是在经济增长的同时，人的效用不断提高的过程，也就是说，经济及其主体如何快乐增长。归根结底，经济进入“快乐式增长”的通道，是经济和谐增长的关键。

那么，怎样才能快乐地增长？又如何衡量它呢？尽管很多的指标体系被开发出来，但是，至今没有一个指标体系得到公认或在世界范围内运用。一个主要原因在于，世界范围内似乎仍然难以对“快乐式增长”达成共识，同时也缺乏深入研究。毕竟，哪怕是世界上最发达的国家也才进入后工业化社会不久，对这种社会类型及其发展标准还知之甚少。

对人类生产和发展的约束，归根到底是时间的约束和人的能力的约束。而资源的约束受制于上述两个约束——从宇宙的角度看，资源是无限的，资源的约束来自我们有没有足够的时间和能力来获取资源。也因为此，时间约束和个体禀赋约束成为经济增长的终极约束和最主要约束。

新古典和内生增长理论把闲暇看做工作的替代，也就是说，闲暇了必然无法工作，无法工作了也就无法促进经济增长了，因此，人们在休闲中效用增进了，同时又要使经济增长，显得矛盾与无奈。然而，我们从一些后工业化国家的现实中依稀看到，闲暇以及由此带来的效用提高似乎和经济增长并不矛盾。1947～1994年间，美国的周工作小时数持续下降，即闲暇时间数不断提高，但美国在此期间的经济增长率却显著提高了（Fogel，2000），尽管大多数经济学者认为这是技术进步引致劳动生产率提高造成的，但闲暇本身的“闲中学”效应和“闲而优”效应也是不可忽视的因素，否则我们无法解释：如果仅仅是因为劳动生产率提高导致了闲暇时间增多和经济增长并举，那么劳动生产率提高的程度要大于闲暇时间的增加程度才能保证经济不断增长，然而从美国的数据看，在经济总体增长的基础上，闲暇时间的增加程度显然大于劳动生产率的提高程度（Fogel，2000）。

遗憾的是，对快乐式增长的考衡体系建立还处在萌芽阶段。世界银行的“发展指标”是一个综合性和认可度都很高的指标体系。它从民生（计16个指标）、环境（计9个指标）、经济（计12个指标）、科技与基建（计5个指标）、贸易金融（计8个指标）等5个方面来衡量人类的全面发展。但是这个指标体系中没有包含对个体闲暇时间数量和享受程度进行衡量的指标，也缺少对闲暇活动的水平与内容进行衡量的指标。如果个体的人均收入很高、健康水平也很高、身处的生态环境、服务环境和物质条件也很好，但他休闲的时间很少，可以想象，他一定很难快乐。而个体不快乐，经济增长的可持续性和目的就要受到质疑。

（二）从“创新中国”到“效率中国”

经历30年的发展，中国经济创造了高速增长的奇迹。然而，需要注意的是，我们的增长是总量增长，在人均量的增长上，并未创造奇迹。日本用20年的时间，使总GDP跻身世界第二位，人均GDP突破4万美元，进入世界前十（左秉春，2007）；我国用20年时间，总GDP虽然可进入世界前三位，但人均GDP刚刚超过3000美元，不及墨西哥的一半，在世界上180多个国家中，排在120位之后（环球时报，2009）。日本的人均GDP何以是我们的13倍？如果仅仅从技术、创新、生产上找原因，将有失公允。毕竟，在技术、创新和生产制造方面，从统计年鉴上看，我们和日本的距离正在不断接近，但人均值的差距却几乎没变。

重新解读“富强之谜”，可能有助于我们拨开迷雾，略见端倪。

我们将表1增加两列，分别表示OECD各国的“时人均GDP”排名和“时人均GDP”数值。“时人均GDP”指每人每工作小时的GDP产出。时人均GDP高，说明国民单位工作时间的产出效率高，相应地，国民享受的闲暇时间相应较多。

表2揭示了一个规律，那些“又富又强”的国家（表中①）时人均GDP都处于高水平。实际上，在OECD国家样本内，人均GDP和时人均GDP具有高度一致性：人均排名高的国家，时人均排名也高。

综观“富强之谜”和基于时人均变量的各国效率表现，一个简洁的结论是：经济总量（总GDP）和技术、投资及人口有关，而和国民富裕程度、生产效率没有必然的一致性联系；但是，富裕程度（人均GDP）却受效率程度（时人均GDP）的显著影响，二者具有高度的正相关性。卢森堡就是一个典型的例子：它的经济总量在OECD群内敬陪末座，但其效率指标（时人均GDP）和富裕指标（人均GDP）却都名列榜首。

然而，现在学术界还不是很确定富裕和效率之间的因果关系。是富裕的经济体会激发更多的效率，还是由于个体和企业的产出具有效率，才使经济体更容易走上富裕之路。我们的研究部分地支持后者：闲暇效应通过激发经济效率进而能提高人均增长率（魏翔，2006；2009a）。

表 2　OECD 国家的经济产出变量排名

国家名称	排名	GDP 总量（百万美元）	排名	人均 GDP（美元）	排名	时人均 GDP（美元）
① 美国	1	7351307.281	2	27679.026	2	15.74371537
① 日本	2	2795818.362	5	22323.532	11	11.69415235
① 德国	3	1758535.668	7	21622.193	5	14.13607912
法国	4	1201420.077	11	20797.094	8	12.46901632
意大利	5	1188318.606	12	20770.192	15	10.99064033
英国	6	1138270.436	14	19550.574	12	11.26254917
② 墨西哥	7	649713.159	23	7178.165	23	3.844921729
① 加拿大	8	641230.778	6	21877.332	9	12.34700347
西班牙	9	615146.837	18	15619.719	17	9.020202711
② 韩国	10	495092.474	21	10998.351	22	4.194049127
澳大利亚	11	378499.558	10	20938.308	13	11.24483993
荷兰	12	331763.381	8	21507.617	4	15.5256024
比利时	13	215834.215	9	21327.826	6	13.62765552
③ 奥地利	14	176982.354	4	22376.17	7	13.51345058
瑞典	15	171421.452	13	19554.525	10	12.17369761
希腊	16	139418.663	20	13169.786	20	6.35315107
葡萄牙	17	134034.934	19	13357.451	19	7.572251134
③ 丹麦	18	123373.391	3	23581.785	3	15.5547366
芬兰	19	99346.213	15	19501.622	14	11.04564593
匈牙利	20	96909.384	22	9478.588	21	4.73961205
爱尔兰	21	64561.229	16	17786.059	16	9.81570585
新西兰	22	59960.805	17	16359.365	18	8.939836825
③ 卢森堡	23	14205.321	1	34664.567	1	20.71381356

各变量均用 PPP 方法计算得来。

数据来源：GDP 总量和人均 GDP 数据来源于中国宏观数据库；其他数据来源于 OECD 官方网站。

中国通过资本积累和“人口红利”，取得了总量经济增长的奇迹。现在，我们认识到，要保持经济的持续增长，从“国强”发展到“民富”，还需要重视技术创新和资源节约。这是我们经济发展观的巨大进步。但是，仍未脱离西方新经济增长理论的后尘。我们从要素积累到技术创新的发展之路，是西方在50年前已经走过的老路（Aghion，1998）。而从未来经济增长的模式和潜力来看，目前西方发达国家正在致力而行的事情更值得我们去关注，那就是如何实现高闲暇、高产出、高效率的“效率经济”。效率经济，决定了一个国家的发展潜力，决定了“民富”的程度和速度。因此，要想在借鉴西方的基础上进一步取得赶超，我们需要超前探索出从“创新中国”到“效率中国”的路径。而闲暇时间的利用，以及休闲经济的发展，对激发后工业化社会中的经济效率具有重大的理论和实践价值（魏翔，2005；2009b）。对其进行深刻研究，极为迫切。

（三）内需的新引擎

研究闲暇时间对消费影响的基本思路来源于新古典主义对消费者时间配置和跨时消费的分析。经济学家们调整了对消费者约束条件的视角，在静态地考虑消费者所面对的预算约束外，添加了时间约束条件，或是将消费时间引入效用函数，重新分析消费者的效用和行为对消费增长的影响。由于不同学派和不同学者建立的效用函数和约束条件不同，得到了不尽相同的结论。布坎南（Buchanan，1994）认为闲暇时间和宏观消费有反比关系。但刘孟奇（Lio，1996）争辩道，当人们对物质消费多样化的欲望很高涨的时候，闲暇消费和居民总消费会同时提高。

我国学者比较关注闲暇与需求的关系及其对消费的影响。张旭昆、徐俊（2001）把商品细分为耗时性商品和瞬时性商品，证明闲暇时间的增多，对耗时性商品的消耗便会增加，这将引致对旅游、体育、娱乐消费需求的上升。郭鲁芳（2004）则从理论上证明了上述观点的可行性。但是，若考虑闲暇活动对工作时间形成“挤出”，同时又可能带来工作效率的提高，那么，闲暇时间及闲暇消费对居民的总体消费可能存在正负两个方面的效应：对居民消费既有“挤出效应”（crowding-out effect），也有“挤入效应”（crowding-in effect），净效应受到效用函数形式和外界参数的影响（魏翔，2007）。

我们用一个动态消费的最优化模型证明，若工资率、人口增长率、时间偏好率为外生给定，则当资产收益率大于时间偏好率时，闲暇消费能促进宏观消费，即，休闲经济能拉动内需；反之，休闲能否拉动内需取决于边际闲暇时间对行为人边际效用的影响程度大小（魏翔，2006a）。换句话说，在低利率或货币需求低迷时（如通货紧缩时期或经济萧条期），休闲消费、休闲经济更可能拉动内需。

以上理论说明，闲暇或休闲活动对宏观消费具有显著作用。1987～2003年间，休闲时间对城镇居民消费产生促进作用：休闲时间每增长1%，即刺激当前消费增长0.93%（魏翔，2007），休闲的消费弹性已经趋于1。如果考虑进最近几年旅游和休闲消费的蓬勃发展，休闲的消费弹性将变得富于弹性。也就是说，休闲经济将能成倍地促进居民消费。2009年末，国务院出台了“关于推进旅游业发展的意见”，寄望旅游消费成为继住宅和汽车后又一消费热点，成为拉动内需的新引擎。从理论和最近几年的实践看，这是极有可能的。

四　总结

中国正在创建和谐社会，实际上是要建立一个基于现代经济的民生社会。在这样的社会中，国民的收入达到一定高度，社会开始进入后工业化时期，此时经济增长的动力不再来源于资本、人力等要素积累，甚至不再依赖于技术进步和科技创新，而是来自对快乐和自由的追求。经济体从“创新型”向“效率型”进发。创新的动力在于追逐利润，而效率的动力在于追求快乐和自由。

快乐和自由，更多的是在闲暇而非工作中实现的。因此，闲暇或休闲，不仅是经济发展的目的和原动力，而且还是推动后工业化社会经济发展的新手段。闲暇的这种性质取决于闲暇对工作具有“互补效应”：闲暇时间及其内容对生产具有积极的促进作用，表现为增进个体幸福感、提高工作效率和引致全社会的创新。

闲暇经济有利于实现“国强民富”，有利于实现“高收入、高闲暇、高效率”的“三高”经济模式，有利于全面改善不平等状态，实现国家经济和国民幸福和谐发展的“快乐式增长”。

参考文献

Aghion, P. and Howitt, P. , 1992, "A Model of Growth through Creative Destruction", *Econometric*, 60.

Aghion, P. , and Howitt, P. , 1998, *Endogenous Growth Theory* [M], Massachusetts: MIT Pess.

Allen. , L and Donnelly. , M. 1985. "An Analysis of the Social Unit of Participation and the "Perceived Psychological Outcomes Associated with Most Enjoyable Recreation Activities" [J]. *Leisure Sciences*, Vol. 7, Issue 4.

Baxter, V. and Kroll-Smith, K. 2005. "Normalizing the workplace nap: blurring the boundaries between public and private space and time" [J]. *Current Sociology.* Vol. 53, Issue 1.

Becker G S, 1976, *The Economic Approach to Human Behaviour* [M], Chicago: University of Chicago Press.

Bliss. , C. "Conclusion: Disputes and Reported Cases" [J], *Law & Society Review*, 9 (2).

Buchanan, J. , 1994, *The Return to Increasing Returns* [Z], in Buchanan, J. and Yoon, Y. eds The Return to Increasing Returns, Ann Arbor, The University of Michigan Press.

Cassidy. , T. 1996. "All Work and No Play: A Focus on Leisure Time as a Means for Promoting Health". *Counseling Psychology Quarterly*, Vol. 9, Issue 1.

Cavette. , K. L. 1999. *Demographic, Environmental, Social and Organizational Effects of Employee's Leisure Activity Preferences and Satisfaction.* A Dissertation of Ph. D of the University of Mississippi

Csikszentmihalyi, M. , 1975, *Beyond Boredom and Anxiety* [M], San Francisco: Jossey-Bass, Inc.

Csikszentmihalyi, M. , 1981, "Leisure and Socialization" [M], *Social Forces* 60.

Cummins. , R. A. 1998. Normative Life Satisfaction: Measurement Issues and a Homeostatic Model [J], *Social Indicators Research*, 64 (2).

Easterlin, 1995, "Will Raising the Incomes of All Increased the Happiness of All." *Journal of Economic Behavior and Organization*, Vol 27, Issue 1.

Fogel. , R. W. 2000, *The Fourth Great Awakening and the Future of Egalitarianism* . The University of Chicago Press.

Gronau. , R. 1977. "Leisure, Home Production and Work: The Theory of the Allocation of Time Revisited." *Journal of Political Economics*, Vol. 85, no 6.

Gunter, B. J. , 1979, "Properties of the Leisure Experience" [Z], In Leisure: *A Psychological Approach*, eds. H. Ibrihim and R. Crandall. Los Alamitos: Hwong.

Hirsleifer, J. , 1970, *Investment, Interest and Capital* [M], Englewood Cliffs: Prentice-Hall.

Karen, A. & J. W. Mumford & W. Budd (2006), "Family-friendly Practices in Britain:

Aavailability and Acessibility", *Human Resource Management*, 45 (1).

Kelly, J. 1999. "Leisure and society: A dialectical analysis." In E. Jackson & T. Burton (Eds.), Leisure studies: *Prospects for the twenty-first century*. State College, PA: Venture.

Ladron-de-guevara, A, Ortigueira. S and Santos, S. M., 1999, "A Two-Sector Model of Endogenous Growth with Leisure" [J], *Review of Economic Study*: 66.

Leigh., A and Wolfers., J. 2006, "Happiness and the Human Development Index: Australia is Not a Paradox" [Z], *NBER Working Paper* No. W11925.

Lio, M., 1996, *Three Assays on Increasing Returns and Specialization: A Contribution to New Classic Microeconomic Approach* [D], Ph. D. Dissertation, Department of Economics, the National Taiwan University.

Mankiw., N. G. Rotemberg., J. J. and Summers., L. H. 1985. "Intertemporal Substitution in Macroecnomics." *The Quarterly Journal of Economics*, (Feb).

Owen., J. D. 1971. "The Demand for Leisure." *Journal of Political Economy*, Vol. 79, Issue. 1.

Romer, P. M., 1990, "Capital, Labor and Productivity", Brookings Papers on *Economic Review Papers* on Economy 98 (5).

Singh., P. and Joesph., G. 1996. "Life Satisfaction in Relation to Leisure and Socio-culture-sport Activity." *Indian Journal of Psychometry and Education*, Vol. 2.

Smale., B. and Dupuis., S. 1993. "Leisure Participation and Psychological Well-being." *Journal of Applied Recreation Research*, Vol. 18.

Van Praag., B. M. S. Frijters., P. and Ferrer-i-Carbonell., A. 2003. "The Anatomy of Subjective Well-being." *Journal of Economic Behavior & Organization*, Vol. 51, Issue 1.

Veenhoven., R. 1997, "Quality-of-Life in Individualistic Society, A Comparison of 43 Nations in the Early 1990s." *Social Indicators research*, Vol. 48.

Walsh., V. C. 1956. "Leisure and International Trade". *Economica*, Vol. 23.

Wilensky., H.L. 1961. "Uneven Distribute of Leisure on Growth: The Impact of Economic Growth on 'Free Time'". *Social Problems*, Vol. 9.

Zuzanek., J. Beckers., T and Peters., P. 1998. "The 'Harried Leisure Class' Revisited: Dutch and Canadian Trends in the Use of Time from 1970s to the 1990s." *Leisure Studies*, Vol. 17.

阿马蒂亚·森:《以自由看待发展》,任赜、于真译,中国人民大学出版社,2002。

郭鲁芳:《休闲消费的经济分析》,《数量经济技术经济研究》2004年第4期。

《五年涨两倍中国人均GDP破3000美元》,2009年3月9日《环球时报》。

黄有光:《日本经济与日本的快乐指数》,2005年10月14日《南方周末》。

汪丁丁:《回家的路:经济学家的思想轨迹》,中国社会科学出版社,1998。

魏翔:《闲暇时间与经济增长》,《财经研究》2005年第10期。

魏翔:《基于闲暇时间—效用函数的居民消费研究》,《经济科学》2006年第4期。

魏翔:《休闲时间与经济效率》,《南开经济研究》2006年第6期。

魏翔：《闲暇时间与消费增长》，《财贸经济》2007 年第 11 期。

魏翔、惠普科：《城乡休闲状况调研报告——休闲效率、不平等与假日改革》，研究报告，2007。

魏翔：《闲暇经济理论综述及其最新进展》，《旅游学刊》2008 年第 4 期。

魏翔、李振兴：《2009 年北京市国民时间使用调查报告》，工作论文，2010 年待发表。

魏翔：《经济增长的新机制：闲暇效应、幸福感与经济效率》，中国闲暇经济研究中心，工作论文，2009。

魏翔：《闲暇的互补效应与内生增长》，中国闲暇经济研究中心，工作论文，2009。

张旭昆、徐俊：《消费的闲暇时间约束模型与假日经济现象》，《经济评论》2001 年第 5 期。

左秉春，"数据日本"，http：//www. sinoth. com，2007 年 2 月 10 日。

中国居民休闲需求统计的现状与建议

郭 茜*

摘 要：丰裕的物质和多元的文化催生了居民的休闲需求，然而现有休闲需求统计相对落后，不能为休闲产业发展提供有效信息。在此背景下，如何进行休闲需求统计就成为值得研究的课题。理论和制度的缺失是休闲统计的主要问题，当前迫切需要加强理论、制度建设，为休闲需求统计顺利开展提供有力支撑。

关键词：休闲需求 统计调查 统计制度

进入21世纪之后，如何让人们在快节奏的工作之后体味悠然自得的生活真谛，已经成为备受关注的话题。一时间，休闲研究在国内理论界掀起了一股热潮。准确把握居民休闲需求现状和未来趋势，对保证休闲经济和休闲产业可持续发展至关重要。然而，能够全面、系统反映休闲需求的资料比较缺乏，在一定程度上限制了休闲领域的深入研究。因此，加强休闲需求统计，提供一手资料，成为完善休闲研究、促进休闲发展的重要途径。

一 休闲需求统计的必要性

1. 重塑休闲在经济体系中的地位

2009年中国经济遭遇发展困境，扩大内需的号角再次吹响，政府在启动总

---

* 郭茜，北京物资学院信息学院统计系讲师，研究重点是休闲统计、休闲经济与宏观经济关联研究、居民休闲时间规划。

规模达到4万亿元投资的同时，更加强调以需求促增长的发展方式。在国家出台的十项扩大内需的政策中，明确提出加快文化等领域的发展，此项政策必将惠及休闲。休闲不再被视为有钱阶级的无所事事和资源浪费，而是被赋予促进经济增长的积极、正面的形象。休闲能否成为经济发展的“发动机”，仅仅依靠主观估算缺乏说服力，还需要相关统计数据加以佐证。加强休闲需求统计，对于重塑休闲在经济体系中的地位十分重要。

2. 为制定休闲产业发展蓝图提供量化资料

伴随居民休闲需求的提升，与休闲相关的产品与服务层出不穷，休闲已经成为一种产业，并且逐步向其他行业渗透。休闲产业能否积极、健康发展，关系到诸多行业的前途与命运，制定休闲产业发展蓝图对确保经济全面协调发展具有重要作用。休闲产业发展规划的制订，必须建立在对休闲需求全面了解的基础之上，只有掌握翔实、可靠的休闲需求统计数据，才能有针对性地制定合理的发展规划。

3. 促进居民精神文化生活全面提升

目前我国居民收入水平有较大幅度提升，物质生活需求基本得到满足，人们对精神层面提出了更高要求。休闲是精神需求的一种体现，是生活不可或缺的组成部分，在一定程度上改变了人们的生活方式和生存状态。休闲有助于提高人们整体的幸福感和生活质量，通过参与各种体育活动、游戏、社会活动，人们可以感受到乐趣、轻松和愉悦。休闲需求统计有助于全面了解居民休闲消费、休闲参与基本现状，可以为改善我国居民生活方式、提升生活质量提供更科学的依据。

4. 引导企业在新经济环境中寻找发展目标

休闲需求统计数据可以为企业在产业结构不断调整的工业化时期提供发展战略依据。休闲产业是后工业化时期新的增长点，经济良性循环越来越依赖于各种休闲需求的实现，旺盛的休闲消费需求和休闲活动参与需求为经济活动正常开展提供了条件。研究表明，在1947～2000年间，随着美国社会经济的发展，休闲服务业占国民经济的比重大约提高了1个多百分点。值得关注的是，休闲产业发展与休闲需求密切相关，企业需要考虑自身定位与休闲需求的一致性。开展休闲需求统计可以让企业更清楚目标市场的发展程度和方向，为企业制定战略规划提供有价值的参考依据。

二　我国休闲需求统计发展现状

1. 休闲需求尚未纳入政府综合统计体系

新中国成立伊始，中央人民政府政务院发出了《关于充实统计机构加强统计工作的决定》，县以上地方各级人民政府普遍建立起统计机构。经过半个多世纪的完善，目前已形成了以县级以上地方人民政府统计机构的城市、农村和企业三支抽样调查队为主，以乡镇统计员和乡镇信息网络为辅的政府综合统计体系。政府综合统计包括劳动、农林牧渔业、工业、运输邮电业、建筑业、固定资产投资、批发零售贸易、餐饮业、科技等统计和国民经济核算，休闲不在其中之列。政府统计系统没有纳入休闲需求统计，原因在于经济核算是以产出或产业为基础，而非消费。从供给方看，休闲涉及国民经济核算的众多产业，但是从需求方看，休闲只涉及单一主体——居民，休闲需求统计的主要内容是居民为满足休闲需求支付的各项成本。

2. 部门统计间接反映休闲需求

1953 年 4 月中央人民政府政务院财经委员发布了《关于充实中央财经各部统计机构的通知》，要求国家综合管理部门、工业管理部门、社会管理各部门组建部门统计机构，我国政府部门统计工作全面正式建立。虽然休闲需求统计没有正式纳入政府综合统计体系，但是部门和行业统计数据间接地反映了休闲需求。根据居民休闲需求的类型，目前各部门提供的相关统计数据主要有：国家旅游局统计部门定期发布出境旅游人数、旅游收入、人均旅游支出、客房出租率、客房收入等指标反映居民的旅游需求；交通部、铁道部和民航总局定期发布旅客周转量、客运量反映居民出行需求；商务部定期发布批发零售业和餐饮业的社会消费品零售总额等统计数据反映居民消费品需求；国家体育总局从 2008 年 9 月起，在全国范围内部署开展体育及相关产业专项调查工作，收集体育彩票销售网点、高校体育场馆、兼营体育中介服务企业、体育用品、体育服装鞋帽销售情况等统计数据反映居民体育需求；文化部发布艺术团体演出场次、文物场馆参观人数等指标反映居民的文化需求。部门统计数据用粗线条勾勒出居民休闲需求，为进一步细化休闲需求提供了必要的基础数据。

3. “黄金周”专题统计集中反映休闲需求

1999年国务院修订发布《全国年节及纪念日放假办法》以来，我国开始实施“黄金周”长假制度，“黄金周”已经成为居民集中释放休闲需求的一个重要时段，旅游、购物、走亲访友都是常见的假日活动。在众多活动中，旅游是公认的假日经济主体，已成为一种极为重要的社会现象和经济现象，准确获取“黄金周”旅游统计资料可以有针对性地把握休闲需求内在规律和发展趋势。2000年7月，国家旅游局、国家统计局联合制定了《“黄金周”旅游信息统计调查制度》，对全国31个省、自治区、直辖市辖区内“黄金周”的接待规模和效益开展统计调查，收集“黄金周”期间旅游收入、旅客人次、客运收入、旅行社接待情况、零售业餐饮营业收入、住宿客源等统计指标；2000年9月，国家旅游局联合国家统计局正式成立全国假日旅游统计预报体系，将全国189座旅游城市、540余个旅游景区纳入统计体系，由全国假日旅游协调办公室负责向社会发布“黄金周”期间各主要城市和旅游景点每日游客量、接待量。这些旅游数据集中反映了黄金周期间居民休闲需求。

4. 休闲调查处于探索研究阶段

自20世纪80年代于光远先生首次将休闲引入我国理论界以来，国内学者在借鉴西方休闲研究的基础之上，尝试性地开展了休闲调查，为深入了解个体层面的休闲需求提供了一手资料。其中有代表性的学者包括王琪延教授和王雅林教授等。王琪延在1986年、1991年、1996年、1997年、2001年和2006年先后六次对北京居民的生活时间分配进行调查，是迄今为止时间跨度最长的休闲调查，系统收集了不同休假制度下居民每天花在各项主要休闲活动上的时间，并利用时间分配数据研究了不同年龄、不同职业被调查者对各种休闲活动的时间利用现状，并从生命周期的角度研究了终身生活时间分配。①② 王雅林③在1980年10月采用时间记账法调查了哈尔滨和齐齐哈尔两个城市居民的休闲生活方式，1998年在上海、天津、哈尔滨三个大城市进行了城市居民时间分配调查，对在业者和非在

① 王琪延：《中国城市居民生活时间分配分析》，《社会学研究》2000年第4期。

② 王琪延：《从时间分配看北京市老年人的生活状况》，《北京统计》2003年第7期。

③ 王雅林、徐利亚、刘耳：《“双休制”对城市在业者休闲生活质量的影响》，《哈尔滨工业大学学报》2002年第2期；王雅林、车路光：《非在业群体闲暇生活质量考察》，《哈尔滨工业大学学报》2000年第9期。

业者休闲生活现状作了比较详细的分析。两位学者组织的休闲调查均从时间配置角度设计调查问卷，为今后开展政府统计确立了方向，积累了宝贵经验。然而，两者在调查问卷设计、休闲活动分类上都存在明显差异，预示着我国休闲调查走向正规化、标准化仍需要经历漫长的探索过程。

三 休闲需求统计存在的问题

1. 供给渠道提供的统计数据不能如实反映休闲需求

由于我国尚未建立专门休闲需求调查机制，只能用运输、餐饮、旅游等供给行业报送的统计数据间接反映休闲需求，然而从供给者渠道收集上来的统计数据并不能如实地反映休闲需求。从经济学角度而言，只有在完全竞争经济体制下，实现供需平衡时，供给才恰好等于需求。事实上，我国休闲供需关系存在严重周期性不平衡，节假日供不应求、工作日供给过剩，企业报送上来的统计数据只能反映产出情况或者供需失衡下的“伪”需求。在节假日，尤其是“黄金周”，有限的休闲资源抑制或延缓了居民休闲需求，在休闲资源供不应求的背景下，供给者提供的统计资料显然低估了休闲需求；在工作日，由于通勤时间的限制，居民以自娱自乐的方式实现休闲需求，没有时间利用生产部门提供的产品和服务，造成大量的休闲设施闲置，供给和需求结构差异产生了供过于求，一些不涉及货币交易的休闲需求不计入供给者的产出。因此只依靠供给者单一渠道收集数据反映休闲需求显然存在诸多弊端。

2. 部门统计资料“过涵盖”休闲需求

虽然国务院各部门依据本部门的专业性开展定期调查，收集了统计资料，但是大量统计资料反映休闲需求存在“过涵盖”现象。例如，根据出行目的，可以将出行活动分为两类：“一类是娱乐性的，包括旅行、游览、观光、度假、参加文化体育等娱乐活动；另一类是非娱乐性的，包括探亲、出差、学习、疗养、学术考察、技术交流、业务洽谈等”。① 交通运输部门发布的客运量和客运收入，住宿业发布的入住人数，以及旅游部门发布的游客数据均包含了娱乐性和非娱乐性活动。同样，外出就餐和购物活动也可以根据活动目的区分为娱乐性和非娱乐

① 潘璠：《关于建立国内旅游统计制度的若干问题》，《统计研究》1996 年第 2 期。

性，餐饮业和零售业营业收入也包括两种类型。事实上，只有与第一类活动相关的数据才能反映居民休闲需求，而各部门发布统计数据的口径明显大于实际休闲需求范围，如果直接利用这些数据必然会夸大休闲需求。

3. 休闲需求统计资料缺乏系统性

休闲与国民经济众多行业的生产活动密切相连，相关统计数据分散在各行各业，缺乏系统性。长期以来，我国政府统计一直采用条块相结合的方式开展统计工作，业务部门利用现有的统计渠道、统计资料和行政记录组织调查、收集数据，业务部门没有覆盖到的领域，由政府统计部门直接组织调查、收集数据。这种方式虽然较为全面地覆盖国民经济各个领域，但是我国行业划分过细、条块分割、分行业管理使得统计口径过细过窄、统计标准不一致，导致行业统计的内涵和外延都与休闲需求的概念差距较大，无法系统、综合地反映休闲需求。

4. 民间调查数据缺乏可比性和代表性

以专家学者和休闲研究机构为代表的民间调查力量为完善休闲统计提供了宝贵的经验，然而调查方案的差异导致调查数据缺乏代表性、不具备可比性。调查方案设计的缺陷主要体现在以下几个方面：就调查目的而言，民间调查通常只关注特定类型的休闲需求，例如体育锻炼、旅游、室内休闲活动等，无法全面代表休闲需求；由于时间和费用的限制，在选择调查对象时，无力开展全国范围的休闲调查，只能依据就近原则，在当地选择比较容易接近的调查对象，样本构成差异较大，区域性数据既不能反映全国的情况，又不具备可比性；问卷设计含有主观性，问卷内容因人而异，没有统一的标准来判断问卷的信度和效度，很难将这些数据直接联系起来进行比较研究。

四　引发休闲需求统计问题的原因

1. 休闲需求理论欠缺

健全的统计制度大多都是建立在完善的理论基础之上，休闲需求统计存在的种种问题在一定程度上应归咎于薄弱的理论基础。我国对休闲需求的研究还处于探索阶段。休闲需求的内涵与外延尚无明确的概念，不同学科背景的学者从本领域角度界定休闲。概念的不统一，使得制定统计规范无本可循，无法明辨哪种数据应该归于休闲需求，以及哪种数据应该向哪类对象收集数据，影响了休闲需求统计的正常开展。

2. 政府统计部门对休闲服务业重视不足

在计划经济时期，我国政府统计一直使用物质平衡表体系进行国民经济核算体系（MPS）；进入市场经济时期以后，“重物质，轻服务”的MPS核算方法很快被国民账户体系（SNA）取代。虽然SNA核算范围覆盖整个国民经济各部门，不受物质生产领域的局限，能完整地反映全社会的经济活动，但是长期将非物质生产性服务活动排除在生产领域之外的物质产品核算思想严重影响了统计部门对服务业，尤其是对新兴服务业统计的重视程度。休闲产业作为一种新兴服务业，研究者已经预见它将对国民经济产生不可忽视的贡献，但是其效果还未得到整体社会的公认，统计部门尚未意识到利用休闲需求统计数据为产业发展提供信息、咨询、监督服务的紧迫性。

3. 条块分割的统计体制割裂了休闲需求

休闲需求的满足需要借助多种手段，也需要从多个方面收集相关资料全面反映休闲需求，然而，数据收集渠道不健全影响了休闲需求统计的顺利开展。我国政府统计调查采用条块分割的方式收集数据，仅从供给渠道获取的数据非但不能准确反映休闲需求，反而将有机系统割裂成层次不分、界线不明、内容不清、范围不准的组成部分，影响了休闲需求统计体系的完整性，容易出现数据重复和遗漏。

五　完善我国休闲需求统计的建议

1. 夯实理论基础，加强理论研究

目前，我国休闲统计研究只能停留在探索阶段，必须将实践经验转化为理论，才能使休闲需求研究变得有迹可寻。因此，界定休闲需求概念及明确休闲活动分类标准是应首要解决的理论问题。

需求是在既定的价格水平下，消费者愿意并且能够购买的商品数量，然而使用经济概念界定休闲需求会遗漏不直接参与市场交换的休闲活动，例如，日常参与看电视、听广播等活动。非市场交易的休闲活动参与情况不计入休闲需求，就会严重低估休闲需求，因此还需要加入满足心理需求的休闲活动。将经济和心理

两个方面的有效因素融合后，休闲需求可以被界定为在休闲时间内（一定的时期）为满足放松身心娱乐而通过参与休闲活动、购买休闲商品和服务等形式所利用的休闲资源数量，包括消费需求和参与需求两部分。

休闲时间的灵活使用程度、设施使用程度、参与者数量等因素的不同，会导致人们对休闲活动的需求存在一定的差异，然而透过各种休闲活动复杂的表象可以发现，各种休闲活动在导向方向、行为、活动空间、价值观、生活观和文化等方面存在一定的相似性。为此，根据休闲需求目的大致可将休闲活动分为六大类：第一，通过为别人提供帮助而获得满足或直接以与他人接触为目的社交型休闲；第二，以扩大知识面、增长见识，提高自身文化修养为目标的知识型休闲；第三，为了提高自身体魄、增强身体素质的康体休闲；第四，以转换心情和审美为目的的观赏型休闲；第五，自娱自乐型休闲；第六，无事可做、消磨时间的消磨型休闲。

2. 建立并健全休闲需求统计制度

目前，统计制度的缺失导致无法在全国范围内开展统一、规范的休闲调查工作，为此应加强制度建设，从制度上保障顺利开展休闲需求调查。休闲调查制度建设包括七个方面：调查任务、调查范围与对象、调查方法、调查表、调查表发放方式、调查时间、数据报送方式。

休闲需求调查任务是全面准确掌握我国居民休闲需求的总量和结构数据，为休闲产业、休闲产品与服务供给企业的发展提供有利支撑。建议根据不同省份的具体情况，差异化地选择调查范围，经济实力雄厚的省份可以将城镇和农村居民都纳入调查范围，经济条件不具备的省份可以将地级以上城镇居民纳入调查范围，调查对象为当地常住人口，为保证调查有效性及减轻调查对象的负担，可随时间变化更新部分样本。在调查实施过程中，根据调查对象的特点及各省（市）的具体情况，采用多种方法加以实现，包括全面调查、抽样调查、典型调查及在现有数据的基础上进行推测算等。调查表主要侧重于被调查者在闲暇时间内参与的各种休闲活动，以及为满足休闲需求的消费支出。调查表发放可采用面访调查和邮寄调查相结合的方式，首次参与调查的对象可以由统计部门派访员入户指导填写调查问卷，多次参与调查的对象可直接将问卷邮寄给被访者。由于休闲活动参与程度会受到工作制度的影响，因此调查时间可以选择年内任意连续一周，由被访者逐日记录各种休闲活动。待被调查者填好问卷可以采用网络、邮寄或派专人上门索取等方式收集数据。

3. 用时间和货币两种尺度共同构建休闲需求统计指标体系

休闲需求统计指标体系的建立有助于全面、客观地反映休闲需求发展状况，避免部门统计将休闲需求割裂成互不相连的部分，防止民间研究机构观点以偏概全。经济条件是满足休闲需求的基础，构建指标体系离不开消费指标，但是休闲需求不能简单归结为消费问题，因为休闲需求受时间因素的制约。为了弥补以往休闲需求研究中仅仅使用货币尺度的缺陷，需要引入时间维度，利用休闲时间资源总量及其配置结构从全方位、立体化的视角反映休闲需求。休闲需求指标体系应包含两大类内容：休闲消费支出和各项休闲活动参与时间。

休闲消费支出是为了满足休闲需求在各项休闲活动中所耗费的成本，包括直接成本和间接成本两部分。直接成本是购买或消费休闲产品及服务支付的货币，例如，参与体育健身活动购买运动器材、服装，观看各类展览购买门票，外出旅行的交通、住宿、餐饮等花费均可计入其中。间接成本是指从事休闲活动耗费的时间成本（如果将这部分时间用于工作仍可以获得收入），在实际操作中这部分指标获取相对困难，需要根据人力资本价值计算不同类型人群的时间价值，然后才能核算间接成本。

休闲时间是为了满足享受和发展需要根据自身喜好自由选择的活动时间。休闲时间总量是扣除满足生理需要、家庭劳动和工作之后的剩余部分；其构成包括在各种休闲活动，如学习文化科学知识、读书看报、观看娱乐演出、体育锻炼等活动上耗用的时间。

4. 搭建数据收集渠道

目前，采集休闲需求数据均依靠供给渠道，而休闲需求的真实情况必须依靠需求渠道的数据来反映，因此，在现有基础上搭建新的数据采集渠道尤为重要。需求渠道的两端分别是被调查者和政府统计机构。建议国家统计局人口和就业统计司负责制发全国统一的休闲需求调查问卷，自上而下逐级下放到市统计机构，再由市统计局组织当地抽样调查。组织机构将管辖范围内的调查区按照所属街道划分为若干层，每个层都由一组调查小区组成，调查小区是人口普查时所确定的调查区域，其划分的依据是一个调查员力所能及条件下的区域大小（调查员能对其所覆盖的区域进行详细调查）。第一级调查渠道是从每个层中抽取调查小区组成的样本；第二级渠道是将这些小区绘图，列出其中所有住所（小区），并按照系统抽样抽取住所；第三级渠道是在抽中的小区中列出所有的常住户，按照系统抽样抽取家庭，对抽中家庭的所有家庭成员进行调查。建立三级数据渠道能有效解决需求渠道缺失的问题，不重不漏地覆盖所有被调查者，接触到终端被调查者，顺利地获取休闲需求调查数据。

中国居民休闲需求调查与研究进展

白日荣*

摘　要： 休闲需求调查包括生活时间分配调查和休闲参与调查。文章概括了我国居民休闲需求调查的进展情况和取得的研究成果，对其中研究主体单一、政府重视不够，休闲统计体系不健全、研究方法不规范，统计学学科对休闲研究的介入不足，以及休闲统计应用研究有待加强等问题进行了分析，并在此基础上提出相应的对策建议。

关键词： 休闲调查　时间分配　休闲参与

目前，我国已经进入全面建设小康社会、加快推进社会主义现代化建设的新的历史时期。经济发展使得人民生活水平普遍提高，“双休日”和带薪休假制的推行，使得城乡居民的闲暇时间明显增多，我国正在进入一个“普遍有闲的社会”。实现人的全面发展和社会的全面进步被提到更加突出的战略地位，依法加强对社会公共事务和社会生活的管理，将日益成为政府的一项重要职能。在此背景下，研究居民休闲需求问题就有了非常重要的现实意义。特别是利用统计方法，收集并分析居民休闲生活的数量特征，了解居民的休闲需求状况，包括居民的闲暇时间总量、结构比例和分配使用情况、各类休闲活动的参与情况、休闲消费状况、休闲价值观念和休闲满意度状况等，总结居民的休闲生活特点、未来发展趋势及影响制约因素，对于各级政府的休闲规划和监督公共休闲政策的实施效果具有重要的参考价值。

---

* 白日荣，山东工商学院统计系副教授，中国商业统计学会理事，研究方向为休闲统计。

一　休闲需求调查概述

休闲研究实践表明，采用社会调查方法向个体询问休闲习惯方面的问题，仍然是目前国际上应用最广泛地用来测度休闲需求的方法。“这种方法仿佛是一台可以对社会进行观察的显微镜，能够帮助我们观察到日常生活中平时令人难以察觉的各个侧面。”①

（一）休闲调查（Leisure Survey）的形式

客观地来讲，大多数国家定期进行的统计调查中都会涉及有关休闲的内容，只不过局限于休闲的某些方面。比如，对赌博活动支出、烟酒消费支出的统计，对国际旅游的统计，出于产业和经济政策的需要对劳动时间的统计，出于商业原因和经营许可目的对大众媒体使用的统计，等等。但综合的、包含更多信息的休闲调查，则是针对特定人群专门组织的社会统计调查。其调查形式主要有两种：一种是基于活动的休闲调查，另一种是基于时间的休闲调查。

基于活动的休闲调查，也叫休闲参与调查（Leisure Participation Survey）。具体组织形式是：使用问卷，借助被访者的回忆来收集其在指定的时期内（通常是过去的一个月或者一年）参与休闲活动的信息，如休闲活动的种类、参与次数或频率、消费支出、活动场所、伙伴选择，以及影响活动参与的因素等。

基于时间的休闲调查，也叫时间预算调查（Time-budget Survey），时间日记调查（Time-diary Survey），或者叫做时间分配调查（Time-use Survey）。这种调查要求被访者在指定的时间内（通常是一天或两天）记录其各项活动的时间分配，包括各项活动的开始时间和结束时间，有时也包括活动进行的场所和活动伙伴的选择等信息。通常采用时间日记的形式，以10分钟为一个间隔，依靠被访者的回忆来连续、完整地记录某一天全部活动的时间占用情况，调查日通常会选择一个工作日和一个休息日。在这类调查中，休闲时间只是调查的一部分。

两种调查中均会包含对被访者的人口统计学特征和社会经济特征的收集，有时也会涉及有关生活方式或者态度方面的信息。

---

① 马惠娣、张景安：《中国公众休闲状况调查》，中国经济出版社，2004，第9页。

两种调查的出发点和侧重点不同。时间分配调查首先侧重于考察研究对象是否有“闲”，即闲暇时间的拥有状况，因为有“闲”是能够休闲的前提，其次才去考察闲暇时间在各种休闲活动上的配置状况，具体体现为某一天或某两天的闲暇时间配置情况，所涉及的休闲活动种类较少。而休闲参与调查则侧重于考察在一个较长的时距范围内研究对象的休闲生活状况，所涉及的休闲活动种类繁多。比起时间分配调查，休闲参与调查因其调查参考期较长，通常为一个月或者一年（目前国际流行标准为一年），使得参与某项活动的人员比例会有较大幅度的提高，从而更容易获得较大的子样本，有利于开展对具体活动的深入分析，特别有利于针对被调查者的个体特征如年龄、性别、社会地位等进行的分类研究。因此，在国外，休闲研究者和政策制定者更倾向于使用休闲参与调查。

（二）调查统计分析内容及方法

1. 闲暇时间统计分析

闲暇时间是生活时间分配中的重要内容。生活时间的分类主要有二分法、三分法、四分法和五分法。按照四分法，闲暇时间指的是除了生活必需时间、家务劳动时间、工作（学习）时间以外的、个人可以根据自身喜好自由选择支配的时间。

闲暇时间的统计分析中，主要关注的是研究对象的闲暇时间拥有量、闲暇时间配置和利用情况。常用的统计分析指标有研究对象的平均闲暇时间和闲暇率（即闲暇时间占全部生活时间的比例）。分析中既涉及一般性分析（即研究对象整体闲暇时间分配及利用状况），也包括差异性分析（即不同人群在闲暇时间分配及利用上的差异）。

2. 休闲参与统计分析

休闲参与（Leisure Participation），是指人们在闲暇时间里从事各类休闲活动的情形，包括参与活动的种类和类型、次数或频率，以及参与活动的时间等。因此也有人直接将休闲参与定义为活动的频率和类型，如“参与某种休闲活动的频率或象征个体一般特征的休闲活动类型”（Ragheb & Griffith，1982），“个体参与某种休闲活动的频率及休闲活动的种类或类型”（陈冠惠，2003）等。

对休闲参与的衡量，根据其所涉及的内容，通常使用以下两种方法：第一，通过时间预算法，记录个人在一天内参与各项休闲活动的时间。第二，参与频率法，即个人在某一段时间内（一天、一周、一个月、一季或者一年）参与某种活动的次数或频率。通过对休闲活动频率和活动的种类或类型的考察，可以了解和考察特定区域人们的休闲参与状况，以及不同人群在休闲参与方面的差异。另外，人的社会性决定了人们在实际参与休闲活动时，往往会选择一定的伙伴一起参与，活动类型不同，人们在同伴选择上的倾向也会有所不同。对休闲参与同伴选择的研究有利于进一步了解各种休闲活动的特性，可以为休闲场所和设施的建设规划及改善休闲服务质量提供决策参考。人们在实际生活中的休闲参与程度，也会受到各种主客观条件的影响和制约，使得人们的休闲欲望或者休闲需求得不到满足。对休闲参与限制性因素的研究，可以为寻求满足人们休闲需求及改善人们休闲生活质量的途径提供思路和可供借鉴的决策参考。

二　我国居民休闲需求调查研究进展

（一）国内休闲调查的进展

我国的休闲调查研究起步较晚，开始于20世纪80年代。1980～1981年，当时黑龙江社科院的王雅林等人采用时间预算法对哈尔滨和齐齐哈尔两市城市职工的时间分配和休闲生活状况进行了国内首次大型问卷调查，1988年又采用同样的方法对包括哈尔滨在内的黑龙江省9个市镇实施了样本量为1000人的生活时间分配调查，并对两次调查资料做了动态比较。1998年，王雅林等人在福特基金会的资助下，在上海、天津和哈尔滨三个大城市再次进行城市居民生活时间分配调查。其中，哈尔滨和上海的调查样本为当地统计机构的常年观察样本，天津市采用的则是研究者自己建立的常年观察样本。

1987年，中国人民大学王琪延教授组织了生活时间分配研究课题组，并于当年进行了北京市居民生活时间分配调查。之后，该调查被列为北京市哲学社会科学“八五（国民生活研究）”和“九五（社会生活研究）”规划项目，每5年进行一次。1997年该课题组将调查范围拓展到全国40个城市，样本容量达到6000人。最近一次北京市居民生活时间分配调查是2006年5月完成的。

1987～1988年，上海社会科学院社会学研究所的卢汉龙、孙慧民等人对上海市民进行了生活时间分配调查，天津社会科学院潘允康等人对天津市居民进行了调查。1992 年、1995 年、1997 年及 1998 年，北京大学时间地理学研究小组先后对兰州市、大连市、天津市、深圳市实施了生活时间分配调查。2001 年，由中国艺术研究院中国文化研究所承担、马惠娣主持的文化部重点课题“我国公众闲暇时间文化精神生活状况的调查与研究”，对北京、天津、哈尔滨、上海等城市“在业者”、“非在业者”、“青少年”、“老年人”等四个群体的闲暇时间使用状况进行了调查。

由官方统计部门组织的调查也出现于 20 世纪 80 年代，但到目前还没有形成统一的调查制度。1982 年以后，国家统计局分别在北京、上海、天津、大连、重庆等地进行了城市居民生活时间分配抽样调查，分别报告了当地居民的生活时间分配状况。部分调查结果被收录在国家统计局编辑出版的 1985 年、1987 年版《社会统计年鉴》中。2005 年，北京市统计局对北京市城八区 2000 名城市居民进行抽样调查。2008 年 5 月，国家统计局北京调查总队、北京市统计局又对北京市 1500 户（其中城镇居民家庭 1000 户、农村居民家庭 500 户）城乡居民家庭开展了时间利用调查。调查对象为调查户中 15 ~ 74 岁的家庭成员，实际调查人数为 3733 人，其中，男性 1843 人、女性 1890 人。

随着社会经济的发展，以及人们休闲意识和对休闲重要性认识的提高，更多的人参与到休闲调查研究中来，特别是对休闲参与状况的调查研究。如刘志林、柴彦威、龚华（2000）、杨国良（2002）、唐雪琼（2004）、秦学（2005）等人分别以深圳、北京、成都、重庆、广州等城市为例，对城市居民的休闲方式和休闲活动进行了调查。张雅静等（2006）对宁波市居民的闲暇生活状况进行了调查研究。张宝荣（2007）、张玉华（2007）、赵一刚（2008）、黄家宏（2008）等分别在河北省、江西省和浙江省进行了有关休闲体育活动状况的调查研究。屈强（2009）、杨森（2009）分别在赤峰和咸阳对中学生和城市居民进行了休闲体育活动状况的调查研究。

2009 年 12 月 20 日在中国知识资源总库——CNKI 系列数据库中执行跨库检索（包含中国期刊全文数据库、中国优秀硕士学位论文全文数据库和中国博士学位论文全文数据库），检索方式如下：检索项“题名” + 检索词“休闲” + 检索时间“1979 ~ 2009” + 匹配方式“精确”，初次检索后，以检索项“题名” + 检索词“调查” + “在结果中检索”的方式执行二次检索，得到有关休闲调查研究类文章 142 篇，手动剔除弱相关性文章后，剩余 94 篇。更换检索词为“闲

暇”，执行相同的检索方式得到文章71篇，手动剔除弱相关性文章后剩余68篇。这些文章的基本分布特征见表1。从研究的内容来看，既有宽泛的对休闲生活或者闲暇生活的研究，也有针对某一休闲生活侧面的研究，其中针对体育休闲进行的研究最为突出。在“休闲+调查”检索结果中，94篇文献有54篇是关于体育休闲的，占到了全部文献的57%。从调查对象来看，城市居民和学生是两个受关注度比较高的群体，学生中尤以大学生为最。这种情况可能与文献作者的身份有关，因为大部分作者为高校职员或者高校的研究生，而且从调查实践来看，相对其他群体，大学生的配合度较高，调查较易组织。除此之外，调查对象还涉及了高校教师、女性、老年人、儿童和农民工等不同的群体。

表1 中国知识资源总库——CNKI系列数据库休闲调查类文章分布情况

题名关键词	调查对象分布		调查内容分布		文章发表时间分布	
	对象	篇数	内容	篇数	时间	篇数
休闲+调查	城市居民	31	体育休闲	54	2009	22
	学生	31	休闲	30	2008	19
	高校教师	4	其他	10	2007	19
	老年人	5	—	—	2006	13
	女性	9	—	—	2000~2005	21
	其他*	14	—	—	—	—
合　计	—	94	—	94	—	94
闲暇+调查	学生	41	闲暇生活	56	2006~2009	33
	城市居民	7	闲暇体育	9	2000~2005	27
	青年	4	闲暇教育	1	1996~1999	8
	其他**	16	闲暇旅游	1	—	—
	—	—	闲暇价值	1	—	—
合　计	—	68	—	68	—	68

*包括了贫困生、残疾人、在职干部、白领、游客、儿童、农民工等7类群体。

**包括了中老年、个体工商户、农民、农民工、高校教师和高级知识女性等6类群体。

2008年12月，山东工商学院的白日荣在国家统计局烟台调查队和烟台市统计局的协助下，采取分层两阶段配额抽样方式，完成了对烟台市在业人口的休闲调查。有效样本量560，调查内容涉及生活时间分配、休闲活动参与、休闲态度和休闲满意度四个方面。在调查的基础上进行了深入分析，并将研究成果作为实证内容写入了作者本人在中国人民大学的博士论文“城市公共休闲统计研究”中。

综上所述，进入21世纪以来，我国休闲实证研究成果呈快速增长的趋势，特别是2005年以后这一趋势更加明显。在我国，休闲研究总体上停留在理论研究层面，实证研究力量薄弱，但是更多的人参与到休闲的实证研究中，更多实证休闲研究成果的出现，正在改变着国内休闲研究的格局。

（二）国内休闲调查研究的主要成果和结论

国内休闲调查的研究成果主要集中在时间分配方面。王雅林教授1992年在前期调查研究的基础上出版了《闲暇社会学》，该书被称为中国闲暇时间研究的奠基之作。中国人民大学的王琪延教授在对北京等城市进行时间分配调查研究的基础上，于1996、1999、2000年先后出版了《国民生活研究》、《城市居民生活时间分配》和《中国人的生活时间分配》三本书，王琪延教授的论文“国民生活时间分配统计分析”（1999年）还获得了“2000年度中国人民大学优秀博士学位论文奖”。以上这些研究成果是目前国内较有影响的生活时间分配研究成果，从研究框架、研究方法特别是对调查资料的统计分析方面，为其他学者提供了重要的可资借鉴的范例。2004年由马惠娣和张景安联合主编的《中国公众休闲状况调查》一书，是2001年文化部重点课题“我国公众闲暇时间文化精神生活状况的调查与研究”的结项之作。该书虽然没有在研究方法上取得更多新的突破，而是对包括王雅林、王琪延在内的诸多学者在生活时间分配和休闲生活状况研究的一次整合，但为了解公众文化精神生活提供了比较全面的实证依据。

目前已有休闲调查研究的主要结论存在于两个方面，一个是居民休闲生活的特点，另一个是居民休闲生活中存在的问题。居民休闲生活的特点表现为：①闲暇时间占有量明显增多，生活时间结构发生明显变化。②闲暇时间利用形式趋向多元化，个性化和社交型休闲方式受到更多人的青睐。③人们的生活状态在变化，闲暇时间和物质财富的增加，使得人们对精神文化生活和自我全面发展的需求增加，更加注重生活质量的提高。居民休闲生活中存在的主要问题是：①休闲生活质量和闲暇时间数量不相匹配，活动单调、趣味不高雅现象严重，看电视和上网消遣占据了相当多的闲暇时间。②不同群体休闲生活差异较大。在业者中低学历人群、女性和中年人群（30～40岁）的闲暇时间相对较少，休闲生活比较单调；非在业者如城市下岗失业者的闲暇时间多以闲置的形态存在；低收入家庭的生活重心仍在为生计和家务而忙；青少年群体学习压力大、自由发展空间小，闲暇时间利用单调，自然天性受到压抑；老年人精神生活贫乏。③休闲教育缺乏，在引导人们形成正确的休闲价值观和提高休闲技能方面，还缺少有效的途径。④人们的休闲态度比较积极，但休闲生活的满意度不高。⑤社区文化设施建设远不能适应人们的休闲需要。

三　我国居民休闲需求调查中存在的问题

1. 研究主体单一，政府重视不够

西方发达国家出于休闲政策制定的需要，从20世纪60年代就开始掀起全国范围内的休闲调查。1962年，美国的户外游憩资源评价委员会（ORRRC）进行了全国范围内的休闲参与调查，为的是建立休闲活动参与水平数据库。1967～1972年，加拿大进行了一系列户外游憩需求调查（CORDS），收集了大量户外活动的详细资料，旨在为评估加拿大户外游憩的现实需求和潜在需求提供信息。法国于1967年首次进行了休闲参与调查。如今，在许多西方国家，定期进行休闲调查逐渐成为一种制度，这种调查有时由政府统计部门组织实施，有时由政府委托商业或者学术调查机构来组织实施，通过调查积攒了丰富的数据资源，为有关国家休闲政策的制定提供了有力的决策支持。截至2003年，澳大利亚、加拿大、芬兰、法国、德国、英国、中国香港、以色列、日本、荷兰、新西兰、波兰、俄罗斯、西班牙、美国共15个具有代表性的国家和地区中，有14个开展定期的全国/地区性休闲参与调查，有10个开展定期的全国/地区性时间分配调查①。其中，中国香港休闲调查主要集中在青年休闲行为上，旨在为青年人提供人性化的社区服务，大多数相关的休闲调查是由政府或者志愿机构在一定区域或者特定年龄范围人群中进行的。国外休闲调查研究的另一类参与者是学者，他们更倾向于在政府休闲调查基础上的应用研究。值得一提的是，我国台湾地区的学者们开展了广泛的休闲生活调查研究，研究对象涉及社会生活的不同群体，确定了比较统一的研究模式，在研究构架、量表选择和研究程式上有比较统一的规范，积累了大量丰富的研究成果。

---

① Grant Cushman, A. J. Veal, Jiri Zuzanel. *Free Time and Leisure Participation: International Perspectives.* CABI Publishing, 2005.

和国外的休闲调查形成鲜明对比的是，我国的休闲调查研究主要是由高校学者组织进行的，政府的重视程度较低。大部分休闲调查研究是由高校学者出于学术兴趣自发进行的，能得到政府有关部门课题立项甚至资金资助的机会十分有限。由政府出面组织的休闲调查，除了国家统计局于20世纪80年代和近几年北京市统计局所做的几次生活时间分配抽样调查之外，还没有看到其他类似调查的相关报道。这种局面与休闲调查的起源和功能是不相称的。休闲调查从其诞生之初，就是作为解决实际问题的重要工具而存在的，即主要用来帮助政府制定公共政策或者监督公共政策的实施效果，所以理应得到政府的重视和支持。另外从调查投入来看，休闲调查对象通常涉及广泛的社会群体，要得到较高信度和效度的样本数据往往要付出较昂贵的代价，政府买单责无旁贷。

2. 休闲统计体系不健全，研究方法不规范

尽管国内已有的休闲调查研究中不乏代表性的成果，但整体而言，休闲统计体系还不健全，研究方法尚不规范，还存在着许多亟待改进的地方，尤其是休闲参与状况的调查和统计中缺乏统一的概念体系、分类体系和量表体系。具体体现在：休闲活动缺乏统一的分类和编码，缺乏统一的量表；调查参考期没有统一的规定，有的选择一个月，有的选择一年；同类调查所使用的调查问卷差异较大，致使同类调查的可比性较差。现有的大部分休闲参与调查研究中，抽样调查的执行方案含混不清，大部分研究中对抽样过程轻描淡写，三言两语一带而过，对调查数据的真实性和代表性缺乏必要的论证，往往给人难以信服的感觉。

3. 统计学科介入不足

在我国相对较短的休闲研究历程中，有哲学、社会学、旅游管理、城市学、地理学、经济学、体育学等学科介入，其中以社会学和旅游学为主。统计学学科对休闲研究的介入力度尚浅，休闲研究还没有引起统计学科领域的高度关注。这种学科介入的不足还体现在休闲统计教育的薄弱和滞后上。目前，在我国的大中专专业院校中，除了少部分旅游院校为旅游专业开设《旅游统计》课程以外，专门的休闲统计课程还没有被纳入绝大部分大中专院校的专业课程体系，休闲统计教育尚未得到应有的重视。

4. 基于休闲调查的应用研究还有待于加强

尽管统计调查有理论依据和方法体系，但统计调查本身的工具属性是毋庸置疑的，休闲调查也不例外。无论是休闲参与调查还是生活时间分配调查，对于调查对象生活状态的刻画和描述并不是调查的最终目标，其目标在于借此发现问题并解决问题，最终改善和提高人们的生活质量。

在国外，休闲调查作为不断成熟和适用的方法已经被应用在若干领域，如城市公共服务规划、经济发展规划甚至经济增长效率的评价中。美国学者以休闲调查建立的数据库为基础，开发出了基于定量模型的需求预测方法，以及基于个人心理水平的定量行为模型（Cichetti，1972），这种定量研究模式至今还主导着北美地区的休闲研究模式，即被 Fred Coalter（1999）称为北美“休闲科学”的模式。综观国内已有的休闲调查研究成果，大多停留在从社会学的角度对调查对象的描述性和解释性研究阶段，而以休闲调查研究为基础的应用研究还很少见。

四　对策建议

1. 将休闲调查纳入政府统计调查体系

将休闲调查纳入政府的统计调查体系中，由政府统计部门或由政府委托的其他专业机构定期开展居民生活时间分配和休闲参与抽样调查，建立系统的国民休闲需求数据库，为休闲规划和公共休闲政策的制定和监督提供决策依据。

2. 健全休闲统计体系，规范研究方法

健全休闲统计体系，建立统一的休闲统计概念体系，制定统一的休闲活动分类代码和量表体系，规定统一的调查参考期，增强同类调查的可比性。规范休闲统计研究方法，包括研究范式、抽样方式等。

3. 加强休闲统计教育

将休闲统计纳入大中专院校特别是经济管理类院校相关专业的培养计划，普及休闲统计的知识，强化对休闲统计重要性的认识，提高公众的休闲统计素养和能力，为休闲统计研究储备人才。

4. 建立专业研究机构，加强休闲统计应用研究

政府应该成立专门的、包括国家和地方各级的休闲研究机构体系，配备专业研究队伍，开展全国性和区域性的休闲研究。同时要强化对休闲统计应用研究的政策导向，在科研立项和资金支持上给予重视，鼓励更多的研究机构和研究人员开展休闲统计应用研究。

参考文献

蔡玲、钟涨宝：《居民闲暇生活研究述评》，《华中农业大学学报（社会科学版）》2008年第2期。

柴彦威、李峥嵘、史中华：《生活时间调查研究回顾与展望》，《地理科学》1999年第1期。

柴彦威：《中国城市居民休息日的时间利用特征与活动的时空结构——兰州市的实证研究》，《中国　区域科学协会》，《区域旅游管理与开发》，北京：海洋出版社，1998。

陈冠惠：《青少年生活形态、休闲态度与休闲满意度之关系研究》，台湾：国立云林科技大学，2003。

梁明琳、张捷、章锦河、李娜：《国内近十年体闲研究进展》，《中国地质大学学报（社会科学版）》2006年第5期。

刘志林、柴彦荣、龚华：《深圳市民周末闲暇活动的空间结构》，《经济地理》2001年第4期。

马惠娣、刘耳：《西方休闲学研究述评》，《自然辩证法研究》2001年第5期。

马惠娣、张景安：《中国公众休闲状况调查》，北京：中国经济出版社，2004。

秦学：《广州市民休闲生活的调查与研究》，《消费经济》2005年第6期。

宋瑞：《休闲：经济学分析与统计》，《旅游学刊》2002年第6期。

宋瑞：《国内外休闲研究扫描—兼谈建立我国休闲学科体系的设想》，《旅游学刊》2004年第3期。

唐雪琼：《县级城镇居民休闲行为研究——以云南蒙自县为例》，《人文地理》2004年第4期。

王琪延：《国民时间资产和闲暇活动核算研究》，《统计研究》2000年第11期。

王琪延：《城市居民生活时间分配》，北京：经济科学出版社，1999。

王雅林、董鸿扬：《闲暇社会学》，哈尔滨：黑龙江人民出版社，1992。

王雅林：《城市休闲——上海、天津、哈尔滨城市居民时间分配的考察》，北京：社会科学文献出版社，2003。

张宝荣、常彦军、伏宇军：《河北城市居民休闲体育活动的调查研究》，《体育文化导刊》2007年第11期。

张广瑞、宋瑞：《关于休闲的研究》，《社会科学家》2001年第5期。

张雅静、巢小丽、陈觅：《宁波市居民闲暇生活状况调查——兼论休闲学视角下和谐社会的构建》，《中共宁波市委党校学报》2006年第5期。

赵一刚：《浙江省高职院校教师参与休闲体育活动现状的调查与分析》，《体育科技文献通报》2008年第9期。

Grant Cushman, A. J. Veal, *Jiri Zuzanek. Free Time and Leisure Participation*, CABI

Publishing, 2005.

John D. Owen. "The Demand for Leisure". *The Journal of Political Economy*, 1971, 79 (1): 56 -76.

Daniel Hamermesh and Harley Frazis. "Data Watch: The American Time Use Survey." *Journal of Economic Perspectives*, 2005, 19 (1): 221 -232.

C. Y. Jim. Changing "Patterns of Country-Park Recreation in Hong Kong". *The Geographical Journal*, 1989, 155 (2): 167 -178.

Chia-wei Lin; Chia-huei Wu; Nai-wen Hsu; Kai-ping Yao. "The Relationships between Leisure Satisfaction and Quality of Life of the Elderly in Taiwan". *Quality of Life Research*, 2002, 11 (7): 694. 9th Annual Conference of the International. Society for Quality of Life Research (ISOQOL).

国外休闲公共管理与政策：以英美为例

吴承忠*

摘　要：休闲公共管理的手段主要分为供应、规划、政策和法律四大方面，国外休闲政策大致分为六类：户外游憩政策、运动政策、艺术和娱乐政策、旅游政策、针对特殊人群的休闲政策、休闲服务业的人力资源管理政策。文章对此进行了分析，并以英美两国为例，探讨了这些政策的类型和实践过程中的经验。

关键词：休闲　政策　国外

一　国外休闲公共管理的手段与分析框架

市场失灵、休闲人权等因素决定了政府不能对公共休闲无动于衷，而应该通过对休闲各个领域的积极干预，提供更好的公共休闲服务。

（一）休闲公共管理的主要手段

美国休闲学者麦克林认为，“政府的游憩管理包括可进入性和设施的供应、保护、信息和领导”。① 乔治·托德森在研究英国的休闲供应时，实际上是把供应

* 本文为对外经济贸易大学“211”工程三期重点学科建设项目（73100040）、北京市哲学社会科学“十一五”规划基金项目（09BeJG274）、团中央课题（2008GH025）阶段成果。
吴承忠，对外经济贸易大学文化与休闲产业研究中心执行主任，对外经济贸易大学公共管理学院副教授，硕士生导师，研究方向为文化产业规划与政策、休闲产业规划与政策。

① Janet R. Maclean, James A. Peterson, *Recreation and Leisure: the Changing Scene.* John Wiley & Sons. p. 117.

和管理混合在一起来论述的。他认为政府对休闲和游憩服务间接的供应中也应该包括规划和教育功能。[①] 总体来看，本文认为，公共部门休闲和游憩管理的主要手段应包括：直接或间接供应与日常管理、规划（包括战略制定）、制定政策、出台法规。

（二）国外休闲公共管理的分析框架

笔者尝试构建了分析框架，用来研究西方国家政府（广义上的政府，包括立法、行政、司法机关）对休闲和游憩的公共管理（见图1）。其中，西方国家从事休闲管理的主体权力机关主要是政府机构和议会（或国会）；休闲管理的客体（即对象）包括：休闲者、休闲服务、休闲设施、休闲吸引物、非营利性组织、私人公司等；休闲公共管理的媒介或工具主要包括供应和日常管理、规划、政策、法律，其中供应和日常管理、规划、政策、法律的作用面包括了以上休闲公共管理客体的几个方面。

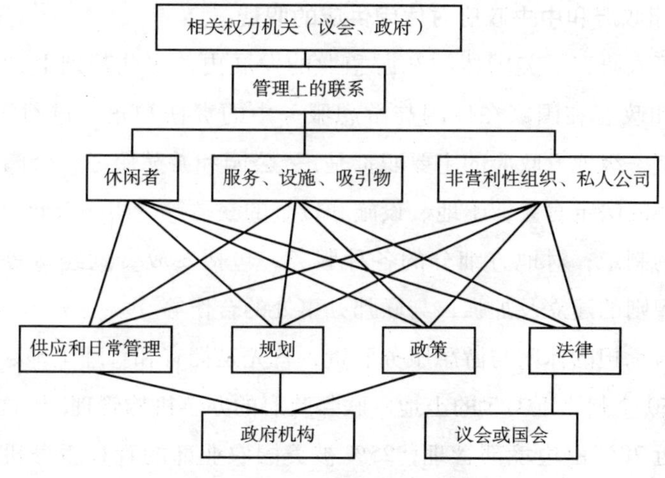

图1　休闲公共管理分析框架

二　西方国家休闲公共管理的特点或经验

以下重点从供应和日常管理、规划、政策和法律四方面来论述西方国家休闲公共管理的有关特点或经验。

---

① George Torkildsen. *Leisure and recreation management.* London: Chapman & Hall, 1992. p. 186.

（一）休闲供应

1. 英国地方政府在休闲和游憩领域直接供应的范围

根据乔治·托德森对英国休闲现状的研究①，地方政府直接在休闲和游憩领域的供应体现在十个方面：户外运动和游憩、室内运动和游憩、非正式的游憩（主要是户外游憩）、乡村游憩、文化游憩、与游憩有关的教育、图书馆服务、旅游、保护和遗产、娱乐、饮食业和会议、住宿和社区、社交服务。十大类下面又分别有4到5个小类，总共有47个小类。每个地方政府直接供应的内容、范围又各不相同，以上所列十大类只是将它们相似的地方进行了归纳。这些直接的供应，既包括了休闲和游憩设施，又包括了休闲服务。

2. 美国州政府和中央政府对休闲供应的职责

麦克林等人研究了美国休闲和游憩业的发展史，在此基础上，对地方政府（市一级）、州政府和国家在休闲与游憩服务中的责任和角色进行了深入分析。他们认为，市一级地方政府的主要职责是：② 公园和游憩服务；公园和游憩部门的组织；游憩的法定官方；土地、设施和资金的获得等。州一级政府的主要职责是：许可法的制定；对地方细分的各种服务，包括发放资助经费等；研究和教育；标准和规则的建立及加强；与联邦办事处的合作等。③

联邦政府承担的休闲与游憩服务职责，首先是拥有和管理土地、水、野生生命；在美国50个州，近1/3的土地由联邦政府的办事机构管理。④ 这些土地的多数部分，将近70%由边境部管理，25%被美国农业部的森林服务机构管理。此外，还有资助州和地方政府、直接运行游憩项目、研究和教育、制定规则、国际协定等职责。

---

① George Torkildsen, *Leisure and recreation management.* London: Chapman & Hall, 1992. pp. 183 - 185.

② Janet R. Maclean, James A. Peterson, *Recreation and leisure: the changing scene.* New York: John Wiley & Sons. pp. 73 - 99.

③ Janet R. Maclean, James A. Peterson, *Recreation and leisure: the changing scene.* New York: John Wiley & Sons. pp. 103 - 115.

④ Janet R. Maclean, James A. Peterson, *Recreation and leisure: the changing scene.* New York: John Wiley & Sons. pp. 116 - 117.

（二）休闲规划

从内容来看，国外的休闲和旅游规划包括总体规划和专项规划两大类型。总体规划又分为战略规划、土地利用规划和游憩服务规划；专项规划分为商业部门和公共部门的休闲规划、运动、生理教育和游憩设施规划、乡村游憩地规划等。

（三）休闲政策

本文在检索大量各类休闲政策外文文献的基础上，初步将国外的休闲政策大致分为：户外游憩政策、运动政策、艺术和娱乐政策、旅游政策、针对特殊人群的休闲政策、休闲服务业的人力资源管理政策等几种类型。

（四）相关法律

法律也是公共部门管理休闲和游憩服务业的重要手段，有的学者在研究时认为它是政策的一个重要组成部分。英国和美国近 300 年来制定了大量与休闲有关的法律，走在世界前列。截至 1989 年，英国与休闲有关的立法有 48 部。美国在游憩和运动的立法方面也做了大量工作，在水体游憩、运动和生理游憩①、海岸游憩②、教育与游憩③等方面颁布了大量法律。④ 除此之外，和残疾人游憩服务有关的美国联邦立法有 7 部。从中可见，美国对残疾人休闲和游憩权利的重视。

总体而言，国外在运动、公园和游憩领域的立法实践具有几大特点：一是历史悠久；二是数量多；三是跨越多个管理和实践领域；四是成效明显，有力地推动和鼓励了这些国家休闲服务业在产品和服务的供应，刺激和满足了休闲消费者

---

① Richard A. Swanson, Betty Spears, *History of sport and physical education in the United States*. Brown &Benchmark. 1995.

② Michael Heiman, Costal *Recreation in California*: *Policy*, *Management*, *Access*. Berkeley: the Regents of the University of California, 1986. pp. 111, 116.

③ Richard G. Kraus, Joseph E. Curtis, *Creative Management in recreation*, *parks and Leisure Service*. Boston: Mc Graw Hill, 2000. p. 297.

④ Janet R. Maclean, James A. Peterson, *Recreation and leisure*: *the changing scene*. New York: John Wiley & Sons. pp. 336 - 344.

的需求，保护了自然环境和文化资源、休闲设施，保障了休闲服务业各相关方的合法权益，促进了休闲服务行业的健康发展。

三　国外的休闲政策

1. 户外游憩政策的类型和实践

这其中包括资源政策、旅游和野生生物政策、海岸游憩政策、海港游憩功能开发政策、森林游憩政策、乡村游憩政策等。以乡村游憩政策为例，美国和欧洲各国均实行以资源为基础的乡村游憩模式。其中国家公园是乡村游憩的重要载体。美国的国家公园政策体现在《1930 年国家公园法案》和后来的《分区制规划政策》中。政府通过公园的功能区规划政策，以约束开发和管理、经营中的不当行为。

2. 运动政策

1975 年英国《运动和游憩白皮书》认为，运动参与能促进国民健康，因此，通过政策手段提高国民身体素质也是政府的重要职责之一。政府应该提供运动方面的社会福利，主要途径包括资助消费者、资助商业领域和志愿者领域的供应者，或者直接以比私人生产者更低的价格供应产品。资助的另一个目的是为了实现运动产品、资源和运动机会的更公平的分配。政府有时还直接提供部分大型公共体育馆等公共产品的建设和服务，以弥补市场的不足。政府还通过制定国家和地区运动计划来促进学校运动与休闲教育的发展。

3. 艺术和娱乐政策

国外学者所论及的艺术和娱乐产业大致包括艺术产业、传媒产业、娱乐产业、图书馆业、网络等产业。① 发达国家在艺术和娱乐政策上采取了参与部分艺术和娱乐设施的直接供应、资助商业和志愿者机构提供艺术和娱乐供应等形式，以市场化为主导，促进了艺术和娱乐产业的发展。有的国家还把以发展艺术和娱乐为主的文化产业作为政府的发展战略来实施。美国正是依靠其出色的市场经济体制和产业积聚政策成功实现了好莱坞电影产品向全球市场

① A. J. Veal. *Leisure and tourism policy and planning*. Oxon：CABI Publishing，2002. pp. 241 - 244.

的扩张。

4. 旅游政策

旅游政策涉及海滨旅游政策、生态旅游政策、文化旅游政策、乡村旅游政策等几种类型。旅游政策包含两个有一定矛盾的目标："一是使在旅游目的地的游客数量和花费最大化；二是游客对目的地环境的冲击最小化"①。英国从 1974 年以后海滨度假地出现了明显的衰退迹象。英国南部的多数地方政府制定旅游发展战略来应对危机。另外，美国《1981 年国家旅游政策法案》规定，国家商务部有推动美国旅游、减少旅游障碍、便利国际旅行的职责。法案第 2123 条款还授权美国商务部长有权与外国政府就旅行和旅游事务进行磋商，在外国建立官方旅游办事机构，援助相关训练和培训②。法案规定商务部下设立旅行和旅游部，负责旅游具体工作。

5. 针对特殊人群的休闲政策

针对特殊人群的休闲政策涉及妇女、少数民族、残疾人、小孩、青年人、老年人等。如英国通过相关法案③为残疾人的休闲进入和其他权利制定了指南。另外，英国政府近年来推出的"英国青年俱乐部"的服务教育目的大于休闲。目前，许多英国的海岸城镇已经成为退休度假地。有的政府和跨国公司为老年出国旅游市场提供专业服务。政府在制定休闲政策时充分考虑老年人的特点，以"正确的时间、正确的地方和正确的价格"④ 为他们提供休闲服务。

6. 休闲服务业的人力资源管理政策

由于游憩、公园和服务业领域十分分散，因此讨论具体的各个领域的人力资源管理政策十分困难。总体来看，美国并没有制定专门的为休闲服务业准备的人力资源管理政策和法规，有关人力资源方面的政策更多是通过国家综合性法令制定通用标准，如《1964 年人权法令》、《1983 年平等付报酬法令》，以及退休、就业者福利等有关法令。

---

① A. J. Veal. *Leisure and tourism policy and planning*. Oxon：CABI Publishing，2002. p. 247.

② Edited by Hubert N. Van Lier. *New challenges in recreation and tourism planning*. Amsterdam：Elsevier，1993. p. 227.

③ A. J. Veal. *Leisure and tourism policy and planning*. Oxon：CABI Publishing，2002. p. 252.

④ A. J. Veal. *Leisure and tourism policy and planning*. Oxon：CABI Publishing，2002. p. 254.

四　国外休闲公共管理与政策的演变：以英国为例[①]

（一）管理机构

20 世纪 90 年代以前，英国中央部委层面休闲的管理部门是很分散的。20 世纪 90 年代初期，英国成立了国家遗产部，把和运动、艺术和旅游相关的部门合并到一个大部中。政府还建立了许多准政府部门的组织去管理或者启动休闲政策，其中包括运动委员会、艺术委员会、乡村委员会。英国旅游委员会、英国水路委员会、国家河流委员会和森林委员会也是有一定休闲职责的准独立体。虽然中央政府和准政府组织在休闲政策方面是有影响的政策体，但是休闲设施和服务供应更多还是由地方政府来完成的（见图 2）。

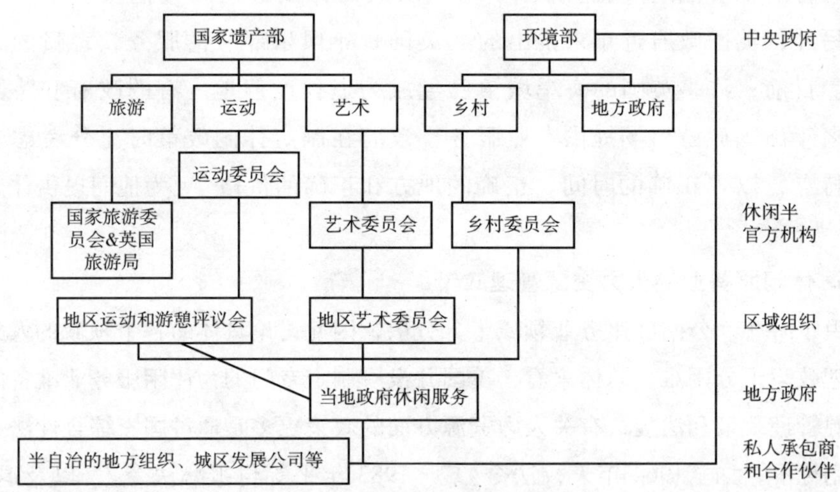

图 2　英国休闲政策体系概要

资料来源：Peter Bramham，Ian Henry，Hans Mommaas and Hugo van der Poel：*Leisure Policies in Europe.* CAB International，1993，p. 104。

① Peter Bramham，Ian Henry，Hans Mommaas and Hugo van der Poel：*Leisure Policies in Europe.* CAB International，1993. p. 119.

（二）休闲政策

1. 1945～1964 年：传统的多元主义

“第二次世界大战”后初期，休闲并没有出现在工党政府制定的福利计划的日程表上。但是，1946 年新艺术委员会的建立，以及 1949 家国家公园联合建立的国家公园协会、乡村法令的颁布都促进了休闲组织的发展。政府干预休闲的理由并不单单是受到扩大市民权利的鼓舞，而是出于对保护国家文化和环境遗产的关心。艺术委员会代表了国家对和平时期艺术的第一次干预。艺术委员会与其前身——娱乐、音乐和艺术委员会相比，是促进职业艺术，而不是促进业余艺术，局限于高雅艺术的促进上，仅仅涉足很有限的直接供应，而鼓励其他组织和个人通过资金援助来加强供应。再如，《1949 年国家公园和乡村进入法案》没有考虑如何让更多的城市人口方便进入的问题。当时法案更多考虑的是如何保护和管理偏远地区的景观，以减轻游憩带来的压力。

“第二次世界大战”后直到 1950 年代末期，英国政府才开始涉足体育运动。沃尔芬登委员会作了一个关于英国运动状况和政府潜在角色的报告，建议成立一个“英国运动咨询委员会”，其目的并非基于运动内在价值和个体权利。国家干预体育休闲的理由是建立在外在因素的基础上的，如英国在国际体育竞争中的声誉正在下降，以及出于对新出现的青年亚文化现象的关注（如泰迪男孩现象）。政府认为内含在运动中的道德力量会对有反社会倾向的那部分青年有一定的解毒作用。

2. 1964～1975 年：福利的改革主义

1964～1970 年之间的哈罗德·威尔逊工党政府在英国休闲政策的发展上作用十分明显，成立了运动委员会，采用了“为所有人的运动”的口号。同时发表了《艺术和乡村休闲白皮书》，这是自 17 世纪的“国王运动手册”以来的第一次关于休闲的政策公告。“艺术政策：第一步白皮书”和“乡村休闲白皮书”发出了政府“要扩大艺术资助的范围，要以乡村委员会代替国家公园委员会，要在国家公园以外扩展更多的乡村游憩地区”的信号。两个白皮书的发布和运动委员会的成立，使休闲政策更清晰地被带进了社会政策的框架，并引发了 1974 年多数英国地方政府的改革。1972 年，英国有 30 家市政的运动中心、500 家室内游泳池，到 1978 年，增加到 350 家运动中心、850 家游泳池。当时流行的

改革思想是：政府应该加大休闲供应，这样可以减少城区的犯罪率；和其他福利权利一样，休闲对所有人来说也是一种权利。福利改革主义政策由于后期遭遇经济滑坡，受到很多批评。

3. 1976～1984 年：新的经济现实主义

由于经济衰退，中央政府的休闲开支快速下降，休闲被看成是基本需求之外的奢侈品。中央政府直接控制休闲开支。不过在保守党政府执政期间，休闲的地方政府开支继续增长。

4. 1985～1991 年：国家撤资

这一时期，保守党政府引入了“新公共管理”的有关理论，不仅削减公共开支预算，而且减少公共部门的活动范围。这一时期的休闲管理有以下特征：公共部门资产被销售；市场竞争和市场原则被引入公共部门休闲设施的管理中；以市场目标而不是以社会和审美目标来作为新的休闲政策制定的基本标准。

5. 1991 年以后：后撒切尔时代

1992 年，保守党政府竞选获胜，约翰·梅杰任政府首相。此时期有两个变化，一是将运动议会改为英国运动委员会；二是成立新部门——国家遗产部，管理艺术、运动和旅游。将运动、艺术和旅游作为“国家的共同遗产”，以便于充分发展它们的经济价值。

英国“第二次世界大战”后的休闲政策发展史说明，在贫富悬殊的英国两层社会中，福利主义的文化被企业主义的文化所代替。欧克勒认为，英国 20 世纪 80～90 年代休闲供应的发展历史可以看做是一种运动：从社会消费（作为一种福利权利的休闲服务），到社会开支（休闲作为一种促进城区社会秩序的方式），再到社会投资（休闲供应和文化设施是吸引新的服务产业来投资的一种方式）转变。建立统一的国家遗产部强化了这种变化趋势。实际上美国的休闲政策也经历了相似的转变过程。

图书在版编目（CIP）数据

2010年中国休闲发展报告/刘德谦，高舜礼，宋瑞主编. —北京：社会科学文献出版社，2010.5
（休闲绿皮书）
ISBN 978-7-5097-1501-7

Ⅰ.①2… Ⅱ.①刘… ②高… ③宋… Ⅲ.①闲暇社会学-研究报告-中国-2010 Ⅳ.①C913.3

中国版本图书馆CIP数据核字（2010）第081378号

休闲绿皮书 No.1

2010年中国休闲发展报告

主　　编／刘德谦　高舜礼　宋　瑞

出 版 人／谢寿光
总 编 辑／邹东涛
出 版 者／社会科学文献出版社
地　　址／北京市西城区北三环中路甲29号院3号楼华龙大厦
邮政编码／100029
网　　址／http：//www.ssap.com.cn
网站支持／（010）59367077
责任部门／皮书出版中心（010）59367127
电子信箱／pishubu@ssap.cn
项目经理／邓泳红　姚冬梅
责任编辑／姚冬梅　任文武
责任校对／张立生
责任印制／蔡　静　董　然　米　扬
品牌推广／蔡继辉

总 经 销／社会科学文献出版社发行部
（010）59367080　59367097
经　　销／各地书店
读者服务／读者服务中心（010）59367028
排　　版／北京中文天地文化艺术有限公司
印　　刷／北京季蜂印刷有限公司

开　　本／787mm×1092mm　1/16
印　　张／29
字　　数／494千字
版　　次／2010年5月第1版
印　　次／2010年5月第1次印刷

书　　号／ISBN 978-7-5097-1501-7
定　　价／69.00元